I MiniMammut

86

Di Kafka la Newton Compton ha pubblicato

in questa collana:

Il processo
Lettera al padre
Il Castello

nella collana «I Mammut»:

Tutti i romanzi, i racconti, pensieri e aforismi (*America – Il processo – Il castello – Racconti pubblicati dall'autore – Racconti pubblicati frammentariamente - Racconti postumi – Considerazioni sul peccato, il dolore, la speranza e la vera via – Gli otto quaderni in ottavo – Frammenti da quaderni e fogli sparsi – Paralipomeni*)

Traduzioni di Luigi Coppé e Giulio Raio

Quinta edizione in questa collana: marzo 2021

ISBN 978-88-541-7501-3

www.newtoncompton.com

Realizzazione a cura di Corpotre, Roma
Stampato nel marzo 2021 presso Puntoweb s.r.l., Ariccia (Roma)

Franz Kafka

La metamorfosi

e tutti i racconti

Introduzione di Giulio Raio

Edizioni integrali

Newton Compton editori

Paperbacks
sezione I MiniMammut
Pubblicazione settimanale, 4 marzo 2021
Direttore responsabile: Raffaello Avanzini
Registrazione del Tribunale di Roma n. 16024 del 27 agosto 1975
Stampato per conto della Newton Compton editori s.r.l., Roma
presso Puntoweb s.r.l., Ariccia (Roma)

Il carattere di chiave

Einer muss da sein

Il saggio di Walter Benjamin Franz Kafka. Per il decimo anniversario della sua morte *si apre con la narrazione di una storia che, secondo Benjamin, come una staffetta anticipa di due secoli l'opera di Kafka: la storia del cancelliere Potemkin e dello zelante scrivano Suvalkin. Potemkin, cancelliere dell'imperatrice Caterina, andava soggetto a ricorrenti gravi crisi depressive: una di queste crisi durò molto a lungo provocando l'accumulazione di svariati documenti che attendevano inutilmente di essere firmati. Nella costernazione generale, lo scrivano Suvalkin, preso lo scartafaccio dei documenti, si precipitò coraggiosamente nella buia stanza del cancelliere, determinato a fargli firmare tutti gli atti, mettendogli la penna in mano e posandogli sulle ginocchia ad uno ad uno i documenti che il cancelliere come in un sogno firmò. Suvalkin trionfante ritornò dai consiglieri che impietriti lessero le firme in calce ai documenti: Suvalkin, Suvalkin, Suvalkin... Si tratta di una storia enigmatica che è posta come emblema dell'opera di Kafka.*

Questa necessità di racchiudere in un'immagine, di emblematizzare, l'opera ricorrendo alla narrazione di una storia, di una leggenda, di un mito, sembra essere un elemento costante della riflessione su Kafka, sembra identificare un nesso profondo tra interpretazione e testo che produce una ripetizione delle modalità espressive dello stesso Kafka.

Anche Adorno nei suoi Appunti su Kafka *riporta una storia emblematica, la parabola kafkiana dei cinque fucili-giocattolo che per Adorno è l'allegoria della rivoluzione.*

Anche Scholem riferendosi a Kafka riporta una piccola storia, raccontata da Origene nel suo commento ai Salmi, *nella quale si narra che un dotto ebreo gli ha detto che le* Sacre Scritture *sono una grande casa con moltissime stanze e moltissime porte davanti alle quali c'è una chiave, ma non è quella giusta: si tratta di mettere le chiavi a posto, di trovare le chiavi giuste che aprono le porte giuste. Questa metafora viene riferita emblematicamente all'opera kafkiana.*

Questa emblematizzazione, messa in luce limitatamente a questi tre autori, ma che può essere considerata una costante, un topos *della critica, della riflessione su Kafka, orienta preliminarmente la ricerca stessa, diventa un momento genealogico particolare della riflessione, rappresenta un segno della intravalicabilità dell'opera di Kakfa, cioè un principio di immanenza della riflessione. Questo indubbiamente è un carattere della letteratura critica su Kafka che può essere definito l'origine, il punto d'origine del principio della letteralità, della fedeltà alla lettera, il principio messo in luce da Adorno, il principio della puntualità letteraria secondo il quale ogni proposizione è letterale, ogni proposizione è significante.*

Va allora compiuta una riflessione sul rapporto di necessità, sul rapporto di dipendenza dell'interpretazione dal testo. Innanzitutto si tratta di mettere semplicemente in evidenza il fatto che l'interpretazione si richiama alla stessa sostanza, alla stessa materia che interpreta e alla stessa forma della materia interpretata. La presenza di brani kafkiani o di storie, metafore, provenienti anche da altri ambiti culturali – nel caso della metafora riportata da Scholem l'ambito è ebraico, quindi non è lontano da quello di Kafka, ma si possono immaginare leggende di diversa origine, comunque emblematiche – potrebbe essere considerata una caratteristica stilistica, la riflessione fin qui condotta potrebbe essere ritenuta una riflessione sullo stile, una riflessione sullo stile espositivo degli interpreti; in realtà si può leggere come un principio genealogico dell'interpretazione stessa.

Questo principio si può ricondurre a un'origine concettuale teorica più remota, alla teoria dell'allegoria quale si sviluppa nel Dramma barocco tedesco *di Benjamin, l'autore che inaugura la lettura francofortese di Kafka.*

Il principio di dipendenza di interpretazione e testo può orientare non una nuova interpretazione di Kafka, ma una riflessione sull'interpretazione, un'ermeneutica della critica, riprendendo temi benjaminiani e adorniani.

Se alcuni interpreti hanno avuto l'esigenza di interpretare Kafka attraverso lo stesso Kafka, cioè ricorrendo a storie emblematiche, a metafore, a leggende, a miti, di varia origine, comunque emblematici, cioè a cercare per Kafka una spiegazione in termini di rinvio della spiegazione, un'ermeneutica dell'immagine, dell'emblema, un'ermeneutica della figurazione, il problema che si pone alla critica e all'estetica filosofica è quello della centralità di alcune forme generative, di alcune forme che potrebbero essere definite forme dell'espressione che vanno unificate secondo uno o più principi. I principi di unificazione sono alcuni generi prosastici e in particolare quei generi che si strutturano proprio a partire da una differenza con la simbolicità, dalla differenza con il simbolo. Come sottolinea Adorno, nulla si adatta meno a Kafka che il concetto di simbolo.

Sulla base della storia filosofica dei concetti, sulla base della rivalutazione benjaminiana del concetto di allegoria, proprio nella sua differenza con il concetto di simbolo, è possibile porre il problema delle forme generative letterarie kafkiane e della forma dell'allegoria come forma generale richiamandosi a Lukács e ad Adorno, da un lato richiamandosi alla teoria lukacsiana dell'allegoria come estetica dell'allegoria, come fondazione filosofica della paradossia estetica dell'avanguardia – l'allegoria è il concetto chiave, fondativo, della teoria letteraria novecentesca – dall'altro richiamandosi ad Adorno, che, sintetizzando il lavoro critico di Benjamin, riconduce tutta la prosa kafkiana al concetto di allegoria, meglio al concetto di parabola.

Tralasciando la teoria lukacsiana in quanto patrocinatrice di una teoria storico-letteraria, di una teoria della letteratura che ci condurrebbe al di là dell'intento di queste pagine introduttive, al di là di una riflessione filosofica sul problema dell'interpretazione di Kafka, ma sottolineando alcuni elementi concettuali che da Benjamin e da Adorno ci rimandano alla letteratura filosofica, a Kant, a Hegel, a Schopenhauer e all'estetica neokantiana, cioè a Cohen, si tratta di delineare, di descrivere, un concetto ampio di allegoria.

Alcune tracce di questo concetto dell'allegoria come chiave interpretativa sono già presenti nel principio di dipendenza di interpretazione e testo. La necessità di ripetere aneddoti, leggende, similitudini, miti, è un elemento di definizione della metafora stessa, dell'allegoria stessa, che è una cosa che si può ripetere e che non muta nella ripetizione. È identica a se stessa nella ripetizione. Il tema della ripetizione in quanto figura del principio di immanenza ci conduce al problema del significato. In Adorno il problema del significato è posto nei termini della negazione del significato. Adorno parla di parabole riprendendo Benjamin, di allegorie piuttosto che di simboli, e di parabole di cui è stata sottratta la chiave. E anche la trasformazione in chiave interpretativa proprio della sottrazione della chiave sarebbe un errore, perché si confonderebbe la tesi astratta dell'opera kafkiana, l'oscurità dell'esistenza, col suo contenuto sostanziale; ogni proposizione dice interpretami, ma nessuna tollera l'interpretazione.

Ciò che abbiamo definito ripetizione è visto come la permanenza nell'interpretazione.

Sul piano più letterario il principio della ripetizione si trasforma, si converte in principio della puntualità letteraria, della letteralità, del prendere alla lettera il racconto. In Adorno – e qui è la specificità dell'analisi di Adorno – il principio della ripetizione, il principio della permanenza nell'interpretazione, il permanere nel racconto, si chiarisce come teoria della soggettività, della individuazione, nella società borghese degli inizi del novecento. Dal punto di vista della teoria critica la permanenza nell'interpretazione è principio di individuazione, di soggettività. Ad essa corrisponde la teoria filosofica della intuizione categoriale.

Il carattere della permanenza e della ripetizione può essere decontestualizzato dalla costellazione francofortese, dalla teoria critica dell'allegorico, della chiave, per essere proiettato sul piano storico-concettuale, della storia filosofica dei concetti e sul piano di un'ermeneutica filosofica dei generi, del genere letterario, attraverso alcuni passaggi, alcuni interni allo stesso francofortismo.

Scholem, vicino all'ambiente francofortese, in uno scritto sulla Kabbalah e il suo simbolismo ci fornisce alcuni interessanti elementi analitici proprio sul problema della chiave, sul problema dell'interpretazione e della permanenza nell'interpretazione. È in Scholem il problema del carattere di chiave, il concetto di carattere di chiave.

Che cos'è il carattere di chiave? Il carattere di chiave è il fondamento dell'ermeneutica, dell'esegesi, dell'interpretazione.

Il contesto di Scholem è il contesto della mistica, ma, prescindendo dal contesto mistico e riconducendo il concetto di carattere di chiave a un contesto ermeneutico, ci troviamo di fronte ad una illuminante problematizzazione.

Il concetto di carattere di chiave è posto in rapporto al problema del significato e al problema della rivelazione. La parola divina, la parola assoluta, è in se stessa ancora priva di significato, ma è pregna di significato – è il concetto cassireriano di pregnanza simbolica – la parola si dispiega negli infiniti strati del senso nei quali dal punto di vista umano si incarna in forme finite e significanti.

Questo modello dualistico: la parola divina che si incarna in forme finite – la parola infinita e le parole finite – traduce in termini linguistici la teoria romantica dell'infinito e del finito. Il rapporto tra finito e infinito illumina il concetto di carattere di chiave.

La rivelazione, la parola assoluta, è ciò che costituisce il carattere di chiave, il dispiegamento nelle forme finite della parola infinita è ciò che costituisce il carattere di chiave.

Dal punto di vista ermeneutico la parola è assoluta e la sua assolutezza giustifica lo scambio, il passaggio dal contesto mistico al contesto ermeneutico. Ed è qui che si inserisce la metafora delle chiavi scambiate e confuse, oppure ancora un'altra formulazione del carattere di chiave data a partire da un'altra fonte, una storia, questa volta presa dalla Torah, che mostra il carattere di chiave della Torah stessa: ogni parola della Torah ha seicentomila facce, una per ciascuno dei figli di Israele. Ogni faccia è rivolta verso uno di loro che può vederla e decifrarla. Ogni uomo ha la propria unica e insostituibile possibilità di accesso alla rivelazione. Anche qui possiamo decontestualizzare dalla teoria del misticismo, dal tema della rivelazione.

Quella di Scholem è una posizione diametralmente opposta a quella di Adorno. Da un lato abbiamo la posizione di Adorno che dal carattere di permanenza conduce alla problematizzazione del concetto di individuazione, a una identificazione degli innumerevoli uno nella ripetizione, quindi al problema della collettività, della massificazione. Dall'altro lato la posizione di Scholem riscopre un significato ermeneutico dell'individuazione.

Questi due punti di vista giocano entrambi un ruolo nella definizione del concetto di chiave interpretativa, dell'allegoria come chiave interpretativa. Entrambi partono dall'idea della permanenza, dalla necessità ermeneutica di restare nella metafora, nella parabola, nel racconto. Attraverso queste due vie divergenti si giunge comunque, attraverso una decontestualizzazione, una proiezione, da un lato del concetto adorniano di déjà vu *e dall'altro del concetto scholemiano di carattere di chiave, ad una definizione del concetto di allegoria come concetto generale, generativo di una serie di generi, di forme espressive, che vanno definite nella differenza con il simbolo, quindi, di forme allegoriche, nel senso di forme dell'espressione, di forme prosastiche, di forme dell'immanenza e non della trascendenza, di forme della soggettività.*

È evidente il richiamo benjaminiano al kantismo e all'estetica neokantiana, soprattutto al concetto coheniano di allegoria come fine della ricchezza dei significati: il tratto fondamentale dell'allegoria è l'ambiguità, la molteplicità dei significati.

Ottobre 1988

GIULIO RAIO

Nota biobibliografica

1883. Franz Kafka nasce a Praga, nella Città Vecchia, il 13 luglio, figlio primogenito di Hermann Kafka (1852-1931), commerciante in chincaglierie e mercerie, e di Julie Löwy (1856-1934) che proveniva da una famiglia di agiati commercianti. Nel 1885 nasce il primo dei fratelli di Kafka, Georg, che muore a quindici mesi; nel 1887 nasce il terzogenito, Heinrich, che muore a sei mesi. Nascono poi tre sorelle: nel 1889 Gabriele (Elli), nel 1890 Valerie (Valli) e nel 1892 Ottilie (Ottla). Le sorelle di Kafka moriranno nei campi di sterminio nazisti: Gabriele e Valerie saranno deportate nel 1941 nel ghetto di Lodz, Ottilie sarà internata nel ghetto di Terezin nel 1942 e poi deportata ad Auschwitz.

1889-1902. Kafka frequenta la scuola elementare del Fleischmarkt in lingua tedesca; dal 1893 al 1901 il Ginnasio-Liceo statale della Città Vecchia, dove l'insegnamento si svolge in lingua tedesca. Nel 1901 si iscrive all'Università tedesca di Praga, prima a chimica, poi a legge; nel 1902 si iscrive nel semestre estivo a germanistica, per poi riprendere nel semestre invernale il corso di studi giuridici. Nello stesso anno conosce Max Brod (1884-1968).

1906. Kafka si laurea in legge. Dopo un anno di pratica legale presso il Tribunale di Praga, nell'ottobre del 1907 è assunto dalle Assicurazioni Generali di Praga. A partire dal 1908 è funzionario della Arbeiter-Unfall-Versicherungs-Anstalt (Istituto di Assicurazioni contro gli Infortuni sul Lavoro) del Regno di Boemia a Praga, presso il quale lavorerà fino al 1922, anno in cui gli viene concesso il pensionamento.

1908. Kafka pubblica sul primo numero della rivista «Hyperion», presso l'editore von Weber, le prose di *Betrachtung* (*Contemplazione*) che saranno edite in volume nel 1912 presso l'editore Rowohlt di Lipsia.

1909. Partecipa alle riunioni del Klub mladých (Circolo dei giovani) di tendenza socialista e antimilitarista.

1912. Kafka conosce Felice Bauer, berlinese, con cui si fidanzerà nel 1914. Nel 1912 legge in pubblico a Praga *Das Urteil* (*La condanna*), che verrà pubblicato nel 1913 sulla rivista «Arkadia» e poi nel 1916 a Lipsia presso l'editore Wolff. Nel 1913 pubblica *Der Heizer* (*Il fuochista*), che costituirà il primo capitolo del romanzo *Amerika,* pubblicato postumo nel 1927.

1914. Comincia a scrivere *Der Prozess* (*Il processo*), pubblicato postumo a Berlino nel 1925.

1915. Pubblica *Die Verwandlung* (*La metamorfosi*) nella rivista «Die weissen Blätter»; nello stesso anno viene pubblicata in volume dall'editore Wolff.

L'anno successivo legge in pubblico il racconto *In der Strafkolonie* (*Nella colonia penale*) pubblicato nel 1919 sempre dall'editore Wolff.

1917-1919. Nell'agosto, prime gravi manifestazioni della tubercolosi. Nel dicembre rompe definitivamente la sua relazione con Felice Bauer. Nel 1919 si fidanza con Julie Wohryzek. Nello stesso anno l'editore Wolff pubblica la raccolta *Ein Landartz* (*Un medico di campagna*).

1920-1922. Kafka inizia il carteggio con Milena Jesenskà, scrittrice boema. Rottura del fidanzamento con Julie Wohryzek. Tra il dicembre del 1920 e l'agosto del 1921 soggiorna nel sanatorio di Matliary in Slovacchia. Tra il gennaio e il settembre del 1922 scrive *Das Schloss* (*Il castello*), pubblicato postumo a Monaco nel 1926.

1923-1924. A Müritz sul Baltico conosce l'ebrea polacca Dora Diamant, con la quale vivrà a Berlino fino al marzo del 1924, quando torna a Praga, dove scrive *Josefine, die Sängerin* (*Josefine, la cantante*) che verrà pubblicato nell'aprile nella «Prager Presse». Nell'aprile del 1924, assistito da Dora Diamant e da Robert Klopstock, giovane medico conosciuto a Matliary, è ricoverato nel sanatorio Wiener Wald, poi nella Clinica universitaria di Vienna e infine nel sanatorio Hoffman a Kierling nei pressi di Vienna. Kafka muore il 3 giugno del 1924. Viene sepolto nel cimitero ebraico di Straschnitz. Il 19 giugno al teatro Kleine Bühne di Praga si tiene una commemorazione funebre. Nell'estate di quell'anno presso la casa editrice «Die Schmiede» viene pubblicata la raccolta *Ein Hungerkünstler* (*Un digiunatore*).

OPERE

Prime edizioni, 1912-1919

Betrachtung, Leipzig 1912; *Der Heizer*, Leipzig 1913; *Die Verwandlung*, Leipzig s.d. (1915); *Das Urteil. Eine Geschichte*, Leipzig 1916; *In der Strafkolonie*, Leipzig 1919; *Ein Landarzt. Kleine Erzählungen*, München u. Leipzig s.d. (1919).

Opere postume

Ein Hungerkünstler. Vier Geschichten, Berlin 1924; *Der Prozess, Roman*, Berlin 1925; *Das Schloss, Roman*, München 1926; *Amerika, Roman*, München 1927; *Beim Bau der chinesischen Mauer. Ungedruckte Erzählungen und Prosa aus dem Nachlass*, Berlin 1931; *Vor dem Gesetz*, Berlin 1934.

Edizioni complessive

Gesammelte Schriften, a cura di M. Brod e H. Politzer, I-IV, Berlin 1935; V, Prag 1936; VI, Prag 1937; *Gesammelte Schriften*, I-X, a cura di M. Brod, New York 1946-54; *Gesammelte Werke*, I-IX, a cura di M. Brod, Frankfurt a.M. 1950-58; *Briefe an Felice und andere Korrespondenz aus der Verlobungszeit*, a cura di Heller e J. Born, New York-Frankfurt a.M. 1967; *Briefe an Ottla und die*

Familie, a cura di H. Binder e K. Wagenbach, Frankfurt a.M. 1974; *Schriften, Tagebücher, Briefe. Kritische Ausgabe*, a cura di J. Born, G. Neumann, M. Pasley, J. Schillemeit, Frankfurt a.M. 1982; *Briefe an Milena. Erweiterte Neuausgabe*, a cura di J. Born e M. Müller, Frankfurt a.M. 1983.

Principali edizioni in italiano di singole opere (le date si riferiscono alle prime edizioni):

Il processo, trad. a cura di: A. Spaini, Torino, Frassinelli, 1933; G. Zampa, Milano, Adelphi, 1973; P. Levi, Torino, Einaudi, 1983; Giulio Raio, Roma, Newton Compton, 2006.

La metamorfosi, trad. a cura di: R. Paoli, Firenze, Vallecchi, 1934; E. Castellani, Milano, Garzanti, 1978; A. Rho, Milano, Rizzoli, 1980; A. Castellari, Milano, Mondadori, 1987; A. Lavagetto, Milano, Feltrinelli, 1991; G. Schiavoni, Roma, Laterza, 1995; F. Fortini, Torino, Einaudi, 1997 – Firenze, Giunti, 2004; L. Coppe e G. Raio, Roma, Newton Compton, 2006.

America, trad. a cura di: A. Spaini, Torino, Frassinelli, 1945; G. Agabio, Milano, Garzanti, 1989; E. Franchetti, Milano, Rizzoli-BUR, 1990; U. Gandini, Milano, Feltrinelli, 1996; M. Ulivieri, Roma, Newton Compton, 2007.

Il castello, trad. a cura di: A. Rho, Milano, Mondadori, 1948; C. Morena, Milano, Garzanti, 1991; P. Capriolo, Torino, Einaudi, 2002; E. Franchetti, Milano, BUR, 2005; G. Porzi, Roma, Newton Compton, 2006.

Racconti, trad. a cura di: A. Rho, Torino, Frassinelli, 1935; G. Zampa, Milano, Feltrinelli, 1957; H. Fürst, Milano, Longanesi & C, 1965.

Lettere a Milena, trad. a cura di: W. Haas, Milano, Mondadori, 1954; F. Masini, Milano, Mondadori, 1988.

Lettera al padre, trad. a cura di: A. Rho, Milano, Mondadori, 1959; F. Ricci e L. Coppe, Roma, Newton Compton, 2006; *Lettera al padre e Preparativi di nozze in campagna*, trad. a cura di: A. Rho e G. Tarizzo, Milano, Il Saggiatore, 1959; C. Groff, Milano, Feltrinelli, 1987; *Lettera al padre; Gli otto quaderni in ottavo; Considerazioni sul peccato, il dolore, la speranza e la vera via*, trad. a cura di A. Rho e I. A. Chiusano, Milano, Mondadori, 1988.

Descrizione di una battaglia e altri racconti, trad. a cura di R. Paoli e E. Pocar, Milano, Mondadori, 1960.

Confessioni e immagini, trad. a cura di I. A. Chiusano, A. Rho e G. Tarizzo, Milano, Mondadori, 1960.

Lettere a Felice 1912-1917, trad. a cura di E. Pocar, Milano, Mondadori, 1962.

Lettere a Ottla e alla famiglia, trad. a cura di E. Pocar, Milano, Mondadori, 1976.

Schizzi, parabole, aforismi, Milano, Mursia, 1983.

Lettere, trad. a cura di F. Masini, Milano, Mondadori, 1988.

Sogni, Palermo, Selleno di Giorgianni, 1990.

Ultime lettere ai genitori, con un saggio di P. Citati, Milano, Rizzoli, 1990.

Edizioni complessive in italiano

Tutte le opere di Franz Kafka, a cura di E. Pocar, Milano, Mondadori, 1964 sgg. (dal 1972 nei Meridiani in 4 voll.: *Romanzi, Racconti, Lettere a Felice,*

Confessioni e Diari); I racconti, a cura di G. Schiavoni, Milano, Rizzoli-BUR, 1985; *Tutti i racconti*, intr. di G. Raio, trad. a cura di L. Coppe, G. Raio, Roma, Newton Compton, 2006; *Tutti i romanzi e i racconti*, intr. di I. A. Chiusano e G. Raio, Roma, Newton Compton, 2006; *Tutti i romanzi, i racconti, pensieri e aforismi*, intr. di I. A. Chiusano e G. Raio, Roma, Newton Compton, 2010; *La metamorfosi e tutti i racconti pubblicati in vita*, prefazione di Klaus Wagenbach, a cura di Andreina Lavagetto, Milano, Feltrinelli, 2013.

BIOGRAFIE

M. BROD, *Franz Kafka. Eine Biographie. Erinnerungen und Dokumente*, Prag 1937; Frankfurt a.M. 19543, trad. a cura di E. Pocar, Milano 1956; K. WAGENBACH, *Franz Kafka. Eine Biographie seiner Jugend, 1883-1912*, Bern 1958; trad. a cura di E. Pocar, Milano 1968; K. WAGENBACH, *Franz Kafka. Bilder aus seinem Leben*, Berlin 1983; trad. a cura di R. Colorni, Milano 1983.

BIBLIOGRAFIE

La bibliografia kafkiana ha raggiunto ormai una mole enorme. Ci è parso quindi opportuno limitarci alle opere e alle edizioni principali, rinviando il lettore, per un approfondimento, ai repertori bibliografici, dei più importanti dei quali diamo indicazione.

Per una conoscenza degli orientamenti critici vedi:

R. HEMMERLE, *Franz Kafka. Eine Bibliographie*, München 1958.

H. JÄRV, *Die Kafka-Literatur. Eine Bibliographie*, Malmö-Lund 1961.

Franz Kafka-Bibliography: 1960-1970, «Research Studies», Washington, 40/2 (1972), pp. 140-62, e 40/3 (1972), pp. 222-38.

P.U. BEICKEN, *Franz Kafka. (Eine kritische Einführung in die Forschung)*, Frankfurt a. M. 1974.

A. FLORES, A *Kafka Bibliography, 1908-1976*, New York 1976.

M.L. CAPUTO MAYR e JM. HERZ, *Kafkas Werke, Eine Bibliographie der Primärliteratur, 1908-1980*, München 1982.

M. ROBERT, *Seul comme Franz Kafka*, Paris 1979 *(Solo come Franz Kafka*, Roma, Editori Riuniti, 1982).

M. MÜLLER, *Franz Kafka*, Pordenone 1990.

M. FRESCHI, *Introduzione a Kafka*, Roma-Bari 1993.

Walter Benjamin lettore di Kafka (a cura di G. SCARAMUZZA), Milano 1994.

K.E. GROZINGER, *Kafka and kabbalah*, New York 1994.

D.Z. MAIOROWITZ, *Kafka: per cominciare*, Milano 1994.

A. FUSCO, *I racconti di Kafka: un'analisi psicologica*, Milano 1995.

E. BOA, *Kafka: gender, class and race in the letters and fictions*, Oxford 1996.

G. DELEUZE, *Kafka: per una letteratura minore*, Macerata 1996.

G. BAIONI, *Kafka, romanzo e parabola*, Milano 1997.

M.V. BORGHESI, *Nel cielo stellato del bene: tradizione e scrittura all'epoca di Kafka*, Bergamo 1997.
C. THIEBAUT, *Kafka: processo alla parola*, Torino 1997.
B. ALLEMAN, *Zeit und Geschichte im Werk Kafkas*, Göttingen 1998.
M. BUBER NEUMAN, *Milena, l'amica di Kafka*, Milano 1999.
M. CANAUZ, *Kafka e le donne*, Firenze 2000.
R. CANTONI, *Franz Kafka e il disagio dell'uomo contemporaneo*, Milano 2000.
P. CITATI, *Kafka*, Milano 2000 (1987).
C. SCHARF, *Franz Kafka: poetischer Text und heilige Schrift*, Göttingen 2000.
R. MALAGOLI, *Interpretando Kafka: scrittura, memoria e redenzione*, Pisa 2001.
D. STIMILLI, *Fisionomia di Kafka*, Torino 2001.
R. CALASSO, *K.*, Milano 2002.
J. URZIDIL, *Di qui passò Kafka*, Milano 2002.
M. NEKULA, *Franz Kafkas Sprachen: ...in einem Stockwerk des innern babylonischen Turmes...*, Tubingen 2003.
S. VON GLINSKI, *Imaginationsprozesse: Verfahren phantastischen Erzählens in Franz Kafkas Frühwerk*, Berlin 2004.
F. RELLA, *Proust e Kafka*, Milano 2005.
GUSTAV JANOUCH, *Conversazioni con Kafka*, traduzione di Maria Grazia Galli, Ugo Guanda, Parma 2005.
FRANCO RELLA, *Scritture estreme: Proust e Kafka*, Feltrinelli, Milano 2005.
GIULIANO BAIONI, *Kafka: letteratura ed ebraismo*, premessa di Giuseppe Bevilacqua, Edizioni di storia e letteratura, Roma 2008.
BARBARA DI NOI, *In verità non so nemmeno raccontare...: memoria e oblio nella narrativa di Franz Kafka*, Biblion, Milano 2009.
GUIDO DAVICO BONINO, a cura di, *I romanzi del doppio: storia di un'ossessione da Stevenson a Kafka*, BUR Rizzoli, Milano 2012.
ANTONIO VALENTINI, *Il silenzio delle sirene: mito e letteratura in Kafka*, Mimesis, Milano-Udine 2012.
PATRIZIA RUNFOLA, *Praga al tempo di Kafka: una guida culturale* (con una conversazione con Claudio Magris e un testo di Gérard-Georges Lemaire), Lindau, Torino 2014.
MICHAEL LÖWY, *Kafka sognatore ribelle*, Eleuthera, Milano 2014.

Nota alla traduzione

La presente edizione fa riferimento all'edizione classica delle *Sämtliche Erzählungen* curata da Paul Raabe (Frankfurt a.M. 1970).

L'edizione si articola in tre sezioni:

I *I volumi pubblicati dall'autore*
II *Racconti pubblicati frammentariamente, non inseriti in volumi da Kafka*
III *I racconti postumi*

La I sezione comprende le raccolte: *Betrachtung, Das Urteil, Der Heizer, Die Verwandlung, In der Strafkolonie, Ein Landarzt, Ein Hungerkünstler.*

La II sezione comprende i racconti: *Gespräch mit dem Beter, Gespräch mit dem Betrunkenen* (pubblicati nel 1909 nella rivista «Hyperion»), *Grosser Lärm* (brano presente nei *Tagebücher* alla data 5 novembre 1911 e pubblicato nel 1912 nella rivista «Herder-Blätter»), *Der Kübelreiter* (pubblicato nel 1921 nella «Prager Presse»). I primi due brani fanno parte della prima stesura della *Beschreibung eines Kampfes*.

La III sezione comprende i racconti pubblicati da Max Brod dal *Nachlass*, custodito in parte presso la Bodleian Library di Oxford e in parte in Israele dallo stesso Brod fino alla sua morte.

La succitata edizione tedesca contiene un breve *Nachwort* (pp. 369-370) e una nota *Zu den Texten* (pp. 391-406), nella quale Raabe, richiamandosi ai lavori storico-testuali di Klaus Wagenbach, Malcolm Pasley e Ludwig Dietz (M. Pasley – K. Wagenbach, *Datierung sämtlicher Texte Franz Kafkas*, «Kafka-Symposium», Berlin 1965, pp. 55-83; L. Dietz, *Drucke Franz Kafkas bis 1924. Eine Bibliographie mit Anmerkungen*, ivi, pp. 85-125) che «inaugurano una fase critico-filologica nella comprensione dell'opera di Kafka» (Raabe p. 390), traccia i lineamenti della storia della composizione e della trasmissione dei testi kafkiani.

In conclusione, desidero ringraziare Silvana Berardelli che ha collaborato alla traduzione dei *Racconti postumi* e alla stesura della nota biografica.

I.
RACCONTI PUBBLICATI DALL'AUTORE

Contemplazione. Titolo originale: *Betrachtung*.
La condanna. Titolo originale: *Das Urteil*.
Il fochista. Titolo riginale: *Der Heizer*.
La metamorfosi. Titolo originale *Die Verwandlung*.
Nella colonia penale. Titolo originale: *In der Strafkolonie*.
Un medico di campagna. Titolo originale: *Ein Landarzt*.
Traduzioni di Luigi Coppé.

Un digiunatore. Titolo originale: *Ein Hungerkünstler*.
Traduzione di Giulio Raio.

1. Contemplazione
(1913)

Fanciulli sulla via maestra

Udivo passare i veicoli dinanzi al cancello, talvolta li scorgevo persino, tra gli spazi vuoti, appena mossi, della siepe. Come scricchiolava, nella calda estate, il legno dei raggi e del timone! I braccianti tornavano dai campi e schiamazzavano vergognosamente.

Sedevo sulla nostra piccola altalena e mi riposavo tra gli alberi, nel giardino dei miei genitori. Di fronte al cancello era un continuo andirivieni. Bimbi correvano scomparendo in un baleno; carri di grano transitavano con uomini e donne sui covoni, oscurando le aiuole intorno; verso sera vidi passeggiare lentamente un signore con un bastone, e una coppia di ragazze, che gli veniva incontro, tenendosi a braccetto, s'inoltrò salutando nell'erba vicina.

Poi alcuni uccelli saettarono verso l'alto, io li seguii con lo sguardo e li vidi salire in un baleno, infine ebbi la sensazione che non fossero loro a salire, bensì io a precipitare, tanto che mi strinsi alle corde e presi a dondolare lentamente. Quindi il moto dell'altalena si fece più rapido, mentre l'aria rinfrescava e al posto degli uccelli in volo fecero capolino alcune stelle tremolanti.

Mi servivano la cena a lume di candela. Spesso poggiavo entrambi i gomiti sulla tavola e, già stanco, mordevo il mio pane imburrato. Le tende, dalla trama larga, venivano sollevate dal vento tiepido e ogni tanto qualcuno le tratteneva se voleva vedermi meglio e parlare con me. In genere la candela si spegneva presto e per un po' di tempo le zanzare che aveva radunato continuavano a ronzare attorno al fumo scuro. Se uno m'interpellava dalla finestra lo guardavo come se fissassi i monti o l'aria e neppure lui sembrava attendersi una risposta.

Se qualcuno, però, superava il davanzale della finestra e avvertiva che gli altri erano già davanti alla casa, naturalmente mi alzavo, sospirando.

«Perché sospiri così? Che cosa ti è successo? Una grossa disgrazia, assolutamente irreparabile? Non ne potremo più uscir fuori? Tutto è veramente perduto?»

Nulla era perduto. Correvamo davanti alla casa. «Eccovi, finalmente, grazie a Dio!» – «Tu arrivi sempre troppo tardi!» – «Perché io?» – «Tu, proprio tu, se non ti va di venire, resta a casa». «Nessuna pietà!» – «Che cosa? Nessuna pietà? Ma come parli?»

Trafiggemmo la sera con il capo. Non c'era notte, né giorno. A volte i bottoni dei nostri panciotti si arrotavano tra loro come denti. A volte correvamo mantenendoci a uguale distanza, il fuoco in bocca, come animali dei tropici. Simili a corazzieri delle guerre di un tempo, calcando i piedi e la testa in aria, scendevamo insieme le corte stradine e con la rincorsa nelle gambe risalivamo la via maestra. Alcuni traversavano l'argine, scomparivano dietro la scarpata buia ed emergevano, sembrando quasi degli estranei, sul sentiero di campagna elevato e guardavano in basso.

«Tornate giù!» – «Venite prima su!» – «Già, così voi ci buttate giù, non ci passa proprio per la testa, abbiamo ancora un po' di giudizio!» – «Dite piuttosto che avete fifa. Avanti, venite!» – «Davvero? Voi? Proprio voi ci buttereste giù? È da vedersi!»

Partivamo all'assalto e, urtati sul petto, ci adagiavamo sull'erba dell'argine lasciandoci cadere volontariamente. La temperatura era uniforme, nell'erba non percepivamo né caldo, né freddo, ci sentivamo solo stanchi.

Coricandosi sul lato destro e ponendo la mano sotto l'orecchio si aveva voglia di dormire. In realtà avremmo voluto drizzarci ancora una volta a testa alta, per poi ricadere in un fossato più profondo. Quindi provavamo il desiderio di lanciarci contro l'aria, le braccia tese obliquamente e le gambe inclinate, per precipitare in un fossato sicuramente più profondo. E non avremmo smesso mai.

Non pensavamo affatto a distenderci completamente, soprattutto con le ginocchia, nell'ultimo fossato, per dormire sul serio e restavamo sdraiati sulla schiena, inclini al pianto quasi fossimo malati. Se un ragazzo con i gomiti stretti ai fianchi saltava sopra di noi, dall'argine verso la strada, ostentando le suole scure, strizzavamo gli occhi.

La luna si era già alzata, una vettura di posta passò sotto la sua luce. Si levò anche un venticello percettibile persino nel fossato e il bosco vicino prese a stormire. Ora non si sentiva più il peso di essere soli.

«Dove siete?» – «Venite qui» – «Tutti insieme!»

— «Perché ti nascondi? Smettila con queste baggianate!»

— «Non sapete che la posta è già passata?» – «Già passata! Ma va!» – «Sicuro, è passata mentre tu dormivi». – «Io dormivo? Ma che stai dicendo? – «Sta' zitto, basta guardarti in faccia». – «Via ti prego!» – «Vieni!»

Correvamo più vicini, alcuni si tenevano per mano, non era possibile mantenere il capo molto eretto, perché si andava in discesa. Uno lanciò un grido di guerra indiano, le nostre gambe si misero a galoppare a rotta di collo; mentre saltavamo, il vento ci sollevava i fianchi. Nulla avrebbe potuto fermarci; avevamo preso una tale rincorsa che persino quando ci superavamo a vicenda potevamo incrociare le braccia e guardarci intorno.

Ci fermammo sul ponte del torrente; quelli che ci avevano preceduto tornarono indietro. In basso l'acqua percuoteva le pietre e le radici, come se non fosse già sera inoltrata. Non v'era motivo che uno di noi non saltasse sulla spalletta del ponte.

Dietro i cespugli, in lontananza, passò un treno, tutti gli scompartimenti erano illuminati, i finestrini sicuramente abbassati. Uno di noi intonò una canzone scollacciata, ma tutti volevano cantare. Il nostro canto fu più veloce del treno, dondolavamo le braccia, poiché la voce non bastava, le nostre voci si fusero in una moltitudine di suoni in cui ci sentivamo bene. Quando si mescola la propria voce alle altre, è come essere catturati con un amo.

Cantammo così, con il bosco alle spalle, nelle orecchie dei viaggiatori lontani. In paese gli adulti vegliavano ancora, le madri sistemavano i letti per la notte.

Era ormai ora. Baciai quello che mi stava vicino, tesi fugacemente la mano ai tre più prossimi e mi avviai correndo lungo il cammino già percorso, nessuno mi richiamò. Al primo incrocio, quando non mi poterono più scorgere, mi girai e corsi lungo i viottoli per tornare in direzione del bosco. Volevo arrivare in quella città del meridione, di cui nel nostro villaggio si dice: «Laggiù c'è della gente, pensate, che non dorme mai!»

«Perché?»

«Perché non sono mai stanchi.»

«Perché no?»

«Perché sono folli.»

«E i folli non si stancano mai?»

«Come potrebbero stancarsi i folli?»

Un vendifrottole smascherato

Finalmente, verso le dieci di sera, giunsi dinanzi ad una casa signorile nella quale ero stato invitato per una festa, in compagnia di un uomo che un tempo avevo conosciuto superficialmente e che si era unito improvvisamente a me trascinandomi per ben due ore lungo varie stradine.

«Ecco!» dissi battendo le mani in segno d'imprescindibile congedo. Avevo già fatto precedentemente altri tentativi meno perentori. Mi ero proprio stancato.

«Entra subito?» mi chiese. Udii un rumore nella sua bocca, come un battere di denti.

«Sì.»

Ero stato invitato, glielo avevo detto subito. Ma ero stato invitato a salire, dove avrei voluto già trovarmi, e non a dover sostare davanti al portone guardando oltre le orecchie del mio interlocutore. E restare ancora muto con lui, come se fossimo risolti a trattenerci a lungo in quel posto. Persino le case circostanti partecipavano al nostro silenzio, e la stessa oscurità sopra di esse, sino alle stelle. E i passi di passanti invisibili, di cui non si sentiva alcun desiderio d'indovinare la direzione, il vento che si stringeva al lato opposto della strada, il grammofono che cantava contro le finestre chiuse di qualche stanza, si facevano udire in questo silenzio, come se fosse stato di loro proprietà da sempre e per sempre.

E il mio compagno si adeguò a nome suo e – dopo un sorriso – anche a nome mio, tese il braccio destro in alto, lungo il muro e vi posò il volto chiudendo gli occhi.

Tuttavia non terminai di guardare quel sorriso, perché un senso di vergogna mi costrinse improvvisamente a girarmi. Solo con quel sorriso avevo compreso che avevo di fronte un vendifrottole, nulla più. Eppure mi trovavo già da mesi in quella città, credevo di conoscere molto bene questi vendifrottole, che ci vengono incontro di notte da stradine laterali, con le mani tese, come osti, oppure girano attorno alle colonne destinate all'affissione, alle quali siamo appoggiati, quasi volessero giocare a nascondino, spiando con un occhio dietro la colonna; o, ancora, quando compaiono improvvisamente sull'angolo del nostro marciapiede, agli incroci, mentre ci sentiamo spauriti! Io li comprendevo a fondo, erano le prime conoscenze da me fatte in città, nelle piccole osterie, e dovevo loro la prima nozione di una certa inflessibilità, che ora non potevo più negare, poiché la provavo già io stesso. Continuavi a trovarteli davanti, anche quando eri già riuscito a sfuggire a loro e quindi non c'era ormai più nulla da fare! Non si sedevano mai, non cadevano mai, ma ti fissavano con sguardi sempre convincenti, anche da lontano! E i loro mezzi erano sempre gli stessi: si piazzavano dinanzi a noi, nel modo più ampio possibile; cercavano d'impedirci di proseguire; ci preparavano in cambio un rifugio nel loro cuore e quando alla fine i nostri sentimenti si ribellavano, accettavano la ribellione come un abbraccio in cui si buttavano a capofitto.

Eppure, questa volta, avevo subodorato questi vecchi trucchi solo dopo aver trascorso insieme a lui tanto tempo! Mi strofinai le punte delle dita cercando di cancellare la vergogna.

Ma il mio uomo continuava a rimanere appoggiato come prima, si considerava ancora un abile vendifrottole e la soddisfazione gli aveva imporporato la guancia libera.

«Scoperto!» dissi battendogli lievemente la spalla, poi salii velocemente la scala e le facce ingiustificatamente fedeli della servitù mi allietarono come una bella sorpresa. Li osservai tutti, uno dopo l'altro, mentre mi toglievano il mantello e mi spolveravano gli stivali. Respirando sollevato e col busto eretto entrai quindi nel salone.

La passeggiata improvvisa

Quando si ritiene di aver deciso definitivamente di rimanere a casa la sera, si indossa la veste da camera, ci si siede dopo cena davanti alla tavola illuminata e ci si propone quel lavoro o quel gioco, terminato il quale d'abitudine si va a letto, quando fuori il tempo è inclemente e rende logico il restare in casa, quando ci si è trattenuti a tavola così a lungo che l'uscire provocherebbe lo stupore di tutti, quando la luce delle scale è stata già spenta e il portone chiuso, oppure malgrado ciò, quasi colti da un improvviso disagio, ci si alza, s'indossa la giacca, si appare immediatamente abbigliati per uscire, si dichiara di dover andare e lo si fa dopo un breve saluto, secondo la rapidità con cui si chiude la porta di casa, credendo di aver lasciato dietro a sé maggior o minore risentimento, quando ci si ritrova in strada, con le membra che rispondono con maggiore mobilità all'inattesa libertà loro procurata, quando con questa decisione si sente che le nostre capacità di decisione si sono rafforzate, quando si riconosce con maggiore chiarezza di possedere più forze del necessario per effettuare e sopportare un mutamento repentino, e quando si percorrono così le lunghe strade – quella sera, allora, si è usciti completamente dalla propria famiglia, che rimane come sospesa nel vuoto, mentre ci si eleva fermamente, con i contorni ben precisi, battendoci le cosce, nella nostra vera immagine.

Tutto ciò è rafforzato, se in quest'ora tarda della sera si va a trovare un amico per sapere come sta.

Decisioni

Anche con voluta energia deve essere facile sollevarsi da una condizione di miseria. Mi strappo dalla sedia, corro attorno al tavolo, muovo la testa e il collo, metto fuoco negli occhi, tendo i muscoli intorno ad essi. Lotto contro ogni sentimento, saluto A con passione, quando ora arriverà, tollero cortesemente B nella mia stanza, mi sciroppo, a grandi sorsi, quanto viene detto dai C, malgrado il dolore e la fatica.

Ma, anche se le cose vanno a questo modo, con ogni errore, che non sia evitabile, tutto, il leggero e il pesante, si fermerà, e io dovrò rigirarmi intorno.

Perciò la soluzione migliore è accettare tutto, comportarsi come una massa solida e anche se ci si sente portati via, non lasciarsi sedurre a compiere passi inutili, guardare gli altri con occhi bestiali, non provare pentimenti; in breve, schiacciare con la propria mano quanto resta ancora della vita come spettro, cioè aumentare ancora l'ultima pace sepolcrale e non lasciare sussistere altro.

Un movimento caratteristico di questa condizione è passare il mignolo sulle sopracciglia.

La gita in montagna

«Non so», gridai senza suono, «io non so. Se nessuno viene, allora non viene appunto nessuno. Non ho fatto del male a nessuno, nessuno mi ha fatto del male, però nessuno vuole aiutarmi. Proprio nessuno. Ma non è così. Soltanto nessuno mi aiuta, altrimenti proprio nessuno sarebbe grazioso. Mi piacerebbe – perché no – fare una gita in compagnia di tanti nessuno. Naturalmente in montagna, e dove se no? Come si accalcano questi nessuno, queste braccia protese obliquamente e allacciate, questi piedi numerosi, separati da minuscoli passetti!

S'intende che tutti sono in frac. Andiamo così, spensierati, il vento penetra negli spazi che noi e le nostre membra lasciamo liberi. Le gole diventano libere in montagna! È un miracolo che non cantiamo».

La disgrazia dello scapolo

Sembra così amaro restare scapoli, dover pregare da vecchi con grave discapito della propria dignità, di essere accolti quando si desideri trascorrere una serata con degli esseri umani, essere malati e dall'angolo del proprio letto contemplare per settimane la stanza vuota, doversi congedare sempre davanti al portone, ma non poter mai salire le scale a fianco della propria moglie, avere nella propria stanza solo porte laterali che conducono in appartamenti altrui, portare a casa in mano la propria cena, dover ammirare bambini estranei e non poter ripetere continuamente: «Io non ne ho»; uniformandosi nell'aspetto e nel comportamento a quello di uno o due scapoli conosciuti in gioventù.

Sarà così, solo che anche nella realtà oggi e più tardi ci si troverà con un corpo e una testa vera, quindi anche con una fronte e una mano per batterci sopra.

Il commerciante

È possibile che alcuni mi compatiscano, ma io non me ne accorgo. Il mio piccolo negozio mi colma di crucci che mi fanno dolere la fronte e le tempie, senza la prospettiva, però, di soddisfazioni future, poiché il mio negozio è piccolo.

Devo dare disposizioni con ore di anticipo, stimolare la memoria del fattorino, prevenire possibili errori e prevedere in una certa stagione la moda di quella futura, ma non la moda della gente che frequento, bensì quella degli abitanti, a me ignoti, delle campagne.

Gente estranea ha il mio denaro; non conosco le loro reali condizioni; ignoro le disgrazie che potrebbero capitare a loro; come potrei quindi evitarle! Forse sono diventati prodighi e offrono una festa nel giardino di una trattoria e altri si trattengono per un poco a questa festa, prima di fuggire in America.

Quando il negozio viene chiuso alla sera di una giornata lavorativa e io mi trovo improvvisamente dinanzi a diverse ore in cui non potrò lavorare per le incessanti necessità del mio commercio, l'irrequietezza che già mi covava dentro sin dal mattino, mi pervade come una marea e mi trascina via senza una meta precisa.

Tuttavia non posso sfruttare questo stato d'animo e non ho altra scelta che tornarmene a casa; il mio viso e le mie mani sono sporche e sudate, l'abito è macchiato e polveroso, ho sul capo il berretto che uso nel negozio e gli stivali graffiati dai chiodi delle casse. Procedo quindi come se fossi sospinto dalle onde, batto insieme le dita delle mani e sfioro i capelli dei fanciulli che incontro.

Purtroppo la strada è troppo breve. Sono subito a casa, apro la porta dell'ascensore ed entro.

Improvvisamente mi accorgo di essere solo. Quelli che salgono le scale a piedi si stancano e attendono ansimando che venga loro aperta la porta di casa, così hanno una ragione per spazientirsi ed irritarsi, poi entrano nell'ingresso dove attaccano il cappello e soltanto dopo aver percorso il corridoio passando dinanzi alcune porte a vetri per giungere nella loro stanza, si sentono soli.

Io, invece, sono subito solo nell'ascensore e guardo, poggiandomi sulle ginocchia, nel piccolo specchio. Quando l'ascensore inizia a salire, dico:

«Fermatevi, ritiratevi, volete arrivare all'ombra degli alberi, dietro i drappi delle vetrine, sotto la volta del fogliame?»

Parlo tra i denti e le ringhiere delle scale scivolano in basso lungo i vetri opachi come una cascata d'acqua.

«Volate via; le vostre ali che non ho mai visto vi conducano nella vallata rustica oppure a Parigi, se è là che vi sentite attirati.

Godetevi comunque la vista della finestra quando vengono le processioni da tutte e tre le strade, senza evitarsi l'una con l'altra, ma anzi fondendosi insieme e, dopo che le loro ultime file sono passate, lasciano nuovamente la piazza libera. Sventolate i fazzoletti, indignatevi, commuovetevi, lodate la bella donna che passa in vettura.

Superate il ruscello sul ponte di legno, fate un cenno ai bambini che si stanno bagnando e stupitevi degli evviva dei mille marinai sulla corazzata lontana.

Inseguite solo l'uomo insignificante e quando l'avrete spinto in un androne, derubatelo e osservatelo, ciascuno con le mani in tasca, come prosegue malinconicamente per la sua strada prendendo la via a sinistra.

La polizia galoppante in ordine sparso doma le bestie e vi respinge. Lasciateli, le strade vuote li renderanno infelici, lo so. Già si allontanano, vi prego, cavalcando a coppie, lentamente agli incroci, volando sulle piazze».

Poi devo scendere, rinviare l'ascensore, suonare alla porta e la domestica apre mentre saluto.

Guardando fuori distrattamente

Che cosa faremo in questi giorni di primavera che giungono rapidamente? Stamani il cielo era grigio, ma se ora si va alla finestra si rimane sorpresi e si poggia la guancia sulla maniglia.

In basso si scorge la luce del sole, naturalmente già al tramonto, sul volto della bambina, che se ne va così guardandosi attorno, e nel medesimo tempo si vede sopra di lei l'ombra dell'uomo che le viene rapidamente dietro.

Poi l'uomo è già passato e il viso della piccola è tutto illuminato.

La strada di casa

Si noti la capacità di convinzione dell'aria dopo un temporale! I miei meriti mi appaiono e mi sgomentano, anche se non mi ribello.

Procedo marciando e il ritmo è il ritmo di questo lato del vicolo, di questo vicolo, di questo quartiere. Sono, a buon diritto, responsabile per tutti i colpi alle porte, ai piani dei tavoli, per tutti i brindisi, per tutte le coppie di amanti nei loro letti, sulle impalcature delle nuove costruzioni, pressate contro i muri delle case nelle stradine buie, sui divani dei bordelli.

Confronto il mio passato con il futuro, trovo però entrambi eccellenti, non so dare la preferenza a nessuno dei due e posso biasimare soltanto l'ingiustizia della provvidenza, che mi ha tanto favorito.

Sono un poco pensieroso unicamente quando entro nella mia stanza, ma senza che abbia trovato nulla a cui valesse la pena di pensare mentre salivo le scale. Non mi è di grande aiuto aprire completamente la finestra anche se in un giardino risuonava ancora la musica.

I passanti

Quando si passeggia di notte per una strada e un uomo, che si può scorgere già da lontano – perché la strada dinanzi a noi è in salita e c'è la luna piena – ci viene incontro correndo, noi non lo acchiapperemo, anche se è debole e cencioso, anche se un altro lo insegue gridando, ma lo lasceremo proseguire nella sua corsa.

Poiché è notte e non è colpa nostra se la strada è in salita e c'è la luna piena, può darsi, poi, che i due si rincorrano per divertirsi, forse entrambi inseguono un terzo, forse il primo viene inseguito pur essendo innocente, forse il secondo ha intenzioni omicide e noi diverremmo complici di un assassinio, forse i due si ignorano a vicenda e ciascuno di essi corre per conto proprio verso il suo letto, forse sono dei nottambuli, forse il primo è armato.

E, infine, non ci è concesso di essere stanchi, non abbiamo bevuto tanto vino? Siamo contenti di non scorgere più neppure il secondo.

Il passeggero

Sono sopra una piattaforma di un tram e provo una sensazione di completa insicurezza nei riguardi della mia posizione in questo mondo, in città, nella mia famiglia. Non saprei dire neppure approssimativamente quali pretese potrei avanzare con ragione in un senso qualsiasi. Non sono in grado di giustificare il fatto di trovarmi su questa piattaforma, di reggermi a questa cinghia, di lasciarmi condurre da questo veicolo, né di spiegarmi perché la gente si scansi quando passa il tram oppure proceda indisturbata o si fermi dinanzi alle vetrine. Nessuno me ne chiede la ragione, ma ciò non ha importanza.

La vettura si avvicina a una fermata, una giovane si accosta all'uscita pronta a scendere. Mi appare con estrema evidenza, come se l'avessi toccata. È vestita di nero, le pieghe della sottana sono quasi immobili, la camicetta è attillata e ha un colletto di pizzo bianco a maglie sottili, la sua mano sinistra poggia sulla parete, l'ombrello nella destra è posato sul penultimo predellino in alto. Ha il viso bruno, il naso un poco sottile ai lati e tondo e largo in punta. La sua chioma bruna è folta e qualche capello è in disordine sulla tempia destra. Il suo minuscolo orecchio è ben aderente al capo, tuttavia standole tanto vicino scorgo la parte posteriore del padiglione destro e l'ombra accanto alla sua attaccatura.

A questo punto mi domando: perché non si stupisce di se stessa, tiene la bocca chiusa e non dice nulla di simile?

Vestiti

Di frequente, quando vedo vestiti ricchi di pieghe, gale e ornamenti, che si modellano graziosamente su corpi attraenti, sono portato a pensare che non si conserveranno per molto tempo in quello stato, ma assumeranno certe pieghe che non si potranno più eliminare nemmeno stirandole, inoltre la polvere s'insinuerà negli ornamenti e non sarà più possibile rimuoverla, per cui nessuno sarà disposto a rendersi malinconico e ridicolo indossando tutti i giorni il medesimo abito costoso al mattino per toglierselo soltanto la sera.

Tuttavia vedo belle ragazze, con tanti muscoli graziosi e ossa minute, con la pelle ben tesa e masse di capelli sottili, che si presentano tutti i giorni con questa loro maschera naturale, posando sempre il medesimo volto sulle medesime palme delle mani quando si riflettono nello specchio.

Solo talvolta, la sera, quando tornano tardi da una festa, essa appare loro, riflessa nello specchio, consunta, gonfia, polverosa, vista da tutti ormai e quasi da non potersi più portare.

Il rifiuto

Quando m'imbatto in una bella ragazza e la prego: «Sii gentile, vieni con me» e lei mi passa dinanzi muta, intende dire:

«Non sei un duca dal nome altisonante, né un massiccio americano con la corporatura indiana, gli occhi dritti, la pelle massaggiata dall'aria dei prati e dei fiumi che li traversano, tu non hai percorso i grandi laghi, di cui ignoro persino l'ubicazione. Quindi, perché dovrei venire con te io, che sono una bella ragazza?»

«Dimentichi che non percorri la strada dondolando con grossi sobbalzi in un'automobile, non vedo neppure i signori della tua corte, stretti nei loro abiti, seguirti formando un semicerchio esatto e mormorando benedizioni su di te; il tuo seno è ben sistemato nel corsetto, ma le tue gambe e i fianchi si prendono la rivincita per quella continenza; indossi un abito di taffetà a pieghe, come piaceva a tutti noi lo scorso autunno, eppure sorridi – con questo pericolo mortale in corpo – ogni tanto».

«Lo so, abbiamo ragione entrambi e per non restare convinti in maniera irrefutabile, ciascuno di noi – non ti pare? dovrà tornarsene a casa da solo».

Riflessioni per cavalieri

Se si riflette, nulla può invogliare di arrivare per primi ad una corsa.

La gloria di essere riconosciuti come il più bravo cavaliere di un paese procura troppa gioia quando la banda si mette a suonare, per poter evitare il rimorso al mattino successivo.

L'invidia degli avversari, gente astuta e piuttosto influente, ci addolora mentre percorriamo a cavallo l'angusto passaggio in direzione dello spiazzo, che poco prima era vuoto, salvo alcuni cavalieri che cavalcano minuscoli sull'orlo dell'orizzonte.

Molti tra i nostri amici s'affrettano a ritirare le loro vincite e ci lanciano, soltanto dietro le spalle, le loro acclamazioni dagli sportelli lontani; gli amici migliori non hanno puntato, però, sul nostro cavallo, temendo di poterci serbare rancore se avessero perduto; poiché il nostro cavallo è arrivato primo e quindi non hanno vinto niente, girano la testa quando gli passiamo davanti e fanno vagare lo sguardo lungo le tribune.

I concorrenti che stanno dietro, saldi sulla sella, cercano di valutare la disgrazia che li ha colpiti e l'ingiustizia che in un certo senso hanno dovuto subire e assumono un atteggiamento riposato, come se dovesse cominciare una nuova corsa, ma veramente seria, dopo questo gioco da ragazzi.

A molte signore il vincitore appare ridicolo, perché s'imbaldanzisce senza sapere, tuttavia, come comportarsi con le continue strette di mano, i saluti, gli inchini, i cenni da lontano; mentre gli sconfitti hanno le labbra serrate e percuotono lievemente il collo dei loro cavalli, quasi sempre nitrenti.

Infine comincia addirittura a piovere dal cielo che si è rannuvolato.

La finestra sulla strada

Chi, vivendo abbandonato, desiderasse ogni tanto allacciare qualche rapporto, chi, in relazione alle diverse ore del giorno, al clima, alle condizioni professionali e via dicendo, bramasse vedere senz'altro un braccio qualsiasi a cui attaccarsi, non potrebbe resistere a lungo senza una finestra sulla strada. E se si trova nella condizione di non cercare niente e si avvicina al suo davanzale, come un essere stanco spostando gli occhi tra il pubblico e il cielo, nulla vuole e ha il capo reclinato un poco all'indietro, tuttavia i cavalli in basso lo trascinano con il loro seguito di veicoli e di frastuono, finalmente verso la concordia umana.

Desiderio di diventare indiano

Se si potesse essere un indiano, subito pronto, sul cavallo in corsa, obliquo nell'aria, continuamente fremendo sul suolo fremente, sino a lasciare gli speroni, perché non ci sono speroni, sino a gettare le redini, perché non ci sono redini e appena si vede la terra di fronte a sé, come una landa rasata, già senza collo né testa di cavallo.

Gli alberi

Giacché siamo come tronchi d'albero sulla neve. In apparenza essi giacciono semplicemente e una spintarella dovrebbe essere sufficiente a smuoverli. No, non è possibile, perché sono attaccati saldamente al suolo. Ma, guarda, anche ciò è solo apparenza.

Essere infelici

Quando non ce la feci proprio più – una volta verso sera in novembre – e correvo, come se fosse una pista, sul tappeto sottile della mia stanza, voltandomi di nuovo, spaventato dalla visione della strada illuminata, e trovavo in fondo alla camera una meta nuova nella profondità dello specchio, gridavo solo per udire il grido al quale nulla risponde e nulla toglie la forza di gridare ed esso sale perciò senza contrappeso e non può cessare neppure quando ammutolisce, proprio in quel punto, nella parte stessa si aprì la porta, in fretta, perché la fretta era necessaria e persino i cavalli delle vetture, dabbasso, sul selciato, s'impennarono come cavalli impazziti durante la battaglia, con le gole abbandonate.

Come un piccolo fantasma, un bambino uscì dal corridoio completamente buio, nel quale la luce non era stata ancora accesa e rimase ritto sulla punta dei piedi sopra un'asse del pavimento, che dondolava impercettibilmente. Subito abbagliato dalla luce crepuscolare della stanza, volle coprirsi il volto con le mani, ma si rasserenò ben presto guardando verso la finestra, dove i vapori sospinti dall'illuminazione stradale si arrestavano finalmente sotto il peso dell'oscurità. Stava in piedi dinanzi la porta aperta poggiandosi col gomito destro alla parete della stanza, lasciando che la corrente d'aria gli lambisse le caviglie e il collo e le tempie.

L'osservai per qualche istante, poi dissi «buon giorno» e presi la mia giacca dal parafuoco, perché non mi andava di farmi vedere seminudo. Rimasi un po' con la bocca spalancata, onde far uscire attraverso essa la mia eccitazione. Sentivo nella saliva un sapore sgradevole e le ciglia mi tremavano sul volto, in poche parole mi mancava soltanto quella visita, veramente attesa.

Il bambino era sempre nello stesso punto presso la parete, premeva la destra sul muro e con le guance imporporate non si saziava di contemplare quanto fosse rugosa la parete bianca sulla quale si era messo a strofinare la punta delle dita. Dissi: «È proprio da me che vuole venire? Non si tratta d'uno sbaglio? È facilissimo sbagliarsi in questa grande casa. Io mi chiamo così e così e abito al terzo piano. Sono proprio io, dunque, la persona che intende visitare?»

«Calma, calma!» esclamò il fanciullo con noncuranza, «è tutto esatto».

«Allora entri nella stanza, vorrei chiudere la porta».

«L'ho chiusa proprio adesso. Non si preoccupi, anzi si distenda».

«Non mi parli di preoccupazioni. È che in questo corridoio abita una quantità di gente e, naturalmente, tutti sono miei conoscenti; la maggior parte torna ora dal lavoro; se sentono parlare in una stanza si credono in diritto di poter aprire la porta senza tanti complimenti per vedere che cosa stia succedendo. È proprio così; questa gente ha lasciato il proprio lavoro quotidiano, a chi mai si assoggetterebbero nella provvisoria libertà serale! D'altronde questo lo sa pure lei. Mi faccia chiudere la porta».

«Che succede? Che ha? Per quanto mi riguarda potrebbe entrare tutta la casa. Inoltre le ripeto: ho già chiuso la porta, crede, forse, di essere l'unico capace di chiuderla? L'ho persino chiusa a chiave».

«Allora va bene. Non chiedo di più. Comunque non c'era bisogno di chiuderla a chiave. Ora si accomodi, visto che è qui. Lei è mio ospite. Si fidi di me. Si sistemi senza alcun timore. Non la costringerò né a restare, né ad andarsene. C'è bisogno che lo dica? Mi conosce così poco?»

«No. Questo non l'avrebbe dovuto dire. Anzi non l'avrebbe dovuto dire assolutamente. Io sono un bambino, a che pro usare tanti complimenti con me?»

«Non è una faccenda tanto grave. Certo, un bambino. Lei, però non è tanto piccolo. Se fosse una fanciulla non dovrebbe rinchiudersi in una stanza insieme a me con tanta faciloneria».

«Non diamoci pensiero per questo. Volevo dire soltanto: non mi sento particolarmente protetto per il semplice fatto di conoscerla tanto bene, questa circostanza le risparmia solo la fatica di mentirmi. Malgrado tutto, lei fa il complimentoso. La pianti, le impongo di piantarla. Aggiunga inoltre che io non la conosco ovunque e da sempre, soprattutto con questo buio. Sarebbe assai meglio che lei facesse un po' di luce. No, forse è preferibile di no. Comunque non mancherò di tener presente che mi ha minacciato».

«Come? Io l'avrei minacciata? Suvvia, la prego! Sono proprio contento che lei sia qui finalmente. Dico □finalmente□; perché è già tanto tardi. Non capisco la ragione per cui sia venuto così tardi. Può darsi che sia stata proprio la gioia a farmi esprimere male e lei abbia capito quindi una cosa del genere. Ammetto anche dieci volte di essermi espresso così; sì, l'ho minacciata di tutto quello che vuole. Purché non si debba litigare, per l'amor del cielo! Ma come può crederlo? Come ha potuto ferirmi a tal punto? Perché vuole per forza guastarmi questi pochi attimi della sua permanenza qui? Un estraneo sarebbe più comprensivo di lei».

«Lo credo bene; non è una novità. Gentile quanto un estraneo lo sono già per natura con lei. E questo lei lo sa, perché dunque la malinconia? Dica che lei vuole recitare la commedia e io me ne vado istantaneamente».

«Come? Osa dirmi anche questo? Lei è un po' troppo ardito. In fin dei conti si trova nella mia stanza. Sta strofinando freneticamente le dita sulla mia parete. La mia stanza, la mia parete! E poi quanto sta dicendo è ridicolo, oltre che impertinente. Lei afferma che è la sua natura a spingerla a parlarmi in questo modo. Davvero? È la sua natura che la spinge? È molto gentile da parte della sua natura. Essendo, però, la sua natura anche la mia, se io per natura sono amabile con lei, lei deve fare lo stesso».

«Secondo lei questo sarebbe essere amabili?»

«Mi riferivo a prima».

«Sa lei come sarà dopo?»

«Io non so nulla».

Mi avviai verso il comodino sul quale accesi una candela. Allora non avevo nella mia stanza né la luce a gas, né quella elettrica. Rimasi per qualche tempo seduto al tavolo, poi mi stancai anche di questo, m'infilai il cappotto, presi il cappello dal divano e spensi la candela. Mentre stavo uscendo inciampai nella gamba di una sedia.

Per le scale incontrai un inquilino che abitava allo stesso piano.

«Esce di nuovo, canaglia?» domandò, poggiandosi sulle gambe, che si trovavano su due gradini diversi.

«Che cosa dovrei fare?» dissi, «ho avuto ora uno spettro nella stanza».

«Lo dice con un tono d'insoddisfazione come se avesse trovato un pelo nella minestra».

«Lei scherza, ma tenga presente che uno spettro è uno spettro».

«Verissimo. Ma che accade se uno non crede affatto negli spettri?»

«Lei ritiene forse che io creda negli spettri? Ma a che cosa mi serve non credere?»

«È semplicissimo. Non deve avere, dunque, più paura se uno spettro viene veramente da lei».

«Sì, ma questa è una paura secondaria. La vera paura è quella della causa dell'apparizione. E questa paura rimane. La sento enormemente dentro di me».

Preso dal nervosismo cominciai a frugare tutte le mie tasche.

«Giacché non aveva paura dell'apparizione stessa, avrebbe potuto benissimo informarsi sulla sua causa!»

«Evidentemente lei non ha mai parlato con gli spettri. Da essi non è mai possibile ottenere un'informazione precisa. È una specie di tira e molla. Questi spettri sembrano dubitare, ancora più di noi, della loro esistenza, il che non dovrebbe recare meraviglia, se si tiene presente quanto sono effimeri».

«Ho sentito, però, che sia possibile nutrirli».

«A questo proposito la sua informazione è esatta. È possibile. Ma chi lo farebbe?»

«Perché no? Se si trattasse, per esempio, di uno spettro femminile», disse dondolandosi sul gradino superiore.

«Ah, già», dissi, «ma anche in questo caso non mi pare opportuno».

Mi misi a riflettere. Il mio conoscente era giunto già così in alto che per vedermi doveva chinarsi sotto una volta delle scale. «Comunque», gridai, «se lei mi porta via il mio spettro lì in alto, tutto è finito tra noi, per sempre».

«Ma è stato solo uno scherzo», affermò ritirando il capo.

«Allora sta bene», dissi, ora sarei potuto andarmene tranquillamente a spasso. Però, sentendomi così solo, preferii risalire e mettermi a dormire.

2. La condanna
(1913)

Un racconto di Franz Kafka.
Per la signorina Felice B.

Era una domenica mattina del momento più bello della primavera. Georg Bendemann, un giovane commerciante, sedeva nella sua stanza al primo piano di una di quelle case basse e snelle che si stendono lungo il fiume in lunga fila e si distinguono l'una dall'altra solo per l'altezza e il colore. Aveva appena terminato una lettera destinata ad un amico di gioventù che viveva all'estero; la chiuse con flemma compiaciuta mettendosi poi a contemplare dalla finestra, i gomiti poggiati sulla scrivania, il fiume, il ponte, le alture sulla riva opposta, coperte di un verde sbiadito.

Rifletteva su quell'amico, che, insoddisfatto della sua esistenza in famiglia, s'era rifugiato in Russia anni addietro. Esercitava un commercio a Pietroburgo, inizialmente ben avviato, ma che in seguito aveva subito un notevole ristagno, secondo le affermazioni stesse dell'amico fatte in occasione delle sue visite in patria, sempre più saltuarie. Così egli si prodigava vanamente in una terra straniera; la sua barba, tagliata all'uso forestiero, copriva a malapena il volto noto dall'infanzia, mentre il colorito giallognolo della pelle sembrava confermare una malattia latente. A suo dire non aveva stretto rapporti attivi con la colonia dei connazionali, né aveva allacciato relazioni di società con le famiglie locali, istradandosi perciò a restar scapolo.

Che cosa scrivere ad un uomo del genere, che aveva palesemente commesso una serie di errori e che si poteva eventualmente compiangere, ma non certo aiutare? Era forse opportuno consigliargli di tornare a casa, trasferire qui la sua esistenza e riprendere tutti gli antichi rapporti amichevoli – il che sarebbe avvenuto senza difficoltà – e affidarsi per il resto all'aiuto degli amici? Ma questo significava dirgli, e la forma più cauta sarebbe stata in fondo la più offensiva, che i suoi precedenti tentativi erano falliti e che era meglio troncarli, che doveva tornare e lasciare che tutti lo giudicassero con una certa meraviglia come un rimpatriato, che i suoi amici si erano mostrati più accorti, mentre lui era soltanto un eterno fanciullo, bisognoso di apprendere la lezione dagli amici rimasti a casa. E si aveva poi la certezza che la pena che gli si procurava servisse a qualcosa? Forse non si sarebbe riusciti neppure a farlo tornare – lui stesso aveva dichiarato di non capire più il modo di vivere del suo paese – così, malgrado tutto, sarebbe rimasto all'estero, amareggiato da tutti quei consigli e sempre più estraniato dagli amici. Ma se avesse seguito effettivamente il suggerimento proposto e, giunto a casa, si fosse sentito oppresso – non per colpa di nessuno, ma per la fatalità delle circostanze – senza riuscire ad affiatarsi nuovamente con gli amici, né a fare a meno di essi, e, soffrendo pertanto continue umiliazioni, fosse venuto a trovarsi senza patria e senza amici, in questo caso non sarebbe stato assai meglio per lui restarsene all'estero? Si poteva pensare che in simili circostanze egli sarebbe riuscito a spuntarla?

Per queste ragioni, desiderando conservare almeno rapporti epistolari con lui, non era possibile comunicargli vere e proprie notizie come quelle che si forniscono senza particolari riguardi anche al più lontano dei conoscenti. L'amico non era tornato in patria da oltre tre anni e giustificava alla meglio questa sua assenza con l'instabilità della situazione politica russa, che a suo dire non permetteva neppure una breve assenza ad un piccolo commerciante come lui, mentre centinaia di migliaia di russi giravano indisturbati per il mondo. Proprio in quei tre anni, diversi mutamenti erano avvenuti per Georg. Della morte della madre, avvenuta circa due anni prima, e in seguito alla quale Georg aveva preso a vivere col vecchio padre, l'amico aveva ricevuto notizia, esprimendo le sue condoglianze con una lettera, ma in maniera tanto scarna che poteva essere giustificata solo pensando che quando si vive lontano un simile evento possa apparire quasi inspiegabile. Proprio da quel momento Georg aveva iniziato ad affrontare ogni cosa con maggiore impegno, soprattutto gli affari. Forse, quando la madre era ancora viva, imponendo la propria volontà nella conduzione della ditta, il padre gli aveva impedito di seguire un'attività propria; forse, il vecchio, pur continuando ad occuparsi degli affari, s'era fatto più discreto dopo la morte della moglie; forse erano state le circostanze fortunate – e questa era l'ipotesi più probabile – ad avere un ruolo decisivo; comunque negli ultimi due anni l'azienda si era sviluppata; il personale era stato raddoppiato, le vendite erano quintuplicate ed un ulteriore progresso era ormai certo.

L'amico, però, non sapeva nulla di questi mutamenti. In passato, forse l'ultima volta era stato in occasione della lettera di condoglianze, aveva cercato di convincere Georg a trasferirsi in Russia, illustrandogli le possibilità di successo che Pietroburgo offriva proprio per il genere di commercio da lui esercitato. Tuttavia le cifre indicate risultavano assai trascurabili se confrontate al giro d'affari che l'azienda di Georg aveva raggiunto. Però egli non aveva avuto il coraggio di raccontare all'amico i suoi successi e se lo avesse fatto con tanto ritardo il suo comportamento avrebbe potuto apparire strano.

Perciò Georg si limitava a descrivere all'amico avvenimenti di poco conto, così come essi si affollano disordinatamente nella memoria, quando si riflette un poco in una tranquilla giornata domenicale. Si proponeva di lasciare intatta l'immagine che l'amico si era fatto della propria città natale in quel lungo lasso di tempo, e alla quale si era ormai assuefatto. Accadde così che Georg annunziasse all'amico, in tre lettere alquanto distanziate tra loro, il fidanzamento di un tizio qualsiasi con una giovane altrettanto indifferente, sicché l'amico all'improvviso prese ad interessarsi di questo fatto contrariamente alle intenzioni di Georg.

Tuttavia egli preferiva scrivere notizie del genere anziché rivelargli di essersi fidanzato lui stesso un mese addietro con una certa signorina Frieda Brandenfeld appartenente ad un'agiata famiglia. Gli accadeva spesso di parlare con lei di questo suo amico e del carattere piuttosto particolare della loro corrispondenza. «Allora non interverrà al nostro matrimonio», diceva lei, «eppure io ho il diritto di conoscere tutti i tuoi amici». «Non mi va di disturbarlo», rispondeva Georg, «cerca di capirmi, probabilmente verrebbe, almeno lo credo, ma si sentirebbe obbligato e non si troverebbe a proprio agio, forse m'invidierebbe e sarebbe scontento e, incapace di soffocare questa sua scontentezza, ripartirebbe solo. Solo, capisci che cosa significhi questo?» «Sì, ma non potrebbe venire a conoscenza in altro modo delle nostre nozze?» «È una possibilità che non posso scartare, ma con il suo modo di vivere mi sembra assai improbabile». «Georg, se tu hai amici simili non avresti dovuto neppure fidanzarti con me». «Sì, è colpa di entrambi, comunque non desidero cambiare neppure ora questo stato di cose». E quando ella soggiunse, ansimando per i propri baci: «Comunque mi addolora lo stesso», egli stimò che fosse veramente opportuno scrivere tutto all'amico. «Sono fatto così e così mi deve accettare», mormorò tra sé, «non posso trasformarmi in un essere che forse si presterebbe meglio ad essere suo amico, di quanto lo sia io stesso».

E infatti nella lunga lettera che scrisse all'amico quella mattina domenicale gli comunicò l'avvenuto fidanzamento con le seguenti parole: «Ho lasciato per ultimo la notizia più bella. Mi sono fidanzato con una certa signorina Frieda Brandenfeld, una giovane appartenente ad una famiglia agiata, che si è stabilita qui parecchio tempo dopo la tua partenza e perciò sarà difficile che tu la conosca. Avrò ancora occasione di fornirti altre informazioni sulla mia fidanzata, oggi ti basti sapere che sono veramente felice e che i nostri rapporti reciproci sono mutati solamente nel senso che tu, invece di avere un amico qualunque, hai un amico felice. Inoltre avrai nella mia fidanzata, che ti saluta cordialmente e presto ti scriverà lei stessa, un'amica sincera e questo non è del tutto trascurabile per uno scapolo. So che diverse sono le ragioni che ti trattengono dal compiere una visita qui da noi, ma le mie nozze non potrebbero rappresentare l'occasione buona per mandare all'aria tutte le remore? Comunque sia, agisci senza farti nessuno scrupolo e regolati come credi meglio».

Georg era rimasto per diverso tempo seduto dinanzi alla scrivania con questa lettera in mano, con il viso rivolto verso la finestra. Al cenno di un conoscente, che, passando, lo aveva salutato dalla strada, aveva appena risposto, con un sorriso assente.

Infine si mise in tasca la lettera e uscì dalla sua stanza per andare in quella del padre, in cui non era entrato da diversi mesi, traversando uno stretto corridoio. Del resto non vi era alcuna ragione particolare perché egli entrasse frequentemente in quella stanza; era continuamente in contatto col padre nell'azienda, consumavano insieme il pasto di mezzogiorno in una trattoria, mentre la sera ciascuno pensava per sé, dopo però, se Georg non se ne andava dagli amici o a trovare la fidanzata come accadeva spesso, i due si trattenevano, di solito, leggendo ciascuno il proprio giornale, per qualche tempo nel soggiorno comune.

Georg si meravigliò di quanto fosse buia la stanza del padre persino in quella mattina piena di sole. Così alta era dunque l'ombra del muro che si ergeva sul lato opposto del minuscolo cortile! Il padre sedeva vicino alla finestra in un angoletto ornato con diversi ricordi della povera mamma, e leggeva il giornale, tenendolo obliquamente dinanzi agli occhi per compensare un certo difetto della vista. Sul tavolo c'erano i resti della prima colazione, che sembrava, però, quasi intatta.

«Ah, sei tu Georg!» disse il padre andandogli subito incontro. Mentre camminava la sua vestaglia pesante si aprì e gli orli gli svolazzarono attorno – «Mio padre è ancor sempre un gigante», pensò Georg.

«Qui c'è un buio insopportabile», disse poi.

«Sì, effettivamente è buio», rispose il padre.

«Hai chiuso anche la finestra?»

«Lo preferisco».

«Fa caldo fuori», disse Georg come se volesse concludere la frase precedente, e si sedette.

Il padre raccolse gli oggetti sparsi della prima colazione e li posò sopra un cassettone.

«Volevo dirti soltanto», proseguì Georg osservando assorto i movimenti del vecchio, «che ho finito per comunicare il mio fidanzamento a Pietroburgo». Estrasse parzialmente la lettera dalla tasca, ma poi ve la fece ricadere.

«Come sarebbe, a Pietroburgo?» chiese il padre.

«Al mio amico», disse Georg scrutando gli occhi del padre. «In ditta è completamente diverso», pensò, «che modo di sedere qui a gambe larghe e le braccia incrociate sul petto!».

«Sì, al tuo amico», disse il padre sottolineando le parole.

«Tu sai, papà, che da principio pensavo di tacergli il mio fidanzamento. Per un riguardo verso di lui, non per altro. Tu stesso rammenterai che è una persona difficile. Mi sono detto: può apprendere il mio fidanzamento da qualcun altro, anche se questo sarebbe piuttosto improbabile, tenendo presente il suo modo di vivere – né lo potrei impedire – però da me direttamente non verrà a saperlo».

«E ora ci hai ripensato?» chiese il padre, posando il grosso giornale sul davanzale e sopra di esso gli occhiali, che coprì con la mano.

«Sì, ci ho ripensato. Mi son detto che se lui è un amico sincero, il mio fidanzamento non può che renderlo felice e non ho più esitato a metterlo al corrente. Però, prima di spedire la lettera ho voluto dirtelo».

«Georg», disse il padre, allargando la bocca sdentata, «stammi a sentire! Sei venuto da me per chiedermi un consiglio in merito a questa faccenda. Ciò ti fa onore. Ma non è nulla, anzi è meno che nulla, se tu non mi dici adesso tutta la verità. Non voglio smuovere delle questioni che qui non c'entrano. Dalla morte della cara mamma sono accadute diverse cose poco simpatiche. Forse verrà il momento anche per esse, forse verrà prima di quanto crediamo. Nella ditta qualcosa mi sfugge, forse non mi viene nascosta – non desidero avanzare l'ipotesi che mi venga nascosta di proposito – non ho più le forze di un tempo, la mia memoria lascia a desiderare, non sono più capace di afferrare tutte le questioni. Ciò è dovuto al fatale corso della natura e anche al fatto che la morte della mammina mi ha colpito più gravemente di quanto sia accaduto a te. Siccome dobbiamo discutere di questo problema, della tua lettera cioè, Georg, ti prego di non ingannarmi. Si tratta di una sciocchezza sulla quale non merita sprecar fiato, perciò non ingannarmi. Hai veramente questo amico a Pietroburgo?»

Georg si alzò imbarazzato. «Lasciamo perdere i miei amici. Mille amici non potrebbero rimpiazzare mio padre. Sai che cosa penso? Tu non ti riguardi abbastanza, tuttavia l'età ha le sue esigenze. Sai benissimo di essermi indispensabile nella ditta, ma se gli affari dovessero minacciare la tua salute, chiudo tutto da domani mattina. Così non va. Dobbiamo cambiare il tuo modo di vivere, radicalmente. Stai qui seduto all'oscuro, mentre il soggiorno è pieno di luce. Pilucchi la colazione, invece di nutrirti come si deve. Stai seduto davanti alla finestra chiusa, mentre l'aria ti farebbe tanto bene. No, papà! Chiamerò il dottore e seguiremo le sue prescrizioni. Cambieremo le stanze, tu ti trasferirai in quella che si affaccia sulla strada e io verrò qui. Il mutamento non ti disturberà, perché porteremo di là tutte le tue cose. Ma c'è tempo per tutto questo, ora sdraiati un poco sul letto, hai assoluto bisogno di riposarti. Vieni, ti aiuterò a spogliarti, vedrai che ne sono capace. Oppure preferisci andare subito nella stanza davanti e coricarti provvisoriamente sul mio letto? Mi pare una soluzione ragionevole».

Georg si trovava vicinissimo al padre, che aveva lasciato cadere sul petto il capo con i capelli bianchi e arruffati.

«Georg», sussurrò il padre, senza muoversi.

Georg s'inginocchiò subito accanto al padre; scorgeva nel suo volto stanco le pupille dilatate agli angoli degli occhi, che lo fissavano.

«Tu non hai un amico a Pietroburgo. Sei sempre stato un burlone e non hai saputo frenarti neanche con me. Come potresti avere un amico proprio là. Non posso proprio crederci».

«Cerca di ricordare, papà», disse Georg sollevando il padre dalla sedia e sfilandogli la vestaglia mentre se ne stava faticosamente eretto, «circa tre anni fa il mio amico è venuto qui in visita. Mi rammento ancora che non t'era simpatico. Almeno due volte ti ho negato che ci fosse, mentre stava nella mia stanza. Capivo benissimo la tua avversione nei suoi confronti, il mio amico ha le sue bizzarrie. Tuttavia, dopo ti sei intrattenuto piacevolmente con lui. Ero così fiero che tu lo ascoltassi, annuissi e gli ponessi delle domande. Se rifletti, te ne dovresti ricordare. Egli raccontava allora storie incredibili delle rivoluzioni in Russia. Come, per esempio, quando nel corso di un viaggio d'affari a Kiev vide durante un tumulto un sacerdote sopra un balcone, che si faceva due grossi tagli a forma di croce sul palmo della mano e poi, sollevando la mano insanguinata, si fosse messo ad arringare la folla. Tu stesso hai ripetuto ogni tanto questa storia».

Nel frattempo Georg era riuscito a far sedere nuovamente il padre e a togliergli delicatamente i pantaloni di maglia, che indossava sopra le mutande di lino, e le calze. Nel vedere la biancheria non troppo pulita, si rimproverò di aver trascurato il padre. Indubbiamente era anche suo dovere sorvegliare il cambio della biancheria del genitore. Non aveva ancora parlato apertamente con la fidanzata in merito alla futura sistemazione del padre, perché avevano tacitamente supposto che egli sarebbe rimasto da solo nel vecchio appartamento. Tuttavia ora prese improvvisamente la decisione irrevocabile di prendere con sé il padre nella nuova casa. A guardar le cose con attenzione, pareva quasi che le cure che sarebbero state predisposte là per il padre, potessero giungere troppo tardi.

Portò il padre a letto tenendolo fra le braccia. Mentre compiva i pochi passi verso il letto fu preso da una sensazione di enorme disagio accorgendosi che il padre si era messo a giocherellare con la catena dell'orologio, sul suo petto. Non riuscì a far coricare subito il vecchio nel letto, tanto forte egli s'era avvinghiato a quella catena.

Appena fu a letto, però, tutto parve concludersi felicemente. Egli si coprì da solo e si tirò poi la coperta molto più in su delle spalle. Il suo sguardo rivolto verso Georg non era privo di cordialità.

«È vero che ora ti ricordi di lui?» chiese Georg ammiccando con fare incoraggiante.

«Sono coperto bene adesso?» chiese il padre come se non riuscisse a vedere se i piedi fossero sufficientemente coperti.

«Allora sei contento di stare a letto», disse Georg, sistemando meglio le coperte.

«Sono coperto bene?» chiese di nuovo il padre e sembrava dare molta importanza alla risposta.

«Stai tranquillo. Sei ben coperto».

«No!» urlò il padre e la risposta si scontrò con la domanda, scagliò indietro la coperta con tanta forza che in volo essa si aprì tutta, e si alzò in piedi sul letto. Teneva soltanto una mano poggiata leggermente al soffitto. «Tu volevi ricoprirmi, lo so, mio germoglio, ma non sono ancora ricoperto. E anche se sono le ultime energie, per te bastano, sono anche troppe. Certamente conosco il tuo amico. Sarebbe stato il figlio ideale per me. Ecco perché lo hai ingannato per tutti questi anni. Altrimenti per quale ragione l'avresti fatto? Credi che non abbia pianto per lui? Perciò ti chiudi nel tuo ufficio e nessuno ti deve disturbare, il principale è occupato... solo per stilare le tue false letterine da mandare in Russia. Per fortuna nessuno deve insegnare a un padre a leggere nell'animo del figlio. Quando hai ritenuto di averlo calpestato, calpestato al punto da potertici adagiare sopra col sedere senza che si potesse muovere, allora il mio signor figlio s'è deciso a prender moglie!»

Georg alzò lo sguardo verso l'immagine terrificante del padre. L'amico di Pietroburgo, che ad un tratto il padre conosceva così bene, lo scosse come non era mai capitato prima. Lo vide smarrito nella vasta Russia. Lo vide sulla soglia del negozio vuoto, saccheggiato. Era ancora in piedi fra gli scaffali distrutti, le merci strappate, le lampade a gas penzolanti. Perché mai era andato tanto lontano!

«Ma guardami in faccia!» gridò il padre e Georg corse quasi distrattamente verso il letto per afferrare tutto, ma si fermò a metà strada.

«Perché ha alzato le sottane», insinuò il padre, «perché ha alzato così le sottane, quell'oca schifosa», e per descrivere quanto diceva sollevò la camicia al punto di scoprire la ferita di guerra che aveva sulla coscia, «perché ha alzato le sottane così e così e così, ti sei accostato a quella ragazza e per poterti soddisfare con lei senza essere disturbato hai disonorato la memoria di tua madre, tradito l'amico, ficcato a letto tuo padre, affinché non si possa muovere più. Ma ti sembra che egli sia ancora capace di muoversi oppure no?»

Ormai stava ritto senza sostenersi e dimenava le gambe, raggiante per il suo acume.

Georg s'era rifugiato in un angolo, più lontano possibile dal padre. Da un pezzo s'era proposto con fermezza di osservare tutto attentamente per non essere preso alla sprovvista, per vie traverse, da dietro oppure dall'alto. Ora si rammentò nuovamente del proposito scordato da tempo e lo scordò, come si tira un filo troppo corto attraverso la cruna d'un ago.

«Tuttavia l'amico non è affatto tradito!» gridò il padre, e rinforzò la sua asserzione scuotendo l'indice. «Ero io il suo rappresentante qui».

«Commediante!» non poté far a meno d'esclamare Georg; si rese subito conto dell'errore e si morse troppo tardi – con gli occhi sbarrati – la lingua, tanto da piegarsi per il dolore.

«Sì, certo, ho recitato la commedia! La commedia! È la parola giusta! Quale altra consolazione restava al vecchio padre rimasto vedovo? Dimmi – e nel darmi la risposta sii ancora per quell'attimo il mio amato figliuolo – che cosa mi restava, nella mia stanza sul retro, perseguitato dal personale infedele, vecchio sin dentro alle ossa? E mio figlio andava per il mondo pieno di giubilo, concludeva affari, che io avevo preparato, faceva capriole di gioia e si presentava al padre con la faccia severa di un galantuomo! Credi che non ti abbia amato, io che ti ho generato?»

«Ora si curverà in avanti», pensò Georg, «se soltanto cadesse e si schiantasse!» questa parola gli passò per la testa come un sibilo.

Il padre si curvò in avanti, ma non cadde. Vedendo che, contrariamente a quanto s'era aspettato, il figlio non s'era avvicinato, il vecchio si raddrizzò.

«Rimani dove sei, non ho bisogno di te! Credi di aver ancora forza di venire qui e che ti trattieni solo perché non desideri farlo? Non illuderti! Sono ancora io il più forte. Se fossi stato solo forse avrei dovuto rinunciare, ma la mamma mi ha ceduto le sue forze; col tuo amico ho stretto una magnifica alleanza e la tua clientela ce l'ho qui in tasca!»

«Ha le tasche persino nella camicia!» borbottò Georg, e pensò che fosse sufficiente questa osservazione per renderlo inverosimile davanti a tutto il mondo. Lo pensò solo per un attimo, perché continuava a scordare tutto.

«Stringiti pure alla tua fidanzata e vienimi incontro! La spazzo via dal tuo fianco senza che tu riesca a capire come!»

Georg fece una smorfia mostrandosi alquanto scettico. Il padre accennò con la testa verso il cantuccio dove stava il figlio, come se volesse ribadire l'esattezza di quanto aveva detto.

«Oggi mi hai proprio divertito quando sei venuto a chiedermi se fosse opportuno annunciare all'amico il tuo fidanzamento. Egli sa già tutto, sciocchino, sa tutto! Gli ho scritto io, perché hai dimenticato di togliermi il necessario per scrivere. Questa è la ragione per cui non torna più da anni; sa tutto cento volte meglio di te; spiegazza la tua lettera con la sinistra, senza leggerla, mentre legge la mia, che stringe nella destra!»

Tutto infervorato il vecchio agitò il braccio sopra la testa. «Sa tutto mille volte meglio di te!» gridò.

«Diecimila volte!» bofonchiò ironicamente Georg, ma le sue parole avevano un tono serissimo.

«Da anni attendevo che tu mi ponessi quella domanda. Pensi che mi sia mai curato d'altro? Credi che legga i giornali? Guarda!» e gettò verso Georg un foglio di giornale, portato chi sa come nel letto. Un vecchio giornale dal titolo ormai quasi sconosciuto a Georg.

«Quanto hai indugiato prima di diventare maturo! La mamma ha dovuto morire senza conoscere questo giorno felice; il tuo amico si sta distruggendo nella sua Russia, già tre anni fa era giallo da far paura, e io, lo vedi tu stesso come sono ridotto. Hai ancora occhi per vedere!»

«Dunque, mi hai sempre sorvegliato!» esclamò Georg.

Il padre mormorò incidentalmente in tono di compassione: «Forse avresti voluto dirlo prima. Ora è proprio fuori luogo». E con voce più tonante: «Adesso sai che cosa ci fosse oltre a te, sino ad ora sapevi solo di te stesso! Eri realmente una creatura innocente, ma ancora più realmente eri un essere diabolico! Perciò sappi: io ti condanno a morte per annegamento!»

Georg si sentì scacciato dalla stanza, il tonfo col quale il padre ricadde sul letto gli risonò a lungo nelle orecchie. Sulle scale, che percorse precipitosamente come se fossero un piano inclinato, travolse la sua domestica intenta a salire per riordinare l'appartamento dopo la notte. «Gesù!» urlò la donna coprendosi il volto col grembiule, ma Georg era già lontano. Balzò fuori dal portone, attraversò i binari, attirato irresistibilmente verso l'acqua. Già stringeva la ringhiera, come un affamato fa con il cibo. La scavalcò con uno slancio degno del bravo ginnasta che era stato in gioventù, quando colmava d'orgoglio il cuore dei genitori. Si teneva ancora sospeso con le mani che si facevano sempre più deboli; tra le sbarre della ringhiera, scorse un autobus che avrebbe potuto facilmente coprire il rumore della sua caduta, quindi sussurrò: «Cari genitori, eppure vi ho sempre amato», e si lasciò precipitare.

In quel momento il ponte era percorso da un traffico intensissimo.

3. Il fochista
Un frammento (1913)

Quando il sedicenne Karl Rossmann, mandato in America dai suoi poveri genitori perché era stato sedotto da una domestica, che poi aveva avuto un figlio da lui, entrò nel porto di New York sulla nave che stava già rallentando, gli parve che la statua della Libertà, che già stava osservando da diverso tempo, si fosse illuminata più intensamente sotto la luce del sole. Il suo braccio con la spada[1] sembrava sovrastare tutto, e il vento, privo d'ostacoli, mulinava intorno alla sua figura.

«Quant'è alta!» mormorò tra sé e, sebbene non pensasse ancora di dover scendere, fu sospinto man mano verso il parapetto dalla massa sempre crescente di facchini che gli passavano davanti.

Mentre lo superava, un giovanotto conosciuto superficialmente durante il viaggio gli disse: «Non ha ancora voglia di sbarcare?». «Sono pronto», rispose Karl sorridendo e, poiché era un giovane robusto, sollevò con ostentazione la sua valigia sulla spalla. Guardando, però, in direzione del suo conoscente, che si stava allontanando con gli altri dondolando un bastone, si accorse costernato di aver dimenticato il proprio ombrello giù nella nave. Pregò frettolosamente il conoscente, che non sembrava esserne molto entusiasta, di usargli la cortesia di attenderlo per qualche minuto accanto alla valigia, lanciò uno sguardo panoramico per assicurarsi di ritrovare la strada del ritorno e corse via. Arrivato in basso ebbe la brutta sorpresa di trovare sbarrato per la prima volta un corridoio che avrebbe accorciato di molto il suo tragitto e, a causa di questo ostacolo, dovuto probabilmente allo sbarco dei passeggeri, fu obbligato a cercare faticosamente la direzione giusta su e giù per scalette, che si susseguivano senza interruzione, lungo corridoi sinuosi, attraverso una cabina vuota nella quale c'era solo una scrivania abbandonata, finché si smarrì del tutto avendo fatto

[1] In realtà, come tutti sanno, la statua della Libertà nel porto di New York sorregge una fiaccola e non una spada (*n.d.t.*).

quel percorso una volta o due soltanto e sempre in compagnia di altre persone. Nella sua disperazione e poiché non incontrava nessuno, mentre sentiva sopra di sé lo scalpiccìo di migliaia di piedi e udiva in lontananza gli ultimi singulti delle macchine ormai ferme, si mise a bussare, senza riflettere, ad una porta qualsiasi, davanti alla quale s'era fermato per caso durante il suo vagare.

«È aperto», gridò qualcuno da dentro e Karl aprì la porta con un sospiro di sollievo. «Perché bussa come un matto?» chiese un uomo gigantesco appena scorse Karl. La misera cabina era malamente illuminata da una luce opaca che cadeva dal soffitto e sembrava essersi già logorata nella parte alta della nave; l'arredamento era composto da una cuccetta, un armadio e una sedia che parevano stivati insieme all'uomo in quello spazio angusto. «Mi sono smarrito», disse Karl, «durante il viaggio non mi sono reso conto che la nave fosse tanto grande». «Sì, ha proprio ragione», confermò l'uomo con una punta d'orgoglio senza smettere di applicarsi attorno alla serratura di una valigetta, che premeva continuamente con entrambe le mani nella speranza di udire lo scatto della molla. «Ma, entri!» proseguì l'uomo, «non vorrà starsene là fuori!» «Disturbo?» chiese Karl. «Ah, cosa vuole disturbare!» «Lei è tedesco?» volle accertarsi ancora Karl, perché era stato messo in guardia contro i pericoli cui vanno incontro i nuovi arrivati in America, specialmente con gli irlandesi. «Sì lo sono, lo sono», asserì l'uomo. Karl esitava ancora. Allora l'uomo afferrò la maniglia e con la porta, che poi richiuse rapidamente, tirò dentro anche Karl. «Non sopporto che mi si guardi dal corridoio», disse l'uomo riprendendo le sue manipolazioni con la valigia, «tutti passano davanti e sbirciano dentro, è proprio intollerabile!» «Ma il corridoio è completamente vuoto», disse Karl che si trovava in una posizione molto scomoda, schiacciato contro la spalliera della cuccetta. «Sì, adesso», replicò l'uomo. «Ma se si tratta proprio di adesso», pensò Karl, «non è facile parlare con quest'uomo». «Si metta sulla cuccetta, così avrà più posto», suggerì l'uomo. Karl s'arrampicò come meglio poteva e si mise a ridere del suo primo tentativo fallito di saltar su. Ma appena si trovò sopra esclamò: «Santo Cielo, mi sono completamente scordato della valigia!» «Dove si trova?» «Sopra, sul ponte, un mio conoscente la sta sorvegliando. Come si chiama, poi, quel tale?» E tolse il biglietto da visita dalla tasca segreta, che la mamma gli aveva cucito, in occasione del viaggio, dentro la fodera. «Butterbaum, Franz Butterbaum». «Le serve molto la valigia?» «Certamente». «Allora perché l'ha affidata ad un estraneo?» «Avevo dimenticato in basso il mio ombrello e sono corso a prenderlo, però non volevo trascinare con me anche la valigia. Poi mi sono anche smarrito». «È solo? Non ha nessuno che l'accompagna?» «Sì, sono solo». «Forse farei bene a star vicino a quest'uomo», considerò Karl, «dove potrei trovar subito un amico migliore?» «E ora ha perduto anche la valigia. Non voglio neanche parlare dell'ombrello». L'uomo s'accomodò sulla sedia come se ora gli affari di Karl avessero assunto un certo interesse per lui. «Non credo, però, che la mia valigia sia persa ormai». «Beati coloro che credono», disse l'uomo grattandosi energicamente i folti e corti capelli neri. «Sulla nave i costumi mutano insieme ai porti. Ad Amburgo il suo Butterbaum avrebbe probabilmente sorvegliato la sua valigia, qui forse sono scomparsi entrambi».

«Allora devo salire subito a vedere», disse Karl e si guardò attorno per trovare il modo migliore di uscire. «Rimanga qui», disse l'uomo dandogli una spinta quasi brutale sul petto e facendolo ricadere sulla cuccetta. «Perché mai?» chiese Karl irritato. «Perché è inutile», rispose l'uomo, «tra poco salirò anch'io in coperta, e andremo assieme. Se la valigia è stata rubata non c'è più nulla da fare, ma se quello l'ha lasciata stare sarà più facile trovarla quando la nave sarà completamente vuota. E anche il suo ombrello». «Lei sa girare per la nave?» domandò Karl alquanto diffidente. Gli sembrava che quella proposta abbastanza convincente di poter trovare con maggiore facilità la sua roba nella nave vuota, nascondesse qualche imbroglio. «Io sono un fochista», disse l'uomo. «Lei è un fochista!» esclamò Karl rincorato, come se quella rivelazione superasse ogni sua speranza e si sollevò su un gomito per esaminare meglio l'uomo. «Proprio davanti alla cabina dove dormivo con lo slovacco c'era uno sportello dal quale si poteva vedere la sala macchine». «Sì, io lavoravo là», confermò il fochista. «Ho sempre provato molto interesse per la tecnica», soggiunse Karl, il cui pensiero seguiva un certo filo, «e sarei diventato ingegnere se non fossi dovuto partire per l'America». «Perché mai è dovuto partire?» «Bah!» borbottò Karl, allontanando da sé tutta la storia con un gesto della mano. Nel medesimo tempo sorrideva al fochista come se volesse chiedergli indulgenza per quello che non gli rivelava. «Ci sarà stato un motivo», disse il fochista e non si capiva bene se con queste parole egli chiedesse o rifiutasse la spiegazione di quel motivo. «Adesso potrei diventare anche fochista», disse Karl, «ai miei genitori non importa più niente che cosa diventerò». «Il mio posto si renderà disponibile», disse il fochista; e, tutto compreso di quanto aveva detto, infilò le mani nelle tasche dei pantaloni e poggiò sulla cuccetta le gambe coperte da un paio di calzoni color ferro, fatti di una stoffa simile al cuoio e tutti spiegazzati. Karl dovette addossarsi di più alla parete. «Lei lascia la nave?» «Sissignore, ce ne andiamo oggi». «Perché? Non le piace qui?» «Spesso le situazioni non permettono ad uno di decidere se gli piaccia o non gli piaccia. D'altronde lei ha ragione, non mi piace neanche. Probabilmente lei non pensa sul serio di diventare fochista, ma proprio in questo caso lo si può diventare più facilmente. Io glielo sconsiglio decisamente. Se voleva studiare in Europa, perché non potrebbe farlo anche qui? Le università americane sono di gran lunga migliori di quelle europee». «È possibile», rispose Karl, «ma non dispongo di denaro per studiare. Ho letto, sì, di gente che lavora di giorno e studia di notte e diventa dottore e persino sindaco, ma per far questo ci vuole molta costanza, non le pare? Ho paura di non averne abbastanza. Inoltre non sono stato uno scolaro particolarmente diligente, non mi è costato molto abbandonare la scuola. E le scuole qui sono forse ancora più severe. Non conosco quasi l'inglese. Infine ritengo che qui siano molto prevenuti nei confronti degli stranieri». «Se n'è già accorto? Allora va tutto bene. Andiamo perfettamente d'accordo. Guardi, ci troviamo su una nave tedesca che appartiene alla *Hamburg-Amerika-Linie*, perché allora non siamo tutti tedeschi qui? Perché il capo macchinista è un rumeno? Si chiama Schubal. È una faccenda inverosimile. E questo farabutto maltratta noi tedeschi su una nave tedesca! Non creda», si sentì quasi soffocare e agitò una mano, «che io mi lamenti per il gusto di lamentarmi. So che lei non ha alcuna autorità ed è solo un povero ragazzo. Ma è troppo!» E batté più volte il pugno sul tavolo senza staccare gli occhi dalla propria mano. «Ho prestato servizio su tante navi», e snocciolò venti nomi come se fossero una sola parola, Karl si sentiva tutto confuso; «mi sono sempre distinto, ho ricevuto elogi, ho sempre risposto alle aspettative dei miei capitani, sono rimasto persino diversi anni sulla stessa nave a vela» – si alzò in piedi come se quello fosse stato l'apice della sua vita – «e qui su questo trabiccolo, dove tutto va a macchina, dove non si richiedono prestazioni particolari, qui non valgo nulla, qui sono sempre d'impiccio a questo Schubal, sono uno scansafatiche, merito di essere licenziato e mi pagano il mio salario per misericordia. Lei riesce a capirne la ragione? Io no». «Lei non deve permettere che la trattino così», affermò Karl tutto agitato. Karl si sentiva tanto a suo agio nella cuccetta del fochista, da non rendersi quasi più conto di essere sul pavimento malsicuro di un bastimento all'ancora in un continente a lui sconosciuto. «È stato già dal capitano? Ha fatto valere i suoi diritti con lui?» «Ah, se ne vada. Non la voglio più qui. Non ascolta neanche quello che dico e pretende di darmi consigli. Come potrei andare dal capitano!» E il fochista si rimise a sedere, con aria stanca, nascondendosi il volto tra le mani.

«Non saprei certo dargli un consiglio migliore», disse Karl fra sé. E pensò che avrebbe fatto assai meglio ad andare a prendere la valigia piuttosto di dare consigli che erano considerati stupidi. Quando suo padre gli aveva consegnato definitivamente la valigia gli aveva chiesto scherzando: «Quanto ti durerà?», e ora, forse, quella valigia così cara era perduta per davvero. L'unica consolazione che gli restava era che il padre non sarebbe venuto a conoscenza della situazione in cui si trovava, neppure se avesse svolto delle ricerche. L'unica informazione che la società di navigazione avrebbe potuto fornirgli era che Karl era giunto a New York. Gli dispiaceva, però, di non aver quasi utilizzato gli oggetti contenuti nella valigia, sebbene, ad esempio, avesse avuto da tempo bisogno di mutarsi la camicia. A questo proposito aveva fatto una economia sbagliata; proprio ora, al principio della sua carriera, quando avrebbe avuto maggior necessità di presentarsi ordinato, sarebbe dovuto comparire con una camicia sporca. Per il resto la perdita della camicia non era poi tanto grave, perché il vestito che indossava era senz'altro migliore di quello contenuto nella valigia, che era soltanto un vestito da strapazzo e sua madre aveva dovuto rammendarlo anche poco prima della partenza. Si ricordò, inoltre, che nella valigia c'era rimasto un pezzo di salame di Verona, un regalo della mamma, di cui aveva mangiato solo una parte minima, perché gli era mancato l'appetito durante il viaggio e la zuppa che distribuivano a bordo gli era bastata. Ora avrebbe preferito poter disporre del salame per offrirlo al fochista. Era facile accattivarsi la simpatia di uomini di quel genere; questo Karl l'aveva appreso dal padre, che con il dono di un paio di sigari riusciva ad ingraziarsi tutti gli impiegati di rango inferiore con i quali doveva trattare per ragioni professionali. Adesso Karl non aveva da regalare altro che il suo denaro e per il momento non intendeva intaccare il peculio, tanto più che la valigia poteva essere andata smarrita. Così i suoi pensieri tornarono alla valigia ed egli non riusciva proprio a spiegarsi come mai durante il viaggio l'avesse sorvegliata con tanta attenzione, rinunciando quasi a dormire, mentre poi se l'era lasciata portar via con tanta leggerezza. Si ricordava delle cinque notti, durante le quali aveva sospettato continuamente di un piccolo slovacco che dormiva alla sua sinistra a due letti di distanza, perché temeva che gli volesse rubare la valigia. Secondo lui lo slovacco aspettava soltanto che la stanchezza avesse il sopravvento per tirare verso di sé la valigia con un lungo bastone, col quale giocherellava durante il giorno. Alla luce del sole lo slovacco aveva un aspetto innocuo, ma appena calava la notte, egli si sollevava di tanto in tanto dal suo giaciglio e fissava con aria malinconica la valigia di Karl. Questi se n'era potuto accorgere facilmente, perché c'era sempre qualcuno che, preso dalla tipica inquietudine degli emigranti, accendeva una luce, sebbene ciò fosse proibito dai regolamenti di bordo, cercando di decifrare gli incomprensibili prospetti delle agenzie d'emigrazione. Se una di queste luci si trovava nelle immediate vicinanze di Karl, allora egli poteva appisolarsi, ma se la luce era lontana, oppure mancava del tutto, allora doveva tenere gli occhi ben aperti. Questa tensione l'aveva notevolmente esaurito e pensare che forse era stata del tutto inutile. Quel Butterbaum, se un giorno fosse riuscito a trovarlo in qualche posto!

In quell'attimo risonarono fuori in lontananza nell'assoluto silenzio dei piccoli colpi brevi, come di piedini infantili, poi si avvicinarono con un rimbombo più cupo e infine divennero una marcia tranquilla di uomini. Procedevano evidentemente, a causa della strettezza del corridoio, in fila indiana. Si poteva udire anche un tintinnìo metallico, come di armi. Karl che stava per abbandonarsi nella cuccetta ad un sonno libero da tutti i crucci per la valigia e lo slovacco, sussultò e dette una spinta al fochista per attirare la sua attenzione, giacché l'avanguardia del corteo pareva essere giunta già davanti alla porta. «È l'orchestra della nave», spiegò il fochista, «hanno suonato sul ponte e ora vanno a fare i bagagli. Adesso tutto è finito e possiamo andare. Venga!» Prese Karl per mano, staccò all'ultimo minuto dalla parete sopra il letto un quadretto della Madonna e se lo cacciò nella tasca della giacca, afferrò la sua valigia e uscì in fretta dalla cabina con Karl.

«Ora vado in ufficio e dirò a quei signori come la penso. Non vi sono più passeggeri e non c'è più bisogno di avere riguardi.» Ripeté più volte questa frase e mentre camminava tentò di schiacciare con un calcio laterale un topo che gli aveva attraversato la strada, ma riuscì soltanto a spingerlo più rapidamente nel suo buco, che aveva raggiunto a tempo. Egli era lento nei movimenti e sebbene avesse le gambe lunghe era troppo pesante.

Attraversarono un reparto della cucina, dove alcune ragazze dai grembiali sudici – li sporcavano apposta – lavavano le stoviglie in grandi catini. Il fochista chiamò una certa Line, le mise un braccio intorno ai fianchi e la condusse con sé per un pezzo mentre la ragazza si stringeva a lui con civetteria. «Adesso ci danno la paga, vuoi venire anche tu?» le chiese. «Perché dovrei affannarmi? Portami tu i soldi qui», rispose sgusciando dal suo braccio e scappando via. «Dove hai pescato quel bel ragazzo?» gridò correndo, senza attendere la risposta. Si sentirono le risate di tutte le giovani che avevano interrotto il proprio lavoro.

I due proseguirono e giunsero davanti ad una porta con un'architrave sorretta da due cariatidi dorate. Quegli elementi decorativi sembravano alquanto spropositati per un bastimento. Karl si accorse di non essere mai stato da quelle parti, che durante il viaggio erano probabilmente riservate ai passeggeri di prima e di seconda classe, mentre ora le barriere erano state tolte per facilitare la pulizia della nave. Infatti avevano già incontrato alcuni uomini che portavano una scopa sulla spalla e avevano salutato il fochista. Karl si stupiva di quel gran movimento, di cui non aveva avuto affatto sentore nella parte del bastimento in cui aveva trascorso il viaggio. Lungo i corridoi c'erano anche i fili delle condutture elettriche e si sentiva continuamente il rintocco di una piccola campana.

Il fochista bussò rispettosamente alla porta e quando sentì rispondere «avanti» invitò Karl, con un gesto della mano, ad entrare senza timore. Questi lo fece, ma si fermò sulla soglia. Attraverso le tre finestre della stanza scorse le onde e la visione del loro allegro movimento gli fece provare un tuffo al cuore, come se non avesse visto ininterrottamente il mare per cinque lunghi giorni. Grandi navi s'incrociavano reciprocamente e cedevano all'urto delle onde proporzionalmente alla loro stazza. Socchiudendo gli occhi sembrava che quelle navi oscillassero a causa del loro gran peso. Sull'albero maestro avevano bandiere sottili e lunghe, che, sebbene tese dal vento, guizzavano di tanto in tanto. Salve di saluto provenivano forse da navi da guerra, i cannoni di una di queste, scintillanti nel riflesso del loro manto d'acciaio, erano come carezzati dalla navigazione sicura, liscia, per quanto non perfettamente orizzontale. Dalla porta si potevano osservare solo in lontananza le navi più piccole e le barche, che affluivano in massa negli spazi lasciati liberi dai piroscafi più grandi. Dietro a tutto questo c'era New York, che fissava Karl con le centomila finestre dei suoi grattacieli. Sì, in quella stanza si sapeva proprio dove ci si trovava.

Intorno ad un tavolo rotondo sedevano tre signori, un ufficiale della nave con la divisa azzurra e due funzionari portuali con la divisa nera, americana. Sul tavolo si trovava una pila di documenti che l'ufficiale scorreva con una penna in mano prima di consegnarli agli altri due, che ora li leggevano, ora prendevano qualche appunto, ora li mettevano in una delle loro cartelle, oppure uno dei due, che faceva quasi ininterrottamente un leggero rumore coi denti, dettava al collega qualcosa da mettere a verbale.

Davanti alla finestra stava seduto ad una scrivania, con la schiena verso la porta, un signore più piccolo, che maneggiava dei grossi registri allineati sopra un robusto scaffale accanto a lui. Vicino c'era una cassaforte aperta e apparentemente vuota.

La seconda finestra era vuota e offriva la vista migliore. Vicino alla terza, invece, c'erano due signori che conversavano piano tra loro. Uno era poggiato a un lato della finestra, indossava anche lui l'uniforme della nave e giocherellava con l'elsa della spada. Il suo interlocutore era rivolto verso la finestra e, muovendosi, scopriva di tanto in tanto la fila di decorazioni sul petto dell'altro. Indossava abiti civili e aveva una sottile canna di bambù, che sporgeva come una spada perché teneva entrambe le mani sui fianchi.

Karl non ebbe molto tempo per guardare tutto poiché un usciere si avvicinò a loro quasi subito e chiese al fochista che cosa volesse, dandogli un'occhiataccia come per significargli che quello non era un posto per lui. Il fochista rispose sottovoce, come era stato interrogato, che desiderava parlare con il signor cassiere capo. Per parte sua l'usciere respinse la preghiera con un gesto della mano, tuttavia si avviò in punta di piedi, evitando con un ampio giro il tavolo tondo, verso il signore con i registri. Quel signore – lo si vide chiaramente – s'irrigidì nell'ascoltare le parole dell'usciere, infine si girò verso l'uomo che aveva espresso il desiderio di parlargli e fece un gesto di ripulsa verso il fochista e per sicurezza anche verso l'usciere. Questi tornò dal fochista e gli sussurrò, come se volesse confidargli qualcosa: «Esca immediatamente da questa stanza!»

Dopo questa risposta il fochista guardò Karl, come se questi fosse il suo cuore al quale confidava muto le sue pene. Senza ulteriori esitazioni Karl si staccò dal gruppo e attraversò la stanza di corsa, urtando leggermente la sedia dell'ufficiale; l'usciere lo rincorse curvo in avanti e con le braccia spalancate, come se cacciasse un insetto, ma Karl arrivò per primo alla scrivania del cassiere capo, alla quale si afferrò, nel caso l'usciere tentasse di trascinarlo via.

Naturalmente tutta la stanza si animò subito. L'ufficiale al tavolo era balzato in piedi, i funzionari del porto osservavano tranquilli, ma interessati, i due signori alla finestra si erano affiancati, mentre l'usciere, ritenendo di essere fuori posto ora che delle persone così importanti erano subentrate, si tirò indietro. Il fochista ancora sulla porta aspettava fremente il momento in cui sarebbe stato necessario il suo intervento. Il cassiere capo fece finalmente un mezzo giro verso destra con la sua poltrona.

Karl estrasse dalla sua tasca segreta, che non esitò a rivelare agli sguardi di quella gente, il proprio passaporto e lo posò aperto sulla scrivania a guisa di presentazione. Il cassiere capo mostrò scarso interesse per il documento spingendolo da parte con due dita, e allora Karl intascò il passaporto, come se questa formalità fosse stata assolta positivamente.

«Mi permetto di far presente», esordì «che a mio avviso è stato fatto un torto al signor fochista. C'è qui un certo Schubal che lo tormenta. Lui stesso ha già prestato lodevolmente servizio su molte navi, che vi potrà elencare una per una, è diligente, attaccato al lavoro e non si può davvero capire perché non possa andare bene su questa nave, dove il servizio non è eccezionalmente difficile, come ad esempio sui velieri. Deve trattarsi di una calunnia che gli impedisce di progredire e lo priva di quei giusti riconoscimenti che non gli sarebbero certamente mancati. Io ho parlato solo in generale, lui stesso vi esporrà i particolari della sua protesta». Karl aveva rivolto il suo discorso a tutti i signori presenti, perché in effetti tutti lo stavano ascoltando ed era più probabile che fra tutti si trovasse una persona più equanime di quanto potesse essere il cassiere capo. Inoltre Karl aveva astutamente taciuto di conoscere il fochista da così poco tempo. Del resto avrebbe parlato ancora meglio se non lo avesse confuso la faccia rossa del signore con la canna di bambù, che poteva scorgere per la prima volta dal posto in cui si trovava.

«È tutto esatto, parola per parola», disse il fochista prima che qualcuno lo interpellasse, anzi prima ancora che qualcuno lo guardasse. Questa precipitazione del fochista sarebbe stata un grave errore, se il signore con le decorazioni, che Karl intuì essere il capitano, non si fosse improvvisamente deciso ad ascoltarlo. Infatti egli tese la mano gridandogli: «Venga qui!» con una voce così dura che si sarebbe potuta battere con un martello. Ora tutto dipendeva dal contegno del fochista, perché Karl non aveva dubbi che egli avesse ragione.

Il fochista dimostrò, fortunatamente, in questa occasione di essere pratico del mondo. Con esemplare serenità estrasse dalla sua valigetta un pacchetto di documenti e un taccuino d'appunti e con questi in mano andò verso il capitano, ignorando completamente, come se ciò fosse ovvio, il cassiere capo e dispose i suoi documenti sul davanzale. Il cassiere capo non ebbe quindi altra scelta che alzarsi e avvicinarsi anche lui. «Quest'uomo è un noto piantagrane», spiegò al capitano, «sta più alla cassa che nella sala delle macchine. Ha portato letteralmente alla disperazione Schubal, che è un uomo tranquillo per natura. Stia a sentire!» disse rivolto al fochista, «con la sua invadenza ora ha passato ogni limite. Quante volte è stato cacciato dalla cassa-pagamenti a causa delle sue pretese assolutamente ingiustificate! Quante volte mi è piombato nella cassa principale! Quante volte le è stato ripetuto con le buone maniere che Schubal è il suo diretto superiore, e che lei – come subordinato – deve trattare direttamente con lui. E ora si permette di venire persino qui, mentre è presente il signor capitano, non si fa scrupolo di disturbarlo personalmente, ma addirittura ha la faccia tosta di portarsi appresso questo ragazzo, che io vedo per la prima volta sulla nave, per perorare le sue ridicole pretese!»

Karl si trattenne a stento per non intervenire. Ma il capitano si era già fatto avanti dicendo: «Ascoltiamo ancora una volta quest'uomo. Mi sembra che coll'andare del tempo Schubal si stia rendendo troppo indipendente, e con ciò non intendo parteggiare per lei». Le ultime parole erano rivolte al fochista, era ovvio che il capitano non potesse prendere immediatamente le sue parti, ma tutto pareva avviarsi per il meglio. Il fochista cominciò a esporre le ragioni e dimostrò di sapersi dominare sin dal primo momento dando a Schubal il titolo di «signore». Come gioiva Karl davanti alla scrivania abbandonata dal cassiere capo, dove per la contentezza abbassava continuamente i piatti di una bilancia da lettere. Il signor Schubal è ingiusto! Il signor Schubal favorisce gli stranieri! Il signor Schubal aveva cacciato il fochista dalla sala macchine e gli aveva ingiunto di pulire i gabinetti, lavoro che certamente non compete a un fochista! Una volta fu messa persino in dubbio la capacità del signor Schubal, che era più apparente che reale. A questo punto Karl fissò intensamente il capitano, con cordialità, come se fosse un suo collega, affinché non si lasciasse impressionare sfavorevolmente dalle espressioni alquanto maldestre del fochista. Tuttavia questi discorsi non approdavano a nulla di concreto, anche se il capitano continuava a guardare davanti a sé, rivelando con gli occhi la sua decisione di ascoltare il fochista sino in fondo; gli altri signori si mostravano impazienti e la voce del fochista non dominava più incontrastata nella stanza, facendo così presagire il peggio. Cominciò per primo il signore in abiti borghesi agitando la sua canna di bambù e battendola, sia pure leggermente, sul pavimento. Gli altri signori gettavano naturalmente un'occhiata di tanto in tanto, i funzionari del porto, che evidentemente avevano fretta, ripresero in mano i documenti e si misero a sfogliarli un poco distrattamente, l'ufficiale si avvicinò nuovamente al tavolo, e il capo cassiere, che riteneva di aver vinto ormai la partita, sospirò di sollievo. L'unica persona che non sembrava essere stata contagiata dalla generale distrazione era l'usciere, il quale provava una parte delle pene sofferte dal pover'uomo in mezzo a tanti superiori e faceva con aria seria dei cenni a Karl come se volesse spiegargli qualcosa.

Nel frattempo davanti alle finestre la vita del porto continuava, un mercantile molto piatto, caricato con una montagna di botti sistemate in maniera sorprendente perché nessuna di esse rotolava, passò davanti e la stanza quasi si oscurò per qualche attimo; piccoli motoscafi, che Karl avrebbe osservato con maggior attenzione se avesse avuto più tempo, sfrecciavano via seguendo le contrazioni delle mani di un uomo in piedi accanto al timone; strani corpi galleggianti emergevano da soli qua e là dalle acque inquiete, ma venivano subito sommersi e scomparivano davanti allo sguardo meravigliato; alcune scialuppe di transatlantici venivano spinte in avanti da marinai intenti faticosamente ai remi ed erano piene di passeggeri, che sedevano in silenziosa attesa senza muoversi dal posto in cui erano stati sistemati, anche se alcuni non potevano fare a meno di volgere il capo verso quegli scenari mutevoli. Un movimento senza fine, un'agitazione trasferita dall'elemento agitato negli uomini indifesi, e nelle loro opere!

Tutto invitava alla fretta, alla chiarezza, alla precisione, che cosa faceva, invece, il fochista? Cianciava grondando sudore, le sue mani tremanti erano ormai incapaci di tenere le carte posate sul davanzale; da tutte le parti gli piovevano nella mente accuse contro Schubal, di cui già una sola – a suo avviso – sarebbe stata sufficiente ad annientarlo, ma tutto ciò che riusciva ad esporre al capitano era un pietoso guazzabuglio. Il signore con la canna di bambù stava già fischiettando verso il soffitto, i funzionari del porto trattenevano l'ufficiale al tavolo e non sembravano disposti a lasciarlo libero, il cassiere capo non interveniva perché era palesemente influenzato dalla calma del capitano, l'usciere aspettava sull'attenti di ricevere da un momento all'altro un ordine del suo capitano a proposito del fochista.

A questo punto Karl non poteva più rimanere inattivo. Si avvicinò lentamente al gruppo e camminando meditava in fretta sulla maniera migliore di aggiustare la faccenda. Bisognava agire subito, ancora qualche minuto e assai probabilmente li avrebbero cacciati dall'ufficio. Il capitano poteva essere una brava persona e avere attualmente, almeno così sembrava a Karl, qualche motivo speciale di apparire un superiore imparziale, comunque non era un pupazzo da cincischiare a piacimento, e proprio così lo stava trattando il fochista, accecato com'era dal proprio sdegno.

Karl disse perciò al fochista: «Lei deve spiegarsi in maniera più semplice, più chiara, il suo modo d'esporre impedisce al signor capitano di farsi un giudizio. Può conoscere, forse, il cognome di tutti i macchinisti e gli inservienti o, addirittura, il loro nome di battesimo per cui appena lei ne cita uno lui dovrebbe essere in grado d'individuarlo? Presenti con ordine le sue lamentele, dica prima le cose più importanti e poi le altre, forse non sarà neppure necessario menzionarne la maggior parte. A me ha saputo spiegare tutto così chiaramente!» Se in America si possono rubare le valige, allora deve essere permesso anche dire ogni tanto qualche bugia, pensò per scusarsi.

Se fosse servito almeno a qualcosa! O non era già troppo tardi? Il fochista s'interruppe subito quando udì la voce nota, ma non riusciva quasi a riconoscere Karl perché aveva gli occhi pieni di lacrime per le offese alla sua dignità di uomo, i ricordi terribili e le gravi difficoltà presenti. Come poteva ora – Karl se ne rese conto in silenzio dinanzi all'uomo silenzioso – come poteva ora mutare improvvisamente il suo modo d'esporre, essendo convinto, da una parte, di aver già detto quanto c'era da dire senza aver ottenuto il minimo riconoscimento, mentre dall'altra gli sembrava di non aver detto ancora nulla e di non poter pretendere che i signori continuassero a prestargli ascolto. E in un momento così cruciale si fa avanti Karl, il suo unico sostenitore, gli vuol dare dei buoni consigli, ma gli prova invece che tutto è perduto.

«Se fossi intervenuto prima, invece di guardare dalla finestra», si disse Karl, abbassando il capo davanti al fochista e battendo le mani sulla cucitura dei calzoni, per indicare la fine di ogni speranza.

Ma il fochista interpretò male quel gesto, sospettò che Karl intendesse accusare se stesso per qualche misterioso motivo e con la migliore intenzione di togliergli simili scrupoli, coronò la sua opera mettendosi a contestare con lui. E questo proprio quando i signori al tavolo tondo erano sdegnati per l'inutile frastuono che disturbava le loro importanti occupazioni, quando il cassiere capo considerava già inspiegabile la pazienza del capitano ed era incline a troncare ogni indugio, quando l'usciere, ritornato nella sfera dei suoi superiori, misurava il fochista con occhiate di fuoco, e quando infine il signore con la canna di bambù, che persino il capitano guardava di tanto in tanto con aria gioviale, tediato dal comportamento del fochista, anzi completamente disgustato, stava prendendo da una tasca un piccolo taccuino e, con il pensiero rivolto altrove, fissava alternativamente questo e Karl.

«Lo so, lo so», disse Karl, che faceva fatica ad arginare il torrente di parole che il fochista gli stava rivolgendo, ma anche nel corso di questa lieve disputa continuava a mostrargli un sorriso amichevole, «lei ha ragione, ragione, io non l'ho mai dubitato». Avrebbe voluto tenergli ferme le mani, che si agitavano nell'aria, anzi avrebbe preferito spingerlo in un angolino per bisbigliargli qualche parola rassicurante, senza che gli altri potessero sentirlo. Ma il fochista aveva perso completamente le staffe. Karl cominciava già a consolarsi all'idea che il fochista con la forza della disperazione potesse sottomettere tutti e sette gli uomini presenti. D'altra parte, però, dando un'occhiata alla scrivania si accorse che sopra di essa si trovava una tastiera con troppi bottoni di chiamate elettriche; sarebbe bastata una mano sopra di essi per mettere in allarme tutta la nave con i suoi corridoi pieni di gente ostile.

Ad un tratto l'indifferente signore con la canna di bambù si avvicinò a Karl e gli chiese, non a voce troppo alta, ma abbastanza forte da coprire le grida del fochista: «Come si chiama lei?» In quel momento, come se qualcuno fuori della porta avesse atteso le parole del signore, si sentì bussare. L'usciere guardò verso il capitano e questi gli fece un cenno. Quindi l'usciere si avviò verso la porta e l'aprì. Fuori c'era un uomo di media statura con un vecchio abito a falde, dall'aspetto non sembrava destinato al lavoro nella sala macchine, eppure era Schubal. Se Karl non l'avesse letto negli occhi di tutti, che esprimevano una certa soddisfazione, dalla quale non era esente neppure il capitano, se ne sarebbe accorto dal comportamento del fochista, che aveva stretto i pugni, tenendo le braccia tese, come se quella stretta fosse la cosa più importante del mondo, per la quale era pronto a sacrificare tutto. Lì risiedeva tutta la sua forza, anche quella che lo teneva in piedi.

Ecco, dunque, il nemico, allegro e spensierato nel suo abito da festa, sotto il braccio un registro, probabilmente i fogli paga e i certificati del fochista, che guardava a turno negli occhi di ciascuno con la manifesta intenzione di scoprire il loro rispettivo stato d'animo. I sette erano già tutti amici suoi, perché anche se il capitano aveva all'inizio alcune prevenzioni nei suoi confronti o aveva almeno fatto finta di averle, dopo il fastidio arrecatogli dal fochista, probabilmente non trovava più nulla da ridire nei riguardi di Schubal. Con un uomo come il fochista non si era mai abbastanza severi, e se si poteva rimproverare qualcosa a Schubal era la circostanza di non aver saputo piegare col tempo l'arroganza del fochista, impedendogli così di disturbare il capitano in quel momento.

Adesso si poteva ancora presumere che il confronto tra il fochista e Schubal non mancasse il suo effetto, certamente positivo dinanzi ad un tribunale più alto, anche dinanzi a degli esseri umani, poiché anche se Schubal era bravissimo nel fingere, non era certo che non si tradisse prima della fine. Sarebbe bastato un rapido baluginare della sua cattiveria per smascherarlo davanti a quei signori, a questo ci avrebbe pensato Karl. Conosceva più o meno, ormai, l'intelligenza, le debolezze, i puntigli dei singoli signori, e sotto quest'aspetto il tempo trascorso lì non era stato sprecato. Se almeno il fochista si mostrasse più in gamba, ma pareva completamente fuori fase. Se gli avessero messo vicino Schubal avrebbe potuto picchiare con i pugni quel cranio odiato. Ma non era neppure in grado di percorrere quei due passi che li separavano. Come mai Karl non aveva previsto ciò che tanto facilmente era prevedibile, e precisamente che alla fine Schubal si sarebbe presentato, se non di propria iniziativa, almeno chiamato dal capitano? Perché lungo la strada non aveva discusso col fochista una precisa linea di condotta, invece di entrare ignaro e impreparato appena si era trovato dinanzi alla porta? Il fochista era ancora capace di parlare, di dire sì e no, come sarebbe stato necessario nel caso di un interrogatorio che ci si poteva attendere solo se la faccenda avesse assunto una piega favorevole? Egli stava con le gambe divaricate, le ginocchia incerte, il capo sollevato, e l'aria circolava attraverso la sua bocca spalancata, come se dentro non ci fossero più i polmoni a scomporla.

Karl, però, si sentiva così forte e con la testa così chiara come forse non gli era mai capitato in casa propria. Se i suoi genitori avessero potuto vederlo, come lottava per il bene in un paese straniero davanti a personaggi così importanti, e se non aveva ancora conquistato la vittoria era prontissimo per l'ultimo assalto! Avrebbero cambiato opinione su di lui? L'avrebbero fatto sedere in mezzo a loro per elogiarlo? L'avrebbero fissato una volta, una volta sola, negli occhi a loro tanto devoti? Domande incerte e un momento assai poco opportuno per porle.

«Sono venuto perché credo che il fochista mi accusi di qualche atto disonesto. Una ragazza delle cucine mi ha detto di averlo visto venire qua. Signor capitano e lor signori tutti, sono pronto a ribattere ogni accusa con i documenti di cui dispongo e se necessario con la deposizione di testimoni non prevenuti, né influenzati, che attendono fuori della porta». Così parlò Schubal. Questo era in verità il discorso chiaro di un uomo, e dal mutamento d'espressione degli ascoltatori si sarebbe detto che essi ascoltassero per la prima volta dopo molto tempo una voce umana. Naturalmente non si accorsero che anche questa bella concione presentava delle lacune. Perché il primo termine specifico che gli era venuto in mente era «atto disonesto»? Forse si sarebbe dovuto accusarlo di questo invece che di pregiudizi nazionalistici? Una ragazza delle cucine aveva visto il fochista avviarsi verso gli uffici e Schubal aveva subito capito tutto? Non era forse il suo senso di colpa che gli aguzzava l'ingegno? E si era portato appresso dei testimoni e li definiva non prevenuti né influenzati! Era un imbroglio, soltanto un imbroglio! E i signori tolleravano questo e lo consideravano anzi un comportamento corretto? Perché aveva lasciato trascorrere tutto quel tempo dalla comunicazione della ragazza sino al momento in cui si era presentato lì? Unicamente per far sì che il fochista infastidisse i signori al punto da far perdere loro la serenità di giudizio, cosa di cui Schubal aveva ragione di temere. Non aveva forse bussato, dopo aver atteso a lungo fuori della porta, proprio nel momento in cui la domanda irrilevante di quel signore gli aveva fatto sperare che il fochista fosse spacciato?

Adesso tutto era chiaro ed era stato messo in evidenza, sia pure involontariamente, dallo stesso Schubal, ma ai signori bisognava farlo notare in maniera diversa, ancora più limpida. Avevano bisogno di una scossa. Forza Karl, sfrutta subito l'occasione propizia, prima che vengano i testimoni e confondano tutto!

Ma proprio in quell'attimo il capitano fece a Schubal il cenno di allontanarsi – la sua questione pareva rinviata per il momento – e l'uomo si scostò immediatamente e si mise a conversare sottovoce con l'usciere che gli si era accostato; la conversazione era infiorata di gesti con le mani e occhiate di traverso in direzione del fochista e di Karl. Si sarebbe detto che Schubal stesse ripassando la sua prossima arringa.

«Signor Jakob, non voleva chiedere qualcosa a questo giovanotto?» chiese il capitano al signore con la canna di bambù, mentre intorno a loro regnava il più assoluto silenzio.

«Infatti», rispose il signore ringraziando con un inchino per la cortese attenzione. E poi si rivolse nuovamente a Karl: «Come si chiama lei?»

Karl, che riteneva più vantaggioso per l'affare di maggiore importanza risolvere rapidamente l'intermezzo dovuto alla cocciuta curiosità dell'interrogante, rispose subito senza mostrare il passaporto com'era sua abitudine, perché avrebbe dovuto cercarlo: «Karl Rossmann».

«Però», disse il signore chiamato Jakob e fece un passo indietro sorridendo con aria quasi incredula. Anche il capitano, il cassiere capo, l'ufficiale di bordo e persino l'usciere si mostrarono straordinariamente stupiti nell'udire il nome di Karl. Solo i funzionari del porto e Schubal rimasero indifferenti.

«Però», ripeté il signor Jakob avvicinandosi con passettini piuttosto rigidi a Karl, «allora sono il tuo zio Jakob e tu sei il mio caro nipote. Ne avevo il presentimento per tutto il tempo!» disse al capitano prima di abbracciare e baciare Karl, che lo lasciò fare in silenzio.

«Come si chiama lei?» chiese Karl quando si sentì di nuovo libero, in tono assai cortese, ma imperturbabile, e si sforzò di calcolare quali conseguenze questo nuovo avvenimento avrebbe potuto produrre per il fochista. Per ora nulla lasciava supporre che Schubal se ne sarebbe avvantaggiato.

«Giovanotto, cerchi di capire quale fortuna le sia capitata», disse il capitano, al quale la domanda di Karl era parsa troppo impertinente nei confronti del signor Jakob, che ora si era rivolto verso la finestra, evidentemente per non mostrare agli altri il suo volto agitato, che sfiorava ogni tanto con un fazzoletto. «È il senatore Edward Jakob che ha rivelato di essere suo zio. Un prestigioso futuro si apre inaspettatamente dinanzi a lei. Cerchi di rendersene conto per quanto le è possibile in questo primo momento e si contenga!»

«Io ho in effetti uno zio Jakob in America», disse Karl al capitano, «ma se ho ben capito Jakob è il cognome del signor senatore».

«È così», disse il capitano mostrando molta attenzione.

«Ora, mio zio Jakob, che è il fratello di mia madre, si chiama Jakob col nome di battesimo, mentre il suo cognome dovrebbe essere naturalmente quello di mia madre, che da ragazza si chiamava Bendelmayer».

«Signori miei!» esclamò il senatore, ritornando tutto allegro dal suo rifugio presso la finestra e riferendosi alla spiegazione fornita da Karl. Tutti eccetto i funzionari del porto scoppiarono a ridere, alcuni quasi commossi, altri in maniera impenetrabile.

«Quanto ho detto non era poi tanto ridicolo», pensò Karl.

«Signori miei», ripeté il senatore, «mio e loro malgrado sono costretti a partecipare ad una scena di famiglia, perciò non posso esimermi dal fornire una spiegazione; mi pare infatti che solamente il signor capitano» – questa menzione fu seguita da reciproci inchini – «sia pienamente al corrente».

«Adesso devo fare proprio attenzione ad ogni parola», si disse Karl e si rallegrò scorgendo che il fochista si stava rianimando.

«In tutti questi lunghi anni del mio soggiorno americano – il termine soggiorno è invero poco esatto per il cittadino americano che ormai sono diventato con tutto l'animo mio – in tutti questi lunghi anni sono vissuto completamente separato dai miei parenti europei, per ragioni che qui non c'entrano e che d'altronde mi turberebbero troppo se le spiegassi. Anzi penso persino con spavento al momento in cui sarò costretto a rivelarle al mio amato nipote, perché non potrò evitare, purtroppo, qualche parola esplicita sui suoi genitori e la loro combriccola».

«È mio zio, non ci sono dubbi», pensò Karl mentre lo ascoltava, «probabilmente si sarà cambiato nome».

«Il mio caro nipote è stato – devo pur usare questo termine che descrive esattamente la situazione – letteralmente respinto dai suoi genitori, come si butta fuori dalla porta un gatto che ci abbia dato fastidio. Non voglio esaltare ciò che ha commesso mio nipote per meritare una punizione simile, ma la sua colpa è tale che basta nominarla perché si capisca che si tratta di un errore scusabilissimo».

«Non c'è male», pensò Karl, «ma non voglio che lo racconti a tutti. D'altra parte neanche lui dovrebbe saperlo. Chi può averglielo detto?»

«Infatti egli è stato», proseguì lo zio poggiandosi sulla canna di bambù e chinandosi via via, riuscendo così a eliminare l'inutile solennità che altrimenti la situazione avrebbe sicuramente assunto, «infatti egli è stato sedotto da una domestica, una certa Johanna Brummer di 35 anni. Con il termine "sedotto" non intendo offendere mio nipote, ma è difficile trovare un'altra parola che sia ugualmente appropriata».

Karl, che s'era avvicinato allo zio, si voltò per leggere sul volto dei presenti l'impressione suscitata dal racconto. Nessuno rideva, tutti ascoltavano pazientemente e con la faccia seria. In fondo non si ride alla prima occasione alle spalle del nipote di un senatore. Si sarebbe potuto dire invece che il fochista stesse sorridendo verso Karl, ma il suo sorriso appena accennato era piuttosto un segno di ripresa ed era anche scusabile, perché in cabina Karl aveva fatto un gran mistero di quella faccenda, che ora veniva resa di pubblico dominio.

«Questa Brummer», continuò lo zio, «ha avuto un bambino da mio nipote, una creatura sana e robusta, battezzato col nome di Jakob, indubbiamente in ricordo della mia modesta persona, che deve aver fatto molta impressione sulla ragazza in seguito a qualche accenno superficiale di mio nipote. Per fortuna, dico io. Poiché i genitori per sottrarsi al pagamento degli alimenti e allo scandalo che li avrebbe potuti colpire – debbo ribadire che non sono al corrente delle leggi locali, né dell'attuale situazione dei genitori – insomma per evitare l'esborso degli alimenti e lo scandalo si sono sbarazzati del figlio, il mio caro nipote, e l'hanno fatto trasportare in America con un corredo vergognosamente insufficiente, come si può facilmente constatare. E il ragazzo, senza uno di quei miracoli che ormai avvengono solo in America, abbandonato a se stesso, sarebbe tralignato in qualche vicolo del porto, se quella domestica non mi avesse comunicato con una lettera, pervenutami ieri dopo lunghi giri, tutta la storia insieme a una descrizione fisica di mio nipote e, molto accortamente, anche il nome della nave. Se avessi intenzione, signori miei, di trattenerli ulteriormente, potrei leggere ad alta voce» – tolse di tasca due enormi fogli fittamente riempiti e li agitò – «alcuni brani della lettera. Essi produrrebbero sicuramente un certo effetto, perché sono stati scritti con furbizia sempliciotta, ma a fin di bene e con molto affetto per il padre del bambino. Però non desidero trattenerli più del necessario, né ferire, al nostro primo incontro, i sentimenti di mio nipote, il quale potrà leggere in pace, se lo desidera, la lettera nella tranquilla atmosfera della stanza che già l'attende».

Karl non provava più alcun sentimento per quella ragazza. Nella nebbia di un passato che si allontanava da lui sempre di più la vedeva seduta in cucina accanto alla credenza con i gomiti poggiati sul ripiano. Lo fissava quando egli entrava ogni tanto in cucina per prendere un bicchier d'acqua per il padre o per riferire un ordine della madre. Talvolta scriveva una lettera sul piano della credenza, stando tutta storta su un fianco e sembrava che il viso di Karl le ispirasse ciò che doveva scrivere. Talvolta si copriva gli occhi con una mano e allora non sentiva nessuno. Talvolta s'inginocchiava nella sua cameretta accanto alla cucina e pregava dinanzi a un crocifisso di legno; Karl l'osservava allora timidamente passando davanti alla porta socchiusa.

Talvolta si aggirava inquieta nella cucina e si scuoteva tutta, ridendo come una strega, quando s'imbatteva in Karl. Talvolta chiudeva la porta della cucina dopo che Karl era entrato e stringeva la maniglia nella mano sino a quando lui non pretendeva di uscire. Talvolta prendeva delle cose che lui non desiderava affatto avere e gliele metteva in silenzio fra le mani. Una volta però disse «Karl» e lo condusse, ancora meravigliato dell'inatteso appellativo, con smorfie e sospiri nella sua stanzetta che poi chiuse a chiave. Gli strinse il collo quasi soffocandolo e mentre lo pregava di spogliarla, lo spogliò lei invece e lo mise nel suo letto, come se non volesse cederlo a nessun altro e carezzarlo e curarlo sino alla fine del mondo. «Karl, Karl mio!» gridava come se lo vedesse e intendesse confermare così a se stessa il suo possesso, mentre egli non riusciva a veder nulla e si sentiva a disagio in mezzo a una montagna di coperte calde che pareva fossero state ammucchiate apposta per lui. Poi gli si coricò accanto e voleva sapere da lui chi sa quali segreti, ma lui non li conosceva e la ragazza si arrabbiò o finse di esserlo; lo scosse, auscultò il suo cuore, offrì il suo petto per un'analoga auscultazione, alla quale, però Karl non volle prestarsi; pigiò il suo ventre nudo sul corpo di lui, gli frugò con le mani fra le gambe in maniera così ripugnante, che Karl sollevò dai cuscini la testa e il collo; quindi l'urtò alcune volte col ventre, a Karl parve che la donna fosse divenuta una parte di lui stesso e forse per questa ragione si sentì terribilmente indifeso. Piangendo ritornò finalmente nel suo letto, mentre proclamava sospirando il suo desiderio di rivederlo. Questo era tutto, eppure lo zio era riuscito a farne una grossa storia. E anche la donna aveva pensato a lui avvisando lo zio del suo arrivo. Era stato bello da parte sua e un giorno l'avrebbe ricompensata.

«E ora», gridò il senatore, «voglio sentire chiaramente da te se sono tuo zio oppure no».

«Tu sei mio zio», disse Karl baciandogli la mano e ricevendo in cambio un bacio sulla fronte. «Sono molto contento di averti trovato, ma sbagli se pensi che i miei genitori parlino solo male di te. Ma a parte questo, nelle tue parole c'è stato qualche errore, intendo dire che in realtà le cose non si sono svolte esattamente come hai riferito tu. D'altronde non potevi giudicare con precisione la faccenda se stavi qui, del resto non credo che sia poi un danno tanto grave se questi signori sono stati informati con qualche inesattezza nei particolari in merito a una questione che non li può certo interessare molto».

«Ben detto!» esclamò il senatore e conducendo Karl davanti al capitano che mostrava viva partecipazione gli chiese: «Non ho un magnifico nipote?»

«Sono felice», disse il capitano facendo uno di quegli inchini che riescono soltanto alle persone che hanno ricevuto un'educazione militare, «signor senatore, di aver conosciuto suo nipote. È un onore particolare per la mia nave di essere stata la scena di quest'incontro. Ma il viaggio sotto coperta deve essere stato molto spiacevole; già, non si può sapere chi si sta trasportando. Certo, noi facciamo il possibile per facilitare la traversata alla gente che si trova in terza classe, molto più di quanto facciano, per esempio, le linee americane, ma trasformare un tale viaggio in una gita di piacere non ci è ancora riuscito».

«Non mi ha danneggiato», disse Karl.

«Non l'ha danneggiato!» ripeté il senatore ridendo fragorosamente.

«Solo la mia valigia credo che sia...» e all'improvviso si ricordò di tutto quello che era successo e di quanto gli restava ancora da fare, si guardò attorno e contemplò tutti i presenti che per loro stupore e il rispetto erano rimasti in silenzio al loro posto, gli sguardi fissi su di lui. Solo i funzionari del porto, per quanto si poteva arguire dai loro volti contegnosi e fieri, mostravano un certo imbarazzo di essere venuti in un momento così inopportuno e l'orologio da tasca che avevano davanti doveva essere per loro più importante di quanto stava accadendo o sarebbe accaduto nella stanza.

Il primo ad esprimere la propria partecipazione, dopo il capitano, fu – strano a dirsi – il fochista. «Mi congratulo di cuore», disse scuotendo la mano di Karl come se volesse esternargli anche una certa ammirazione. Quando volle rivolgere le stesse parole anche al senatore, questi si tirò indietro, come se il fochista stesse abusando dei suoi diritti; il fochista non insistette.

I restanti compresero ciò che dovevano fare e si accalcarono confusamente attorno a Karl e al senatore. Accadde così che Karl ricevesse persino le congratulazioni di Schubal, le accettasse e lo ringraziasse. Quando tornò la calma si presentarono per ultimi i funzionari del porto, che mormorarono due parole in inglese, suscitando una ridicola impressione.

Per gustare più pienamente la sua gioia, al senatore venne il desiderio di ricordare a se stesso e agli altri alcuni particolari meno importanti, cosa che tutti non solo sopportarono ma accolsero con interesse. Così, fece notare di aver trascritto nel proprio taccuino i connotati più salienti di Karl indicati nella lettera della donna, per poterli utilizzare al momento opportuno. Durante l'insopportabile concione del fochista aveva tolto di tasca il suo taccuino al solo scopo di distrarsi e aveva cercato di confrontare per passatempo le descrizioni, non certo degne d'un poliziotto, fatte dalla donna, con la figura di Karl. «E così si trova un nipote!» concluse enfaticamente come se si aspettasse di ricevere di nuovo le felicitazioni.

«Che ne sarà adesso del fochista?» chiese Karl senza prestare attenzione all'ultimo racconto dello zio. Riteneva che la sua nuova condizione lo autorizzasse a dire tutto ciò che pensava.

«Il fochista avrà quello che si merita», disse il senatore, «e ciò che il signor capitano stimerà giusto. Credo che ne abbiamo abbastanza e più che abbastanza del fochista, e penso che a questo proposito tutti i signori presenti saranno d'accordo con me».

«Non è questo il punto quando si tratta di una questione di giustizia», disse Karl. Si trovava tra lo zio e il capitano e, forse influenzato da questa posizione, credeva di avere in mano la decisione.

Tuttavia il fochista non sembrava sperare più nulla per sé. Teneva le mani semiaffondate nella cintura dei pantaloni, dalla quale aveva fatto uscire con i suoi movimenti incontrollati anche un lembo della camicia di stoffa stampata. La cosa non lo turbava per niente; egli aveva declamato tutte le sue pene, ora potevano anche vedere i pochi stracci che aveva addosso e poi potevano trascinarlo fuori. Pensava che probabilmente sarebbero stati l'usciere e Schubal, le due persone di rango più basso, a rendergli quest'ultimo favore. Schubal avrebbe avuto così la sua tranquillità e nessuno l'avrebbe più portato alla disperazione, per ripetere le parole usate dal cassiere capo. Il capitano avrebbe potuto assumere soltanto rumeni, dappertutto si sarebbe parlato in rumeno e forse tutto sarebbe andato meglio per davvero. Nessun fochista avrebbe più blaterato nella cassa principale, tutti però avrebbero serbato un discreto ricordo del suo ultimo discorso perché aveva causato – secondo le parole dello stesso senatore – il riconoscimento del nipote. D'altronde questo nipote aveva più volte tentato in precedenza di essergli utile e quindi aveva espresso in anticipo e più che a sufficienza la sua gratitudine per il servizio resogli in occasione del riconoscimento; il fochista non pensava affatto di pretendere ancora qualcosa da lui. D'altro canto, anche se era il nipote di un senatore, non possedeva certo l'autorità del capitano e dalla bocca di quest'ultimo sarebbe venuta infine la condanna. Per essere coerente con i propri pensieri il fochista si sforzò anche di non guardare in direzione di Karl; purtroppo in quella stanza piena di nemici non v'era altro rifugio per i suoi occhi.

«Cerca di non fraintendere la situazione», disse il senatore a Karl, «si tratterà forse di una questione di giustizia, ma contemporaneamente anche di una questione di disciplina. Entrambe e soprattutto l'ultima debbono essere valutate dal signor capitano».

«Così è», borbottò il fochista. Chi se ne accorse e capì, sorrise sorpreso.

«Noi abbiamo inoltre impedito al signor capitano di occuparsi dei suoi affari, certamente numerosissimi in occasione dell'arrivo a New York, perciò dobbiamo lasciare la nave senza colmare la misura immischiandoci inutilmente in un banale litigio tra macchinisti. D'altra parte, comprendo benissimo il tuo modo d'agire, caro nipote, e proprio per questo mi sento in diritto di portarti speditamente via da qui».

«Farò calare subito una scialuppa per lei», disse il capitano senza contraddire minimamente lo zio, con meraviglia di Karl poiché con le sue parole il senatore si era volutamente mortificato. Il cassiere capo si precipitò alla scrivania e telefonò l'ordine del capitano all'incaricato delle scialuppe.

«Il tempo stringe», disse Karl tra sé, «ma non posso far nulla senza offendere tutti. Non posso piantare ora lo zio dopo che mi ha appena trovato. Il capitano è una persona gentile, ma niente più. Davanti alla disciplina la sua gentilezza ha termine, e le parole dello zio rispecchiavano sicuramente il pensiero del capitano. Con Schubal non voglio parlare, mi dispiace persino di avergli dato la mano. E tutti gli altri qui dentro non contano niente».

Immerso in questi pensieri si avvicinò lentamente al fochista, gli tirò fuori la mano destra dalla cintura e la strinse nella sua. «Perché non dici niente?» gli chiese. «Perché sopporti tutto?».

Il fochista aggrottò la fronte, come se si sforzasse di trovare il termine esatto per quello che intendeva dire. Intanto guardava la mano di Karl e la sua.

«Hai dovuto patire dei torti come nessun altro su questa nave, lo so con certezza». E Karl passò le sue dita tra quelle del fochista, che si guardava attorno con gli occhi lucidi, come se provasse un piacere che nessuno avrebbe potuto guastargli.

«Devi saperti difendere, dire sì e no, altrimenti la gente non saprà mai la verità. Devi promettermi che seguirai i miei consigli, perché io temo di non poterti più essere utile». Ora Karl piangeva baciando la mano del fochista, poi prese quella mano screpolata e quasi priva di vita e la premette su una guancia, come se fosse un tesoro al quale doveva rinunciare. A questo punto lo zio senatore si mise al suo fianco e lo trascinò via con dolcezza.

«Pare che il fochista ti abbia stregato», disse rivolgendo uno sguardo d'intesa al capitano sopra la testa di Karl. «Ti sentivi solo e abbandonato e hai trovato il fochista, così adesso provi gratitudine per lui e questo è un sentimento lodevole. Ma ora, per un riguardo verso di me, non esagerare e cerca di capire la tua posizione».

Dalla porta provenne del chiasso, si udivano delle grida e sembrava persino che qualcuno venisse spinto brutalmente contro l'uscio. Entrò un marinaio piuttosto scombussolato e con un grembiale da donna attorno alla vita. «C'è della gente qui fuori», gridò allargando i gomiti come se volesse ancora fendere la calca. Infine si ricompose e stava per salutare militarmente il capitano quando si accorse del grembiale, se lo strappò di dosso, lo scagliò a terra e urlò: «È una vergogna, mi hanno messo di nascosto un grembiale da donna». Poi batté i tacchi e salutò. Qualcuno cominciò a ridere, ma il capitano disse in tono severo: «Mi sembra che siate piuttosto allegri. Chi c'è fuori?»

«Sono i miei testimoni», disse Schubal facendosi avanti, «chiedo umilmente scusa per il loro comportamento scorretto. Quando hanno finito la traversata si comportano talvolta come dei matti».

«Li faccia venire dentro immediatamente!» ordinò il capitano e girandosi poi verso il senatore gli disse in tono cortese ma frettoloso: «Signor senatore abbia la bontà di seguire con il suo signor nipote questo marinaio, che li accompagnerà alla scialuppa. È superfluo che le ripeta, signor senatore, quale piacere e quale onore sia stato per me poterla conoscere personalmente. Mi auguro soltanto di aver presto l'occasione di riprendere con lei, signor senatore, la nostra conversazione sulla flotta americana e di venir interrotto nuovamente in maniera così piacevole».

«Per ora mi basta questo nipote», replicò ridendo lo zio. «La prego di accettare i miei più vivi ringraziamenti e stia bene. D'altronde non si può escludere che noi» – e strinse affettuosamente a sé Karl – «possiamo godere più a lungo della sua compagnia in occasione del nostro prossimo viaggio in Europa».

«Mi farebbe molto piacere», affermò il capitano. I due signori si strinsero la mano, Karl dovette porgere rapidamente la mano al capitano senza poter dire una parola, perché questi era già richiesto da una quindicina di persone che stavano entrando sotto la guida di Schubal, un poco intimidite ma piuttosto chiassose. Il marinaio chiese al senatore il permesso di precederlo e aprì tra la calca un passaggio per lui e Karl, che poterono così uscire facilmente tra gli inchini dei nuovi venuti. Si vedeva inoltre che questa gente bonaria considerava la lite tra Schubal e il fochista come uno scherzo di cui si poteva ridere anche davanti al capitano. Karl notò tra loro Line, la ragazza della cucina, che ammiccandogli allegramente si cinse il grembiale buttato dal marinaio, perché era proprio il suo.

Seguendo il marinaio uscirono dall'ufficio e imboccarono un piccolo corridoio; dopo pochi passi arrivarono a una porticina da cui partiva una scaletta che portava direttamente nella scialuppa pronta per loro. I marinai del battello, nel quale la loro guida era scesa con un balzo, si levarono in piedi e portarono una mano all'altezza del berretto. Il senatore stava proprio per raccomandare a Karl di fare attenzione nello scendere quando questi ancora sul primo scalino scoppiò in lacrime. Il senatore pose la sua destra sotto al mento del ragazzo, lo strinse a sé e lo carezzò con la sinistra; poi scesero lentamente scalino per scalino e montarono così allacciati nell'imbarcazione, dove il senatore scelse un buon posto per Karl, proprio di fronte a sé. Ad un segno del senatore i marinai si staccarono dal bastimento e presero a remare alacremente. A pochi metri dalla nave Karl scoprì che si trovava sul fianco dove davano le finestre della cassa principale. Tutte e tre le finestre erano occupate dai testimoni di Schubal che salutavano cordialmente e agitavano le mani, persino lo zio li ringraziò e un marinaio riuscì nell'impresa di mandare un bacetto senza interrompere il ritmo regolare delle remate. Karl fissò negli occhi lo zio, le cui ginocchia sfioravano quasi le sue e si chiese se quest'uomo sarebbe stato mai capace di sostituire il fochista. Ma lo zio sfuggì al suo sguardo e osservò le onde che facevano dondolare la scialuppa.

4. La metamorfosi
(1915)

I.

Quando Gregor Samsa si risvegliò una mattina da sogni tormentosi si ritrovò nel suo letto trasformato in un insetto gigantesco. Giaceva sulla schiena dura come una corazza e sollevando un poco il capo poteva vedere la sua pancia convessa, color marrone, suddivisa in grosse scaglie ricurve; sulla cima la coperta, pronta a scivolar via, si reggeva appena. Le sue numerose zampe, pietosamente esili se paragonate alle sue dimensioni, gli tremolavano disperate davanti agli occhi.

«Che cosa mi è successo?», pensò. Non era un sogno. La sua stanza, una vera stanza – sia pure piccola – per esseri umani, era tranquillamente racchiusa tra le quattro pareti così familiari. Sopra al tavolo, sul quale era sparso un campionario di stoffe – Samsa era un commesso viaggiatore – era appesa la figura che aveva recentemente ritagliato da un giornale illustrato e sistemato in una bella cornice dorata. Rappresentava una signora seduta tutta impettita con un cappellino e un boa di pelliccia, che ostentava a chi la guardasse un ampio manicotto nel quale scomparivano i suoi avambracci.

Lo sguardo di Gregor si rivolse poi alla finestra e il cattivo tempo – si udiva la pioggia picchiettare sulle parti metalliche della finestra – lo rattristò completamente. «Che accadrebbe se continuassi a dormire un altro po' dimenticando queste sciocchezze?», pensò, ma non era proprio fattibile perché era abituato a dormire sul fianco destro e nelle condizioni in cui si trovava non poteva assumere quella posizione. Per quanto si sforzasse di buttarsi verso destra ripiombava sempre nella posizione supina. Ci provò un centinaio di volte, chiuse gli occhi per non vedere le zampe annaspanti, e rinunciò solo quando cominciò a sentire sul fianco un dolorino sordo, mai provato prima d'allora.

«Oh Dio», pensò «che mestiere faticoso mi sono scelto! Sempre in giro, un giorno dopo l'altro. L'affanno per gli affari è molto maggiore che nell'azienda, inoltre devo sopportare anche questa piaga del viaggiatore, i crucci per le coincidenze, i pasti irregolari e cattivi, rapporti umani sempre mutevoli, mai costanti, mai cordiali. Che vada tutto al diavolo!». Provò un leggero prurito sulla pancia; si trascinò lentamente sul dorso verso la testata del letto per poter sollevare meglio il capo; localizzò la parte che gli prudeva e che era cosparsa di puntini bianchi, di cui non riusciva a spiegarsi la causa; volle toccare la parte con una zampa, ma la ritirò subito perché il contatto lo fece rabbrividire.

Scivolò nuovamente nella posizione di prima. «Queste continue levatacce», pensò, «finiscono per rincitrullire. Ogni essere umano ha bisogno delle sue giuste ore di sonno. Gli altri viaggiatori di commercio fanno una vita da pascià. Quando torno alla locanda nel corso della mattinata per trascrivere le ordinazioni ricevute, quei signori stanno appena consumando la prima colazione. Se facessi una cosa simile col principale che mi ritrovo, verrei cacciato su due piedi. Chi sa, però, se non sarebbe meglio per me. Se non cercassi di dominarmi per far piacere ai miei genitori avrei dato le dimissioni da lungo tempo, sarei andato dal principale e gli avrei detto chiaro e tondo come la penso. L'avrei fatto cadere dalla sua cattedra! È anche una strana abitudine quella di mettersi in cattedra e di parlare dall'alto con i dipendenti, che oltre tutto devono venire assai vicino a causa della sordità del principale. Comunque non tutte le speranze sono perdute; quando avrò raggranellato abbastanza soldi per pagare il debito che i miei genitori hanno verso di lui – e non ci dovrei mettere più di cinque o sei anni – mi licenzierò senz'altro. Sarà un taglio netto. Intanto, però, devo alzarmi, il mio treno parte alle cinque».

E guardò la sveglia che ticchettava sul cassettone. «Santo Cielo!», esclamò tra sé. Erano le sei e mezza e le lancette proseguivano tranquillamente il loro cammino, anzi era ancora più tardi, mancava poco ai tre quarti. Forse la sveglia non aveva suonato? Si vedeva benissimo anche dal letto che era stata fissata sulle quattro; aveva suonato sicuramente. Sì, ma era mai possibile continuare a dormire pacificamente con quel frastuono che scuoteva i mobili? In verità, non aveva dormito proprio pacificamente, però forse per questo il sonno era stato più pesante. Che cosa doveva fare ora? Il prossimo treno partiva alle sette; per prenderlo avrebbe dovuto sbrigarsi come un matto, il campionario non era ancora sistemato e lui stesso non si sentiva particolarmente sveglio e attivo. E anche se avesse preso quel treno una sfuriata del principale sarebbe stata inevitabile, perché l'usciere della ditta aveva atteso al treno delle cinque e aveva già riferito la sua mancanza. Era una creatura del padrone, senza spina dorsale né comprendonio. E se si fosse dato per malato? Ma ciò sarebbe assai penoso e sospetto, perché durante i suoi cinque anni di servizio Gregor non era mai stato malato. Sicuramente il principale sarebbe venuto con il medico della cassa malattia, avrebbe rimproverato i genitori per la pigrizia del loro figlio e avrebbe troncato qualsiasi obiezione rimettendosi al parere del medico della cassa malattia, per il quale esistono soltanto persone sanissime o pelandroni. E gli si poteva poi dare torto nel suo caso? Gregor, a parte il sopore eccessivo dovuto al lungo sonno, si sentiva veramente bene e aveva persino una gran fame.

Mentre questi pensieri gli turbinavano per la mente, e senza che si decidesse a lasciare il letto – proprio in quel momento la sveglia faceva le sei e tre quarti – venne bussato lievemente alla porta che si trovava vicino alla testata del letto. «Gregor», mormorò una voce – era la mamma – «sono le sette meno un quarto. Non dovevi partire?» La dolce voce! Gregor sussultò udendo la propria voce mentre rispondeva, che era indubbiamente ancora quella di prima, in cui si mescolava però, dal basso, un insopprimibile frinire fastidioso, che solo in un primissimo momento lasciava alle sue parole un suono integro, ma poi lo deformava al punto da far credere di aver udito male. Gregor avrebbe voluto rispondere fornendo tutti i particolari, ma in simili condizioni si limitò a dire: «Sì, sì, grazie mamma, mi sto alzando». La porta chiusa impediva che fuori si notasse il cambiamento nella voce di Gregor, perciò la mamma rassicurata se ne andò strascicando i piedi. Ma il breve dialogo aveva rivelato agli altri membri della famiglia che contro ogni aspettativa, Gregor si trovava ancora in casa, e il padre si era già messo a bussare alla porta, debolmente ma col pugno. «Gregor, Gregor», gridò, «che cosa c'è?» E dopo un breve intervallo tonò con voce più profonda: «Gregor! Gregor!» Dietro l'altra porta la sorella bisbigliava: «Gregor? Non ti senti bene? Hai bisogno di qualcosa?» Gregor rispose in entrambe le direzioni: «Sono già pronto», e si sforzò di eliminare ogni suono strano dalla sua voce scandendo le parole con molta cura e separandole con lunghe pause. Infatti il padre tornò alla sua colazione, ma la sorella mormorò: «Gregor, apri, te ne supplico». Gregor non pensava proprio di aprire, anzi si compiaceva dell'abitudine presa nel corso dei suoi viaggi di chiudere a chiave le porte durante la notte anche quando si trovava in casa propria.

Per prima cosa voleva alzarsi indisturbato, vestirsi e soprattutto fare colazione e soltanto dopo avrebbe pensato al resto, ormai s'era reso conto che riflettendo a letto non sarebbe mai giunto a nessuna conclusione. Si rammentava di aver sentito più volte mentre era ancora coricato una fitta forse provocata da una posizione sbagliata, che poi – una volta alzato – si era dimostrata pura immaginazione e ora era curioso di vedere come le sue odierne fantasie sarebbero sfumate a poco a poco. Non aveva alcun dubbio che il mutamento della voce non fosse altro che il prodromo d'un bel raffreddore, una malattia professionale dei viaggiatori di commercio.

Buttar via la coperta era molto semplice; bastò che egli si gonfiasse un poco ed essa cadde da sola. Ma, dopo, le cose si fecero più difficili, soprattutto perché era così largo. Avrebbe avuto bisogno di braccia e di mani per sollevarsi; invece aveva solo quelle numerose zampette, che si agitavano continuamente e che non riusciva a dominare. Se voleva piegarne una, accadeva invece che la prima si drizzasse e quando riusciva a fare il movimento che si era proposto con una zampa le altre lavoravano come se fossero indipendenti con una turbolenza dolorosissima. «Basta non trattenersi a letto senza scopo», disse tra sé Gregor.

Prima volle scendere dal letto con la parte inferiore del corpo, ma questa parte inferiore, che egli d'altronde non aveva ancora visto e di cui non riusciva neppure a farsi un'immagine esatta, si rivelò assai impacciata; tutto andava così lentamente; e quando alla fine, ormai furente, si spinse in avanti senza alcun riguardo, dopo aver chiamato a raccolta tutte le sue forze, sbagliò direzione e batté violentemente sulla spalliera inferiore del letto, accorgendosi che proprio la parte inferiore del suo corpo era attualmente la più sensibile.

Perciò tentò d'uscire dal letto con la parte superiore del corpo e girò cautamente il capo verso la sponda. Questo gli riuscì facilmente e, nonostante la larghezza e il peso, la massa del corpo seguì lentamente la direzione della testa. Ma quando la testa sporse, finalmente libera, fuori dal letto egli ebbe paura di continuare a quel modo, perché se si fosse lasciato cadere in terra in una simile posizione sarebbe stato un vero miracolo non ferirsi alla testa. E ora non doveva assolutamente perdere i sensi; preferiva restare a letto.

Ma quando riuscì a giacere come prima, ansimando per aver compiuto una fatica pari alla prima, e vide le sue zampette lottare fra loro in maniera persino più violenta e non riuscì a trovare alcun mezzo per mettere un po' d'ordine in quel baillame, si convinse che non era possibile restare a letto e che bisognava affrontare qualsiasi sacrificio pur d'uscirne fuori. Inoltre si ricordò che una riflessione serena, anzi più che serena, era di gran lunga migliore di una decisione presa in un momento di disperazione. In simili momenti usava fissare la finestra, ma purtroppo la vista della nebbia mattutina, che nascondeva persino il lato opposto della stretta via, non poteva infondere fiducia e allegria. «Già le sette», disse tra sé al nuovo scattare dell'ora, «già le sette e c'è ancora una nebbia simile». E per un poco rimase tranquillo respirando debolmente come se si attendesse dalla quiete assoluta il ritorno delle condizioni normali.

Poi disse a se stesso: «Prima delle sette e un quarto devo essere sceso completamente dal letto a tutti i costi. Del resto a quell'ora sarà già venuto qualcuno della ditta per chiedere di me, poiché la ditta viene aperta prima delle sette». E si mise all'opera per spostare il corpo in tutta la sua lunghezza fuori dal letto mediante un dondolio uniforme. Se si lasciava cadere dal letto in quella maniera, la testa doveva restare indenne anche perché si proponeva di sollevarla il più possibile durante la caduta. La schiena pareva dura; certamente non avrebbe subito alcun danno cadendo sul tappeto. Le più grosse perplessità gli venivano dall'immancabile tonfo che avrebbe potuto causare preoccupazioni se non spavento a chi si trovava al di là delle porte. Ma bisognava rischiare.

Gregor sporgeva già per metà fuori dal letto – il nuovo metodo era più un gioco che una fatica, doveva solo dondolarsi a scatti – quando gli venne in mente come tutto sarebbe stato più semplice se qualcuno l'avesse aiutato. Due persone robuste – pensò al padre e alla domestica – sarebbero state sufficienti; avrebbero dovuto insinuare le braccia sotto il suo dorso arcuato e, togliendolo dal letto, chinarsi con il peso e aspettare cautamente che egli si rivoltasse andando a finire con le zampe sul pavimento, così anch'esse avrebbero avuto una funzione logica. Ma, a parte il fatto che le porte erano chiuse a chiave, avrebbe dovuto sul serio invocare aiuto? Malgrado la situazione disperata questo pensiero lo fece sorridere.

Era già arrivato al punto che dondolandosi un poco più forte non avrebbe più potuto mantenere l'equilibrio e ormai doveva ben decidersi perché tra cinque minuti sarebbero state le sette e un quarto, quando il campanello di casa si mise a suonare. «È qualcuno della ditta», si disse sentendosi quasi gelare, mentre le sue zampette ballavano più freneticamente che mai. Per un attimo ci fu un silenzio assoluto. «Non aprono», si disse Gregor, preso da una speranza assurda. Ma poi, naturalmente, la domestica si avviò come sempre col suo passo pesante verso la porta d'ingresso e l'aprì. A Gregor bastò sentire le prime parole di saluto del visitatore per sapere chi fosse, era il procuratore in persona. Perché era condannato a lavorare per una ditta dove la minima mancanza destava i più grandi sospetti? Tutti i dipendenti erano delle canaglie in piena regola, non poteva esserci tra loro una persona fedele e devota che non avendo dedicato soltanto un paio d'ore del mattino alla ditta stava quasi impazzendo dal rimorso e non era più capace di scendere dal letto? Veramente non sarebbe bastato mandare un fattorino per chiedere notizie – ammesso e non concesso che questa inchiesta fosse necessaria – doveva venire proprio il procuratore in persona dimostrando così a tutta la famiglia ignara che l'indagine su questa faccenda sospetta poteva essere affidata solo alla sua sagacia? E fu più per il nervosismo causato da queste considerazioni che per una vera e propria decisione che Gregor si slanciò fuori dal letto. Si sentì un colpo forte, non però uno sconquasso. La caduta fu attutita un poco dal tappeto, inoltre il dorso era più elastico di quanto Gregor avesse sospettato, ecco la ragione del tonfo sordo e non tanto rilevante. Però non aveva sollevato abbastanza la testa e l'aveva battuta; la girò e la strofinò sul tappeto per la rabbia e il dolore.

«Là dentro è caduto qualcosa», disse il procuratore dalla camera a sinistra. Gregor cercò d'immaginare se al procuratore potesse accadere qualcosa di simile a quanto era successo a lui oggi; bisognava ammettere che la possibilità esisteva. Ma come se volesse rispondere brutalmente a quest'ipotesi il procuratore fece alcuni passi decisi nella stanza accanto lasciando scricchiolare le sue scarpe di coppale. Dalla porta di destra la sorella bisbigliò per avvertire Gregor: «Senti, è venuto il procuratore». «Lo so», disse Gregor fra sé, però non aveva il coraggio di alzare la voce al punto di farsi udire dalla sorella.

«Gregor», disse ora il padre dalla stanza di sinistra, «è venuto il signor procuratore per sapere perché non sei partito col treno del mattino. Non sappiamo che cosa dobbiamo dirgli. Inoltre vuol parlare con te personalmente. Perciò apri la porta, per piacere. Egli avrà anche la bontà di scusare il disordine della stanza». «Buon giorno, signor Samsa», interloquì il procuratore in tono amichevole. «Non si sente bene», disse la madre al procuratore, mentre il padre continuava a parlare alla porta, «non si sente bene, mi creda, signor procuratore. Altrimenti Gregor non avrebbe potuto perdere il treno! Il ragazzo non pensa ad altro che al lavoro. M'arrabbio persino perché non esce mai la sera; ora è stato quasi otto giorni qui in città, ma ha trascorso tutte le serate in casa. Sta seduto lì al tavolo da noi e legge il giornale in silenzio o studia l'orario ferroviario. È già una distrazione per lui quando lavora col traforo. Per esempio, nel corso di tre sere ha intagliato una cornicetta; vedrà quant'è graziosa! È appesa nella sua stanza, potrà vederla subito non appena Gregor aprirà la porta. D'altra parte son contenta che lei sia qui, signor procuratore; da soli non saremmo riusciti a convincere Gregor ad aprire; è così cocciuto e certamente non si sente bene, anche se stamattina l'ha negato». «Vengo subito», disse Gregor piano e con prudenza e non si mosse per non perdere una parola del colloquio. «Cara signora, anch'io non potrei spiegarmelo diversamente», disse il procuratore, «speriamo che non sia niente di grave. Anche se devo sottolineare, però che noi uomini d'affari – non so se per fortuna o per disgrazia – dobbiamo spesso trascurare per motivi di lavoro le nostre piccole indisposizioni». «Insomma, può venire da te il signor procuratore?» chiese il padre impaziente bussando di nuovo alla porta. «No», rispose Gregor. Nella camera a sinistra si fece un silenzio penoso, nella camera a destra la sorella si mise a piangere.

Perché la sorella non se ne stava con gli altri? Probabilmente si era appena alzata e non aveva ancora cominciato a vestirsi. E perché piangeva? Perché lui non si alzava e non faceva entrare il procuratore, perché correva il rischio di perdere il posto e allora il principale sarebbe tornato ad affliggere i genitori con le sue vecchie richieste? Per il momento queste preoccupazioni erano superflue. Gregor era ancora lì e non pensava affatto di abbandonare la famiglia. Per ora si trovava sul tappeto e chi avesse conosciuto il suo stato non avrebbe preteso sul serio da lui di lasciare entrare il procuratore. Ma a causa di questa piccola scortesia, per la quale non sarebbe stato difficile trovare una buona scusa in seguito, non potevano mica licenziarlo in tronco. E Gregor pensò che avrebbero dimostrato molto più buon senso se l'avessero lasciato in pace, invece di disturbarlo con pianti ed esortazioni. Ma era proprio l'incertezza che accorava gli altri giustificando così il loro comportamento.

«Signor Samsa», chiamò a gran voce il procuratore, «che cosa succede? Lei si barrica nella sua stanza, risponde soltanto a monosillabi, mette in allarme inutilmente i suoi genitori e – sia detto solo per inciso – manca ai propri doveri d'ufficio in modo inconcepibile. Sto parlando a nome dei suoi genitori e del suo principale e la prego seriamente di fornirmi una spiegazione chiara e immediata. Mi stupisco, mi stupisco. La giudicavo una persona saggia e tranquilla e ora tira fuori degli strani grilli. Stamani il principale mi ha accennato, in verità, ad una possibile spiegazione per la sua assenza, si trattava dell'incasso recentemente affidatole, ma ho dato quasi la mia parola d'onore che questa spiegazione non poteva rispondere a verità. Ora, però, mi sto accorgendo della sua incomprensibile testardaggine e non sento più il minimo desiderio di continuare a difenderla. E la sua posizione non è proprio la più sicura. Inizialmente avevo l'intenzione di dirglielo mentre ci trovavamo a quattr'occhi, siccome mi sta facendo sprecare il mio tempo, non vedo perché i suoi genitori non debbano essere informati. Nell'ultimo periodo il suo rendimento è stato assai scarso; anche se non ci troviamo nella stagione migliore per gli affari, non esiste una stagione in cui non si conclude nessun affare, signor Samsa, non deve esistere».

«Ma signor procuratore», gridò Gregor fuori di sé, e nella sua agitazione dimenticò tutto il resto, «apro subito, immediatamente. Una piccola indisposizione, un capogiro mi hanno impedito di alzarmi. Sono ancora a letto. Oramai mi sono ripreso completamente. Sto scendendo dal letto. Solo un momentino di pazienza! Non va ancora tanto bene, come pensavo. Ma sto già meglio. Come possono capitare certe cose tra capo e collo! Ieri sera stavo ancora bene, i miei genitori lo sanno, o per essere più precisi già ieri sera ho avuto una lieve premonizione. Avrebbero dovuto notarla. Perché non ho avvisato la ditta! Ma si spera sempre di poter superare la malattia senza doversene stare a casa. Signor procuratore! Abbia riguardo per i miei genitori! Tutti i rimproveri che lei mi sta facendo non sono fondati; non mi è stata mai detta una parola in proposito. Probabilmente lei non ha letto le ultime ordinazioni che ho mandato. Del resto mi metterò in viaggio col treno delle otto, queste due ore di riposo mi hanno giovato. Non perda altro tempo, signor procuratore; tra poco verrò io stesso in ufficio e abbia la bontà di comunicarlo al signor principale e di ossequiarlo da parte mia!»

E mentre Gregor si lasciava sfuggire tutto questo senza quasi sapere ciò che dicesse, si era avvicinato facilmente al cassettone, probabilmente grazie all'esercizio già praticato nel letto, e stava cercando di sollevarsi. E gli voleva veramente aprire la porta, farsi vedere e parlare col procuratore; era curioso di sapere che cosa avrebbero detto gli altri, che ora lo cercavano tanto, quando l'avessero visto. Se si fossero spaventati, allora Gregor non doveva sentirsi più responsabile e poteva stare tranquillo. Se invece avessero accettato tutto serenamente, non aveva più ragione di agitarsi e poteva realmente essere alla stazione alle otto se si affrettava. Le prime volte scivolò lungo la superficie liscia del cassettone, infine, si dette un forte slancio e assunse la posizione eretta; non faceva più caso ai dolori nella parte inferiore del corpo, per quanto fossero intensi. Poi si lasciò cadere sulla spalliera di una sedia vicina, ai cui bordi si tenne attaccato con le zampe. Era riuscito anche a riprendere il dominio su di sé e ammutolì, perché ora sentiva parlare il procuratore.

«Hanno capito anche una sola parola?» chiese il procuratore ai genitori, «non ci sta prendendo in giro?» «Per l'amor di Dio», gridò la mamma, quasi con le lacrime agli occhi, «forse è gravemente malato e noi lo stiamo torturando. Grete! Grete!» urlò poi. «Mamma?» chiamò la sorella dall'altra parte. Si parlavano attraverso la stanza di Gregor. «Devi andare immediatamente dal dottore. Gregor è malato. Presto dal dottore. Hai sentito parlare Gregor adesso?» «Era una voce animalesca», disse il procuratore in tono straordinariamente basso se confrontato alle grida della mamma. «Anna! Anna!» chiamò il padre dall'anticamera rivolgendosi verso la cucina e battendo contemporaneamente le mani, «faccia venire subito un fabbro!» Le due ragazze traversavano già l'anticamera correndo con le gonne fruscianti – come aveva fatto la sorella a vestirsi così presto? – e spalancarono la porta di casa. Non si sentì lo scatto della chiusura; probabilmente l'avevano lasciata aperta, come si usa fare negli appartamenti in cui sia accaduta una grave disgrazia.

Gregor, però, era diventato molto più tranquillo. Allora non riuscivano più a capire le sue parole, sebbene gli sembrassero abbastanza chiare, anzi più chiare di prima, forse perché incominciava a farci l'orecchio. Tuttavia s'erano ormai persuasi che qualcosa non andava ed erano pronti ad aiutarlo. La fermezza e la sicurezza con cui furono impartite le prime disposizioni gli fecero bene. Si sentiva nuovamente partecipe della cerchia umana e si attendeva grandiose e sorprendenti imprese sia dal medico che dal fabbro, senza distinguerli molto l'uno dall'altro. E per schiarire la voce in vista dei prossimi colloqui decisivi, tossì un poco, avendo cura di farlo, sommessamente: forse anche questo suono poteva sembrare diverso da una tosse umana, lui non osava pronunciarsi in merito. Intanto nella stanza vicina s'era fatto silenzio. Forse i genitori s'erano seduti al tavolo col procuratore e bisbigliavano tra loro, oppure stavano origliando dietro la porta.

Gregor si spinse lentamente verso la porta con la sedia, che poi lasciò, cercando d'attaccarsi all'uscio per restare in posizione eretta – le punte delle sue zampe secernevano un liquido agglutinante – quindi si riposò un attimo per riprendere le forze. Infine si mise all'opera per aprire la serratura con la bocca. Sfortunatamente non aveva dei veri e propri denti. Come pigliare la chiave? In cambio le sue mandibole erano molto forti; grazie ad esse riuscì infatti a muoverla senza preoccuparsi che si stava facendo male, perché un secreto color marrone gli uscì dalla bocca e scivolando sulla chiave stillò sul pavimento. «Sentono?» disse il procuratore. «Sta girando la chiave». Per Gregor questo era un notevole incoraggiamento; ma tutti avrebbero dovuto esortarlo, anche il padre e la madre: «Forza Gregor», avrebbero dovuto gridare, «vai avanti, sistema la serratura!» E immaginando che i suoi sforzi fossero seguiti con grande attenzione, si accanì come un folle sulla serratura. Egli barcollava intorno alla serratura seguendo progressivamente i movimenti della chiave; si sosteneva dritto soltanto con la bocca e, a seconda delle necessità, si afferrava alla chiave oppure la spingeva in basso con tutto il peso del corpo. Il suono acuto dello scatto finale della serratura risvegliò pienamente Gregor. Respirando di sollievo si disse: «Non ho avuto, dunque, bisogno del fabbro», e poggiò la testa sulla maniglia per aprire completamente la porta.

Siccome poteva aprirla solo in quel modo, la porta era quasi spalancata, mentre lui non era ancora visibile. Doveva spostarsi lentamente e con grande cautela attorno al battente per non cadere goffamente sul dorso al momento d'entrata nell'altra stanza. Era ancora tutto preso da questi difficili movimenti e non aveva tempo di pensare ad altro, quando udì il procuratore lanciare un «Ooh!» lacerante, come un gran colpo di vento, poi lo vide che stava vicino alla porta e indietreggiava lentamente con una mano premuta sulla bocca spalancata, come sospinto da una forza cieca e irresistibile. La mamma, che malgrado la presenza del procuratore aveva ancora i capelli sciolti e irti così come si era alzata dal letto, guardò prima il padre con le mani giunte, fece quindi due passi verso Gregor e cadde in mezzo alle sottane che si aprivano intorno a lei, il volto completamente sprofondato nel petto. Il padre serrò il pugno con espressione malevola, quasi volesse respingere Gregor nella sua stanza, si guardò attorno con aria incerta, poi si coprì gli occhi con le mani e pianse scuotendo l'ampio petto.

Gregor non entrò nella stanza, ma s'appoggiò, dal di dentro, sul battente chiuso della porta, lasciando scorgere soltanto la metà del suo corpo e il capo piegato da un lato, col quale spiava i presenti. Nel frattempo il giorno s'era fatto più chiaro; dall'altra parte della strada si stagliava nettamente uno spicchio dell'immenso e grigio edificio situato di fronte – era un ospedale – con le sue finestre regolari che interrompevano duramente la sua facciata; pioveva ancora, ma soltanto a grandi gocce, visibili, buttate al suolo quasi una per una. Le stoviglie della prima colazione erano sparse in gran copia sul tavolo, perché quello era per il padre il pasto principale della giornata, che prolungava per le ore leggendo numerosi giornali. Proprio sulla parete di fronte era appesa una fotografia di Gregor al tempo del suo servizio militare, che lo raffigurava in divisa da tenente, con un sorriso spensierato e la mano sull'elsa della spada, quasi esigesse rispetto per la sua uniforme e il suo contegno. La porta che dava sull'anticamera era spalancata e si poteva vedere, essendo aperta anche la porta di casa, il pianerottolo e alcuni gradini delle scale.

«Ora», disse Gregor rendendosi pienamente conto di essere l'unico ad aver conservato la calma, «mi vestirò subito, imballerò il campionario e partirò. Volete lasciarmi partire? Come vede, signor procuratore, non sono cocciuto e lavoro volentieri; viaggiare è faticoso, però non potrei vivere senza viaggiare. Dove sta andando, signor procuratore? In ufficio? Sì? Riferirà tutto con esattezza? Si può essere temporaneamente inabili al lavoro, ma allora è proprio il momento di rammentarsi delle prestazioni precedenti e di tener presente che in futuro, quando gli impedimenti saranno eliminati, si lavorerà con maggiore lena e diligenza. Lei sa che mi sento molto in debito col signor principale. Inoltre ho la responsabilità dei miei genitori e di mia sorella. Mi trovo in un momento difficile, ma saprò cavarmela. Non mi renda le cose più ardue di quello che già sono. Prenda le mie parti nella ditta! Lo so che il viaggiatore non è amato. Si pensa che guadagni un mucchio di soldi e conduca una vita spensierata. Non capita spesso l'occasione per sfatare questo pregiudizio. Lei, però, signor procuratore, ha una visione più panoramica delle diverse situazioni, di quanto possa averla il resto del personale; anzi – sia detto in confidenza – lei ha una visione più ampia dello stesso principale, che come imprenditore può facilmente sviare il suo giudizio a danno di un dipendente. Inoltre lei sa benissimo che il viaggiatore di commercio, trovandosi quasi tutto l'anno lontano dalla ditta, può essere spesso vittima di pettegolezzi, di combinazioni e di lamentele immotivate, contro i quali non può difendersi, perché spesso non ne viene neppure a conoscenza e soltanto quando torna a casa sfinito da un lungo viaggio ne comincia a sentire le conseguenze sul proprio corpo senza sapersi spiegare le cause. Signor procuratore, non se ne vada senza avermi detto una parola per dimostrarmi che lei mi dà ragione almeno in minima parte!»

Ma il procuratore s'era voltato già alle prime parole di Gregor e lo guardava al di sopra della spalla tremante, con le labbra contratte. Mentre Gregor parlava il procuratore non s'era fermato neppure per un attimo e senza perderlo d'occhio era rinculato verso la porta, assai lentamente, però, come se gli fosse proibito uscire dalla camera. Era arrivato già nell'ingresso e dal movimento improvviso col quale ritrasse il piede dalla stanza si sarebbe detto che si fosse bruciata la suola della scarpa. In anticamera tese la destra verso le scale, come se si aspettasse da lì qualche intervento divino.

Gregor comprese di non poter assolutamente permettere che il procuratore se ne andasse via in quello stato d'animo, senza mettere a grave repentaglio la sua posizione nella ditta. I genitori non capivano abbastanza bene queste cose; in quei lunghi anni s'erano formati la convinzione che Gregor avrebbe potuto mantenere quell'impiego per tutta la vita, inoltre erano troppo occupati con i crucci presenti e avevano perso ogni capacità di previsione. Il procuratore doveva essere trattenuto, calmato, convinto e infine conquistato; il futuro di Gregor e della sua famiglia dipendeva da questo! Se almeno ci fosse stata la sorella! Era saggia; si era già messa a piangere quando Gregor giaceva ancora pacificamente sul dorso. Di certo il procuratore – quel don Giovanni – si sarebbe lasciato guidare da lei; ella avrebbe chiuso la porta d'ingresso e gli avrebbe fatto passare la paura, in anticamera. Ma la sorella non c'era e Gregor doveva agire da solo. Senza pensare di non conoscere ancora le proprie capacità di movimento e di non essere in grado, probabilmente, anzi quasi sicuramente, di rendere intelligibile ciò che diceva, lasciò il battente; si spinse attraverso l'apertura; volle andare verso il procuratore che si trovava sul pianerottolo e serrava ridicolamente entrambe le mani alla ringhiera; però cadde immediatamente sulle sue numerose zampe, cercando invano un appoggio e lanciando un gridolino. Appena successe questo, per la prima volta nella mattina, sentì un benessere fisico; le zampe toccavano finalmente il suolo; con enorme piacere notò che ubbidivano alla perfezione; tendevano persino a portarlo nella direzione desiderata; e s'era già convinto che la soluzione definitiva di tutte le pene fosse prossima. Ma nello stesso momento in cui egli si trovava al suolo, dondolandosi per trattenere lo slancio, non lontano dalla madre, anzi proprio di fronte a lei, questa – che pur sembrava dimentica di tutto – saltò su con le braccia aperte e le dita distese gridando: «Aiuto, per l'amor di Dio, aiuto!»; aveva il capo piegato come se volesse vedere meglio Gregor, tuttavia corse subito all'indietro, non ricordando che alle sue spalle c'era la tavola apparecchiata; quando la raggiunse ci si sedette sopra sbadatamente e non sembrò avvedersi che accanto a lei un grosso bricco rovesciato faceva colare fiumi di caffè sul tappeto.

«Mamma, mamma», bisbigliò Gregor alzando lo sguardo verso di lei. Per un attimo aveva completamente scordato il procuratore; invece, alla vista del caffè che colava, non poté fare a meno di muovere le mascelle con uno scatto secco. Allora la madre ricominciò ad urlare, scappò dal tavolo e cadde fra le braccia del padre che stava accorrendo. Ma Gregor non aveva tempo per i suoi genitori; il procuratore era già sulla scala; col mento poggiato sulla ringhiera stava guardando indietro per l'ultima volta. Gregor prese la rincorsa per essere sicuro di raggiungerlo; il procuratore dovette sospettare qualcosa perché saltò più gradini alla volta e disparve; «Uh!» gridò ancora, e il grido risonò per tutta la tromba delle scale. Purtroppo quella fuga del procuratore sembrò sconvolgere completamente il padre che sino a quel momento aveva saputo controllarsi abbastanza, di conseguenza, invece di correre dietro al procuratore o permettere a Gregor di raggiungere il suo intento, afferrò con la destra il bastone che il procuratore aveva lasciato sulla sedia assieme al cappello e al soprabito, mentre con la sinistra prese un giornale dal tavolo, poi battendo i piedi e agitando il bastone e il giornale si dispose a ricacciare Gregor nella sua stanza. Le preghiere di Gregor non servirono, esse non erano neppure capite, poteva girare la testa con l'aria più umile del mondo, il padre continuava a battere i piedi sempre più forte. Di là, nonostante il tempo inclemente, la mamma aveva aperto una finestra e si era affacciata stringendosi il viso tra le mani. Con la porta di casa e la finestra aperte si creò una forte corrente d'aria, e le tende svolazzarono, i giornali sul tavolo frusciarono e alcuni fogli veleggiarono verso il pavimento. Il padre continuava ad incalzare spietatamente emettendo dei sibili, pareva un pazzo. Gregor non aveva alcuna pratica nel camminare all'indietro e andava molto piano. Se Gregor avesse potuto voltarsi sarebbe arrivato subito nella stanza, ma aveva paura che il padre si spazientisse per il tempo che avrebbe perso nel girarsi, e ad ogni attimo temeva di ricevere un colpo mortale sul capo o sul dorso dal bastone in mano al padre. Alla fine Gregor non ebbe altra scelta: si rese conto con terrore che retrocedendo non era nemmeno capace di prendere la direzione giusta; così cominciò a girarsi con tutta la fretta di cui era capace, ma in realtà assai piano, sbirciando continuamente con terrore in direzione del padre. Forse questi s'accorse della buona volontà, perché non lo disturbò nell'impresa, anzi diresse i movimenti di rotazione agitando da lontano la punta del bastone. Se non fosse stato per quell'insopportabile sibilo del padre! Gregor si sentiva completamente frastornato. S'era quasi girato completamente quando si sbagliò a causa di quel sibilo e si rigirò un poco indietro. Quando alla fine giunse felicemente con il capo dinanzi all'apertura della porta, risultò che il suo corpo era troppo largo per passare. Naturalmente il padre, con l'umore che aveva, non si lasciava neppure sfiorare dall'idea di aprire l'altro battente per far passare agevolmente Gregor. Il suo chiodo fisso era che Gregor dovesse tornare nella sua stanza il più presto possibile. Non avrebbe mai tollerato i complicati preparativi di cui Gregor aveva bisogno per assumere una posizione eretta grazie alla quale sarebbe sgusciato senza tanti intoppi. Invece continuava a spingere Gregor in avanti, facendo un rumore infernale, come se non ci fosse alcun impedimento; ciò che Gregor udiva dietro di sé non era più solo la voce di un padre; non era davvero più il caso di scherzare e Gregor, senza pensare alle conseguenze, si buttò verso la porta. Una parte del suo corpo si sollevò, egli si trovava di traverso nell'apertura, un fianco gli si era tutto scorticato e sul battente bianco erano rimaste delle brutte macchie; ben presto rimase incastrato e non avrebbe potuto più muoversi, da un lato le zampe annaspavano nell'aria mentre dall'altro erano dolorosamente schiacciate al suolo, fu allora che il padre gli dette da dietro uno spintone che lo fece rimuovere ed egli volò dentro la sua stanza sanguinando abbondantemente. La porta fu sbattuta col bastone, poi fu silenzio.

II.

Gregor si risvegliò dal suo sonno pesante simile al deliquio soltanto al crepuscolo. Certo si sarebbe svegliato lo stesso non molto più tardi anche senza essere disturbato, perché si sentiva disteso e riposato, tuttavia ebbe la sensazione di essere stato svegliato dalla cauta chiusura della porta che dava sull'anticamera. Il riflesso scialbo dei lampioni stradali si allungava qua e là sul soffitto e sulla parte superiore dei mobili, ma in basso dove stava Gregor era buio. Si trascinò piano piano verso la porta, tastando ancora maldestramente con le sue antenne, che aveva appena cominciato ad apprezzare, per vedere che cosa fosse accaduto. Il suo fianco sinistro gli sembrava un'unica cicatrice dolorosamente tesa, inoltre zoppicava con la sua duplice fila di zampe. Una di queste si era gravemente ferita nel corso della mattinata – anzi era un vero miracolo che fosse toccato ad una sola – ed egli era costretto a trascinarla inerte.

Solo quando fu presso la porta si accorse di quel che l'aveva attirato veramente: l'odore del cibo. Lì c'era infatti una scodella di latte zuccherato nella quale galleggiavano alcune fette di pane bianco. Aveva quasi voglia di ridere per la gioia, perché la sua fame era ancora maggiore di quella del mattino. Immerse immediatamente la testa nel latte quasi fino agli occhi. Ma ben presto si ritirò deluso; non solo perché gli riusciva difficile mangiare a causa delle lesioni al fianco sinistro – egli poteva mangiare solo se tutto il corpo partecipava direttamente all'azione – ma anche perché il latte, che pure era stata la sua bevanda preferita e sicuramente la sorella gliel'aveva portato proprio per questa ragione, non gli piaceva affatto, anzi si allontanò quasi con disgusto dalla scodella e zampettò nuovamente verso il centro della stanza.

Gregor scorgeva attraverso la fessura della porta che nel soggiorno era stata accesa la luce a gas, però mentre a quell'ora il padre soleva leggere a voce alta alla madre e talvolta anche alla sorella il giornale del pomeriggio, ora non s'udiva alcun suono. Forse quella lettura, di cui la sorella gli raccontava e scriveva sempre, era caduta in disuso negli ultimi anni. Ma anche tutt'attorno regnava un gran silenzio, sebbene l'appartamento non fosse certamente vuoto. «Che vita serena conduceva la famiglia», pensò Gregor, mentre fissava l'oscurità dinanzi a sé e si sentì molto fiero di aver potuto procurare ai genitori e alla sorella una vita simile in un appartamento tanto bello. Ma che sarebbe accaduto se la pace, il benessere, la contentezza fossero finiti sciaguratamente? Per non sprofondarsi in tali pensieri, Gregor preferì muoversi e si mise ad ambulare su e giù per la stanza.

Nel corso della lunga serata furono aperte e prontamente richiuse la porta di destra e quella di sinistra; qualcuno aveva bisogno di entrare, ma si faceva troppi scrupoli. Gregor si fermò davanti al soggiorno deciso a convincere l'esitante visitatore ad entrare; ma la porta non fu più aperta e Gregor attese invano. Al mattino, quando le porte erano chiuse, tutti avevano voluto venire da lui, e ora che aveva aperto una porta, l'altra era stata aperta nel corso della giornata, non veniva più nessuno, benché le chiavi fossero infilate dal di fuori.

La luce nel soggiorno fu spenta molto tardi, a notte inoltrata, ora si poteva capire facilmente che i genitori e la sorella erano rimasti alzati a lungo, infatti Gregor li sentì allontanarsi in punta di piedi. Adesso sicuramente nessuno sarebbe più venuto da lui sino al mattino; aveva quindi un bel po' di tempo a disposizione per riflettere indisturbato sul modo migliore di risistemare la sua vita. Tuttavia quella stanza dai soffitti alti in cui era costretto a giacere disteso sul pavimento lo intimoriva senza che egli sapesse farsene una ragione, perché era la stanza che abitava da cinque anni, e con un movimento quasi involontario e una certa dose di vergogna si precipitò sotto il divano, dove si sentì finalmente a proprio agio, sebbene il suo dorso fosse un poco schiacciato e non potesse più sollevare la testa; gli dispiaceva solo che il suo corpo fosse troppo largo per sparire sotto il divano.

Vi passò tutta la notte, trascorsa in un dormiveglia interrotto ogni tanto dai morsi della fame, dai crucci e da vaghe speranze, che portavano tutte alla conclusione che per il momento doveva star buono e doveva rendere sopportabili alla sua famiglia, con pazienza e molti riguardi, le noie che le sue attuali condizioni le procuravano.

Già di primo mattino, ma era ancora quasi notte, Gregor ebbe occasione di mettere alla prova la bontà dei suoi propositi, perché la sorella quasi completamente vestita aprì la porta che dava sull'anticamera e guardò dentro ansiosamente. Non lo scorse subito, ma quando vide che stava sotto al divano – Santo Iddio doveva pur essere da qualche parte, non poteva mica esser volato via – si spaventò a tal punto che non riuscì a controllarsi e sbatté la porta dal di fuori. Poi, forse pentita del suo scatto, riaprì la porta ed entrò in punta di piedi, come se si trovasse in presenza di un malato grave o di un estraneo. Gregor aveva spinto il capo sino al bordo del divano e la stava osservando. Si sarebbe accorta che aveva lasciato il latte, non per mancanza di appetito, e gli avrebbe portato qualche altra vivanda più gradita? Se non l'avesse fatto da sola, Gregor avrebbe preferito morire di fame piuttosto che farglielo notare, sebbene provasse un gran desiderio di uscire da sotto il divano e di strisciare ai piedi della sorella per pregarla di portargli qualcosa di buono da mangiare. La sorella notò subito con stupore la scodella ancora piena, intorno alla quale s'era sparso un poco di latte, la prese, non con le mani direttamente, ma con uno straccio, e la portò via. Gregor era assai curioso di vedere che cosa gli avrebbe portato in cambio e faceva le più diverse congetture. Mai avrebbe potuto indovinare, però, ciò che la sorella, nella sua bontà, veramente fece. Ella gli portò, per esaminare i suoi gusti, una gran scelta di cibi sparsi su un vecchio foglio di giornale. C'era della verdura vecchia un poco appassita; ossa avanzate dalla cena coperte da una salsa bianca ormai solidificata; qualche chicco d'uva passa e qualche mandorla; un pezzo di formaggio che Gregor aveva qualificato immangiabile due giorni addietro; un tozzo di pane raffermo, una fetta di pane imburrato e un'altra fetta imburrata e salata. Inoltre aggiunse a tutto questo la scodella, ormai destinata probabilmente a lui per sempre, nella quale aveva versato dell'acqua. E per delicatezza, sapendo che Gregor non avrebbe mangiato in sua presenza, si allontanò frettolosamente e girò persino la chiave, affinché Gregor si rendesse conto che poteva accomodarsi in piena libertà. Le zampe di Gregor fremevano mentre s'avvicinavano al cibo. Anche le sue ferite dovevano essere completamente guarite, non sentiva più alcun impaccio, se ne stupì pensando che più di un mese prima s'era tagliato superficialmente il dito con un coltello e che quella ferita gli aveva fatto male sino al giorno addietro. «Sarei dunque meno sensibile adesso?» disse tra sé mettendosi ad assaporare avidamente il formaggio, che lo attirò più di tutte le altre pietanze. In rapida successione e con gli occhi lucidi dalla bramosia divorò il formaggio, la verdura e la salsa; i cibi freschi, invece, non lo attraevano, non poteva neppure sopportare l'odore e scostava da essi quelli che si proponeva di mangiare. Aveva già finito da un bel po' e giaceva pigramente nel medesimo posto quando la sorella si mise a girare lentamente la chiave nella toppa per avvertirlo di ritirarsi. Il rumore lo fece sobbalzare, perché stava quasi sonnecchiando, ma si precipitò subito sotto il divano. Dovette fare un grande sforzo su se stesso per rimanere lì sotto nel periodo sia pur breve che la sorella trascorse nella stanza, poiché il pasto abbondante aveva gonfiato il suo corpo e in quello spazio angusto non riusciva quasi a respirare. Prossimo al soffocamento e con gli occhi quasi fuori dalle orbite vedeva la sorella ignara scopare non soltanto i residui del suo pasto, ma anche i cibi che non aveva neppure toccato, come se fossero inutilizzabili ormai, e buttarli poi in un secchio che chiuse in fretta con un coperchio di legno. Appena s'era girata, Gregor uscì dal suo scomodo rifugio, stiracchiandosi e riprendendo fiato.

In questa maniera Gregor ricevette quotidianamente i suoi pasti, una volta la mattina, quando i genitori e la domestica dormivano ancora; la seconda volta dopo il pasto di mezzogiorno, perché anche allora i genitori facevano un riposino e la serva veniva allontanata dalla sorella per qualche incarico. Certo neppure loro volevano che Gregor morisse di fame, forse non avrebbero sopportato di venire a conoscenza dei suoi pasti se non per sentito dire, forse la sorella voleva risparmiare loro un dolore, sia pure piccolo, in fondo soffrivano già abbastanza.

Gregor non venne mai a sapere con quali scuse avessero mandato via quella mattina il medico e il fabbro; siccome non lo capivano, gli altri, compresa la sorella, non immaginavano che egli riuscisse invece ad intenderli, così quando la sorella veniva nella sua stanza egli doveva contentarsi di udire ogni tanto qualche sospiro o un'invocazione a qualche santo. Solo più tardi, dopo essersi assuefatta quasi a tutto – naturalmente un'assuefazione completa non ci fu mai – pronunciò qualche osservazione cordiale o che poteva essere intesa come tale. «Oggi però gli è piaciuto», disse quando Gregor ebbe divorato diligentemente tutto, mentre nel caso opposto, che ormai si ripeteva sempre più spesso, soleva borbottare quasi tristemente: «Anche questa volta ha lasciato tutto».

Mentre Gregor non poteva apprendere alcuna novità direttamente, riusciva, però, ad udire qualcosa dalla stanza accanto e ogni volta che sentiva delle voci correva verso la porta e si addossava ad essa con tutto il corpo. Soprattutto i primi tempi non v'era conversazione che non trattasse in qualche maniera di lui, sia pure in segreto. Per due giorni durante tutti i pasti ci si consultava sul modo di comportarsi; ma anche fra un pasto e l'altro si trattava il medesimo argomento, c'erano sempre in casa almeno due membri della famiglia, infatti nessuno voleva mai restare solo nell'appartamento, né esso poteva essere completamente abbandonato. Sin dal primo giorno la domestica – non era ben chiaro che cosa e quanto sapesse dell'accaduto – aveva pregato in ginocchio la mamma di licenziarla immediatamente e quando si congedò dopo un quarto d'ora, ringraziò con le lacrime agli occhi per il licenziamento, come se fosse stato il gesto più generoso che avesse ricevuto in quella casa e, senza che nessuno glielo chiedesse, giurò solennemente che non avrebbe mai svelato nulla a nessuno.

Ora la sorella doveva anche cucinare insieme alla mamma; comunque non era un lavoro molto impegnativo, perché non si mangiava quasi niente. Gregor sentiva spesso come l'uno esortasse invano l'altro a mangiare senza ricevere altra risposta che: «Grazie, mi basta» o qualcosa del genere. Probabilmente non si beveva neppure. Spesso la sorella domandava al padre se volesse della birra e si offriva affettuosamente di andarla a prendere lei stessa, e quando il padre taceva, per evitargli ogni scrupolo, dichiarava che avrebbe potuto mandare la portinaia, ma infine il padre pronunziava un «No» chiaro e tondo e non se ne parlava più.

Sin dal primo giorno il padre espose alla madre e alla sorella la situazione patrimoniale e le prospettive future. Ogni tanto si alzava dal tavolo e prendeva dalla cassaforte, che era riuscito a salvare dal tracollo della sua azienda avvenuto cinque anni addietro, qualche documento o un registro. Si poteva sentire benissimo quando apriva la serratura complicata e la richiudeva dopo aver tolto quanto cercava. Queste spiegazioni del padre erano in fondo le prime nuove notizie che Gregor avesse udito dopo la sua reclusione. Aveva ritenuto che il padre non avesse salvato nulla dal fallimento della sua ditta, almeno il vecchio non gli aveva mai detto niente che potesse fargli credere il contrario, né Gregor glielo aveva chiesto. La sola preoccupazione di Gregor era stata allora di fare il possibile affinché la famiglia potesse scordare al più presto le disgrazie finanziarie che avevano provocato in tutti uno stato di estrema prostrazione. Così s'era messo a lavorare con lena straordinaria e quasi da un giorno all'altro si era trasformato da modesto impiegato in commesso viaggiatore, naturalmente con ben altre possibilità di guadagno; i successi nel lavoro si traducevano immediatamente in denaro contante ricavato dalle provvigioni, che a casa poteva essere sparso sul tavolo davanti alla famiglia stupita e felice. Erano stati momenti belli che non s'erano più ripetuti, sebbene in seguito Gregor guadagnasse tanti soldi da poter provvedere – come infatti fece – al sostentamento di tutta la famiglia. Tutti avevano cominciato a farci l'abitudine, sia i familiari che Gregor; essi accettavano il denaro con gratitudine, egli lo consegnava volentieri, ma non c'era più una particolare atmosfera di calore. Soltanto la sorella aveva conservato una sincera devozione per Gregor ed egli progettava segretamente di mandarla al conservatorio l'anno venturo, senza preoccuparsi delle ingenti spese che ne sarebbero derivate e che in qualche maniera avrebbe pagato; a differenza di lui, la ragazza amava molto la musica e sapeva suonare il violino in modo commovente. Spesso, durante i brevi soggiorni di Gregor in città, veniva menzionato il conservatorio nei colloqui con la sorella, soltanto come un bel sogno irrealizzabile, però i genitori non volevano neppure sentire questi accenni innocenti; Gregor, invece, aveva già preso la sua decisione e si proponeva di comunicarla solennemente il giorno di Natale.

Questi erano pensieri ormai futili che gli passavano per il cervello mentre si appoggiava eretto contro la porta e origliava. Talvolta non poteva neppure udire per la grande stanchezza e, distrattamente, batteva il capo contro l'uscio, ma doveva riprendersi subito, perché anche quel piccolo rumore era stato sentito nella stanza accanto facendo zittire tutti. «Che cosa sta combinando?» bofonchiava il padre dopo qualche minuto, rivolgendosi evidentemente verso la porta, e soltanto allora la conversazione interrotta veniva ripresa gradatamente.

Gregor apprese con dovizia di particolari – il padre usava ripetere spesso le sue spiegazioni, perché non si occupava da molto tempo di tali questioni e la mamma non capiva mai bene la prima volta – che, malgrado tutte le disgrazie, si era salvato un modesto patrimonio accresciuto dagli interessi maturati negli ultimi tempi e non riscossi. Inoltre il denaro che Gregor versava mensilmente alla famiglia – lui stesso tratteneva per sé solo qualche *Gulden* – non veniva speso interamente e i risparmi avevano formato un piccolo capitale. Gregor, dietro la porta, annuiva entusiasticamente, contento di questa inattesa accortezza e parsimonia. In verità, col denaro eccedente avrebbe potuto pagare una quota maggiore del debito paterno verso il principale e il giorno in cui avrebbe potuto liberarsi da quell'impiego sarebbe stato più vicino, ma adesso era certamente meglio così come aveva predisposto il padre.

Tuttavia questi soldi non bastavano affatto per far vivere la famiglia col solo frutto dei suoi interessi; sarebbero stati eventualmente sufficienti a mantenere la famiglia uno o due anni, non di più. Si trattava quindi di una somma che non si doveva intaccare, ma serbare per i casi di estremo bisogno; il denaro per vivere doveva essere guadagnato. Il padre era un uomo sano ma vecchio, che non aveva più lavorato da cinque anni e in ogni caso non poteva esigere troppo da sé; inoltre in questi cinque anni, che rappresentavano le prime vacanze della sua esistenza travagliata ma priva di successo, era notevolmente aumentato di peso diventando piuttosto impacciato. E poteva mettersi a guadagnare la vecchia mamma, che soffriva d'asma e solo l'attraversare l'appartamento la stremava, che ogni due giorni veniva colta da crisi di soffocamento e doveva mettersi sul divano davanti alla finestra aperta? E doveva guadagnare la sorella che coi suoi diciassette anni era ancora una bambina alla quale sarebbe stato ragionevole concedere di vivere come prima, vestendosi graziosamente, dormendo a lungo, aiutando un poco in casa, partecipando a qualche piccolo divertimento e soprattutto suonando il violino? Quando la conversazione cadeva sulla necessità di guadagnare, Gregor si staccava dalla porta e si buttava sul fresco sofà di cuoio vicino all'uscio, perché si sentiva ribollire dalla vergogna e dal dolore.

Spesso giaceva lì per notti intere senza dormire neanche un attimo, strusciando ore e ore sul cuoio. Oppure affrontava la grossa fatica di trascinare una sedia verso la finestra per poi affacciarsi, dopo essersi arrampicato sino al davanzale, mentre si sosteneva ritto con l'aiuto della seggiola, ispirato evidentemente solo dal ricordo della distrazione che aveva provato un tempo nel guardare fuori. In effetti ogni giorno distingueva con sempre minore chiarezza gli oggetti anche più vicini; l'ospedale di fronte, di cui aveva maledetto tante volte la visione troppo frequente, non era più riconoscibile, e se non avesse saputo con esattezza di trovarsi nella tranquilla ma assolutamente cittadina *Charlottenstrasse*, avrebbe potuto credere di avere dinanzi alla finestra un deserto nel quale si fondevano il cielo grigio e la terra grigia. Era bastato che la sorella, sempre attenta, vedesse per due volte la sedia accanto alla finestra, perché, dopo aver rassettato la stanza, sistemasse nuovamente la sedia allo stesso posto lasciando aperte le imposte interne.

Se Gregor avesse potuto parlare con la sorella e ringraziarla di quanto faceva per lui, avrebbe sopportato più facilmente le sue premure; ma così ne soffriva. La sorella cercava naturalmente di attenuare la parte ingrata di tutta la faccenda e man mano che il tempo passava questo le riusciva più facile, col tempo, però, Gregor intuiva tante cose con più acutezza. Già la maniera d'entrare della sorella gli era insopportabile. Appena varcata la soglia, senza neppure chiudere la porta, sebbene di solito cercasse di risparmiare agli altri la vista della camera di Gregor, correva verso la finestra e la spalancava in fretta e furia, quasi stesse per soffocare, poi si fermava per qualche momento alla finestra incurante del freddo e respirava profondamente. Con queste sue corse e questo baccano sgomentava Gregor due volte al giorno; egli tremava per tutto il tempo sotto al divano e si rendeva pienamente conto ch'ella ne avrebbe fatto volentieri a meno se le fosse stato possibile restare con la finestra chiusa in una stanza dove si trovava Gregor.

Una volta, era già trascorso un mese dalla metamorfosi di Gregor, e la sorella non aveva più ragione di meravigliarsi del suo aspetto, ella venne un po' prima del solito e lo trovò in quell'orribile posizione eretta mentre guardava fuori dalla finestra. Gregor non si sarebbe stupito se la sorella non fosse entrata, giacché la sua posa le impediva di aprire subito la finestra, ma, oltre a non entrare, ella fece uno scarto all'indietro e chiuse la porta; un estraneo avrebbe detto che Gregor stesse lì in agguato per morderla. Naturalmente Gregor si nascose subito sotto al divano: dovette aspettare sino all'ora di pranzo prima che tornasse la sorella: sembrava anche molto più inquieta del solito. Egli s'accorse che la sua vista le causava un disagio sempre più accentuato. Ella doveva dominarsi per non fuggire se vedeva la pur minima parte del corpo di Gregor sporgere sotto al divano. Per risparmiarle anche questo disagio egli trasportò con le spalle – gli ci vollero quattro ore per riuscirci – il lenzuolo sopra il divano e lo sistemò in maniera tale da rimanere interamente coperto per cui, anche se s'abbassava, la sorella non l'avrebbe più visto. Se ella avesse ritenuto superfluo quel lenzuolo non avrebbe dovuto far altro che rimetterlo a posto, in fondo era evidente che non poteva essere piacevole per Gregor doversi rinserrare sino a quel punto, ma lei lasciò il lenzuolo dove si trovava e a Gregor parve quasi di cogliere un lampo di gratitudine nei suoi occhi, quando sollevò il lenzuolo per controllare come era stata accolta la sua idea.

Le prime due settimane i genitori non riuscirono a vincere la propria riluttanza ad entrare nella sua stanza; egli udiva spesso quanto apprezzassero l'attuale lavoro della sorella, mentre prima si erano lamentati spesso di lei, affermando che era una persona inutile. Ora accadeva sovente che il padre e la madre attendessero fuori della stanza di Gregor, mentre la sorella faceva le pulizie, appena uscita volevano sapere com'era dentro, che cosa aveva mangiato Gregor, come si era comportato e se si potesse scorgere qualche sintomo di miglioramento. La mamma, del resto, avrebbe voluto visitare Gregor relativamente presto, ma il padre e la sorella la trattenevano con prudenti osservazioni, che Gregor ascoltò molto attentamente e approvò in pieno. Più tardi, però, la si dovette trattenere con forza e quando gridava: «Lasciatemi andare da Gregor, si tratta del mio sventurato figliuolo! Non capite che devo andare da lui?» Gregor pensava che forse sarebbe stato un bene se la mamma fosse venuta, non tutti i giorni, naturalmente, ma una volta alla settimana; ella capiva tutto meglio della sorella, che nonostante il suo coraggio era ancora una bambina e in fondo si era assunta quel grave compito con leggerezza infantile.

Il desiderio di vedere la mamma fu presto esaudito. Durante il giorno Gregor non voleva farsi vedere alla finestra, anche per un riguardo verso i genitori, né poteva ambulare molto in quei pochi metri quadrati di pavimento, giacere immobile gli pesava già durante le interminabili notti, ben presto il mangiare non gli procurò nessun piacere, così, per distrarsi, prese l'abitudine di camminare lungo i muri e sul soffitto. Gli piaceva soprattutto stare sul soffitto; era assai diverso che giacere sul pavimento; si respirava più liberamente; un leggero dondolio faceva vibrare tutto il corpo; e nell'astrazione quasi felice a cui Gregor s'abbandonava quando si trovava lassù, poteva accadere che si lasciasse andare distrattamente e precipitasse al suolo. Ora dominava il proprio corpo molto meglio di prima e non si faceva male neppure con una caduta così grave. La sorella si accorse subito del nuovo divertimento che Gregor aveva escogitato – arrampicandosi egli lasciava di tanto in tanto qualche traccia del suo secreto viscoso – e si mise in testa di agevolare al massimo Gregor nelle sue scalate portando via i mobili che l'ostacolavano, in primo luogo il cassettone e la scrivania. Però non era in grado di fare questo da sola; non osava chiedere aiuto al padre; la servetta non l'avrebbe aiutata di sicuro, quella ragazzina sedicenne pur resistendo coraggiosamente dopo il licenziamento della domestica di prima, aveva chiesto di potersi chiudere a chiave in cucina e di aprire soltanto ad un segnale convenuto; così la sorella non ebbe altra scelta che rivolgersi alla mamma, un giorno che il padre era uscito. La mamma si precipitò con esclamazioni di gioia, ma ammutolì davanti alla porta di Gregor. La sorella, naturalmente, entrò per prima e controllò che tutto fosse in ordine, poi fece entrare la madre. Gregor aveva tirato in gran fretta il lenzuolo ancora più in basso, sembrava davvero che fosse stato buttato per caso sopra il divano. Gregor evitò di spiare da sotto al lenzuolo e rinunciò a vedere la mamma quella volta contentandosi di sapere che fosse venuta a trovarlo. «Vieni pure, non lo si vede», disse la sorella che, evidentemente, conduceva la mamma per mano. Gregor udì le due deboli donne spingere il vecchio e pesante cassettone; la sorella si assumeva la parte più gravosa senza ascoltare le proteste della mamma. L'impresa era proprio improba. Già dopo un quarto d'ora di lavoro la mamma disse che sarebbe stato meglio lasciare il cassettone al suo posto, in primo luogo perché era troppo pesante quindi non avrebbero potuto finire prima del ritorno del padre e il cassettone in mezzo alla stanza avrebbe sbarrato tutte le strade a Gregor, in secondo luogo, poi, non era affatto sicuro che togliendo i mobili si facesse un piacere a Gregor. A lei, anzi, sembrava vero il contrario; la vista della parete nuda le stringeva il cuore; perché non avrebbe dovuto provare anche Gregor la stessa sensazione, lui che s'era abituato da tanto tempo ai propri mobili e di conseguenza si sarebbe sentito come un derelitto nella stanza vuota? «E non può sembrare», concluse sommessamente la mamma, ella bisbigliava come se volesse evitare che Gregor, di cui non conosceva esattamente il rifugio, udisse il suono della sua voce, essendo comunque certa che non intendesse le parole, «che togliendo i mobili noi rinunciamo ad ogni speranza di un miglioramento e lo abbandoniamo a se stesso senza alcuna misericordia? Credo che sarebbe meglio lasciare la stanza nelle stesse condizioni di prima, così, quando Gregor tornerà fra noi, potrà ritrovare tutto immutato e dimenticare più facilmente questo doloroso intermezzo».

Ascoltando le parole della mamma Gregor riconobbe che la mancanza di comunicazioni umane e la vita monotona in mezzo alla famiglia dovevano aver logorato la sua mente nel corso di quei due mesi, altrimenti non riusciva a spiegarsi come avesse potuto seriamente desiderare che la sua stanza venisse svuotata. Voleva veramente trasformare la sua stanza calda, arredata con piacevoli mobili di famiglia, in un antro nel quale avrebbe certo potuto arrampicarsi indisturbato in tutte le direzioni, dimenticando, però, contemporaneamente e totalmente il suo passato umano? Era stato sul punto di dimenticarlo e soltanto la voce della mamma, che non sentiva da tanto tempo, l'aveva riscosso. Nulla doveva essere portato via, tutto doveva restare; non poteva rinunciare all'influsso benefico irradiato dai mobili; e se essi gli impedivano di arrampicarsi dappertutto, non era un danno bensì un grosso vantaggio.

Purtroppo la sorella era di parere diverso; ormai s'era abituata, e non a torto, a intervenire in qualità di esperta nelle questioni che riguardavano Gregor, quando discuteva con i propri genitori; il consiglio della mamma servì solo a rafforzare in lei le convinzioni che bisognasse portare via non soltanto il cassettone e la scrivania, come aveva pensato in un primo tempo, ma anche tutti gli altri mobili, eccetto l'indispensabile divano. Non era soltanto un capriccio infantile e la fiducia in se stessa, così faticosamente e inaspettatamente conquistata negli ultimi tempi, che la spingevano a insistere nelle sue pretese; ella aveva effettivamente riscontrato che Gregor aveva bisogno di molto spazio per arrampicarsi, mentre non utilizzava minimamente il mobilio. Probabilmente nella faccenda predominava anche quel senso di esaltazione passionale, proprio delle ragazze della sua età, che cerca sfogo in ogni occasione, e la induceva a rendere ora più spaventosa la situazione di Gregor per poterlo soccorrere in seguito ancora più di prima. Nessuno oltre a Grete avrebbe mai osato entrare in una stanza dove Gregor avesse dominato da solo le pareti nude.

Perciò non permise che la mamma la dissuadesse da questa sua decisione, tanto più che la vecchia, non sentendosi affatto a proprio agio in quella stanza, non insistette a lungo e si rimise ad aiutarla come poteva a trascinare fuori il cassettone. Alla peggio, Gregor poteva anche rinunciare al cassettone, ma la scrivania doveva restare. E appena le donne ebbero lasciato la stanza spingendo trafelate il cassettone, Gregor fece capolino da sotto il divano per vedere se poteva intervenire cautamente e con tutti i riguardi. Purtroppo la mamma rientrò per prima, mentre nella camera accanto Grete abbracciata al cassettone lo spingeva di qua e di là senza riuscire a spostarlo. La mamma non era abituata alla vista di Gregor perciò egli si tirò subito indietro senza poter evitare che i lembi del lenzuolo si muovessero un poco. Bastò questo per attirare l'attenzione della mamma, che si fermò rimanendo immobile per un attimo e poi tornò da Grete.

Sebbene Gregor ripetesse continuamente a se stesso che non stava accadendo nulla di eccezionale, ma si trattava soltanto dello spostamento di alcuni mobili, quell'andirivieni delle due donne, le loro esclamazioni, lo strusciare sul pavimento, producevano in lui una tale frenesia che, per quanto avesse retratto le zampe e la testa e si fosse schiacciato al suolo con tutto il corpo, doveva ammettere di non poter resistere ancora a lungo. Stavano svuotando la sua stanza; gli portavano via tutto ciò che gli era caro; il cassettone che conteneva la seghetta per traforare e gli arnesi era stato già tolto; stavano già smuovendo la scrivania incastrata nel pavimento, sulla quale aveva studiato come allievo delle commerciali, delle medie e persino delle elementari; ormai non gli restava più tempo per valutare le buone intenzioni delle due donne, che adesso lavoravano in silenzio a causa della stanchezza e producevano solo un sordo scalpiccìo.

Così uscì fuori – le donne si trovavano in quel momento nella stanza accanto, appoggiate alla scrivania per riprendere fiato – mutò quattro volte la direzione della sua corsa, non sapendo veramente che cosa salvare per primo; quando vide spiccare sulla parete già vuota il quadro con la signora impellicciata si arrampicò subito in alto schiacciandosi contro il vetro, che gli procurò una sensazione piacevole al contatto col suo ventre caldo. Almeno quel quadro, che ora Gregor copriva interamente, non sarebbe stato tolto da nessuno. Egli girò la testa verso la porta per osservare le donne al loro rientro nella stanza.

Esse non s'erano concesse un riposo troppo lungo e stavano già ritornando; Grete aveva messo un braccio intorno alla mamma e la stava quasi portando. «Allora, che cosa prendiamo?» chiese Grete guardandosi attorno. In quel mentre il suo sguardo s'incrociò con quello di Gregor sulla parete. Certo riuscì a dominarsi solo perché la madre era presente, chinò la testa verso di lei per impedirle di guardare in giro e mormorò con voce tremula e senza riflettere: «Senti, non sarebbe meglio tornare per qualche momento nel soggiorno?» Gregor aveva capito la manovra di Grete: voleva portare la mamma al sicuro e poi cacciarlo dalla parete. Ci doveva solo provare! Lui sarebbe rimasto sul suo quadro e non l'avrebbe ceduto. Piuttosto sarebbe saltato in faccia a Grete.

Le parole di Grete avevano sortito l'effetto, però, di innervosire ancora di più la mamma, che si scansò e vide la gigantesca macchia color marrone sulla tappezzeria a fiorami e prima di rendersi conto che si trattava di Gregor si mise a urlare con voce angosciata: «Oh Dio, oh Dio!» e piombò sul divano con le braccia spalancate come in segno di resa totale, poi rimase immobile. «Gregor, Gregor!» esclamò la sorella alzando il pugno e fulminandolo con lo sguardo. Queste erano le prime parole che gli rivolgeva direttamente dopo la metamorfosi. Si precipitò quindi nella stanza accanto per prendere qualche essenza con la quale rianimare la mamma; Gregor avrebbe voluto essere d'aiuto – c'era ancora tempo per salvare il quadro – ma era rimasto appiccicato al vetro e dovette staccarsene a forza; corse anche lui nella stanza vicina quasi potesse fornire qualche consiglio alla sorella come nel passato; tuttavia fu costretto a rimanere inattivo dietro a lei; quando ella si girò dopo aver frugato fra diverse bottigliette si spaventò nel vederlo; un flacone cadde in terra e si ruppe; un frammento di vetro ferì Gregor sul muso e un liquido caustico si sparse intorno a lui; senza trattenersi oltre, Grete afferrò tutte le boccette che era in grado di portare ed entrò dalla mamma chiudendo dietro di sé la porta con un calcio. Ora Gregor era stato separato dalla mamma, che forse stava morendo per colpa sua; non poteva aprire la porta se non voleva allontanare la sorella dal suo posto presso la madre; non gli restava altro che aspettare; travolto dalle preoccupazioni e dai rimorsi cominciò ad arrampicarsi dappertutto sui muri, sui mobili, sul soffitto e, nella sua disperazione, mentre tutto cominciava a vorticare intorno a lui, cadde nel bel mezzo del grande tavolo.

Passò un po' di tempo, Gregor giaceva accasciato, tutt'intorno era silenzio, forse era un buon segno. Improvvisamente suonò il campanello. La servetta, naturalmente era chiusa in cucina; perciò Grete dovette andare ad aprire. Era tornato il padre. «Che cos'è successo?» furono le sue prime parole; l'aspetto di Grete gli aveva rivelato tutto. Grete rispose con voce soffocata, evidentemente aveva premuto il viso sul petto del padre: «La mamma è svenuta, ma adesso sta già meglio. Gregor è scappato fuori». «Me l'aspettavo», disse il padre, «vi avevo avvertito, ma voi donne non state mai a sentire». Gregor si rese subito conto che il padre aveva frainteso la comunicazione troppo stringata di Grete e pensava che egli avesse commesso qualche azione violenta. Doveva cercare di calmare il padre, visto che non aveva né il tempo, né le possibilità di spiegargli come erano andate le cose. Di conseguenza si rifugiò verso la porta della sua stanza e si spinse contro di essa affinché, appena fosse entrato dall'anticamera, il padre s'accorgesse subito che era animato delle più serie intenzioni di ritirarsi in camera sua e quindi non era affatto necessario assalirlo, sarebbe bastato aprirgli la porta per vederlo sparire.

Ma il padre non era in condizioni di notare simili finezze; «Ah!» gridò entrando, con un tono di voce furioso e soddisfatto nello stesso tempo. Gregor ritirò il capo dalla porta e lo sollevò in direzione del padre. Non se l'era davvero immaginato come se lo trovava davanti; a onor del vero, negli ultimi tempi, tutto preso dalla novità di potersi arrampicare sui muri aveva trascurato di occuparsi degli altri avvenimenti di casa, quindi doveva essere preparato a trovare dei mutamenti. Tuttavia, quello era il padre? Era la stessa persona che stava sprofondata nel letto con aria affranta quando Gregor partiva per un viaggio d'affari; che al suo ritorno lo accoglieva in vestaglia seduto in poltrona e incapace di alzarsi e si limitava a sollevare un poco le braccia in segno di gioia; che in occasione delle rarissime passeggiate in comune – forse due domeniche ogni anno e per le feste più solenni – si trascinava lentamente tra Gregor e la mamma, che già andavano pianissimo per conto loro, avvolto in un vecchio cappotto e sostenendosi cautamente a un bastone e si fermava quasi tutte le volte in cui voleva dire qualcosa, raccogliendo intorno a sé i suoi accompagnatori? Ora stava ben diritto; indossava un'attillata divisa azzura con i bottoni dorati come quella degli uscieri di banca; fuori dall'alto colletto rigido sporgeva il suo robusto doppio mento; sotto le sopracciglia cespugliose brillava lo sguardo vivace e attento dei suoi occhi neri; le sue chiome candide un tempo perennemente in disordine erano accuratamente pettinate con una perfetta scriminatura. Scagliò sul divano il cappello con un monogramma dorato, probabilmente quello d'una banca, facendolo volare attraverso tutta la stanza e si diresse con espressione aggrondata verso Gregor, facendo svolazzare le falde della sua giubba e tenendo le mani in tasca. Probabilmente neppure lui stesso sapeva ancora che cosa avrebbe fatto; comunque sollevava esageratamente i piedi e Gregor si stupì per l'enorme misura delle suole. Tuttavia non indugiò a lungo, sapendo sin dal primo giorno della sua nuova vita che il padre riteneva adatta per lui solo la maggiore severità. Si mise a correre davanti al padre, fermandosi quando questi s'arrestava e riprendendo a correre non appena l'altro si muoveva. Fecero così più volte il giro della stanza, senza che accadesse nulla di preciso, anzi senza che il tutto avesse l'aspetto di un inseguimento in considerazione del suo ritmo piuttosto misurato. Gregor rimase al suolo, temeva che una sua fuga sulle pareti o addirittura sul soffitto venisse considerata dal padre come una particolare malignità. Nondimeno Gregor doveva ammettere con se stesso che non avrebbe potuto sopportare a lungo neppure quella corsa, ogni volta che il padre faceva un passo lui doveva compiere un'infinità di movimenti. Il fiato cominciava a mancargli, del resto anche in passato i suoi polmoni non erano stati molto buoni. Mentre procedeva traballando, con gli occhi quasi sempre chiusi per raccogliere le forze per la corsa; senza pensare, nel suo torpore, a nessun'altra via d'uscita oltre alla fuga; dimenticando quasi di avere a disposizione le pareti, occupate, però, in quella stanza da mobili finemente intagliati e pieni di spigoli e punte; mentre procedeva così, vide volare vicino a sé un oggetto lanciatogli da dietro, che cadde accanto a lui e si mise a rotolare. Era una mela, seguita subito da un'altra; Gregor si fermò atterrito: era inutile continuare a correre giacché il padre aveva deciso di bombardarlo. S'era riempito le tasche pescando nella fruttiera sulla credenza e scagliava una mela dopo l'altra senza prendere la mira con molta precisione. Queste piccole mele rosse rotolavano sul pavimento come se fossero elettrizzate e si urtavano a vicenda. Una mela tirata con scarsa energia sfiorò il dorso di Gregor e scivolò via senza danneggiarlo. La successiva, invece, gli penetrò letteralmente nella schiena; Gregor tentò di trascinarsi avanti, come se il mutamento di posto potesse attenuare l'incredibile e lancinante dolore, ma si sentì come inchiodato al suolo e si distese con i sensi completamente in subbuglio. Prima che lo sguardo gli si spegnesse vide spalancarsi la porta della sua stanza e uscire, davanti alla sorella urlante, la mamma in camicia – la sorella l'aveva spogliata durante lo svenimento per farla respirare meglio – la quale si precipitò verso il padre mentre le sottane slacciate le scivolavano giù una dopo l'altra facendola inciampare (a questo punto Gregor non vide più niente). La mamma cinse il padre in un abbraccio completo e stringendogli la nuca fra le mani lo supplicò di risparmiare la vita a Gregor.

III.

La grave ferita di Gregor che lo fece soffrire per oltre un mese – la mela rimase conficcata nella carne, quale visibile ricordo, perché nessuno se la sentiva di estrarla – rammentò persino al padre che Gregor era un membro della famiglia, nonostante il suo attuale aspetto squallido e disgustoso, e quindi non era giusto trattarlo come un nemico, il dovere familiare imponeva di soffocare la ripugnanza e sopportare, null'altro che sopportare.

Sebbene la ferita avesse compromesso per sempre la libertà di movimento di Gregor, ora egli aveva bisogno di lunghissimi minuti, come un vecchio invalido, per traversare la propria stanza – arrampicarsi sulle pareti era addirittura impensabile – questo peggioramento delle sue condizioni fu compensato dal fatto che la porta del soggiorno veniva aperta tutte le sere – egli attendeva con ansia questo attimo fissando la porta già due ore prima – tale innovazione gli permetteva di guardare, pur restando invisibile nel buio della sua stanza, la famiglia seduta intorno alla tavola illuminata e ascoltarne i discorsi, sapendo di essere pienamente autorizzato e quindi in una posizione di gran lunga migliore di prima.

Naturalmente non erano più le animate conversazioni del passato, che Gregor ricordava sempre con nostalgia quando doveva coricarsi sfinito tra le lenzuola umide della piccola camera d'albergo. Ora tutto si svolgeva in maniera piuttosto silenziosa. Subito dopo aver cenato il padre si addormentava sulla sedia; la mamma e la sorella si facevano reciprocamente cenno di tacere; la mamma cuciva biancheria elegante per un negozio di mode, piegata in avanti sotto la luce; la sorella, che aveva trovato un posto di commessa, studiava la sera stenografia e francese, per migliorare la sua posizione. Talvolta il padre si svegliava e diceva alla mamma, come se non si fosse accorto di aver dormito: «Quanto cuci questa sera!» e si riaddormentava subito mentre la mamma e la sorella sorridevano, stanche.

Per una forma di cocciutaggine il padre si rifiutava di togliersi la divisa di usciere quando stava in casa e mentre la vestaglia era appesa nell'armadio, inutilizzata, egli sonnecchiava al suo posto completamente vestito, come se fosse sempre in servizio in attesa di ricevere ordini dai suoi superiori. Perciò la divisa, non più nuova sin dall'inizio, perse il proprio nitore malgrado le cure della mamma e della sorella, e Gregor fissava per serate intere quell'abito impataccato con i bottoni dorati sempre lucidi, nel quale il vecchio dormiva assai scomodamente e tuttavia sereno.

Appena l'orologio suonava le dieci, la mamma cercava di svegliare il padre chiamandolo a bassa voce per convincerlo ad andare a letto, quello non era il sonno normale di cui aveva tanto bisogno dovendo prendere servizio ogni mattina alle sei. Con l'ostinazione che lo distingueva da quando era diventato usciere, egli pretendeva di rimanere a tavola, sebbene si appisolasse regolarmente rendendo più difficile l'opera di persuasione tendente a fargli mutare la sedia con il letto. La mamma e la sorella potevano pur sollecitarlo con blandi ammonimenti, egli continuava a restare seduto scuotendo lentamente la testa con gli occhi chiusi per più d'un quarto d'ora. La mamma lo tirava per la manica, gli sussurava parole dolci all'orecchio, la sorella smetteva di studiare, ma il padre non si lasciava smuovere. Solo quando le donne l'afferravano sotto le ascelle apriva gli occhi, guardava a turno la mamma e la sorella e diceva: «Bel modo di vivere. Questa è la pace della mia vecchiaia». E sostenendosi alle due donne si alzava faticosamente come se sentisse di essere il peso maggiore, si lasciava accompagnare sino alla porta, faceva cenno alle donne di scostarsi e proseguiva da solo, mentre la mamma gettava in fretta il lavoro di cucito e la sorella la penna, per corregli dietro e continuare ad aiutarlo.

Chi aveva tempo in quella famiglia logorata e stanca di occuparsi di Gregor più di quanto fosse necessario? Le spese per l'andamento della casa venivano ridotte sempre di più; pure la servetta fu licenziata; al suo posto fu assunto a ore, per i lavori più pesanti, un donnone ossuto con le candide chiome scarmigliate; a tutto il resto provvedeva la mamma, oltre ai suoi lavori di cucito. Furono anche venduti alcuni gioielli di famiglia, che un tempo la mamma e la sorella portavano con grande piacere durante i ricevimenti o le feste, come ebbe occasione di apprendere Gregor dalle discussioni serali sui prezzi che erano riusciti a ricavare. La maggiore lagnanza però verteva sempre sul fatto di non poter lasciare quell'appartamento troppo grande per le loro attuali condizioni in quanto era impensabile traslocare Gregor. Tuttavia Gregor comprese che se il trasferimento non veniva effettuato non era soltanto per un riguardo verso di lui, in fondo sarebbe stato facile trasportarlo in una cassa provvista di qualche foro per l'aria; ciò che tratteneva la sua famiglia dal cambiar casa era soprattutto la totale disperazione e il pensiero di essere stati colpiti da una sciagura come nessuno nella loro cerchia di parenti e amici.

Ciò che il mondo pretende dai poveri essi lo eseguivano interamente: il padre andava a prendere la colazione per i più modesti impiegati di banca, la mamma si sacrificava per la biancheria di estranei, la sorella correva a destra e a sinistra dietro al banco secondo gli ordini dei clienti, però le forze della famiglia non andavano oltre. A Gregor la ferita sulla schiena riprendeva a dolere più di prima quando la mamma e la sorella tornavano dopo aver accompagnato il padre a letto e senza riprendere il lavoro si sedevano vicine, quasi guancia a guancia; allora la mamma diceva, indicando la stanza di Gregor: «Chiudi quella porta, Grete», e lui rimaneva al buio mentre le donne nella camera accanto mischiavano le loro lacrime o fissavano la tavola con gli occhi asciutti.

Gregor trascorse notti e giorni senza quasi mai dormire. Talvolta pensava di riprendere in mano, appena si fosse riaperta la porta, le faccende di casa; nei suoi pensieri riaffioravano dopo tanto tempo il principale e il procuratore, i commessi e gli apprendisti, il fattorino tanto ottuso, due, tre amici di altre ditte, una cameriera di un albergo in provincia, un caro, fugace ricordo, una cassiera di un cappellaio, alla quale aveva fatto la corte seriamente, ma con troppa lentezza; queste persone si confondevano con estranei o gente già dimenticata; invece di aiutare lui e la sua famiglia erano tutti irraggiungibili, ed egli era contento quando sparivano. Poi non aveva affatto voglia di preoccuparsi per la sua famiglia, ma si sentiva pieno di rabbia per il cattivo trattamento e senza poter immaginare per che cosa provasse appetito, architettava di raggiungere la dispensa per impossessarsi di quanto gli spettava, anche se non aveva fame. Trascurando d'indovinare i suoi desideri, la mattina e all'ora di pranzo, prima di recarsi al negozio, la sorella spingeva frettolosamente col piede un cibo qualsiasi nella stanza di Gregor, e la sera, senza badare se l'avesse assaggiato oppure no (il che capitava ormai assai spesso) lo spazzava via con un colpo di scopa. Le pulizie della stanza, adesso sbrigate sempre di sera, non avrebbero potuto essere abbozzate con maggior rapidità. Strisce di sudiciume ricoprivano le pareti, grovigli di lordure erano sparsi qua e là. Nei primi tempi Gregor si piazzava nei punti più sporchi quando entrava la sorella, come se volesse rivolgerle un rimprovero. Ma avrebbe potuto rimanere lì per settimane intere senza ottenere alcun miglioramento da lei; la sorella notava la sporcizia quanto lui, ma aveva proprio deciso di lasciarla lì. Inoltre vigilava con una sensibilità del tutto nuova, che la pulizia della stanza di Gregor fosse riservata esclusivamente a lei. Una volta la mamma aveva sottoposto la stanza di Gregor a una grossa opera di pulizia, portata a compimento grazie all'uso di diversi secchi d'acqua – la grande umidità disturbò persino Gregor, che se ne stava disteso sul divano, amareggiato e immobile – comunque la vecchia non poté sottrarsi alla punizione. Infatti, la sera, non appena la sorella notò il cambiamento nella stanza di Gregor, si precipitò offesissima nel soggiorno e, senza tenere conto alcuno delle braccia sollevate dalla madre con gesto implorante, scoppiò in una crisi di pianto, che i genitori – il padre era balzato spaurito dalla sua poltrona – accolsero con stupore e perplessità; il padre da un lato rimproverava la mamma di non aver lasciato che la sorella eseguisse le pulizie della camera di Gregor, dall'altro urlava alla sorella che non le avrebbe mai più permesso di pulire la stanza mentre la mamma, dal canto suo, cercava di trascinare in camera da letto il padre, fuori di sé per l'agitazione; la sorella scossa dai singhiozzi tambureggiava sulla tavola con i suoi piccoli pugni; Gregor furioso sibilava perché nessuno pensava di chiudere la porta, risparmiandogli di assistere a quel putiferio.

Anche se la sorella, stanca per il lavoro fuori casa, non se la sentiva più di curarsi come prima di Gregor, non era necessario che la mamma la sostituisse, né per questo Gregor doveva essere trascurato. Ora c'era la donna a ore. Quella vecchia vedova, che nel corso della sua lunga vita doveva aver superato le peggiori difficoltà grazie alla sua robusta corporatura, non provava una vera e propria ripugnanza per Gregor. Non per curiosità, una volta avevo aperto casualmente la porta della stanza di Gregor e vedendolo correre in qua e in là per l'improvvisa sorpresa, rimase in piedi a guardarlo con le mani incrociate sul grembo. Da allora non rinunciò mai ad aprire furtivamente la porta tutte le mattine e tutte le sere per gettarvi un'occhiata. All'inizio lo chiamava a sé con parole che forse le sembravano cordiali come «Vieni qui vecchio scarafaggio!» oppure «Guarda qui, il vecchio scarafaggio!». Gregor non rispondeva a questi appellativi, ma rimaneva immobile al suo posto come se la porta non fosse mai stata aperta. Invece di permettere che la serva lo disturbasse inutilmente secondo i suoi ghiribizzi, sarebbe stato assai meglio ordinarle di pulire ogni giorno la sua stanza! Un mattino – una pioggia torrenziale batteva sui vetri, forse un segno della prossima primavera – Gregor si sentì così urtato dal modo di parlare della donna, che si rivolse contro di lei come se intendesse attaccarla, sia pure con gesti lenti e torpidi. La serva non si spaventò, sollevò in aria una sedia che stava vicino alla porta e da come stava lì con la bocca spalancata era evidente che era pronta a sbatterla sulla schiena di Gregor. «Allora, non m'assali più?» chiese quando Gregor si rigirò, e rimise tranquillamente la sedia al suo posto.

Gregor non mangiava quasi più niente. Solo quando passava per caso dinanzi ai cibi preparati prendeva un boccone così per gioco, lo teneva in bocca per delle ore e quasi sempre lo risputava. Inizialmente pensò che fosse il rammarico per lo stato pietoso della sua stanza che gli togliesse la voglia di mangiare, invece riuscì ad adattarsi abbastanza presto al mutamento. Avevano preso l'abitudine di mettere in quella stanza tutto ciò che non si poteva tenere nelle altre perché una camera dell'appartamento era stata affittata a tre signori. Questi signori molto seri – tutti e tre avevano delle lunghe barbe, Gregor le aveva notate una volta attraverso la fessura della porta – esigevano un ordine rigorosissimo non solo nella loro stanza, bensì in tutto l'appartamento e, giacché stavano a pensione, soprattutto in cucina. Non tolleravano cianfrusaglie inutili o addirittura sudice. Inoltre avevano portato con sé diversi oggetti d'arredamento. Per questo erano divenute superflue molte cose, che non si potevano vendere, né si volevano buttar via. Finirono tutte nella stanza di Gregor. Anche la cassetta della cenere e la pattumiera, che prima stavano in cucina. La serva aveva sempre molta fretta e scagliava nella stanza di Gregor tutto ciò che per il momento non serviva; per fortuna Gregor scorgeva di solito unicamente l'oggetto e la mano che lo teneva. Forse la donna aveva intenzione di riprendere le cose a tempo e luogo, oppure voleva gettarle via tutte insieme, in realtà rimanevano nel medesimo punto in cui erano cadute al momento del lancio se Gregor non si puntava contro di esse cercando di spostarle, dapprincipio per necessità, altrimenti non avrebbe avuto più spazio per girarsi, poi con crescente divertimento, sebbene dopo simili sforzi restasse triste ed esausto senza potersi muovere per delle ore.

I pensionanti cenavano talvolta nel soggiorno, e la porta della stanza di Gregor rimase chiusa per qualche sera; egli rinunciava volentieri all'apertura della porta, già altre volte non s'era servito della porta aperta e aveva preferito rannicchiarsi nell'angolo più scuro della sua stanza, senza che la famiglia se ne accorgesse. Una volta la serva lasciò socchiusa la porta che dava sul soggiorno che rimase così anche la sera quando entrarono i pensionanti e fu accesa la luce. Essi si sederono alla tavola dove un tempo avevano mangiato il padre, la mamma e Gregor, stesero i tovaglioli e presero in mano il coltello e la forchetta. Subito comparve sulla porta la mamma con un piatto di carne e dietro a lei la sorella con un piatto ben colmo di patate. Il cibo era ancora fumante. I pensionanti si chinarono sui piatti collocati dinanzi a loro come se volessero controllare le vivande ed effettivamente quello che stava al centro e sembrava aver maggiore autorità degli altri due, tagliò un pezzo della carne dal piatto di portata per accertarsi se fosse tenera oppure dovesse essere rimandata in cucina. Si mostrò soddisfatto e la mamma e la sorella, che stavano ad osservare con ansia, sorrisero tirando un sospiro di sollievo.

La famiglia mangiò in cucina. Prima di andare in cucina, il padre venne nel soggiorno, s'inchinò col berretto in mano e fece un giro attorno al tavolo. I tre signori si alzarono e borbottarono qualcosa nelle loro barbe. Quando furono soli mangiarono in un silenzio quasi assoluto. A Gregor parve strano che tra i tanti rumori del mangiare spiccasse sempre quello prodotto dai loro denti intenti a masticare, come se volessero dimostrargli che per mangiare erano necessari i denti, mentre anche le più belle mascelle prive di denti non servivano a niente. «Io ho appetito», si disse Gregor preoccupato, «ma non per queste pietanze. Questi pensionanti si stanno rimpinzando e io sto morendo di fame!»

Proprio quella sera – Gregor non rammentava di averlo sentito per tutto il tempo – il violino risuonò dalla cucina. I pensionanti avevano finito di cenare, quello di mezzo aveva tirato fuori un giornale distribuendo un foglio a ciascuno dei suoi compagni e tutti e tre s'erano messi a leggere e a fumare, poggiandosi all'indietro, sulla spalliera della sedia. Quando il violino cominciò a trillare, si fecero attenti, si alzarono e andarono in punta di piedi verso la porta dell'anticamera dove si fermarono stringendosi l'uno all'altro. Dovevano averli sentiti dalla cucina, perché il padre gridò: «Forse ai signori dà fastidio che si stia suonando? Si può smettere subito». «Al contrario», disse il signore di mezzo, «la signorina non potrebbe venire a suonare qui da noi nel soggiorno, dov'è più comodo e più piacevole?» «Volentieri», gridò il padre, come se il violinista fosse lui. I signori ritornarono al centro della stanza e attesero. Ben presto arrivò il padre col leggìo, la mamma con la musica e la sorella col violino. La sorella predispose tranquillamente tutto per suonare; i genitori che non avevano mai dato stanze in affitto e quindi esageravano in gentilezze con gli inquilini, non osavano neppure prendere posto sulle loro sedie; il padre si poggiò alla porta, infilando la destra fra due bottoni della divisa; alla mamma, invece, uno dei signori offrì una sedia e, per non spostarla dal punto in cui casualmente si trovava, si sedette in un angolino.

La sorella cominciò a suonare; il padre e la mamma seguivano attentamente, ciascuno dalla propria parte, i movimenti delle sue mani. Attirato dalla musica Gregor s'era arrischiato un po' più avanti e si trovava già col capo nel soggiorno. Quasi non si stupiva più di avere così pochi riguardi per gli altri negli ultimi tempi; mentre prima si sentiva fiero di questo suo tatto. Eppure ora aveva più ragione di nascondersi, con la polvere che si trovava dappertutto nella sua stanza e si sollevava al più piccolo movimento, lui stesso era sempre coperto di polvere; il suo dorso e i suoi fianchi erano cosparsi di fili, capelli e avanzi di cibo; la sua apatia era così accentuata che non aveva più voglia di mettersi a pancia all'aria, come faceva prima, per ripulire la schiena strofinandola sul tappeto. E malgrado le sue presenti condizioni non aveva ritegno di avanzare per un tratto sul nitido pavimento del soggiorno.

Del resto nessuno gli prestava attenzione. La famiglia era tutta presa dal suono del violino; gli inquilini che all'inizio s'erano piazzati con le mani in tasca dietro al leggìo tanto vicino da poter leggere le note e disturbare così la sorella, si ritirarono ben presto, a capo chino e chiacchierando sottovoce, verso la finestra e lì rimasero sotto lo sguardo crucciato del padre. Era sin troppo evidente che la loro aspettativa di ascoltare la musica bella o piacevole era andata delusa e ora ne avevano abbastanza dell'esibizione e la sopportavano per pura cortesia. Soprattutto la maniera con cui soffiavano verso l'alto, col naso e la bocca, il fumo dei loro sigari, tradiva un grande nervosismo. Eppure la sorella suonava tanto bene. Col volto piegato da una parte, seguiva le note musicali con sguardo attento e malinconico. Gregor strisciò ancora un po' avanti abbassando il capo per cercare d'incontrare i suoi sguardi. Era davvero una bestia se la musica l'afferrava come se potesse indicargli la strada per raggiungere un nutrimento ignoto e bramato? Era deciso a spingersi ancora più avanti verso la sorella, a tirarla per la sottana facendole intendere di venire col violino nella sua stanza, lì nessuno apprezzava la sua musica quanto lui. Non l'avrebbe più fatta uscire dalla stanza, almeno sinché fosse vissuto; il suo aspetto pauroso gli sarebbe servito per la prima volta; avrebbe sorvegliato contemporaneamente tutte le porte e avrebbe sbuffato in faccia a tutti gli assalitori; la sorella sarebbe rimasta con lui non per obbligo, ma di propria spontanea volontà; si sarebbe seduta sul divano accanto a lui ed egli le avrebbe confidato all'orecchio di aver avuto la ferma intenzione di mandarla al Conservatorio; doveva annunciarlo a tutti il Natale passato – il Natale era passato, nevvero? – senza tener conto di eventuali recriminazioni. Dopo tale rivelazione la sorella avrebbe pianto di commozione e Gregor si sarebbe sollevato sino alla sua spalla per baciarla sul collo, che ora lasciava libero, da quando andava in ufficio, senza goletta né colletto.

«Signor Samsa!» gridò il signore di mezzo puntando l'indice, senza aggiungere altro, verso Gregor che avanzava lentamente. Il violino ammutolì, l'inquilino di mezzo sorrise prima verso i suoi amici scuotendo la testa, poi guardò nuovamente Gregor. Invece di cacciare via Gregor, il padre ritenne più necessario tranquillizzare i pensionanti, sebbene essi non fossero affatto inquieti, anzi sembrassero più divertiti da quell'apparizione che dal violino. Si precipitò verso di loro e cercò di sospingerli, con le braccia spalancate, verso la loro stanza nascondendo nello stesso tempo la vista di Gregor col proprio corpo. Essi s'irritarono per davvero, non fu chiaro se a causa del comportamento del padre o della scoperta di aver avuto un vicino come Gregor, senza esserne informati. Pretesero delle spiegazioni dal padre, si strinsero nelle spalle, si lisciarono nervosamente le barbe e si ritirarono lentamente verso la loro stanza. Nel frattempo la sorella aveva superato lo smarrimento iniziale in cui era caduta in seguito all'improvvisa interruzione della sua musica e, dopo aver tenuto per un certo tempo il violino e l'archetto con le mani abbandonate lungo i fianchi continuando a leggere le note come se stesse ancora suonando, si era riscossa bruscamente, aveva poggiato lo strumento sulle ginocchia della mamma che, assalita da disturbi respiratori, sedeva anelante nel suo angoletto; poi era corsa in direzione della stanza vicina, verso la quale i pensionanti stavano avviandosi sospinti dal padre. Sotto le mani esperte della sorella le coperte e i cuscini nei letti volarono in aria e si riordinarono. Prima che i signori avessero raggiunto la stanza, aveva finito di sistemare i letti ed era sgusciata fuori. Il padre, colto nuovamente da un accesso di testardaggine, scordava persino quel minimo di rispetto che doveva comunque ai suoi pensionanti. Li spingeva e li sospingeva, sinché il signor di mezzo, sulla porta della stanza, s'impuntò battendo i piedi e obbligando il padre a smetterla. «Le annuncio», disse levando la mano e cercando con lo sguardo anche la madre e la sorella, «che in considerazione delle rivoltanti condizioni esistenti in questa famiglia e in questa casa» – a questo punto sputò sul pavimento – «disdico subito la mia stanza. Naturalmente non pagherò un centesimo per i giorni che ho passato qui dentro; anzi mi riservo di avanzare nei suoi confronti eventuali richieste di risarcimenti, che – mi creda – possono essere facilmente motivate». Poi tacque e guardò dinanzi a sé, come se aspettasse qualcosa, infatti i suoi amici gli fecero eco dicendo: «Anche noi diamo immediatamente la disdetta». Quindi afferrò la maniglia e chiuse fragorosamente la porta.

Il padre cercò a tentoni la sua poltrona e ci si lasciò cadere pesantemente; pareva quasi che intendesse abbandonarsi al consueto pisolino serale, ma il continuo scuotere del capo indicava che non dormiva affatto. Gregor era rimasto tutto il tempo nel punto in cui l'avevano sorpreso i pensionanti. La delusione per il fallimento del suo piano e forse anche la debolezza per il prolungato digiuno gli impedivano ogni movimento. Prevedeva con timore e certezza un imminente attacco contro di lui da parte di tutti, e aspettava. Neppure il violino lo riscosse quando, urtato dalle sue dita tremanti, cadde dalle ginocchia della madre con un gran fracasso.

«Cari genitori», disse la sorella battendo la mano sul tavolo a mo' di esordio, «così non si può andare avanti. Se voi non ve ne siete ancora accorti, io sì. Non voglio pronunciare il nome di mio fratello davanti a questa bestiaccia e dico soltanto: dobbiamo cercare di liberarcene. Abbiamo fatto tutto quanto era umanamente possibile per assisterlo e sopportarlo, penso che nessuno possa farci il minimo rimprovero».

«Ha mille volte ragione», disse il padre fra sé. La mamma, che continuava ancora ad ansimare, cominciò a tossire con la mano dinanzi alla bocca e un'espressione quasi folle negli occhi.

La sorella corse verso la mamma e le tenne la fronte con una mano. Le parole della sorella dovevano aver suscitato nel padre determinati pensieri, egli si alzò in piedi, giocherellò col suo berretto da usciere tra i piatti rimasti ancora sul tavolo dalla cena dei pensionanti e guardò ogni tanto l'immobile Gregor.

«Dobbiamo tentare di liberarci di lui», disse la sorella al padre soltanto, perché la mamma non poteva sentire niente con la sua tosse, «vi ucciderà entrambi, lo sento. Quando si deve sgobbare tanto come noi, non si può sopportare in casa questo eterno tormento. Anch'io non ce la faccio più». E proruppe in un pianto così disperato, che le sue lacrime colarono sul viso della mamma e furono asciugate da lei con movimenti meccanici.

«Figliuola», disse il padre impietosito e in tono straordinariamente comprensivo, «che cosa dovremmo fare?».

La sorella si strinse nelle spalle rivelando lo sgomento che s'era impadronito di lei in contrasto con la risolutezza di prima.

«Se riuscisse a capirci», disse il padre in tono quasi interrogativo; la sorella, pur continuando a piangere, scosse violentemente la mano, come per indicare che si trattava di un'ipotesi impensabile.

«Se riuscisse a capirci», ripeté il padre e, chiudendo gli occhi, accolse dentro di sé la convinzione della sorella sull'impossibilità di ciò, «forse sarebbe possibile accordarci con lui. Ma così...»

«Via, deve andarsene via», urlò la sorella, «è l'unico sistema, papà. Devi solo cercare di liberarti dal pensiero che lui sia Gregor. La nostra disgrazia è di averlo creduto per troppo tempo. Ma come potrebbe essere Gregor? Se fosse stato Gregor si sarebbe già reso conto che la convivenza di esseri umani con una bestia simile non è possibile e se ne sarebbe andato spontaneamente. Noi non avremmo avuto più il fratello, però avremmo potuto continuare a vivere serbando un buon ricordo di lui. Ma così questa bestia ci perseguita, caccia via i pensionanti, vuole impadronirsi evidentemente di tutto l'appartamento e farci dormire per strada. Guarda, papà», gridò all'improvviso, «sta cominciando di nuovo!» E con un terrore davvero incomprensibile per Gregor, piantò persino la madre balzando via dalla sedia, come se fosse pronta a sacrificare la mamma piuttosto che restare vicino a Gregor; si precipitò poi dal padre che, colpito dal suo strano comportamento, si alzò anche lui e levò le braccia dinanzi alla sorella come per proteggerla! Ma Gregor non pensava affatto di spaventare nessuno e tanto meno la sorella. Aveva solo cominciato a girarsi per tornare nella sua stanza, e questo faceva uno strano effetto perché, a causa delle sue condizioni pietose, poteva compiere quelle difficili giravolte aiutandosi anche con la testa, che veniva spesso sollevata e battuta contro il pavimento. Indugiò un attimo, si guardò attorno. Le sue buone intenzioni sembravano essere state riconosciute; s'era trattato solo d'uno spavento momentaneo. Ora tutti lo guardavano muti e con aria triste. La mamma stava nella sua sedia con le gambe allungate e unite, gli occhi quasi chiusi per lo sfinimento; il padre e la sorella sedevano l'uno accanto all'altra, la sorella aveva messo la mano intorno al collo del padre.

«Forse adesso posso girarmi», pensò Gregor riprendendo la sua fatica. Non poteva soffocare gli ansiti provocati dallo sforzo e doveva riposarsi ogni tanto. Del resto nessuno lo incalzava, tutto dipendeva da lui. Dopo essersi rigirato, cominciò subito a strisciare in avanti. Si stupì della grande distanza che lo separava dalla sua camera e non riuscì a spiegarsi come avesse fatto, malgrado la sua debolezza, a percorrere poco prima lo stesso tratto senza quasi accorgersene. Col pensiero fisso ad avanzare il più rapidamente possibile non s'accorse che né una parola, né un'esclamazione della sua famiglia lo disturbavano. Solo quando giunse sulla soglia, girò il capo, non completamente, perché sentiva che il collo gli si stava irrigidendo, comunque riuscì ancora a vedere che nulla era mutato dietro di lui, solo la sorella s'era alzata. Il suo ultimo sguardo sfiorò la mamma, ormai completamente addormentata.

Era appena entrato nella sua stanza, che la porta fu chiusa immediatamente con la chiave e il catenaccio. L'improvviso rumore spaventò talmente Gregor da fargli piegare le zampe. Era stata la sorella che aveva agito con tanta furia. Era già in piedi ad aspettare, poi era corsa in punta di piedi per cui Gregor non l'aveva sentita venire; «Finalmente!» gridò verso i genitori mentre girava la chiave nella serratura.

«E adesso?» si chiese Gregor scrutando il buio. Ben presto scoprì di non potersi più muovere. Non se ne stupì, anzi gli sembrò strano di essere riuscito a spostarsi sino allora con quelle sue zampine sottili. Del resto si sentiva abbastanza bene. Sentiva ancora dei dolori in tutto il corpo, tuttavia era l'impressione che divenissero sempre più deboli per poi sparire del tutto. Non si accorgeva quasi più della mela marcia nella schiena e dell'alone infiammato intorno ad essa, tutto ricoperto di polvere morbida. Ripensò alla famiglia con affetto e commozione. La sua convinzione di dover sparire era forse ancora più ferma di quella della sorella. Rimase in questo stato di vuota e serena meditazione sino a quando la torre dell'orologio suonò le tre. Assistette ancora al primo albore antelucano fuori dalla finestra. Poi chinò involontariamente il capo e dalle sue narici uscì fioco il suo ultimo respiro.

Quando la serva venne di primo mattino – con la fretta e l'energia che si ritrovava sbatteva le porte in maniera tale, nonostante le ripetute preghiere di fare meno chiasso, che era assolutamente impossibile continuare a dormire nell'appartamento dopo la sua venuta – non trovò nulla di speciale durante la sua prima visita a Gregor. Pensava che giacesse volontariamente così immobile e facesse la parte dell'offeso; gli attribuiva infatti ogni possibile sentimento. Poiché teneva per caso in mano la scopa cercò di solleticare Gregor dalla porta. Non ottenendo alcun risultato, si seccò e gli dette una botta, solo quando lo spostò senza ricevere alcuna resistenza, si fece più attenta. Quando s'avvide come stavano veramente le cose sgranò gli occhi, lanciò un fischio, ma non si trattenne a lungo e corse a spalancare la porta della camera da letto urlando nel buio: «Vengano a vedere, è crepato; eccolo là, completamente crepato!».

I coniugi Samsa sedevano nel letto, intenti a superare il trauma per l'improvvisa irruzione della serva prima di poter intendere il significato dell'annuncio. Poi il signore e la signora Samsa scesero precipitosamente dal letto, ciascuno dalla propria parte, il signor Samsa si gettò la coperta sulle spalle, la signora Samsa rimase in camicia da notte: così entrarono nella stanza di Gregor. Nel frattempo s'era aperta anche la stanza del soggiorno, nella quale dormiva Grete dopo la venuta dei pensionanti; era interamente vestita, come se non avesse dormito affatto, anche il pallore del suo volto sembrava confermare questa ipotesi. «Morto?» disse la signora Samsa guardando interrogativamente la serva, sebbene potesse osservare tutto da sola e accertarsene anche senza bisogno di controlli. «Vorrei ben dire», disse la serva e per dimostrarlo spinse con la scopa il cadavere di Gregor. La signora Samsa fece un gesto come se volesse trattenere la scopa, ma si fermò prima. «Ora», disse il signor Samsa, «possiamo ringraziare Iddio». Si fece il segno della croce e le tre donne seguirono il suo esempio. Grete, che non toglieva gli occhi dal cadavere, disse: «Guardate quant'era magro. Non mangiava più da tanto tempo. I cibi uscivano dalla sua stanza così com'erano entrati!» Effettivamente il corpo di Gregor era completamente piatto e asciutto, lo si poteva notare solo adesso che le zampe non lo tenevano più sollevato da terra e nulla stornava lo sguardo.

«Grete, vieni per un poco da noi», disse la signora Samsa con un sorriso mesto, e Grete seguì i genitori nella stanza da letto, senza aver gettato un'ultima occhiata al cadavere. La serva chiuse la porta e spalancò la finestra. Malgrado, l'ora mattutina, un certo tepore temperava l'aria fresca. Si era ormai alla fine di marzo.

I tre pensionanti uscirono dalla loro stanza e cercarono meravigliati la loro colazione; erano stati dimenticati. «Dov'è la colazione?» domandò stizzito alla serva il signore di mezzo. Questa, però, si mise l'indice davanti alle labbra e accennò in silenzio ai signori di venire nella stanza di Gregor. I tre signori vennero infatti e fecero circolo attorno al cadavere, con le mani nelle tasche delle loro giacche un poco logore, nella stanza già completamente rischiarata.

Ad un tratto si aprì la porta della camera da letto e comparve il signor Samsa in divisa, con un braccio teneva la moglie, con l'altro la figlia. Avevano tutti gli occhi rossi: Grete premeva ogni tanto il volto sul braccio del padre.

«Uscite immediatamente da casa mia!» intimò il signor Samsa indicando la porta, senza staccarsi però dalle donne. «Che cosa intende dire?» disse il signore di mezzo piuttosto mortificato, sorridendo con aria dolciastra. Gli altri due signori si fregavano continuamente le mani che tenevano dietro la schiena, come se aspettassero con gioia una grossa lite, il cui esito non poteva essere che positivo per loro. «Intendo dire esattamente ciò che ho detto», rispose il signor Samsa avanzando, in riga con le sue accompagnatrici, verso il pensionante. Questi rimase fermo per un attimo e guardò al suolo come se i pensieri nella sua testa dovessero assumere un nuovo ordine. «Allora ce ne andiamo», mormorò e sollevò lo sguardo verso il signor Samsa, come se, per un improvviso accesso d'umiltà, volesse domandare un altro permesso per questa decisione. Il signor Samsa si limitò a fare un cenno con gli occhi. Quindi il signore si diresse a grandi passi verso l'anticamera; i suoi due amici avevano ascoltato già da un pezzo con le mani immobili e lo seguirono quasi saltellando come se temessero che il signor Samsa venisse in anticamera e interrompesse il contatto con la loro guida. I tre signori presero i cappelli dall'attaccapanni e i bastoni dal portaombrelli, s'inchinarono in silenzio e lasciarono l'appartamento. In un accesso di sfiducia, che si rivelò del tutto infondato, il signor Samsa uscì sul pianerottolo insieme con le due donne; appoggiati alla ringhiera osservarono i tre signori mentre scendevano lentamente, ma senza fermarsi, le lunghe scale, scomparendo a ogni piano a una determinata curva e ricomparendo di nuovo dopo qualche secondo; quanto più in fondo arrivavano tanto più scemava l'interesse della famiglia Samsa per loro, e quando un garzone di macellaio col suo carico sulla testa salì incontro con portamento fiero e poi li superò, il signor Samsa lasciò la ringhiera con le donne e tutti insieme tornarono nell'appartamento come sollevati.

Decisero di dedicare la giornata al riposo e alle passeggiate; non solo avevano meritato quella vacanza, ma ne avevano assoluto bisogno. Si sedettero al tavolo e scrissero tre lettere di scusa, il signor Samsa alla sua direzione; la signora Samsa al suo committente e Grete al suo principale. Mentre scrivevano entrò la serva per annunciare che se ne andava via avendo finito il lavoro mattutino. I tre scriventi si limitarono a fare un cenno col capo senza alzare lo sguardo e solo quando si avvidero che la donna non si decideva ad andarsene, la fissarono accigliati. «E allora?» chiese il signor Samsa. La serva stava sulla soglia sorridendo come se dovesse annunziare una bellissima notizia alla famiglia, ma l'avrebbe data solo se fosse stata interrogata a fondo. La piuma di struzzo quasi perpendicolare sul cappellino, che aveva sempre provocato un senso d'irritazione nel signor Samsa, ondeggiava in tutte le direzioni. «Insomma, che cosa vuole?» domandò la signora Samsa, per la quale, la serva provava più rispetto che per gli altri. «Sì», rispose la serva e non riuscì più a continuare a causa del suo esagerato sorriso di compiacimento, «bè, insomma, non si preoccupi più di come sbarazzarsi di quella roba di là. È tutto sistemato». La signora Samsa e Grete si chinarono sulle loro lettere, come se volessero continuare a scrivere; il signor Samsa, accorgendosi che la donna a ore voleva iniziare una descrizione con tutti i particolari, la scoraggiò decisamente con un gesto della mano. Poiché non le era permesso di raccontare, si ricordò della gran fretta che aveva e gridò palesemente offesa: «Buongiorno a tutti», si girò furibonda e uscì di casa sbattendo la porta con un fracasso infernale.

«Questa sera verrà licenziata», affermò il signor Samsa, senza ricevere la risposta né dalla moglie, né dalla figlia; forse la serva aveva guastato la loro tranquillità appena riacquistata. Si alzarono, andarono alla finestra e vi rimasero tenendosi abbracciate. Il signor Samsa rimase seduto, ma si voltò verso di loro e le osservò per un poco, poi disse: «Venite qui. Quel che è stato è stato, ora abbiate un po' di riguardo per me». Le donne ubbidirono subito, corsero verso di lui, lo vezzeggiarono e terminarono rapidamente le loro lettere.

Uscirono dall'appartamento tutti e tre insieme, dopo mesi e mesi che non l'avevano più fatto, e andarono col tram fuori città, in aperta campagna. La vettura in cui si trovavano soli era tutta illuminata dai caldi raggi del sole. Comodamente seduti sui loro sedili discussero le future prospettive, e risultò che, a guardarle bene, non erano affatto malvagie, perché tutti e tre i lavori, di cui non avevano mai parlato tra loro, erano vantaggiosi e offrivano possibilità di miglioramento. Il miglioramento più grosso e immediato si sarebbe conseguito cambiando casa; avrebbero preso un appartamento più piccolo e più a buon mercato, ma ubicato meglio e più pratico dell'attuale, che era stato scelto ancora da Gregor. Mentre conversavano, il signore e la signora Samsa notarono quasi nello stesso istante, osservando la figlia che si faceva sempre più vivace, come, negli ultimi tempi, – malgrado tutte le pene che avevano scolorito le sue guance – fosse sbocciata trasformandosi in una bella e florida ragazza. Più silenziosi e con sguardi d'intesa quasi involontari, pensarono che fosse ormai tempo di trovarle un bravo marito. E fu come una conferma dei loro nuovi propositi, che alla fine del tragitto la figlia si alzasse per prima stirando il suo giovane corpo.

5. Nella colonia penale
(1919)

«È un apparecchio singolare», disse l'ufficiale all'esploratore, contemplando con uno sguardo quasi ammirato l'apparecchio a lui ben noto. L'esploratore doveva aver accettato soltanto per cortesia l'invito del comandante, che gli aveva proposto di assistere all'esecuzione di un soldato, condannato per insubordinazione e oltraggio a un superiore. Anche nella colonia penale l'interesse per quell'esecuzione non era certo notevole. Per lo meno lì in quella piccola valle profonda e sabbiosa, chiusa all'intorno da calvi pendii, oltre all'ufficiale e all'esploratore, erano presenti solo il condannato, un uomo ottuso con una bocca enorme, i capelli e il volto in disordine e un soldato, che teneva la pesante catena, dalla quale si dipartivano le catene più piccole che serravano le caviglie, i polsi e il collo del condannato e che erano unite tra loro da anelli di congiunzione. D'altronde il condannato aveva un'aria così acquiescente, che si poteva sicuramente lasciarlo scorazzare in piena libertà per i pendii e fischiargli al momento dell'esecuzione, perché accorresse docile docile come un cagnolino.

L'esploratore non provocò alcuna attrazione per l'apparecchio e passeggiò su e giù dietro al condannato, senza mostrare nessuna partecipazione, mentre l'ufficiale si occupava degli ultimi preparativi, strisciando a volte sotto l'apparecchio, che penetrava profondamente nel terreno, oppure salendo sopra una scala per ispezionare le parti superiori. Questi lavori spettavano più ad un meccanico, ma l'ufficiale li eseguiva con molta diligenza, forse perché aveva una particolare predilezione per l'apparecchio, oppure tali lavori non potevano essere affidati a nessun altro per determinate ragioni. «Ora tutto è pronto!» gridò infine e scese dalla scala. Era completamente sfinito, respirava con la bocca spalancata e aveva infilato due eleganti fazzoletti da donna nel colletto dell'uniforme. «Queste divise sono troppo pesanti per i tropici», disse l'esploratore, invece d'interessarsi all'apparecchio come si aspettava l'ufficiale. «Indubbiamente», confermò l'ufficiale lavandosi le mani sporche d'olio e di grasso in un secchio d'acqua che stava lì accanto, «ma rappresentano la patria; non voglio perdere la patria. Adesso osservi l'apparecchio», soggiunse subito, si asciugò le mani con un panno e puntò l'indice sull'apparecchio. «Sino ad ora bisognava ricorrere anche al lavoro manuale, ma da ora in poi l'apparecchio funzionerà da solo». L'esploratore annuì e seguì l'ufficiale. Questi cercò di cautelarsi in caso di eventuali inconvenienti e disse: «Naturalmente si possono verificare dei guasti; io spero che oggi non ce ne siano, però bisogna sempre tenerne conto. L'apparecchio deve restare in moto ininterrottamente per dodici ore. Comunque i possibili guasti saranno minimi e verranno subito riparati».

«Non vuole sedersi?» chiese infine e da un mucchio di sedie di bambù ne prese una e l'offrì all'esploratore, che non poté rifiutarla. Sedeva sui bordi di una fossa nella quale gettò una rapida occhiata. Non era molto profonda. Da un lato della fossa la terra estratta fungeva da argine, mentre dal lato opposto si trovava l'apparecchio. «Non so», disse l'ufficiale, «se il comandante le ha già illustrato l'apparecchio». L'esploratore fece un vago gesto con la mano; l'ufficiale non chiedeva di meglio, così avrebbe potuto illustrare lui stesso l'apparecchio. «Questo apparecchio», disse afferrando una biella e poggiandosi ad essa, «è un'invenzione del nostro precedente comandante. Io ho collaborato sin dai primi esperimenti ed ero presente anche al momento della conclusione dei lavori. Il merito dell'invenzione spetta però completamente a lui. Ha sentito parlare del nostro precedente comandante? No? Non esagero se affermo che la sistemazione di tutta la colonia penale è opera sua. Noi, suoi amici, sapevamo già al momento della sua morte che la sistemazione della colonia è così perfetta che il suo successore, se pure avesse mille progetti in testa, non avrebbe potuto mutare le vecchie disposizioni, almeno per molti anni a venire. La nostra previsione s'è avverata; il nuovo comandante ha dovuto ammetterlo. Peccato che lei non abbia conosciuto il comandante di prima! Ma», s'interruppe l'ufficiale, «io mi perdo in chiacchiere e il suo apparecchio sta qui davanti a noi. Come vede, si compone di tre parti. Col tempo ciascuna di queste parti ha ricevuto un nomignolo. La parte inferiore si chiama il letto, quella superiore la disegnatrice e quella di centro, oscillante, l'erpice». «L'erpice?» chiese l'esploratore. Non aveva ascoltato con molta attenzione, il sole dardeggiava con troppa violenza nella valle senz'ombra ed era difficile concentrare i propri pensieri.

Perciò gli sembrava tanto più ammirevole l'ufficiale che spiegava con tanto slancio la sua macchina e continuando a parlare sistemava ogni tanto qualche pezzo con un cacciavite, chiuso com'era nella sua attillata divisa da parata appesantita dalle spalline e ornata di cordoni. Nello stesso stato d'animo dell'esploratore doveva trovarsi anche il soldato. Aveva girato attorno ai polsi la catena del condannato e, appoggiandosi con una mano al fucile, se ne stava con la testa penzoloni senza curarsi di nulla. L'esploratore non se ne stupiva giacché l'ufficiale parlava in francese e sicuramente né il soldato, né il condannato capivano quella lingua. Era perciò sorprendente che il condannato si sforzasse di seguire la spiegazione dell'ufficiale. Con una specie di sonnolenta ostinazione dirigeva gli sguardi nei punti indicati di volta in volta dall'ufficiale e quando questi fu interrotto da una domanda dell'esploratore, si mise a fissarlo anche lui, come l'ufficiale.

«Sì, l'erpice», disse l'ufficiale, «il termine è appropriato. Gli aghi sono sistemati come in un erpice e il tutto viene guidato come un erpice, però in un punto solo e con maggiore maestria. D'altronde lo capirà subito. Il condannato viene disteso sul letto – Voglio prima descrivere l'apparecchio e poi procedere all'esecuzione. Così la potrà seguire meglio. Inoltre una rotella della disegnatrice è troppo consumata; stride quando è in movimento e non permette quasi di capire quello che si dice; purtroppo qui è assai difficile ottenere pezzi di ricambio. – Dunque, come le dicevo, questo è il letto. È coperto interamente da uno strato di bambagia e la ragione la conoscerà in seguito. Il condannato viene sdraiato bocconi su questa bambagia, nudo naturalmente; queste sono le cinghie per fissarlo ai polsi, alle caviglie e al collo. Qui, a capo del letto, dove l'uomo, come le ho detto, giace inizialmente con la faccia in giù, c'è questo tampone di feltro, che può essere facilmente regolato in modo da penetrare in bocca. Serve a impedire le urla o i morsi alla lingua. Naturalmente l'uomo deve mettersi per forza il tampone in bocca, altrimenti la cinghia che gli serra il collo glielo spezzerebbe». «Questa è bambagia?» chiese l'esploratore chinandosi in avanti. «Certamente», disse l'ufficiale sorridendo, «la senta lei stesso». Prese la mano dell'esploratore e la poggiò sopra il letto. «Si tratta di una bambagia con una preparazione speciale, per questo è tanto diversa dalle altre; più tardi le spiegherò a che cosa serve». L'esploratore cominciava a mostrare un certo interesse per l'apparecchio; tenendosi una mano davanti agli occhi per difendersi dal sole, aveva alzato lo sguardo verso la macchina. Era una costruzione notevole. Il letto e la disegnatrice avevano uguali dimensioni e sembravano due grosse casse scure. La disegnatrice si trovava a circa due metri d'altezza sopra il letto; le due parti erano collegate, agli angoli, da quattro sbarre d'ottone che scintillavano al sole, al centro oscillava su un nastro d'acciaio l'erpice.

L'ufficiale non aveva quasi notato la precedente indifferenza dell'esploratore, però ora si mostrava molto sensibile per il suo crescente interesse; perciò interruppe le sue spiegazioni per dar tempo all'esploratore di osservare indisturbato. Il condannato imitò l'esploratore; non potendo ripararsi la vista con la mano, guardava in alto strizzando gli occhi.

«Allora, l'uomo è sdraiato», disse l'esploratore, poggiandosi allo schienale della sedia e accavallando le gambe.

«Sì», disse l'ufficiale, tirando un po' indietro il berretto e passandosi una mano sul volto accaldato, «ora mi stia a sentire! Sia il letto, che la disegnatrice hanno una propria batteria elettrica; il letto la utilizza direttamente, la disegnatrice se ne serve per l'erpice. Appena l'uomo è stato fissato con le cinghie il letto viene messo in movimento. Oscilla con rapide vibrazioni ondulatorie. Lei avrà visto forse apparecchi del genere in case di cura; solo che nel nostro letto i movimenti sono calcolati con estrema precisione perché devono seguire quell'erpice, al quale è affidata l'esecuzione della condanna».

«E qual è la condanna?» chiese l'esploratore. «Non sa neppure questo?» esclamò l'ufficiale sbalordito e si morse le labbra: «Mi scusi se le mie spiegazioni sono un poco disordinate; ne sono proprio mortificato. Un tempo era il comandante che forniva le spiegazioni; ma il nuovo si è sottratto a questo compito onorifico; però che non abbia neppure informato un visitatore così illustre» – l'esploratore cercò di respingere le espressioni di deferenza con entrambe le mani, ma l'ufficiale insistette – «un visitatore così illustre della forma della nostra condanna, è un'altra novità che…» aveva un'imprecazione sulle labbra, ma si controllò e disse soltanto: «Ignoravo questa circostanza, la colpa non è mia. D'altro canto sono forse la persona più indicata per illustrare i nostri metodi di esecuzione, perché ho qui con me» – e si batté con la mano su una tasca della giacca – «i disegni eseguiti personalmente dal precedente comandante».

«Disegni eseguiti dal comandante stesso?» chiese l'esploratore: «Ma accentrava tutto in sé? Era soldato, giudice, costruttore, chimico, disegnatore?»

«Sissignore», confermò l'ufficiale facendo un cenno col capo e guardando fisso davanti a sé con aria assorta. Poi scrutò le sue mani;

non gli sembrarono abbastanza pulite per toccare i disegni, perciò andò nuovamente verso il secchio e le lavò un'altra volta. Poi estrasse una piccola cartella di cuoio e disse: «La nostra condanna non sembra severa. Al condannato viene scritta sul corpo la norma che ha infranto, mediante l'erpice. A questo condannato, per esempio» – l'ufficiale indicò l'uomo – «sarà scritto sul corpo: Onora i tuoi superiori!»

L'esploratore guardò brevemente l'uomo; da quando l'ufficiale lo aveva indicato, aveva abbassato il capo e sembrava sforzare al massimo l'udito per capire qualcosa. Ma i movimenti delle sue labbra serrate dimostravano chiaramente che non riusciva a comprendere nulla. L'esploratore avrebbe voluto porre diverse domande, ma dopo aver guardato l'uomo chiese soltanto: «Conosce la sua condanna?» «No», disse l'ufficiale e mostrò di voler continuare con le sue spiegazioni, ma l'esploratore lo interruppe: «Non conosce la propria condanna?» «No», ripeté l'ufficiale, e fece una pausa come se si attendesse dall'esploratore una precisa motivazione della sua domanda, poi proseguì: «Sarebbe inutile comunicargliela, la leggerà sul proprio corpo». L'esploratore voleva già rinunciare a replicare quando sentì lo sguardo del condannato puntato su di lui; sembrava chiedere se approvasse il procedimento descritto. Perciò, l'esploratore, che s'era già appoggiato allo schienale, si chinò di nuovo in avanti e domandò ancora: «Ma sa, almeno, di essere stato condannato?» «Non sa neppure questo», disse l'ufficiale sorridendo all'esploratore, come se si aspettasse da lui qualche strana confidenza. «No», disse l'esploratore passandosi la mano sulla fronte, «allora quest'uomo non sa ancora come sia stata accolta la sua difesa?» «Non ha avuto modo di difendersi», mormorò l'ufficiale distogliendo lo sguardo, come se parlasse con se stesso per non mortificare il viaggiatore con la spiegazione di argomenti per lui tanto evidenti. «Ma deve avere avuto il modo di difendersi», affermò l'esploratore alzandosi in piedi. L'ufficiale si rese conto che correva il pericolo di rimandare troppo a lungo la descrizione dell'apparecchio; perciò andò verso l'esploratore, lo prese per un braccio e gli indicò il condannato che, accortosi come l'attenzione fosse così palesemente concentrata su di lui, si mise sull'attenti – anche il soldato tirò a sé la catena —, e disse: «Le cose stanno così. Io sono stato nominato giudice in questa colonia penale. Malgrado la mia giovane età. Ho assistito anche il precedente comandante in tutte le condanne e conosco l'apparecchio meglio di tutti. Il principio a cui m'ispiro è il seguente: La colpevolezza è sempre certa. Altri tribunali non possono seguire questo principio, perché sono organi collegiali e inoltre vi sono altre corti di giustizia sopra di loro. Questo non accade da noi, o almeno non accadeva col comandante di prima. Il nuovo ha già mostrato di volersi immischiare nel mio tribunale, ma sinora ho potuto tenerlo lontano e vi riuscirò anche in futuro. Lei vuole che le spieghi questo caso, è semplice come tutti gli altri. Questa mattina un capitano ha denunziato che quest'uomo, assegnatogli come servitore e con l'obbligo di dormire davanti alla sua porta, ha dormito durante il servizio. Egli avrebbe dovuto alzarsi ogni volta che l'orologio batteva le ore e salutare militarmente dinanzi alla porta del capitano. Un compito certo non difficile, ma necessario, perché doveva mantenersi in forma sia per la sorveglianza che per il servizio. La notte scorsa il capitano ha voluto controllare se l'uomo eseguisse il proprio dovere. Alle due in punto ha aperto la porta e l'ha trovato che dormiva rannicchiato. Prese lo scudiscio e lo colpì al viso. Invece di alzarsi in piedi e chiedere perdono, l'uomo cinse le gambe del suo superiore, lo scosse e gridò: 'Butta via la frusta o ti divoro'. Questi sono i fatti. Il capitano è venuto da me un'ora fa, ho scritto la sua deposizione e subito dopo la sentenza di condanna. Poi ho fatto incatenare l'uomo. È stato tutto molto semplice. Se avessi prima convocato e interrogato l'uomo, ci sarebbe stata soltanto confusione. Mi avrebbe mentito e se mi fosse riuscito di ribattere alle sue menzogne, le avrebbe sostituite con altre e così via. Ora, però, lo tengo e non lo lascio più. È tutto chiaro, adesso? Ma il tempo sta passando e l'esecuzione avrebbe dovuto già cominciare, mentre io non ho ancora finito d'illustrarle l'apparecchio». Invitò l'esploratore a sedersi nuovamente, si accostò all'apparecchio e riprese: «Come vede, l'erpice corrisponde alla forma dell'uomo; questo è l'erpice per il dorso; questi sono gli erpici per le gambe. Per la testa c'è solo questa punta. Sono abbastanza chiaro sino a questo momento?» Si chinò affabilmente verso l'esploratore, pronto a fornire ulteriori spiegazioni.

L'esploratore esaminò l'erpice con la fronte aggrottata. Le informazioni sulla procedura giudiziaria non l'avevano soddisfatto. Doveva ammettere, però, che si trovava in una colonia penale, dove vigevano misure particolari e dove tutto veniva eseguito militarmente. Tuttavia nutriva qualche speranza nei confronti del nuovo comandante, che sia pure lentamente si proponeva di introdurre nuove procedure, che la mente limitata di quell'ufficiale non intendeva accettare. Ispirato da tali pensieri l'esploratore chiese: «Il comandante assisterà all'esecuzione?» «Non è sicuro», disse l'ufficiale, urtato dall'inattesa domanda, mentre il suo sorriso cordiale si spegneva: «Proprio per questo dobbiamo affrettarci. Per quanto mi rincresca sarò costretto a riassumere un poco le mie spiegazioni. Domani, però, quando l'apparecchio sarà stato ripulito – il suo unico difetto è che si sporca terribilmente – potrò fornirle ulteriori chiarimenti. Per ora mi limiterò all'indispensabile. Quando l'uomo si trova sul letto ed esso comincia ad oscillare, l'erpice viene abbassato sul corpo. Si regola da solo in modo da toccare appena il corpo con le sue punte; quando la regolazione è avvenuta questo nastro d'acciaio s'irrigidisce e il gioco incomincia. Un profano non nota alcuna differenza nelle punizioni. L'erpice sembra operare in maniera identica. Immerge vibrando le sue punte nel corpo, che già viene fatto vibrare a sua volta dal letto. Per permettere a tutti di controllare l'esecuzione della condanna, l'erpice è stato fatto di vetro. Si son dovute superare alcune difficoltà tecniche per fissare gli aghi in questa materia, ma dopo numerosi tentativi ci siamo riusciti. Non ci siamo davvero risparmiati. E ora tutti possono vedere attraverso il vetro come l'iscrizione si stende sul corpo. Non vuole venire più vicino per guardare gli aghi?»

L'esploratore s'alzò lentamente, s'accostò alla macchina e si chinò sull'erpice. «Lei vede», disse l'ufficiale, «due tipi di aghi in diverse file. Accanto ad ogni ago lungo ce n'è uno corto. I lunghi servono per scrivere, mentre i corti spruzzano l'acqua per lavare il sangue e mantenere sempre chiara la scrittura. L'acqua mista al sangue scorre poi in questo piccolo canale che la convoglia nel canale principale, il cui tubo di scarico si trova nella fossa». L'ufficiale indicò minuziosamente col dito il percorso dell'acqua insanguinata. Quando mise le mani sotto lo scarico come se volesse raccogliere il liquido, evidentemente alzò il capo per tornare verso la sua sedia. A questo punto s'accorse con spavento che anche il condannato aveva seguito l'invito dell'ufficiale di osservare l'erpice più da vicino. Aveva trascinato con la catena il soldato insonnolito e s'era piegato verso lo strumento di vetro. Cercava di guardare con occhi incerti quello che gli altri due avevano osservato in quel momento; ma non ci riusciva perché non era in grado di seguire la spiegazione. Si chinava un po' qua e un po' là. Faceva scorrere continuamente lo sguardo sul vetro. L'esploratore volle spingerlo indietro, ciò che stava facendo era probabilmente passibile di una punizione. Ma l'ufficiale trattenne l'esploratore con una mano e con l'altra prese una zolla di terra dall'argine e la gettò verso il soldato. Questi alzò gli occhi di scatto, vide quanto aveva osato fare il condannato, lasciò cadere il fucile, puntò i piedi coi tacchi sul terreno e tirò indietro il condannato con uno strattone, tanto da farlo cadere; poi lo guardò mentre si contorceva al suolo facendo tintinnare le sue catene. «Rialzalo!» gridò l'ufficiale, accorgendosi che l'esploratore stava distraendosi troppo a causa del condannato. L'esploratore s'era chinato, infatti, oltre l'erpice, senza degnarlo d'uno sguardo, intento solo ad osservare ciò che succedeva al condannato. «Trattalo con cura!» urlò ancora l'ufficiale. Girò intorno alla macchina, afferrò lui stesso il condannato per le ascelle e lo rimise in piedi, mentre questi continuava a scivolargli dalle mani, con l'aiuto del soldato.

«Ormai so tutto», disse l'esploratore quando l'ufficiale tornò da lui. «Meno l'essenziale», disse questi prendendo l'esploratore per un braccio e puntando un dito in alto: «Lì nella disegnatrice c'è il meccanismo che determina il movimento dell'erpice, e questo meccanismo viene regolato secondo il disegno corrispondente alla condanna. Io utilizzo ancora i disegni del precedente comandante. Eccoli», – estrasse alcuni fogli dalla cartella di cuoio – «purtroppo non posso farglieli tenere in mano, sono la cosa più preziosa che possieggo. Si segga, glieli mostrerò da questa distanza, così potrà vederli bene». Sciorinò il primo foglio; l'esploratore avrebbe voluto dire qualche parola d'apprezzamento, ma vedeva soltanto delle linee che s'intrecciavano più volte come labirinti e coprivano a tal punto la carta, che era difficile distinguere qualche spazio vuoto. «Legga», l'invitò l'ufficiale. «Non posso», rispose l'esploratore. «Eppure è chiaro», replicò l'ufficiale. «È fatto con molta arte», disse il viaggiatore evasivamente, «ma non riesco a decifrarlo». «Sì», confermò l'ufficiale ridendo e rimise a posto la cartella, «non è un esercizio di bella calligrafia per scolari. Bisogna leggervi a lungo. Alla fine ci riuscirebbe sicuramente anche lei. Naturalmente non può essere una scrittura semplice; infatti non deve uccidere subito, ma dopo un lasso di tempo di circa dodici ore; alla sesta ora è previsto un mutamento sostanziale. Quindi la scrittura vera e propria deve essere circondata da innumerevoli svolazzi; la sola dicitura circonda il corpo come una cintura sottile; tutto il resto del corpo è destinato a ghirigori. Ora è in grado di valutare il lavoro dell'erpice e di tutto l'apparecchio? Guardi!» Egli saltò sulla scala, girò una manovella e gridò verso il basso: «Attenzione, si scosti!» e tutto si mise in movimento. Se un ingranaggio non avesse cigolato sarebbe stato magnifico. Come se fosse sorpreso da questo strepito, l'ufficiale minacciò l'ingranaggio colpevole col pugno, allargò le braccia in segno di scusa verso l'esploratore e scese frettolosamente dalla scala per osservare il movimento dell'apparecchio dal basso. C'era ancora qualcosa che non andava, di cui lui solo era in grado di accorgersi; si arrampicò nuovamente sulla scala e armeggiò con entrambe le mani nell'interno della disegnatrice, poi si lasciò scivolare giù lungo una delle sbarre d'ottone, invece di usare la scala, per fare più presto e infine si mise a urlare, eccitatissimo, all'orecchio dell'esploratore onde farsi udire malgrado il frastuono: «Capisce come funziona? L'erpice comincia a scrivere; appena ha finito la prima stesura dello scritto sulla schiena dell'uomo, lo strato di bambagia si mette in movimento e fa rotare lentamente il corpo per procurare nuovo spazio all'erpice. Intanto i punti piagati dalla scrittura si posano sulla bambagia che, per la sua particolare preparazione, arresta subito l'emorragia e predispone il corpo ad una successiva incisione, più profonda. Questi denti ai margini dell'erpice, man mano che il corpo si gira, strappano la bambagia dalle ferite, la buttano nella fossa e l'erpice può riprendere il suo lavoro. Continua così a scrivere, conficcando gli aghi sempre più profondamente, per dodici ore. Le prime sei ore il condannato vive quasi come prima, soffre soltanto. Dopo due ore il tampone di feltro viene eliminato, perché l'uomo non ha più la forza di gridare. In questa scodella scaldata elettricamente, qui a capo del letto, si mette una broda di riso tiepido e l'uomo, se ne ha voglia, può mangiarne quanto riesce ad arraffare con la lingua. Nessuno si lascia scappare questa occasione. Non ho mai conosciuto nessuno che l'abbia rifiutato, eppure la mia esperienza è notevole. Solo verso la sesta ora gli passa la voglia di mangiare. Di solito a questo punto m'inginocchio e osservo il fenomeno. Raramente l'uomo inghiotte l'ultimo boccone, lo rigira solo in bocca e lo sputa nella fossa. Allora mi devo chinare, altrimenti mi verrebbe in faccia. Come si fa silenzioso verso la sesta ora! Anche il più stupido comincia a capire. La rivelazione parte dagli occhi e si diffonde per tutto il corpo. È un momento che ti fa venire il desiderio di sdraiarti con lui sotto l'erpice. In fondo accade una cosa soltanto: l'uomo inizia a decifrare lo scritto. Le sue labbra sono serrate, come se si sforzasse di ascoltare qualcosa con la massima attenzione. Lei ha notato che non è facile decifrare la scritta con gli occhi; il nostro uomo, invece, la decifra con le sue ferite. Indubbiamente è un lavoro lungo; ha bisogno di sei ore per portarlo a compimento. Quando ha finito l'erpice lo trafigge completamente e lo butta nella fossa dove piomba sulla bambagia e l'acqua insanguinata. La condanna è così eseguita e noi, io e il soldato, lo seppelliamo».

Il viaggiatore aveva chinato l'orecchio verso l'ufficiale e guardava il lavoro della macchina, tenendo le mani nelle tasche della giacca. Anche il condannato la guardava, però senza capire; s'era appunto piegato per seguire meglio gli aghi oscillanti quando il soldato gli tagliò da dietro con un coltello la camicia e i calzoni. L'uomo cercò di trattenere gl'indumenti prima che cadessero, ma il soldato lo sollevò in aria e scosse via gli ultimi stracci che lo ricoprivano. L'ufficiale fermò la macchina e nel sopravvenuto silenzio il condannato fu sistemato sotto l'erpice. Furono tolte le catene e allacciate le cinghie; in un primo momento questo parve essere quasi un sollievo per il condannato. L'erpice s'abbassò un altro po' perché l'uomo era magro. Quando le punte lo sfiorarono la sua pelle fu presa da un brivido; mentre il soldato era affaccendato con la destra, egli tese la mano sinistra senza sapere bene dove; era la direzione in cui si trovava l'esploratore. Questi era osservato in tralice dall'ufficiale, che sembrava voler leggere sul suo volto le impressioni suscitategli dall'esecuzione, sommariamente illustrata.

La cinghia destinata al polso si strappò; probabilmente il soldato l'aveva stretta troppo. L'ufficiale accorse e il soldato gli mostrò la cinghia strappata. Con la faccia rivolta verso l'esploratore l'ufficiale spiegò: «La macchina è molto complessa, ogni tanto succede che qualcosa si rompa o si strappi, però tali inconvenienti non sono determinanti per il giudizio complessivo. La cinghia può essere sostituita facilmente, userò una catena, anche se la sensibilità della vibrazione sul braccio destro non sarà più perfetta». Mentre sistemava la catena, soggiunse: «Oggi i mezzi per la manutenzione della macchina sono molto ridotti. Ai tempi del vecchio comandante avevo a mia disposizione un fondo destinato unicamente a questo scopo. C'era un deposito in cui si conservavano tutti i pezzi di ricambio. Ammetto che ne facevo quasi spreco, prima, ora non più, giacché il nuovo comandante usa ogni pretesto per distruggere le vecchie istituzioni. I fondi per la macchina li amministra attualmente da solo e se gli mando a chiedere una cinghia nuova, vuole avere indietro la vecchia come prova, la nuova arriva dopo dieci giorni e non vale molto. Però nessuno si domanda come io debba far funzionare nel frattempo la macchina senza cinghia».

L'esploratore rifletté: è sempre rischioso intervenire con fermezza in questioni estranee. Egli non era né un cittadino della colonia penale, né dello stato a cui essa apparteneva. Se avesse voluto condannare o addirittura impedire l'esecuzione, gli avrebbero potuto rispondere:

sei uno straniero e taci. A queste parole non avrebbe potuto replicare nulla, anzi avrebbe dovuto soggiungere che lui stesso non sapeva come giustificare il proprio comportamento, giacché lo scopo del suo viaggio era di raccogliere osservazioni e non di modificare le procedure giudiziarie di altri paesi. Tuttavia in questo caso specifico la tentazione era troppo forte, in quanto l'iniquità del giudizio e l'atrocità dell'esecuzione erano assai evidenti. Nessuno poteva sospettare un suo interesse personale, infatti il condannato gli era completamente sconosciuto, non era un suo connazionale, né era un tipo che potesse suscitare pietà. Infine egli era munito di lettere di presentazione di altissimi personaggi, era stato ricevuto con tutti gli onori e il fatto che fosse stato invitato all'esecuzione forse era un'implicita richiesta di esprimere un suo autorevole parere in proposito. Quest'ultima ipotesi era avvalorata anche dalla circostanza, appena appresa, che il comandante non era soddisfatto di quella procedura e si mostrava quasi ostile nei confronti dell'ufficiale.

Improvvisamente l'ufficiale lanciò un grido di rabbia; aveva appena sistemato e non senza fatica il tampone di feltro nella bocca del condannato, quando questi, in preda a un conato, chiuse gli occhi e vomitò. L'ufficiale lo sollevò in fretta dal tampone e volle storcergli la testa verso la fossa, ma ormai era troppo tardi: il rigurgito stava già colando lungo la macchina. «È tutta colpa del comandante!» esclamò l'ufficiale e si mise a scuotere come un invasato le sbarre d'ottone, «mi stanno insudiciando la macchina come una stalla». Con la mano tremante indicò all'esploratore quanto era successo. «Per ore e ore ho cercato di far capire al comandante che il cibo non deve essere fornito già un giorno prima dell'esecuzione. Ma i nuovi sistemi umanitari sono contrari alle mie teorie. Le signore del comandante rimpinzano l'uomo di dolciumi prima che sia condotto via. Per tutta la vita si è nutrito di pesci puzzolenti e ora deve mangiare dolciumi! Anche questo sarebbe ammissibile e non avrei nulla da obiettare, se almeno mi avesse fatto avere un tampone nuovo, che ho richiesto da più di tre mesi. Come si può tenere in bocca senza provare ribrezzo questo feltro, che più di cento uomini agonizzanti hanno succhiato e masticato?»

Il condannato aveva adagiato il capo con aria tranquilla mentre il soldato puliva la macchina con i resti della sua camicia tagliata. L'ufficiale s'avvicinò all'esploratore che fece un passo indietro, come se fosse mosso da un presentimento. Tuttavia l'ufficiale lo prese per mano e lo tirò in disparte. «Voglio dirle qualche parola in confidenza», disse, «me lo consente?» «Certo», rispose l'esploratore, preparandosi ad ascoltarlo, con gli occhi bassi.

«Questa procedura e questa esecuzione capitale, che lei ha ora occasione di ammirare, non hanno più aperti sostenitori nella nostra colonia. Io sono rimasto l'unico paladino, anche del retaggio lasciato dal vecchio comandante. Non posso più sperare in un ulteriore sviluppo del procedimento e sto consumando tutte le mie forze per mantenere in piedi ciò che è rimasto. Quando il precedente comandante era vivo, la colonia era piena di suoi sostenitori; io dispongo di una piccola parte della sua forza di persuasione, ma mi manca completamente la sua autorità; di conseguenza i seguaci si sono acquattati, ve ne sono ancora molti, nessuno ha, però, il coraggio di dirlo apertamente. Se lei andasse oggi, giorno destinato ad un'esecuzione, nella casa da tè e si mettesse ad ascoltare ciò che dice la gente, udrebbe probabilmente solo discorsi ambigui. Sono tutti dei sostenitori, ma non con questo comandante e le sue opinioni, non mi sono di nessuno aiuto. Ora io le chiedo: per colpa del suo comandante e delle donne che lo influenzano, un'opera simile, per la quale è stata spesa una intera vita», – egli indicò la macchina – «deve andare perduta? È giusto permettere questo? Anche se si è uno straniero e si conosce la nostra isola solo da un paio di giorni? Ormai non c'è più tempo da perdere, si sta già tramando qualcosa contro la mia competenza giudiziaria; al comando vengono tenute delle riunioni alle quali non vengo invitato; persino la sua presenza odierna è significativa; sono dei vili e mandano avanti lei, uno straniero. Com'erano diverse le esecuzioni in passato! Già il giorno prima tutta la valle brulicava di gente; tutti venivano solo per vedere; al mattino presto compariva il comandante con le signore; le fanfare risvegliavano tutto l'accampamento; io mi presentavo a rapporto e annunciavo che tutto era pronto; le autorità – nessun alto funzionario poteva mancare – si disponevano attorno alla macchina; questo mucchio di sedie è un misero rimasuglio di quei tempi. La macchina luccicava pulita di fresco, per ogni esecuzione adoperavo nuovi pezzi di ricambio. Davanti a centinaia di sguardi – tutti gli spettatori stavano in punta di piedi sino alle alture là in fondo – il condannato veniva sistemato sotto l'erpice dal comandante in persona. Il lavoro che oggi viene eseguito da un soldato semplice un tempo spettava a me, al presidente del tribunale, e io ne ero onorato. Quindi cominciava l'esecuzione! Nessuna stonatura disturbava l'opera della macchina. Alcuni non guardavano neppure, ma giacevano nella sabbia con gli occhi chiusi; tutti sapevano: ora si sta compiendo la giustizia. Nel silenzio si udivano solo i gemiti del condannato, attutiti dal tampone. Oggi la macchina non riesce a strappare al condannato un lamento più forte di quanto il feltro possa soffocare; allora dagli aghi che scrivevano stillava un liquido urticante, che adesso non si può più usare. E poi arrivava la sesta ora! Non era possibile accontentare tutti coloro che desideravano assistere più da vicino. Il comandante, nella sua saggezza, aveva ordinato di dare la preferenza soprattutto ai bambini; grazie alla mia carica io potevo stare sempre lì accanto; spesso ero accoccolato con due fanciulli tra le braccia, uno a destra, l'altro a sinistra. Con quanta intensità spiavamo l'espressione trasfigurata in quel volto martoriato e porgevamo le nostre guance ai raggi della giustizia finalmente raggiunta e subito svanita! Che tempi, camerata, che bei tempi!» L'ufficiale, dimenticando evidentemente chi avesse dinanzi a sé, abbracciò l'esploratore e poggiò il capo sulla sua spalla. L'esploratore si sentiva estremamente imbarazzato e guardava con occhi impazienti al di sopra dell'ufficiale. Intanto il soldato aveva terminato le pulizie e aveva versato da una gavetta un po' di riso nel recipiente. Appena ebbe finito, il condannato, che sembrava essersi ripreso completamente, allungò la lingua verso la broda. Il soldato continuava a respingerlo, perché il riso era forse destinato a una fase successiva, comunque era anche sconveniente che il soldato affondasse le sue dita sporche nella poltiglia e la mangiasse proprio davanti agli occhi avidi del condannato.

L'ufficiale si riprese rapidamente. «Non avevo intenzione di commuoverla», disse, «so che è impossibile far rivivere oggi quei tempi. Del resto la macchina funziona ancora e opera da sé. Opera da sé, anche se sta sola in questa valle. E il cadavere cade sempre nella fossa con un volo inspiegabilmente dolce, anche se non ci sono più le innumerevoli persone che si assembrano intorno come mosche. Un tempo i margini erano protetti da una solida ringhiera, ormai scomparsa».

L'esploratore tentava di distogliere il volto dall'ufficiale e faceva vagare lo sguardo senza una meta precisa. L'ufficiale pensò che guardasse lo squallore della valle, perciò gli prese le mani e gli girò attorno per cogliere il suo sguardo e gli chiese: «Si rende conto dell'infamia?»

Ma l'esploratore tacque. L'ufficiale si staccò da lui e rimase immobile guardando a terra, con le gambe divaricate e le mani sui fianchi. Poi fece un sorriso accattivante all'esploratore e disse: «Ieri mi trovavo vicino a lei quando il comandante l'ha invitata. Ho sentito la proposta. Conosco il comandante e ho capito subito lo scopo dell'invito.

Sebbene la sua autorità sia sufficiente per procedere contro di me egli non osa ancora farlo, ma vuole espormi al suo giudizio, al giudizio di un importante ospite straniero. Il suo piano è preciso; lei si trova nell'isola da due giorni, non conosceva il vecchio comandante, né le sue opinioni; lei è un autorevole esponente del pensiero europeo, forse avversa per principio la pena capitale e in modo particolare un modo di giustiziare così meccanico, inoltre s'accorge che l'esecuzione si svolge tristemente senza partecipazione di pubblico e con una macchina in condizioni precarie; sommando tutte queste circostanze (così pensa il comandante) non sarebbe abbastanza ovvio che lei disapprovi la mia procedura? E se la disapprova, lei non nasconderà certamente questo suo pensiero (parlo sempre seguendo l'ipotesi del comandante), perché si fida delle proprie solide convinzioni. Lei ha potuto studiare e apprezzare i costumi di diversi popoli e probabilmente non esprimerà un giudizio completamente negativo nei confronti della procedura, come farebbe invece se questa fosse applicata nel suo paese. Ma il comandante non ha bisogno di tanto. Un accenno fugace, una parola imprudente gli saranno sufficienti. Non devono necessariamente corrispondere alle sue convinzioni, basta che collimino con i desideri del comandante stesso. Sono certo che le rivolgerà molte domande con astuzia diabolica. Le signore, sedute intorno, saranno tutt'orecchi. Lei dirà forse: 'Da noi la procedura penale è diversa', oppure 'Da noi si ascolta l'accusato prima di pronunziare la sentenza', oppure 'Da noi si notifica la sentenza al condannato', oppure 'Da noi esistono anche le altre pene oltre a quella capitale', oppure 'Da noi le torture s'infliggevano solo nel Medioevo'. Queste sono osservazioni giustissime, osservazioni innocenti che non toccano direttamente la mia procedura. Ma come la accoglierà il comandante? Lo vedo, il buon comandante, come scansa la sedia e si precipita al balcone, vedo le signore che gli corrono dietro, sento già la sua voce – le signore la definiscono una voce tonante – che afferma: 'Un grande scienziato dell'Occidente, incaricato d'esaminare le procedure giudiziarie di tutti i paesi, ha appena dichiarato che la nostra vecchia procedura è disumana. Dopo il giudizio di un personaggio tanto autorevole, non mi è possibile, naturalmente, tollerare ancora tale procedura. Ordino, quindi, che in data odierna, eccetera'. Lei vorrebbe intervenire, precisare di non aver mai detto nulla del genere, di non aver mai definito disumana la mia procedura, anzi, secondo il suo meditato avviso è la più umana e la più degna, lei è persino un ammiratore di questa macchina, ma ormai è troppo tardi. Lei non può neanche raggiungere il balcone, che è già gremito di signore. Cerca di farsi notare; vorrebbe gridare, ma una mano femminile le chiude la bocca. E io e l'opera del vecchio comandante siamo perduti per sempre».

L'esploratore si sforzò di non sorridere; era dunque così facile il compito che aveva immaginato tanto difficile. Per tutta risposta mormorò evasivamente: «Lei sopravvaluta la mia influenza; il comandante ha letto le mie credenziali e sa che non sono un esperto di procedure giudiziarie. Se esprimessi un parere, sarebbe unicamente quello di un privato cittadino, non più importante del parere di qualsiasi altra persona e sicuramente assai meno importante di quello del comandante, che in questa colonia penale, almeno mi sembra, ha poteri molto ampi. Se la sua opinione su questa procedura è così precisa, come lei ritiene, allora temo che la sua abrogazione sia ormai imminente, anche senza il mio modesto intervento».

Aveva capito l'ufficiale? No, non aveva ancora capito. Scosse vivacemente il capo; si voltò indietro per un attimo e guardò il soldato e il condannato, che sobbalzarono e smisero d'ingurgitare il riso; s'avvicinò poi all'esploratore e senza guardarlo in volto, bensì in un punto impreciso della giacca, gli disse sottovoce: «Lei non conosce il comandante; lei si comporta con lui e anche con noi in maniera – mi scusi l'espressione – piuttosto ingenua; la sua influenza, mi creda, non può essere valutata abbastanza. Sono stato felicissimo quando ho saputo che lei avrebbe assistito da solo all'esecuzione. L'ordine del comandante doveva danneggiarmi, ma io l'ho volto a mio favore. Senza essere sviato da falsi consigli e occhiate piene di disprezzo, inevitabili quando si ha una notevole affluenza di gente all'esecuzione, lei ha potuto udire in pace le mie spiegazioni, ha visto con comodo la macchina e ora sta per osservare come il condannato sarà giustiziato. Il suo giudizio è stato sicuramente già formulato; se sussistesse ancora qualche dubbio la vista dell'esecuzione l'eliminerà di certo. E ora le rivolgo la mia preghiera: mi sostenga davanti al comandante!»

L'esploratore non lo lasciò continuare. «Come potrei farlo», esclamò, «è impossibile. Io non posso né giovarle né nuocerle».

«Lei può», replicò l'ufficiale. L'esploratore notò con un certo allarme che l'ufficiale stava serrando i pugni. «Lei può», ripeté l'ufficiale con ostinazione. «Ho un piano che dovrebbe riuscire. Lei crede che la sua influenza non basti: io so che basta. Ma ammettiamo pure che lei abbia ragione; per far sopravvivere questa procedura non è forse giusto tentare anche l'impossibile? Ascolti dunque il mio piano. Per farlo riuscire è necessario, però, che lei oggi, nella colonia, non esprima apertamente il suo parere sull'esecuzione. Se non riceve una domanda diretta, non ne parli per niente; le sue dichiarazioni siano comunque brevi ed evasive. Tutti dovranno notare che ne parla malvolentieri, che si sente molto amareggiato e che se potesse essere sincero farebbe fuoco e fiamme. S'intende che non pretendo che lei menta, fornisca soltanto risposte brevi come: 'Sì, ho assistito all'esecuzione', oppure 'Sì, ho sentito le spiegazioni'. Solo questo e nient'altro. Né mancano i motivi per l'amarezza che si scorgerà sul suo volto, anche se non sono proprio quelli che crede il comandante. Egli fraintenderà tutto, naturalmente, e interpreterà ogni sua parola a modo suo. Il mio piano si basa su questo equivoco. Domani si svolgerà presso la sede del comando un'importante riunione di tutti i più alti funzionari dell'amministrazione, sotto la presidenza del comandante. Egli ha saputo trasformare queste riunioni in una specie di spettacolo. È stata costruita una galleria che è sempre piena di spettatori. Io sono obbligato a partecipare a queste sedute, anche se mi disgustano. Domani lei sarà sicuramente invitato; se oggi poi si comporterà come le ho detto, la pregheranno caldamente di venire. Tuttavia, se per qualche motivo inspiegabile l'invito non dovesse arrivare, lei dovrà sollecitarlo; l'accontenteranno sicuramente. Lei siede, dunque, in compagnia delle signore, nel palco del comandante. Egli alza spesso lo sguardo per assicurarsi della sua presenza. Dopo varie discussioni su argomenti futili e ridicoli destinate unicamente a impressionare il pubblico – di solito si tirano in ballo le opere portuali, sempre le opere portuali! – si comincia a parlare della procedura giudiziaria. Se non ci pensa il comandante o comunque egli tardasse a farlo, intervengo io stesso. Mi alzo in piedi e dò l'annunzio dell'esecuzione odierna. Sono brevissimo, solo l'annunzio e basta. Anche se tali comunicazioni non rientrano nella prassi di quelle sedute, la faccio ugualmente. Il comandante, come sempre, mi ringrazia con un sorriso cortese e, naturalmente, non si lascia scappare la buona occasione. 'È stato dato or ora l'annunzio dell'avvenuta esecuzione capitale', dice più o meno. 'Desidero informare tutti che a tale esecuzione è intervenuto anche il famoso scienziato, che – com'è noto – ci sta onorando con una sua visita alla nostra colonia. Anzi l'odierna seduta acquista un maggiore prestigio grazie alla sua presenza tra noi. Chiediamo, quindi, all'illustre uomo di scienza il suo illuminato giudizio sull'esecuzione avvenuta secondo il vecchio sistema e sulla procedura penale seguita'. Naturalmente tutti applaudono e manifestano il loro assenso, io sono tra i più entusiasti. Il comandante s'inchina verso di lei e dice: 'In nome di tutti le rivolgo la domanda'. Allora lei si avvicina alla balaustra; poggia le mani in modo che tutti possano vederle, altrimenti le signore le afferrerebbero e si metterebbero a giocherellare con le sue dita. Finalmente lei può dire la sua. Non so proprio come resisterò alla tensione sino a quel momento. Nel suo discorso non deve imporsi alcuna limitazione, faccia sentire chiaramente il peso della verità, si sporga dalla balaustra, urli, si urli al comandante la sua opinione, la sua inalterabile opinione. Ma forse non intende fare così, il suo carattere rifugge da questi gesti plateali, nel suo paese ci si comporta in modo diverso in queste circostanze; andrà bene lo stesso, basterà. Non s'alzi neppure, dica solo due parole, le bisbigli facendosi sentire solo dai funzionari che le stanno più vicino, anche questo sarà sufficiente; non è necessario che sia lei a parlare della mancata partecipazione di pubblico all'esecuzione, dell'ingranaggio che stride, delle cinghie strappate, del tampone disgustoso; no, m'occuperò io di tutto e, mi creda, se le mie parole non basteranno a cacciare il comandante dalla sala, lo metterò comunque alle corde costringendolo a dichiarare: 'Vecchio comandante m'inchino dinanzi a te'. Questo è il mio piano; vuole aiutarmi a realizzarlo? Certo che lo vuole, anzi lo deve!» E l'ufficiale strinse l'esploratore per le braccia e lo fissò in volto col fiato sospeso. Aveva pronunziato le ultime frasi a voce così alta che persino il soldato e il condannato si erano fatti attenti; sebbene non potessero capire le sue parole, avevano smesso di mangiare e guardavano masticando verso l'esploratore.

Sin dal primo momento l'esploratore non aveva dubbi sulla risposta che avrebbe dovuto dare; nel corso della sua vita aveva fatto troppe esperienze per poter esitare a questo punto; era un uomo profondamente onesto e non aveva timori. Tuttavia ebbe un attimo di titubanza alla vista del soldato e del condannato. Infine disse, come era suo dovere: «No». L'ufficiale strizzò alcune volte gli occhi, ma non smise di fissarlo. «Vuole una spiegazione?» chiese l'esploratore. L'ufficiale annuì in silenzio. «Sono contrario a questa procedura», proclamò quindi l'esploratore, «prima ancora che lei si confidasse con me – e in nessun caso abuserò delle sue confidenze – mi sono chiesto se avessi il diritto d'intervenire contro questa procedura e se il mio intervento aveva qualche possibilità di successo. Mi era chiaro a chi avrei dovuto rivolgermi per primo: al comandante, naturalmente. Lei me l'ha chiarito ancora meglio, senza rafforzare, però, la mia decisione, anzi apprezzo la sua onesta convinzione, anche se non può farmi cambiare idea».

L'ufficiale rimase muto, si girò verso la macchina, afferrò una sbarra d'ottone e rovesciandosi un po' all'indietro guardò in alto verso la disegnatrice, come se volesse controllare se tutto fosse a posto. Il soldato e il condannato sembravano aver fatto amicizia; il condannato, malgrado le notevoli difficoltà causate dai suoi legami, faceva dei segni al soldato, questi si chinò su di lui e il condannato gli bisbigliò qualcosa facendolo annuire.

L'esploratore seguì l'ufficiale e disse: «Lei non sa ancora che cosa mi propongo di fare. Riferirò al comandante la mia opinione sulla procedura, ma non durante una seduta, bensì a quattr'occhi; non mi tratterrò qui abbastanza a lungo per essere coinvolto in una seduta; partirò già domattina presto o per lo meno m'imbarcherò».

Sembrava che l'ufficiale non l'avesse sentito. «Allora la procedura non l'ha convinto», disse a se stesso e sorrise come un vecchio che sorride per le sciocchezze d'un bimbo, continuando però a riflettere seriamente dietro al suo sorriso.

«Allora è giunto il momento», mormorò guardando l'esploratore con occhi luminosi, il suo sguardo era esortante, invitava alla partecipazione.

«Quale momento?» chiese inquieto l'esploratore, ma non ebbe risposta.

«Sei libero», disse l'ufficiale al condannato nella sua lingua. Questi, al principio, rimase incredulo. «Sei libero, ti dico», ripeté l'ufficiale. Per la prima volta la faccia del condannato s'animò. Era vero? Oppure era un capriccio dell'ufficiale, che avrebbe potuto svanire? Era stato il signore straniero a ottenere la grazia? Che cosa era accaduto? Questi erano gli interrogativi che si potevano leggere sul suo viso. Ma non durarono a lungo. Quale ne fosse la ragione, visto che lo poteva, voleva essere realmente libero e cominciò a dimenarsi per quanto gli consentiva l'erpice.

«Mi strappi le cinghie», strillò l'ufficiale, «stai calmo! Ti sleghiamo subito». E si mise al lavoro con il soldato, al quale aveva fatto un cenno. Il condannato rideva piano davanti a sé, ogni tanto girava la faccia a sinistra verso l'ufficiale, a destra verso il solco e non dimenticava neppure l'esploratore.

«Tiralo fuori», ordinò l'ufficiale al soldato. Era necessario usare qualche precauzione per via dell'erpice. A causa della sua impazienza il condannato si era già procurato delle piccole lacerazioni sulla schiena.

Da quel momento l'ufficiale non si occupò più di lui. Andò verso l'esploratore, estrasse nuovamente la cartella di cuoio con i disegni, li sfogliò, trovò infine quello che cercava e lo mostrò all'esploratore. «Legga», gli disse. «Non ci riesco», rispose l'esploratore, «le ho già detto che non riesco a leggere questi schizzi». «Osservi bene il foglio», insisté l'ufficiale accostandosi all'esploratore per leggere insieme a lui. Vedendo che neppure questo serviva, indicò col mignolo, ma a una certa distanza come se la carta non dovesse assolutamente essere sfiorata, i punti salienti per aiutare l'esploratore a decifrare lo scritto. L'esploratore fece del suo meglio per compiacere almeno in questo l'ufficiale, ma senza riuscirvi. Allora l'ufficiale si mise a scandire lettera per lettera e poi lesse la frase completa. «'Sii giusto!' – c'è scritto», disse, «adesso lo può leggere». L'esploratore si chinò a tal punto sul foglio che l'ufficiale lo scostò per tema d'un contatto; l'esploratore rimase zitto, ma era palese che non era riuscito a decifrare niente. «'Sii giusto!' – c'è scritto», ripeté l'ufficiale. «Sarà così», rispose l'esploratore, «le credo che ci sia scritto questo». «Va bene», mormorò l'ufficiale soddisfatto almeno parzialmente e montò sulla scala col foglio in mano; sistemò con grande cura lo scritto nella disegnatrice e regolò nuovamente gli ingranaggi; era un lavoro molto complicato, doveva trattarsi anche d'ingranaggi assai minuscoli; talvolta la testa dell'ufficiale spariva interamente nella disegnatrice, egli doveva esaminare il meccanismo con estrema cura.

L'esploratore seguiva attentamente questo lavoro dal basso, il collo gli si fece rigido e gli occhi gli bruciarono, abbacinati dal cielo pieno di sole. Il soldato e il condannato erano indaffarati tra loro. La camicia e i calzoni del condannato, che si trovavano nella fossa, furono tirati fuori dal soldato con la punta della baionetta. La camicia era spaventosamente sudicia e il condannato la lavò nel secchio dell'acqua. Quando ebbe indossato i due indumenti, lui e il soldato scoppiarono a ridere perché erano tagliati di dietro. Forse il condannato si sentiva in dovere di divertire il soldato e si girò, con gli abiti squarciati, davanti a quest'ultimo, che se ne stava accovacciato in terra e batteva le mani sulle ginocchia sghignazzando. Alla fine, però, cercarono di ricomporsi per un riguardo verso i signori.

Quando l'ufficiale ebbe finito di trafficare in alto, abbracciò con lo sguardo tutto l'insieme, chiuse il coperchio della disegnatrice, che sino allora era rimasto aperto, scese dalla scala, gettò un'occhiata alla fossa e poi al condannato, notò soddisfatto che questi aveva ripreso i suoi indumenti, quindi s'avvicinò al secchio dell'acqua per lavarsi le mani, s'accorse troppo tardi della ripugnante sporcizia, fu rattristato di non potersi sciacquare le mani e le immerse infine – questo surrogato non lo soddisfece, ma dovette adattarsi – nella sabbia; quando fu di nuovo in piedi cominciò a sbottonarsi la casacca. Gli rimasero in mano i due fazzoletti da donna che aveva infilato nel colletto. «Ecco i tuoi fazzoletti», disse gettandoli al condannato. Poi spiegò all'esploratore: «Regali delle signore».

Nonostante la fretta evidente con la quale si tolse la casacca e poi si spogliò completamente, trattò con estrema cura ogni capo di vestiario, passando persino le dita sui cordoni d'argento e raddrizzando una nappa. Non s'accordava, però, con questa cura il fatto che dopo averlo ben sistemato gettasse con una certa riluttanza ogni indumento nella fossa. L'ultimo oggetto che gli rimase fu lo spadino con la cinghia. Estratta la lama dal fodero, la spezzò, raccolse i pezzi dello spadino e la cinghia e li scagliò con tanta violenza nella fossa che tintinnarono aspramente cozzando fra loro.

Ora stava lì, nudo. L'esploratore si morse le labbra, ma non disse nulla. Sapeva che cosa stava per accadere, ma non aveva il diritto d'ostacolare l'ufficiale. Se la procedura giudiziaria alla quale l'ufficiale si mostrava così attaccato era tanto prossima ad essere abrogata – forse anche per l'intervento che l'esploratore si sentiva in dovere di fare – allora l'ufficiale stava agendo giustamente; al suo posto l'esploratore avrebbe fatto lo stesso.

Inizialmente il soldato e il condannato non capirono nulla, non stavano nemmeno a guardare. Il condannato era molto contento della restituzione dei fazzoletti, ma la sua gioia fu di breve durata, perché il soldato glieli prese con un gesto rapido e imprevedibile. Il condannato cercò allora di sfilarli dal cinturone dove il soldato li aveva messi, però questi stava in guardia. Così si baruffarono scherzosamente. Solo quando l'ufficiale fu completamente nudo si fecero attenti. Il condannato, in modo particolare, ebbe il presagio di un grande cambiamento. Ciò che era capitato a lui stava capitando all'ufficiale. Forse sarebbe giunto sino all'estrema conseguenza. Forse il signore straniero aveva impartito quell'ordine. Era questa la vendetta. Senza aver sofferto sino in fondo, veniva vendicato sino in fondo. Un ampio, muto sorriso si disegnò sul suo volto e vi rimase.

L'ufficiale, invece, si stava dedicando alla macchina. Se prima era già abbastanza evidente che conoscesse assai bene l'apparecchio, ora era veramente sbalorditivo come lo maneggiasse e come questi gli ubbidisse. Egli aveva appena avvicinato la mano all'erpice, che esso si sollevò e si abbassò più volte sino a raggiungere la posizione giusta per accoglierlo; gli bastò sfiorare un bordo del letto perché si mettesse subito a vibrare; il tampone di feltro andò incontro alle sue labbra, si vedeva che egli non lo voleva, ma la sua esitazione fu di breve durata e si rassegnò a prenderlo in bocca. Tutto era pronto, solo le cinghie pendevano ai lati, evidentemente non servivano, l'ufficiale non aveva bisogno di essere legato. Il condannato s'accorse delle cinghie sciolte: a suo avviso l'esecuzione non era completa se le cinghie non erano allacciate; egli sollecitò il soldato con un cenno e tutti e due corsero a legare l'ufficiale. Questi aveva già allungato un piede per dare un colpo alla manovella, che avrebbe messo in movimento la disegnatrice, quando notò la presenza dei due, allora ritirò il piede e si lasciò legare. Ma adesso non poteva più raggiungere la manovella e né il soldato né il condannato sarebbero stati capaci di trovarla; l'esploratore aveva deciso di non immischiarsi nel modo più assoluto. Non fu necessario alcun intervento esterno: appena le cinghie furono sistemate la macchina si mise al lavoro da sola; il letto vibrò, gli aghi danzarono sulla pelle, l'erpice oscillò in su e in giù. L'esploratore stava già fissando l'apparecchio da un bel pezzo quando si ricordò che un ingranaggio avrebbe dovuto stridere, ma non si udiva il minimo rumore.

Con la sua attività silenziosa la macchina cessò d'attirare l'attenzione degli astanti. L'esploratore volse lo sguardo verso il soldato e il condannato. Il condannato era quello più eccitato: ogni particolare della macchina l'interessava, a volte si abbassava, a volte s'alzava in punta di piedi, aveva sempre l'indice puntato in una direzione diversa per mostrare qualcosa al soldato. L'esploratore si sentiva a disagio. Aveva deciso di restare lì sino all'ultimo, ma non avrebbe potuto sopportare più a lungo la vista di quei due. «Tornate a casa», intimò loro. Il soldato sarebbe stato pronto a farlo, ma il condannato intese quell'ordine come una punizione. Implorò con le mani giunte di lasciarlo lì, e quando l'esploratore non volle cedere e scosse il capo negativamente, si buttò persino ai suoi piedi. L'esploratore si rese conto che gli ordini non servivano a niente e decise di cacciare i due con la forza. Improvvisamente sentì un rumore provenire dall'alto, era la disegnatrice. Alzò lo sguardo. Allora il famoso ingranaggio funzionava di nuovo male? Ma si trattava di ben altro. Il coperchio della disegnatrice si sollevò lentamente per poi aprirsi del tutto con uno scatto secco. I denti di una rotella fecero capolino e assai presto apparve tutto l'ingranaggio; sembrava che una forza sconosciuta comprimesse la disegnatrice senza lasciare più spazio a quell'ingranaggio, che si sollevò sino al bordo e cadde fuori, quindi rotolò per un po' sulla sabbia e vi si adagiò. Ma un'altra ruota dentata stava già spuntando, seguita da molte altre ancora, grandi, piccole e minuscole; tutte facevano la stessa fine; si sarebbe detto che la disegnatrice fosse ormai vuota, quando apparve un gruppo ancora più numeroso, che si sollevò, cadde fuori, rotolò sulla sabbia e si adagiò su un fianco. Lo spettacolo fece dimenticare al condannato l'ordine dell'esploratore, le ruote dentate lo entusiasmavano, tentava continuamente di acchiapparne qualcuna ed esortava il soldato ad aiutarlo. Però ogni volta che allungava una mano, la ritirava bruscamente perché temeva di essere colpito dalla ruota che veniva subito dopo.

L'esploratore, invece, era molto inquieto; era chiaro che la macchina stava andando in pezzi; il suo funzionamento silenzioso era stato un abbaglio; ora sentiva il dovere di occuparsi dell'ufficiale visto che questi non poteva sbrigarsela da solo. Ma la caduta degli ingranaggi aveva catalizzato tutta la sua attenzione ed egli aveva trascurato di controllare le altre parti della macchina; quando osservò l'erpice, dopo l'espulsione di tutti gl'ingranaggi della disegnatrice, ebbe una nuova sorpresa, ancora più sgradevole. L'erpice non scriveva, trafiggeva soltanto, e il letto non faceva girare il corpo, ma lo spingeva sussultando contro gli aghi. L'esploratore volle intervenire e fermare tutto se era possibile. Quella non era la tortura che l'ufficiale aveva cercato, era un semplice assassinio. Tese le mani, ma l'erpice si sollevò improvvisamente e si spostò di lato con il corpo infilzato, come faceva di solito dopo la dodicesima ora. Il sangue scorreva in cento rivoli (non mescolato all'acqua, perché anche i tubicini dell'acqua non avevano funzionato). E ora anche l'ultima fase fece fiasco, il corpo non si staccò dai lunghi aghi e rimase sospeso sopra la fossa sanguinando dalle innumerevoli ferite. L'erpice stava per tornare al suo posto, ma – come se si fosse accorto da solo di non essersi liberato da quel peso – continuò a restare sopra la fossa. «Aiutatemi, dunque!» gridò l'esploratore al soldato e al condannato, afferrando lui stesso i piedi dell'ufficiale. Voleva sfilare i piedi, mentre gli altri due dovevano prendere la testa dell'ufficiale per staccarlo dagli aghi. I due non si decidevano a venire; il condannato gli girò addirittura le spalle; l'esploratore fu costretto ad andare da loro e trascinarli a viva forza verso la testa dell'ufficiale. In quell'occasione vide quasi senza volerlo il volto del cadavere. Era tale e quale come in vita (nessun segno della redenzione promessa era avvertibile); l'ufficiale non aveva trovato nella macchina ciò che vi avevano trovato tutti gli altri; le labbra erano serrate, gli occhi spalancati avevano l'espressione della vita, lo sguardo era sereno e convinto, sulla fronte sporgeva la punta acuminata del dente di ferro.

Quando l'esploratore con il soldato e il condannato alle calcagna giunse davanti alle prime case della colonia, il soldato ne indicò una e disse: «Qui si trova la casa da tè».

Al piano terreno di una casa si scorgeva un vano profondo, basso, simile a una caverna, con le pareti e il soffitto anneriti dal fumo. Era aperto sulla strada per tutta la sua larghezza. Sebbene la casa da tè si distinguesse poco dagli altri edifici della colonia che, compresi i palazzi del comando, erano alquanto malconci, l'esploratore ne rimase suggestionato come se si trattasse di un monumento storico dal quale emanava il ricordo di un antico potere. Seguito dai suoi accompagnatori si fece strada tra i tavoli ancora liberi, sistemati davanti all'ingresso della casa da tè, e respirò l'aria fredda e fetida che proveniva dall'interno. «Il vecchio è sepolto qui», disse il soldato, «il prete gli ha negato un posto al cimitero. Per un certo tempo non si sapeva dove seppellirlo, alla fine è stato sotterrato qui. Sicuramente l'ufficiale non le ha raccontato niente di questo, perché era la cosa di cui si vergognava di più. Ha persino tentato, più volte, di esumare il vecchio, ma è stato sempre cacciato via». «Dov'è la tomba?» chiese l'esploratore, che non poteva credere al soldato. Immediatamente, i due, il soldato e il condannato, gli passarono avanti e puntarono gl'indici sul luogo dove avrebbe dovuto trovarsi la tomba. Condussero l'esploratore sino alla parete di fondo, dove alcuni avventori erano seduti attorno ai tavoli. Si trattava probabilmente di portuali, uomini robusti, con corte barbe nere e lucenti. Erano tutti senza giacca e avevano la camicia lacera: erano popolani poveri e sottomessi. Quando l'esploratore s'avvicinò alcuni scattarono in piedi, si strinsero alla parete e lo fissarono. «È un signore forestiero», si mormorò attorno all'esploratore, «vuole vedere la tomba». Scostarono un tavolo, sotto al quale si trovava veramente una lapide. Era una pietra semplice, sufficientemente bassa da rimanere celata sotto un tavolo. Aveva un'iscrizione con lettere molto piccole, l'esploratore dovette inginocchiarsi per leggerla. Diceva: «Qui giace il vecchio comandante. I suoi seguaci, che ora non possono avere alcun nome, gli hanno scavato la tomba e posto questa pietra. Una profezia afferma che fra un certo numero di anni il comandante risusciterà e da questa casa guiderà i suoi seguaci alla riconquista della colonia. Credete e aspettate!». Quando l'esploratore ebbe finito di leggere e si alzò, vide che gli uomini circostanti sorridevano, come se avessero letto l'iscrizione assieme a lui, la considerassero ridicola e l'invitassero a condividere la loro opinione. L'esploratore fece finta di non accorgersene. Distribuì alcune monete fra gli uomini, attese che il tavolo fosse rimesso a posto, uscì dalla casa da tè e s'avviò verso il porto.

Il soldato e il condannato avevano trovato nella casa da tè dei conoscenti che li trattennero. Però dovevano essere riusciti a staccarsi ben presto da loro, perché l'esploratore si trovava ancora a metà della scala che portava alle barche, quando essi gli corsero dietro. Probabilmente volevano costringere l'esploratore all'ultimo momento a portarli con sé. Mentre egli contrattava con un marinaio, in basso, il prezzo del tragitto sino al piroscafo, i due scesero le scale a precipizio, ma in silenzio perché non osavano gridare. Tuttavia quando arrivarono giù l'esploratore era già nella barca e il marinaio la stava staccando dalla riva. Avrebbero potuto ancora saltare nell'imbarcazione, ma l'esploratore sollevò dal fondo un grosso cavo pieno di nodi e minacciandoli con quello impedì loro di salire.

6. Un medico di campagna
(1919)

A mio padre

Il nuovo avvocato

Abbiamo un nuovo avvocato, il dottor Bucefalo. Il suo aspetto esteriore non ricorda molto il tempo in cui era ancora il destriero di Alessandro il Macedone. Chi conosce, però, le circostanze nota qualcosa. Recentemente ho visto un semplice usciere di tribunale ammirare l'avvocato con l'occhio esercitato del piccolo frequentatore dei campi di corse, mentre questi saliva lo scalone un gradino dopo l'altro sollevando in alto le cosce e facendo risonare i passi sul marmo. In linea di massima l'ufficio approva l'assunzione di Bucefalo. Con straordinaria comprensione si dice che Bucefalo si trova in una posizione difficile nel presente ordinamento sociale e merita comunque una certa benevolenza sia per questa ragione che per la sua posizione nella storia universale. Oggi – nessuno può negarlo – non esiste nessun Alessandro Magno. Certo, alcuni sono bravi ad assassinare; né scarseggia l'abilità di colpire l'amico con una lancia attraverso la tavola del banchetto; e per molti la Macedonia è troppo angusta, per cui maledicono Filippo, il padre; ma nessuno, nessuno può condurci in India. Già allora le porte dell'India erano irraggiungibili, ma la loro direzione era indicata dal brando regale. Oggi le porte sono altrove e più in alto; nessuno indica la direzione; molti stringono un brando, ma solo per agitarlo; e lo sguardo che vuole seguirli, si smarrisce. Forse proprio per questo la miglior cosa è fare come Bucefalo, immergersi nei codici. Libero, i fianchi non compressi dalle gambe del cavaliere, sotto una tranquilla lampada, lontano dal clamore della battaglia alessandrina, egli legge e volta le pagine dei nostri vecchi libri.

Un medico di campagna

Mi trovavo in grande imbarazzo: avrei dovuto percorrere con urgenza un tragitto; un ammalato grave mi aspettava in un villaggio a dieci miglia di distanza; una violenta nevicata riempiva lo spazio tra me e lui; avevo una vettura, leggera, con le ruote larghe, proprio adatta alle nostre strade di campagna; ero nel cortile già pronto per partire, avvolto nella pelliccia e con la borsa degli strumenti in mano, però mancava il cavallo, il cavallo. Il mio cavallo aveva tirato le cuoia la scorsa notte per le troppe fatiche sopportate in questo gelido inverno; la mia domestica stava correndo in giro per il villaggio per trovare un cavallo in prestito; ma non serviva a nulla, lo sapevo e stavo lì inutilmente, ricoprendomi sempre più di neve, diventando sempre più immobile. La ragazza comparve al cancello, sola e agitò la lanterna; era naturale, chi presterebbe il proprio cavallo per un tragitto simile? Traversai ancora una volta il cortile; ma non trovai alcuna soluzione; distratto, tormentato, spinsi col piede la porta sgangherata del porcile, che non veniva più usato da anni. Si aprì e si mise a pencolare avanti e indietro sui cardini. Ne uscì un tepore e un lezzo come di cavalli. Un'affumicata lanterna da stalla ondeggiava appesa ad una corda. Un uomo rannicchiato nel basso recinto mostrava il suo volto aperto dagli occhi azzurri. «Devo attaccare?» chiese sbucando fuori carponi. Non sapevo che cosa dire e mi chinai per vedere che cosa ci fosse ancora nella stalla. La domestica stava accanto a me. «Non si sa di quante cose si disponga in casa propria», disse e ridemmo tutti e due.

«Arri, fratello, arri sorella!» gridò lo stalliere e due cavalli, due possenti animali con i fianchi robusti, si spinsero uno dietro l'altro con la sola forza prodotta dalla torsione del tronco attraverso l'apertura della porta che riempirono completamente; le loro gambe erano strette in basso, come quelle dei cammelli. «Aiutalo», dissi e la ragazza piena di buona volontà s'affrettò a porgere allo stalliere i finimenti. Ma appena gli fu vicina, il garzone l'afferra e preme la sua guancia contro quella di lei. La ragazza grida e si rifugia da me; due file di denti hanno lasciato un solco rosso sulla sua guancia. «Bestione», urlo furibondo, «vuoi assaggiare la frusta?» ma mi ricordo subito che si tratta di uno straniero di cui ignoro la provenienza e che m'aiuta di sua spontanea volontà, mentre tutti gli altri si sono rifiutati di farlo. Come se intuisse i miei pensieri, non si adombra per le mie minacce, ma si gira soltanto verso di me, continuando ad occuparsi dei cavalli. «Montate», dice poi ed effettivamente tutto è pronto. Mi rendo conto di non aver mai viaggiato con un tiro così bello e salgo tutto contento. «Però guiderò io, tu non conosci la strada», dico. «Certamente», risponde, «io non vengo per niente, rimango con Rosa». «No», grida Rosa e si precipita in casa con il giusto presentimento dell'ineluttabilità del proprio destino; sento tintinnare la catena della porta che sta sistemando; sento scattare la serratura; vedo infine che spegne tutti i lumi per rendersi invisibile, mentre traversa rapidamente l'atrio e tutte le stanze. «Tu vieni con me», dico al garzone, «altrimenti rinuncio ad andare, nonostante l'urgenza. Non mi passa per la mente di pagarti il tragitto con la ragazza». «Su, sveglia!» esclama battendo le mani; la carrozza viene strappata via come un pezzo di legno dalla corrente; sento ancora andare in frantumi la porta della mia casa sotto gli assalti dello stalliere, ma già i miei occhi e le mie orecchie sono offuscati da un soffio violento, che penetra allo stesso modo in tutti i miei sensi. Anche questo dura solo per qualche istante: come se la tenuta del mio malato si trovasse di fronte al mio cancello, sono già arrivato; i cavalli sono tranquilli; la neve ha smesso di cadere; la luna splende in cielo; i genitori del malato si precipitano fuori di casa; la sorella li segue; mi sollevano quasi di peso dalla vettura; tutti quei discorsi confusi non mi fanno capire nulla; nella stanza del malato l'aria è quasi irrespirabile; il caminetto trascurato fuma; socchiuderò la finestra; ma prima voglio vedere il malato. Magro, senza febbre, con lo sguardo vacuo, senza camicia, il ragazzo si solleva sotto il piumino, si attacca al mio collo e mi sussurra all'orecchio: «Dottore, lasciami morire». Mi guardo attorno; nessuno ha sentito; i genitori sono piegati in avanti e attendono muti il mio verdetto; la sorella ha portato una sedia per la mia borsa. Apro la borsa e frugo tra i miei strumenti; il ragazzo, dal letto, continua a cercarmi a tentoni per ricordarmi la sua preghiera; prendo una pinzetta, l'esamino al lume della candela e la rimetto a posto. «Sì», penso imprecando, «in queste circostanze gli dei aiutano, sostituiscono il cavallo mancante, anzi ne aggiungono uno per rimediare alla fretta, ti regalano in più persino lo stalliere...». Soltanto ora mi rammento di Rosa; che faccio, come la salvo, come posso sfilarla da sotto lo stalliere, a dieci miglia di distanza con dei cavalli indomabili attaccati alla mia carrozza? Questi cavalli che ora hanno allentato in qualche modo i finimenti, hanno socchiuso, non so come, le finestre, dal di fuori; hanno infilato la testa ciascuno in una finestra diversa e stanno osservando il malato senza lasciarsi turbare dagli strilli della famiglia. «Ritorno subito indietro», penso, come se i cavalli mi esortassero a partire, tuttavia permetto che la sorella mi sfili la pelliccia, nella convizione che il caldo mi abbia intorpidito. Mi viene proposto un bicchiere di rum, il vecchio mi batte una mano sulla spalla, l'offerta del suo tesoro giustifica questa confidenza. Scuoto il capo; tra i pensieri angusti del vecchio mi sentirei male; solo per questa ragione rifiuto di bere. La madre sta accanto al letto e cerca di attirarmi; ubbidisco e poggio il capo sul petto del ragazzo che rabbrividisce al contatto della mia barba umida, mentre un cavallo nitrisce acutamente verso il soffitto. Ho la conferma di quanto già so: il ragazzo sta bene, la circolazione del sangue è un po' scarsa, è stato ingozzato di caffè dalla madre premurosa, ma sta bene e la cosa migliore sarebbe buttarlo dal letto con una spinta. Io non sono un riformatore del mondo e lo lascio sdraiato. Sono alle dipendenze del distretto e compio il mio dovere fino in fondo, sino quasi all'eccesso. Pagato male, sono tuttavia generoso e servizievole con i poveri. Devo ancora occuparmi di Rosa, poi il ragazzo può aver ragione e anch'io voglio morire. Che faccio qui in questo interminabile inverno! Il mio cavallo è morto e non c'è nessuno nel villaggio che sia disposto a prestarmi il suo. Devo prendere il mio attacco dal porcile; se non vi fossero per caso dei cavalli, dovrei farmi trainare da porci. È così. E faccio un cenno col capo alla famiglia. Non sanno nulla di questo e se lo sapessero, non ci crederebbero. È facile scrivere ricette, ma intendersi per il resto con la gente, è difficile. Ora la mia visita sarebbe terminata, ancora una volta mi hanno disturbato inutilmente, ci sono abituato; con l'ausilio della mia campanella notturna tutto il distretto mi martirizza, ma che questa volta debba sacrificare anche Rosa, la bella ragazza che ha vissuto per anni nella mia casa senza che quasi la notassi – questo sacrificio è davvero troppo grande e io debbo trovare con astuzia la maniera di farlo accettare dalla mia mente per non scagliarmi contro questa famiglia, che con tutta la buona volontà non potrebbe restituirmi la mia Rosa. Ma quando sto per chiudere la mia borsa e faccio cenno che mi si porga la pelliccia, la famiglia è radunata, il padre annusa il bicchiere di rum che stringe in mano, la madre, probabilmente delusa di me – ma che cosa si aspetta la gente? – ha gli occhi pieni di lacrime e si morde le labbra e la sorella agita un asciugamano intriso di sangue, allora sono quasi disposto ad ammettere che a certe condizioni il ragazzo è forse ammalato sul serio. Vado verso di lui ed egli mi sorride come se gli portassi il miglior brodo corroborante – ah, adesso nitriscono entrambi i cavalli; il clamore, ordinato certamente in alto loco, dovrebbe facilitare la visita – e infatti mi accorgo: sì, il ragazzo è malato. Sul fianco destro all'altezza del bacino si è aperta una ferita grande come il palmo di una mano. Rosa in varie sfumature, scura in profondità, più chiara ai margini, leggermente granulosa, con sangue addensato a chiazze, aperta come una miniera di giorno. Così appare vista da lontano. Da vicino appare ancora più grave. Chi può guardarla senza lanciare un piccolo fischio? Ben fermi all'interno della ferita brulicano dei vermi grossi e lunghi come il mio mignolo, di color rosa e spruzzati di sangue, con testoline bianche e numerose zampine. Povero ragazzo, nessuno ti può aiutare ormai. Ho trovato la tua grande ferita: per questo fiore che hai al fianco perirai. La famiglia è felice, mi vede all'opera; la sorella lo dice alla madre, la madre al padre, il padre ad alcuni ospiti, che in punta di piedi e bilanciandosi con le braccia tese entrano attraverso il raggio di luna della porta aperta. «Mi salverai?» mormora singhiozzando il ragazzo, abbagliato dalla vita che ferve nella sua ferita. Così è la gente delle mie parti. Pretende sempre l'impossibile dal medico. Hanno perduto la fede antica; il parroco se ne sta in casa a sfilare i paramenti, uno dopo l'altro; ma il medico deve saper compiere qualsiasi cosa con le sue delicate mani da chirurgo. Sia come vi piace: io non mi sono offerto; se volete abusare di me per scopi sacri vi lascio fare; che cosa posso aspettarmi di meglio, io, vecchio medico di campagna derubato della domestica! Ed essi vengono, la famiglia e gli anziani del villaggio, e mi spogliano; un coro di scolari con il maestro in testa sta davanti alla casa e canta una melodia molto semplice con questo testo:

Spogliatelo e farà guarire,
E se guarir non fa, ammazzatelo!
È solo un medico, è solo un medico.

Eccomi spogliato, guardo serenamente la gente con la testa curva e le dita nella barba. Sono assolutamente tranquillo e superiore agli altri e lo rimango anche, sebbene non mi serva a niente, perché mi afferrano per la testa e per i piedi e mi portano a letto. Mi stendono verso la parete a fianco della ferita. Poi escono tutti dalla stanza; la porta viene chiusa; il canto cessa; alcune nubi coprono la luna; le coltri sono calde attorno a me; le teste dei cavalli ondeggiano come ombre nei vani delle finestre. «Sai», sento dirmi all'orecchio, «la mia fiducia in te è molto scarsa. Anche tu sei stato portato da qualche parte, non sei venuto con i tuoi piedi. Invece di aiutarmi, restringi il mio letto di morte. Vorrei proprio cavarti gli occhi con le unghie». «È giusto», dissi, «è un'onta. Però io sono un medico. Che cosa dovrei fare? Credimi, anche per me non è facile». «Dovrei contentarmi di questa scusa? Ahimè, lo devo. Mi devo sempre contentare. Sono venuto al mondo con una bella ferita; è stato tutto il mio corredo». «Mio giovane amico», dico, «il tuo errore è di non possedere una visione più ampia. Io, che sono stato al capezzale di tanti malati in lungo e in largo, ti dico: la tua ferita non è tanto grave. È stata prodotta da due colpi d'ascia ad angolo acuto. Molti offrono il fianco e sentono appena l'ascia nella foresta, a meno che non gli vengano vicino». «È proprio così o m'inganni mentre ho la febbre?» «È proprio così, prendi con te la parola d'onore di un medico condotto». Ed egli la prese e restò immobile. Ma ormai era tempo di pensare alla mia salvezza. I fedeli cavalli stavano ancora al loro posto. Afferrai rapidamente gli abiti, la pelliccia e la borsa; non volevo perder tempo a vestirmi. Se i cavalli fossero andati in fretta come all'andata, sarei balzato, in un certo senso, da quel letto nel mio. Uno dei cavalli si ritirò docilmente dalla finestra; gettai l'involto nella vettura; la pellicia volò troppo lontano e rimase attaccata solo per una manica, che s'era impigliata ad un gancio. Andava bene lo stesso. Montai in groppa al cavallo. Le redini strisciavano per terra, un cavallo era a mala pena attaccato all'altro, la carrozza veniva dietro ondeggiando e la pelliccia affondava nella neve. «Su, svegli!» gridai, ma non erano svegli per niente; traversammo il deserto di neve lentamente come dei vecchi; per lungo tempo risonò dietro di noi il nuovo, ma errato canto dei bambini:

Rallegratevi, o pazienti,
Vi hanno messo il medico nel letto!

In questo modo non tornerò mai a casa; la mia fiorente clientela è perduta; un successore mi deruba, ma senza alcun vantaggio perché non può sostituirmi; nella mia casa furoreggia il disgustoso stalliere; Rosa è la sua vittima, non ci posso neppure pensare. Nudo, esposto al gelo di quest'infelicissima epoca, vado in giro vagando, vecchio. La mia pelliccia pende dietro la carrozza, ma io non posso raggiungerla e nessuno tra la marmaglia in movimento dei pazienti muove un dito! Imbrogliato! Imbrogliato! Basta seguire una volta gl'ingannevoli suoni del campanello notturno e non si può rimediare mai più.

Nella galleria

Se una qualsiasi cavallerizza cadente e tisica venisse sospinta in giro nel maneggio ininterrottamente per mesi interi davanti a un pubblico instancabile da un principale spietato con la frusta schioccante, continuando a piroettare sul cavallo, lanciando baci, dondolandosi sulla vita, e se questo spettacolo si prolungasse in mezzo al perpetuo frastuono dell'orchestra e dei ventilatori nel grigio futuro che continua a schiudersi, accompagnato da battimani che si estinguono e si riaccendono e che in realtà sono magli a vapore, forse un giovane spettatore della galleria scenderebbe la lunga scala attraverso tutti gli ordini di posti, irromperebbe tra la folla e griderebbe: Fermi! tra le fanfare dell'orchestra sempre pronta ad adeguarsi.

Ma non è così; una bella dama, bianca e rossa, entra volando attraverso i tendaggi che i fieri servitori in livrea le schiudono; il direttore, cercando devotamente i suoi occhi, le sospira incontro con una sottomissione canina; la solleva premurosamente sul cavallino pomellato, come se fosse la sua nipotina più amata che sta per intraprendere un viaggio pericoloso; non sa decidersi a dare il via con la frusta; poi vincendosi finalmente lo dà con uno schiocco; corre con la bocca aperta accanto al cavallo; segue con occhio attento le piroette della cavallerizza senza poter quasi comprendere i suoi virtuosismi; cerca di metterla in guardia con esclamazioni in inglese; richiama alla massima attenzione con accento furente gli stallieri che tengono i cerchi; scongiura con le mani levate l'orchestra di tacere prima del grande salto mortale; alza infine la piccola dal cavallo tremante; la bacia su entrambe le gote e nessun omaggio del pubblico gli sembra adeguato; mentre lei stessa sostenuta dal direttore, in punta di piedi, tra un nugolo di polvere, le braccia allargate, la testolina reclinata, vorrebbe dividere con tutto il circo la sua felicità – poiché è così, lo spettatore della galleria poggia il viso sulla balaustra e, annegando nella marcia finale come in un sogno pesante, piange senza saperlo.

Un vecchio foglio

Sembra che ci sia stata molta trascuratezza nella difesa della nostra patria. Sinora non ce ne siamo curati e abbiamo pensato al nostro lavoro; ma gli eventi degli ultimi tempi ci preoccupano.

Ho un laboratorio da calzolaio sulla piazza dinanzi al palazzo imperiale. Alle prime luci dell'alba, appena apro la porta della mia bottega, vedo l'ingresso di tutte le strade, che sboccano qui, occupato da uomini armati. Ma non sono soldati nostri, bensì dei nomadi provenienti dal Nord. In modo per me incomprensibile sono riusciti a penetrare sino alla capitale, che pure è distante dal confine. Comunque sono qui; sembra che ogni mattina aumentino.

Seguendo la propria natura si accampano all'aperto, perché detestano le case. Passano il tempo affilando le spade, aguzzando le frecce, allenandosi con i cavalli. Hanno trasformato questa piazza silenziosa e sempre scrupolosamente pulita in una vera stalla. Qualche volta cerchiamo di correre fuori dalle nostre botteghe per eliminare almeno il peggior sudiciume, ma ciò accade sempre più di rado, perché la fatica è inutile e ci espone inoltre al pericolo di finire sotto i cavalli selvaggi o di essere colpiti dalle fruste.

Non è possibile parlare con i nomadi. Non conoscono la nostra lingua e non ne hanno quasi una propria. Tra loro s'intendono come i corvi. Si sente continuamente questo gracchiare di corvi. Il nostro modo di vivere, le nostre istituzioni sono per loro tanto incomprensibili quanto indifferenti. Per questo respingono qualsiasi linguaggio a segni. Puoi slogarti le mascelle e storcerti le mani, non ti capiscono e non ti capiranno mai. Talvolta fanno delle smorfie; allora le pupille gli si rovesciano e la bocca si riempie di schiuma, ma con questo non intendono dire nulla, né vogliono spaventare; lo fanno perché è la loro indole. Quando hanno bisogno di qualcosa la prendono. Non si può dire che usino la violenza. Davanti a un loro intervento ci si mette in disparte e si abbandona tutto.

Anche dalle mie provviste hanno preso qualche pezzo buono. Ma io non posso lamentarmi se guardo, per esempio, che cosa sta succedendo al macellaio dirimpetto. Appena porta la sua merce gli viene subito strappata e divorata dai nomadi. Anche i loro cavalli si cibano di carne; spesso un cavaliere se ne sta disteso accanto al suo cavallo ed entrambi si nutrono con lo stesso pezzo di carne, ciascuno a un'estremità. Il macellaio ha paura e non osa interrompere le consegne di carne. Noi lo comprendiamo, raccogliamo dei soldi e lo sovvenzioniamo. Se i nomadi non ricevessero la carne chi sa che cosa si metterebbero in testa di fare; chi sa poi che cosa si metteranno in testa di fare anche se riceveranno quotidianamente la loro parte di carne.

Ultimamente il macellaio ha pensato di potersi almeno risparmiare la fatica di macellare e un mattino ha portato un bue vivo. Non dovrà più ripeterlo. Sono rimasto sdraiato per un'ora nel fondo della mia bottega sotto tutti i vestiti, le coperte e i cuscini che possiedo per non sentire i muggiti del bue assalito da ogni parte dai nomadi che gli strappavano via coi denti brani di carne calda e sanguinante. Già da tempo regnava un silenzio profondo prima che osassi avventurarmi fuori; come bevitori attorno ad una botte giacevano stanchi intorno ai resti dell'animale.

Proprio allora credetti di aver visto l'imperatore in persona a una finestra del palazzo; egli non suole mai venire in questi appartamenti esterni, vive sempre nel giardino più interno; ma quella volta stava, almeno così mi parve, a una finestra e fissava col capo chino il movimento davanti al suo castello.

«Che succederà?» ci chiediamo tutti. «Per quanto tempo sopporteremo questo peso e questo tormento? Il palazzo imperiale ha attirato i nomadi, ma non sa respingerli. Il portone rimane chiuso; la guardia che prima entrava e usciva marciando festosamente, se ne sta dietro le inferriate. La salvezza della patria è affidata a noi artigiani e mercanti; ma noi non siamo in grado di assolvere a questo compito; né ci siamo mai vantati di esserlo. Si tratta di un equivoco che ci manda tutti in malora».

Dinanzi alla legge

Dinanzi alla legge c'è un guardiaportone. Un giorno un campagnolo va da questo guardiaportone e chiede di entrare nella legge. Ma il guardiaportone gli dice che ora non può lasciarlo passare. L'uomo riflette e domanda se potrà entrare più tardi. «È possibile», dice il guardiaportone, «ma ora no». E siccome la porta della legge è aperta come sempre e il guardiano s'è tirato in disparte, l'uomo si china per guardare all'interno attraverso la porta. Quando il guardiaportone se ne accorge ride ed esclama: «Se ne hai tanta voglia, cerca di entrare ad onta del mio divieto. Ricordati però: Io sono potente. E sono soltanto l'ultimo dei guardiani. In tutti i saloni, uno dopo l'altro, ci sono guardiani, uno più potente dell'altro. Io stesso non riesco a sostenere già la vista del terzo». Il campagnolo non s'aspettava simili difficoltà; la legge, pensa, dovrebbe essere accessibile a tutti e in qualsiasi momento, ma ora osservando più attentamente il guardiano nella sua pelliccia, con quel gran naso a punta, la lunga e sottile barba nera alla tartara, decide che è preferibile aspettare finché non abbia ottenuto il permesso d'entrare. Il guardiaportone gli dà uno sgabello e lo fa sedere accanto alla porta. Lì rimane seduto per giorni ed anni. Fa molti tentativi per entrare e stanca il guardiano con le sue preghiere. Il guardiano procede spesso a dei piccoli interrogatori, gli chiede della sua patria e di molte altre cose, ma sono domande senza interesse, come le fanno i gran signori, e alla fine gli dice sempre che non può farlo entrare. L'uomo, che s'era provvisto di molte cose per il suo viaggio, si serve di tutto, anche degli oggetti più preziosi, per corrompere il guardiano. Questi prende ogni cosa, ma dice: «L'accetto perché tu non pensi di aver trascurato qualcosa». Durante tutti quegli anni l'uomo osserva quasi ininterrottamente il guardiaportone. Egli si dimentica degli altri guardiani e gli sembra che solo questo primo sia l'unico ostacolo che gl'impedisce d'entrare nella legge. Nei primi anni maledice senza riguardo e a voce alta la mala sorte, in seguito, divenuto vecchio, borbotta soltanto davanti a sé. Diventa puerile, e, poiché studiando per tanti anni il guardiaportone ha imparato a conoscere anche le pulci del suo bavero di pelliccia, scongiura anche le pulci di aiutarlo a commuovere il guardiano. Infine la luce dei suoi occhi si fa più debole e ignora se si sta facendo davvero buio intorno a lui o se sono i suoi occhi che l'ingannano. Adesso avverte però nell'oscurità uno splendore che emana ininterrottamente dalla porta della legge. Ormai non gli resta più molto da vivere. Prima della sua morte tutte le esperienze di quel lungo periodo si riassumono nella sua testa in una domanda che non ha ancora posto al guardiaportone. Gli fa un cenno perché non può sollevare il suo corpo che si sta irrigidendo. Il guardiano deve abbassarsi molto, la differenza di statura è molto mutata a svantaggio dell'uomo. «Che cosa vuoi sapere ancora?» domanda il guardiano, «sei insaziabile». «Tutti si sentono portati verso la legge», dice l'uomo, «com'è possibile che in tutti questi anni nessuno all'infuori di me abbia chiesto d'entrare?» Il guardiano s'accorge che l'uomo è ormai giunto alla fine e per raggiungere il suo udito che sta già spegnendosi gli urla: «Nessun altro poteva entrare da qui, questo ingresso era destinato soltanto a te. Adesso me ne vado e lo chiudo».

Sciacalli e arabi

Eravamo accampati nell'oasi. I compagni dormivano. Un arabo, alto e candido, mi passò vicino; aveva governato i cammelli e andava verso i giacigli.

Mi gettai indietro sull'erba; volevo dormire; non ci riuscivo; l'urlo lamentoso di uno sciacallo risonò in lontananza; mi alzai seduto. E ciò che era stato tanto lontano, fu improvvisamente vicino. Un'orda di sciacalli attorno a me; occhi con un lucore d'oro opaco, che poi si spegneva; corpi snelli, mossi regolarmente e con rapidità, come sotto una frusta.

Uno venne da dietro, s'infilò sotto al mio braccio stringendosi a me, come se avesse bisogno del mio calore, poi mi si piazzò di fronte e mi parlò fissandomi negli occhi:

«Io sono lo sciacallo più anziano in lungo e in largo. Sono felice di poterti ancora salutare qui. Avevo quasi abbandonato la speranza, perché ti aspettiamo da tempo immemorabile; mia madre ha atteso, e sua madre e, indietro nel tempo, tutte le loro madri sino a risalire alla madre di tutti gli sciacalli. Credilo!»

«Mi stupisci», dissi dimenticandomi di accendere la catasta di legna già pronta che col suo fumo avrebbe tenuto lontano gli sciacalli, «mi stupisce molto di sentirti dire questo. Sono venuto qui per caso dal lontano Nord e sto facendo un breve viaggio. Che cosa volete, sciacalli?»

Come se si sentissero incoraggiati dalle mie parole forse troppo amichevoli, strinsero il cerchio attorno a me; tutti avevano il fiato corto e ansimavano.

«Sappiamo», cominciò il più anziano, «che tu vieni dal Nord e proprio su questo si basa la nostra speranza. Lì si trova il buon senso che manca tra gli arabi. Dalla loro gelida superbia, sappi, non si ricava un briciolo di buon senso. Ammazzano le bestie per divorarle e disprezzano le carogne».

«Non parlare così forte», dissi, «qui vicino dormono degli arabi».

«Sei proprio uno straniero», replicò lo sciacallo, «altrimenti sapresti che mai nella storia del mondo uno sciacallo ha temuto un arabo. Dovremmo temerli? Non è già sufficiente la disgrazia di essere capitati tra gente simile?»

«Può darsi, può darsi», dissi, «non azzardo giudizi su questioni che mi sono tanto distanti; sembra una controversia molto antica; è entrata quindi nel sangue; forse finirà solo nel sangue».

«Sei molto acuto», disse il vecchio sciacallo e tutti respirarono ancora più in fretta; avevano i polmoni in subbuglio, sebbene fossero fermi; un lezzo amaro, sopportabile a volte solo stringendo i denti, proveniva dalle loro fauci spalancate, «sei molto acuto; ciò che dici corrisponde ai nostri antichi insegnamenti. Allora noi prendiamo il loro sangue e la controversia è finita».

«Oh!» esclamai con maggior violenza di quanto volessi, «si opporranno; vi stermineranno a branchi con le loro carabine».

«Tu ci fraintendi», replicò lo sciacallo, «come è usanza degli uomini, comune evidentemente anche a quelli del lontano Nord. Noi non li uccideremo. Il Nilo non avrebbe abbastanza acqua per purificarsi. Fuggiamo già alla vista dei loro corpi vivi, verso un'aria più pura, nel deserto, che proprio per questa ragione è la nostra patria».

E tutti gli sciacalli intorno, ai quali nel frattempo si erano aggiunti molti altri provenienti da lontano, chinarono la testa fra le zampe anteriori e presero a pulirla; sembrava che volessero nascondere un'avversione così terribile, che avrei preferito fuggire dal loro cerchio con un gran salto.

«Allora che cosa intendete fare?» chiesi e feci per alzarmi, ma non potei; da dietro due giovani animali avevano serrato tra i denti la mia giacca e la mia camicia; dovevo restare seduto. «Ti reggono lo strascico», disse in tono più serio il vecchio sciacallo a titolo di spiegazione, «è un atto d'omaggio». «Che mi lascino!» gridai rivolgendomi ai più giovani e al vecchio sciacallo. «Lo faranno certamente», asserì il vecchio, «quando lo esigerai. Ma ci vuole un po' di tempo, perché secondo la tradizione hanno serrato le mascelle e possono allentarle solo lentamente. Nel frattempo ascolta la nostra preghiera».

«Il vostro comportamento non mi ha predisposto favorevolmente», annunciai. «Non punirci per la nostra dabbenaggine», supplicò ricorrendo per la prima volta al tono lamentoso della sua voce normale, «siamo povere bestie, abbiamo solo le mascelle; per tutto ciò che intendiamo fare, sia il bene che il male, possiamo solo servirci delle mascelle. «Dunque che cosa vuoi?» chiesi un poco ammansito.

«Signore», gridò, e tutti gli sciacalli ulularono; nelle più lontane distanze mi parve una melodia. «Signore, devi mettere fine alla controversia che divide il mondo. Proprio così come sei tu i nostri antenati hanno descritto colui che lo farà. Dobbiamo aver pace dagli arabi; tutte le bestie devono crepare in pace; dobbiamo poter bere in pace il loro sangue sino in fondo e ripulire le loro carcasse sino alle ossa. Pulizia, solo pulizia vogliamo», – e ora tutti piangevano – «come riesci a sopportare questo mondo, o nobile cuore e dolci viscere? Sozzurra è il loro bianco; sozzurra è il loro nero; un orrore è la loro barba; basta guardare l'angolo dei loro occhi per provare la voglia di sputare e se alzano il braccio si spalanca l'inferno. Perciò, o signore, perciò o carissimo signore, con l'ausilio delle tue mani onnipossenti, taglia loro la gola con queste forbici!» E ubbidendo a un cenno del suo capo arrivò uno sciacallo che stringeva tra i canini una forbicina da cucito ricoperta di ruggine.

«Ecco finalmente le forbici e ora piantiamola!» esclamò il capo degli arabi della nostra carovana, che si era avvicinato furtivamente a noi contro vento e stava agitando la sua frusta gigantesca.

Tutti scapparono in fretta, ma ad una certa distanza le bestie si fermarono e si rannicchiarono così strettamente l'una all'altra restando immobili da sembrare uno steccato circonfuso da fuochi fatui.

«Così, signore hai visto e udito anche questo spettacolo», disse l'arabo e rise con tutta l'allegria che gli permetteva la riservatezza della sua tribù. «Allora sai che cosa vogliono le bestie?» chiesi. «Certamente, signore», rispose, «è noto a tutti; da quando ci sono gli arabi queste forbici vagano per il deserto e vagheranno con noi sino alla fine dei giorni. Viene offerta ad ogni europeo per la grande opera; ed ogni europeo sembra loro quello predestinato. Queste bestie nutrono un'assurda speranza; sono folli, proprio delle folli. Le amiamo per questo; sono i nostri cani; più belli dei vostri. Guarda, un cammello è morto durante la notte, l'ho fatto portare qui».

Arrivarono quattro portatori e buttarono la pesante carcassa davanti a noi. Appena fu lì gli sciacalli levarono le loro grida. Come se ciascuno di essi fosse tirato da corde in modo irresistibile, si avvicinarono a scatti, strisciando il corpo per terra. Avevano scordato gli arabi, scordato l'odio, la presenza della carogna graveolente, che annullava ogni altra cosa presente, li aveva affascinati. Già uno s'era attaccato al collo e col primo morso aveva trovato la carotide. Come una piccola pompa impazzita, che voglia assolutamente spegnere, senza la minima possibilità di successo, un incendio imponente, ogni muscolo del suo corpo si tendeva e si contraeva al suo posto. E già tanti erano intenti alla medesima opera ammucchiati sopra la carogna.

Allora il capo li colpì in largo e in lungo con la sua frusta affilata. Essi sollevarono la testa; tra l'ebbrezza e lo svenimento; guardarono l'arabo dritto davanti a loro; presero ora le frustate sul muso; si ritirarono con un balzo e corsero per un tratto all'indietro. Ma il sangue del cammello aveva già formato delle pozze, fumava, il corpo era sbranato in diversi punti. Non potevano resistere; erano nuovamente lì; il capo rialzò la frusta; gli trattenni il braccio.

«Hai ragione, signore», disse, «lasciamoli al loro mestiere; inoltre è ora di partire. Li hai visti. Animali meravigliosi, nevvero? E come ci odiano!».

Una visita nella miniera

Oggi sono venuti in basso da noi gli ingegneri principali. È partito qualche ordine dalla direzione di aprire nuove gallerie e gli ingegneri sono venuti per eseguire le misurazioni preliminari. Come sono giovani, eppure già tanto diversi! Si sono tutti sviluppati in libertà e la loro natura ben delineata si mostra apertamente, malgrado la giovane età.

Uno è bruno, vivace, lascia vagare lo sguardo ovunque.

Un secondo con un taccuino d'appunti traccia degli schizzi mentre cammina, si guarda attorno, confronta, annota.

Un terzo, le mani nelle tasche della giacca per cui tutto rimane tirato, incede impettito, mantiene la propria dignità; solo nel mordersi continuamente le labbra tradisce la sua gioventù impaziente, impossibile a soffocare.

Un quarto fornisce spiegazioni al terzo, che questi non richiede; più basso di lui, mentre gli trotterella al fianco come un tentatore, sembra recitare, col suo dito sempre alzato per aria, una litania su tutto ciò che c'è da vedere qui.

Un quinto, forse il più alto in grado, non tollera nessuna compagnia; a volte è in testa, a volte è in coda; gli altri conformano il loro passo al suo; è pallido e debole; la responsabilità ha infossato le sue occhiaie, spesso si preme, pensieroso, la mano sulla fronte.

Il sesto e il settimo procedono un poco curvi, le teste vicine, braccio contro braccio, chiacchierando confidenzialmente; se questa non fosse la nostra miniera di carbone e il nostro posto di lavoro, nella galleria più profonda, si potrebbe pensare che questi signori ossuti, glabri, dai nasi bitorzoluti, siano dei giovani sacerdoti. Di solito uno ride dentro di sé ronfando come un gatto; l'altro, sempre ridendo, guida il discorso e con la mano libera batte più o meno il tempo. Come devono essere sicuri della loro posizione questi due signori, quali meriti devono essersi già acquistati nella nostra miniera, malgrado la loro giovane età, se possono permettersi, qui, nel corso di un sopralluogo così importante e sotto gli occhi del loro superiore, di occuparsi così palesemente dei propri affari o, per lo meno, di questioni che non hanno attinenza con il loro compito presente. Oppure può darsi che osservino ugualmente, nonostante le risate e la disattenzione, quanto è necessario? Quasi non ci si azzarda a pronunziare un giudizio preciso su quei signori.

D'altronde è fuori discussione che l'ottavo, per esempio, sia incomparabilmente più attento di quei due, anzi di tutti gli altri signori. Egli deve toccare ogni cosa e percuoterla con un martelletto che estrae da una tasca e rimette poi sempre a posto.

Talvolta s'inginocchia nel sudiciume, nonostante il vestito elegante e percuote il suolo, talaltra – pur continuando a camminare – batte sulle pareti o sul soffitto. Una volta si è sdraiato per terra ed è rimasto lì immoto; pensammo già che fosse accaduta una disgrazia; ma poi balzò in piedi con un piccolo scatto del suo corpo snello. Ancora una volta aveva eseguito un accertamento. Crediamo di conoscere la nostra miniera e le sue pietre, ma non riusciamo a capire che cosa esamini in questa maniera e senza mai interrompersi quell'ingegnere.

Un nono spinge davanti a sé una specie di carrozzina per bambini, nella quale si trovano gli apparecchi per le misurazioni. Apparecchi estremamente costosi, sistemati fra la più soffice ovatta. Quella carrozzina dovrebbe essere spinta, a dire il vero, dall'inserviente, ma non si fidano di lui; ha dovuto occuparsene un ingegnere e sembra farlo volentieri. È il più giovane, forse non conosce ancora tutti gli apparecchi, ma il suo sguardo è sempre fisso su di essi, qualche volta corre persino l'alea di urtare contro una parete con la carrozzina.

Poi c'è un altro ingegnere, che cammina a fianco della carrozzina e impedisce qualsiasi urto. Questi conosce evidentemente gli apparecchi a menadito ed è forse il loro vero custode. Di tanto in tanto prende qualche pezzo degli apparecchi, senza fermare la carrozzina, ci guarda attraverso, l'avvita e lo svita, lo porta all'orecchio e ascolta, infine, mentre quello che spinge la carrozzina di solito si ferma, rimette a posto con la medesima cautela il piccolo oggetto, che da lontano quasi non si distingue. Questo ingegnere è un po' dispotico, ma soltanto per via degli apparecchi. Ad un suo muto cenno del dito dobbiamo ritirarci a dieci passi di distanza dalla carrozzina, anche se manca lo spazio per tirarci indietro.

Dietro questi due signori viene l'inserviente sfaccendato. I signori, com'è naturale data la loro grande cultura, hanno deposto da tempo ogni superbia, l'inserviente, invece, sembra averla accentrata in sé. Con una mano dietro la schiena e l'altra davanti intenta a carezzare i bottoni dorati o il bel tessuto della livrea, china spesso il capo a destra e a manca, come se noi l'avessimo salutato e lui ci rispondesse, oppure come se presumesse che l'avessimo salutato, ma per dignità non potesse abbassarsi a controllarlo. Naturalmente non lo salutiamo, ma guardandolo si sarebbe quasi indotti a credere che il fatto di essere un inserviente della direzione delle miniere sia veramente qualcosa di straordinario. Gli ridiamo dietro, siccome neppure un colpo di tuono lo farebbe voltare, resta quasi incomprensibilmente nella nostra considerazione.

Oggi non si prosegue il lavoro per molto; l'interruzione è stata troppo lunga; una visita del genere toglie ogni desiderio di lavorare. È affascinante seguire con lo sguardo i signori mentre si addentrano nel buio della galleria di prova. Inoltre il nostro turno sta per finire; non assisteremo al ritorno dei signori.

Il villaggio vicino

Mio nonno soleva dire: «La vita è straordinariamente breve. Ora mi si contrae a tal punto, nel ricordo, che non riesco a comprendere come, per esempio, un giovane possa decidersi a cavalcare sino al villaggio più vicino senza temere che – a parte ogni disgrazia – la durata di una vita normale, che trascorra serenamente, possa non essere affatto sufficiente a compiere un simile tragitto».

Il messaggio imperiale

L'imperatore – così si dice – ha inviato a te, al singolo, all'umilissimo suddito, alla minuscola ombra sperduta nel più remoto cantuccio di fronte al sole imperiale, proprio a te l'imperatore ha mandato un messaggio dal suo letto di morte. Ha fatto inginocchiare il messaggero accanto al letto e gli ha bisbigliato il messaggio nell'orecchio; tanto gli stavi a cuore che s'era fatto ripetere, sempre all'orecchio, il messaggio. Con un cenno del capo ne ha confermato l'esattezza. E dinanzi a tutti coloro che erano accorsi per assistere al suo trapasso: tutte le pareti che ingombrano sono abbattute e sulle scalinate che si ergono in larghezza e in altezza stanno in cerchio i grandi dell'impero; dinanzi a tutti questi ha congedato il messaggero. Il messaggero s'è messo subito in cammino; un uomo robusto, instancabile; stendendo a volte un braccio, a volte l'altro fende la moltitudine; se incontra resistenza indica il petto dove c'è il segno del sole; egli avanza facilmente come nessun altro. Ma la moltitudine è enorme; le sue abitazioni non finiscono mai. Come volerebbe se potesse arrivare in aperta campagna e presto udresti il meraviglioso bussare dei suoi pugni al tuo uscio. Invece si affatica quasi senza scopo; si dibatte ancora lungo gli appartamenti del palazzo interno; non li supererà mai, e se anche ci riuscisse nulla sarebbe ancora raggiunto; dovrebbe lottare per scendere le scale, e se anche ci riuscisse nulla sarebbe ancora raggiunto; bisognerebbe attraversare i cortili, e dopo i cortili il secondo palazzo che racchiude il primo; altre scale, altri cortili; e un altro palazzo; e così via per millenni; e se riuscisse infine a sbucare fuori dal portone più esterno – si troverebbe ancora davanti la capitale, il centro del mondo, ricoperta di tutti i suoi rifiuti. Nessuno può uscirne fuori e tanto meno col messaggio di un morto. Tu, però, stai alla tua finestra e lo sogni, quando scende la sera.

Il cruccio del padre di famiglia

Alcuni affermano che il termine Odradek derivi dallo slavo e cercano di dimostrare l'etimologia della parola partendo da questa supposizione. Altri invece ritengono che tragga origine dal tedesco e abbia subito soltanto degli influssi slavi. L'incertezza di entrambe le ipotesi fa giustamente concludere che nessuna delle due sia esatta, tanto più che sia l'una che l'altra non offrono affatto una spiegazione della parola.

Naturalmente nessuno si perderebbe in simili studi se non ci fosse veramente un essere che si chiama Odradek. Ha l'aspetto di una spoletta per il filo, piatta e a forma di stella e sembra davvero ricoperta di filo, si deve trattare, però, solo di alcuni pezzi di filo strappati, vecchi, annodati fra loro e persino ingarbugliati, di qualità e colore tra i più disparati. Ma non è soltanto una spoletta, infatti dal centro della stella sporge un'asticciuola alla quale se ne aggiunge un'altra ad angolo retto. Con l'aiuto di quest'ultima da un lato e di uno dei raggi della stella dall'altro il tutto si regge in piedi come se avesse due gambe.

Si sarebbe indotti a credere che quest'insieme abbia avuto, un tempo, una forza razionale e che ora sia semplicemente rotto. Ma non sembra che sia così; almeno non ci sono indizi per questa congettura; da nessuna parte si rilevano aggiunte o fratture che confermerebbero la tesi sostenuta; l'insieme sembra assurdo, ma – a modo suo – compiuto. Non è possibile aggiungere altro giacché Odradek è mobilissimo e non si può catturare.

Risiede alternativamente in soffitta, per le scale, nei corridoi, nell'atrio. A volte non si fa vedere per mesi interi; in questi casi si è trasferito probabilmente in altre abitazioni; tuttavia torna immancabilmente nella nostra. Talvolta, scorgendolo, appoggiato alla ringhiera delle scale quando si esce dalla porta, si prova il desiderio di rivolgergli la parola. Naturalmente non gli si porgono domande difficili, ma lo si tratta – e già la sua esiguità ci porta a farlo – come un bambino. «Come ti chiami?» gli si domanda. «Odradek», risponde. «E dove abiti?» «Senza fissa dimora», dice e ride; ma è una risata che si può produrre soltanto senza polmoni. Risuona come un fruscio di foglie cadute. Con ciò la conversazione termina di solito. D'altronde persino queste risposte non si ottengono sempre: spesso rimane per molto tempo muto come il legno che sembra essere.

Invano mi domando che cosa ne sarà di lui. Può morire? Tutto ciò che muore ha avuto una specie di scopo, una specie di attività per i quali s'è logorato; questo non avviene per Odradek. Rotolerà forse un giorno per le scale tra i piedi dei miei figli e dei figli dei miei figli trascinandosi dietro i fili? Non fa male a nessuno, tuttavia il pensiero che possa sopravvivermi mi è quasi doloroso.

Undici figli

Ho undici figli.

Il primo è d'aspetto assai comune, ma serio e intelligente; tuttavia non lo stimo molto, sebbene da piccolo lo avessi amato quanto gli altri. Il suo pensiero mi sembra troppo semplice. Non vede né a destra, né a sinistra, né in lontananza; corre sempre intorno al suo piccolo mondo o, meglio, vi gira dentro.

Il secondo è bello, agile, robusto; fa piacere vederlo in posizione da schermitore. Anche lui è intelligente, inoltre ha esperienza del mondo; ha viaggiato molto, per questo la natura di casa parla apertamente con lui e non con quelli che non sono mai partiti. Tuttavia questo vantaggio non deve essere attribuito esclusivamente e neppure in maniera determinante ai suoi viaggi, fa parte piuttosto dell'inimitabilità di questa creatura che viene riconosciuta da tutti coloro che, per esempio, vogliono imitare il suo tuffo artistico con più d'una capriola, eppure soggetto ad un dominio quasi violento. Il coraggio e la voglia bastano sino al termine del trampolino, ma arrivato lì l'imitatore, invece di saltare, si siede e alza le braccia in segno di scusa. Malgrado tutto questo (dovrei pur essere felice con un figlio simile) i miei rapporti con lui non sono perfetti. Il suo occhio sinistro è un po' più piccolo del destro e lo strizza molto; si tratta soltanto di un difetto modesto, d'accordo, che rende il suo viso ancora più arrogante di quanto sia in realtà, e nessuno noterà con biasimo quest'occhio più piccolo che ammicca, se si pensa all'inaccessibile riservatezza del suo essere. Io, il padre, lo faccio. Ovviamente, non è questo difetto fisico che mi dispiace, bensì una piccola irregolarità del suo spirito che vi corrisponde in qualche maniera, una specie di veleno che gli circola nel sangue, una specie d'incapacità di portare a pieno compimento quella predisposizione della sua vita che io solo intravedo; d'altronde questo lo rende ancora di più figlio mio, perché questo suo difetto è contemporaneamente il difetto di tutta la nostra famiglia, il suo è soltanto più palese.

Il terzo figlio è ugualmente bello, ma non è un genere di bellezza che mi piace. È la bellezza del cantante: la bocca sinuosa; l'occhio sognante; la testa che ha bisogno di avere per sfondo un drappeggio per risaltare meglio; il petto che si gonfia esageratamente; le mani che si sollevano e si abbassano con troppa facilità; le gambe che si muovono con grazia, perché non sono capaci di portare. E oltre a ciò: il tono della sua voce non è pieno; inganna per un attimo; fa drizzare l'orecchio all'intenditore; ma si spegne ben presto. Sebbene, in linea generale, tutto mi spinga a mettere in mostra questo figlio, preferisco tenerlo nascosto; lui stesso non si fa avanti, non perché conosca le proprie manchevolezze, ma per ingenuità. Inoltre, si sente estraneo alla nostra epoca; è spesso malinconico e niente può rallegrarlo, come se non appartenesse soltanto alla mia famiglia, ma anche ad un'altra, perduta per sempre.

Il mio quarto figlio è forse il più socievole di tutti. Autentica creatura del suo tempo, si fa capire da tutti, si muove su un terreno comune a tutti e tutti sono tentati di fargli un cenno d'approvazione. Forse grazie a questi generali consensi il suo essere ha acquistato una certa lievità, i suoi movimenti sono più liberi, i suoi giudizi più sereni. Si sarebbe portati a ripetere spesso alcune sue frasi, soltanto alcune però, perché nell'insieme pecca nuovamente di eccessiva superficialità. È come uno che salti in modo ammirevole, fenda l'aria come una rondine, ma poi finisca tristemente nella squallida polvere, una nullità. Tali pensieri mi amareggiano la vista di questa mia creatura.

Il quinto figlio è buono e caro; prometteva meno di quanto ha mantenuto; era così insignificante che in sua presenza si aveva letteralmente la sensazione di essere soli; però è riuscito ugualmente a guadagnarsi una certa stima. Se mi si chiedesse come sia avvenuto non sarei quasi in grado di rispondere. Forse l'innocenza passa con maggior facilità attraverso la furia degli elementi di questo mondo, ed egli è innocente. Forse troppo innocente. Cordiale con tutti. Forse troppo cordiale. Lo ammetto: non mi compiaccio quando l'elogiano davanti a me. È troppo comodo lodare qualcuno che meriti tanto apertamente la lode come mio figlio.

Il mio sesto figlio sembra essere, almeno di primo acchito, il più riflessivo di tutti. Malinconico eppure ciarliero. Per questo non è facile averla vinta su di lui. Se sta per soccombere sprofonda in un'invincibile tristezza, se riesce a riprendere l'equilibrio, lo conserva con le chiacchiere. Tuttavia non gli nego una certa personalità dimentica di sé; di giorno si dibatte spesso coi suoi pensieri, come in sogno.

Senza essere malato – anzi gode ottima salute – vacilla qualche volta, soprattutto al crepuscolo, ma non gli serve aiuto, non cade. Forse questo fenomeno è dovuto al suo sviluppo fisico, è troppo alto per la sua età, e ciò lo rende disgraziato nel suo insieme, nonostante l'evidente bellezza di alcuni particolari come, per esempio, le mani e i piedi. Anche la fronte è sgraziata; la pelle non poco grinzosa e la conformazione delle ossa sembra compromessa.

Il settimo figlio mi appartiene forse più di tutti gli altri. Il mondo non sa apprezzarlo, non capisce il suo particolare genere d'umorismo. Io non lo sopravvaluto, so ch'è abbastanza mediocre; se il mondo non avesse altri difetti che quello di non saperlo apprezzare, sarebbe un mondo immacolato. Ma nell'ambito della famiglia non vorrei rinunciare a questo figlio. Porta inquietudine e rispetto per la tradizione e combina entrambi, almeno secondo il mio modo di sentire, in un insieme inoppugnabile. Ma non sa che farsene di quest'insieme; non metterà in movimento le ruote del futuro; questa sua predisposizione è così allietante, così ricca di speranze; vorrei che avesse dei figli e questi altri figli. Purtroppo tale desiderio sembra non voglia avverarsi. Tutto contento di sé (sensazione che io posso capire, ma certo non auspicare), nonostante l'opposto giudizio di chi lo circonda, egli se ne va in giro solingo, non si cura affatto delle ragazze, senza perdere tuttavia il suo buon umore.

Il mio ottavo figlio è la mia spina, senza che io sappia spiegarmelo. Mi guarda come un estraneo, eppure mi sento legato a lui da un sentimento paterno. Il tempo ha aggiustato molte cose, prima però ero preso da un tremito quando pensavo a lui. Egli va per la sua strada; ha interrotto tutti i contatti con me; saprà sicuramente andare avanti ovunque gli piaccia di più grazie alla sua testa dura e al suo piccolo corpo atletico (da giovane aveva le gambe molto deboli, ma questo può essersi sistemato nel frattempo). Ho sentito spesso il desiderio di richiamarlo, di chiedergli come se la cavasse, perché s'isolasse tanto dal padre e che cosa intendesse veramente fare, ma ormai è così lontano e tanto tempo è trascorso, che resti così com'è. Ho saputo che, unico dei miei figli, s'è fatto crescere la barba; non è certamente molto estetico per un uomo così basso.

Il mio nono figlio è molto elegante e ha lo sguardo dolce destinato alle donne. Così dolce che all'occasione può sedurre anche me, eppure so che basterebbe una spugna bagnata per cancellare questo fulgore soprannaturale. La singolarità di questo giovane sta, però, nel fatto che non cerca di sedurre; gli basterebbe trascorrere la vita sdraiato sul divano sprecando il proprio sguardo sul soffitto della stanza o, ancora meglio, lasciandolo riposare sotto le palpebre. Quando si trova in questa posizione da lui preferita parla volentieri e neanche male; conciso e chiaro; ma solo entro confini ben precisi; se li travalica, e ciò è quasi inevitabile a causa della loro angustia, i suoi discorsi si fanno vuoti. Gli si farebbe cenno di smettere se ci fosse la speranza che il suo sguardo pieno di sonno potesse notarlo.

Il mio decimo figlio è ritenuto un carattere insincero. Non voglio escludere questo difetto, né confermarlo. Certo chi lo vede arrivare con quell'aria solenne così sproporzionata alla sua età, con la finanziera sempre abbottonata, col vecchio cappello nero sempre accuratamente spazzolato, con la faccia impassibile, il mento un poco sporgente, le palpebre appesantite sugli occhi e due dita accostate sovente alle labbra, chi lo vede così pensa: ecco un autentico ipocrita! Però bisognerebbe prima ascoltarlo! Giudizioso, cauto, stringato, pronto a replicare con maliziosa vivacità; in stupefacente, naturale e gaio accordo con tutto il resto del mondo; un accordo che per forza irrigidisce il collo e fa alzare la testa. Molti che si stimano assai perspicaci e che credono perciò di sentirsi respingere dal suo aspetto esteriore, sono stati attratti invece dalle sue parole. Ci sono poi altre persone che rimangono indifferenti al suo aspetto, ma giudicano ipocrita la sua parola. Io, come padre, non voglio esprimere un giudizio, però devo ammettere che i secondi mi sembrano più meritevoli di considerazione dei primi.

Il mio undicesimo figlio è delicato, sicuramente il più debole di tutti gli altri; ma la sua debolezza è ingannevole; a volte può essere forte e deciso, tuttavia anche in questi casi la debolezza è un fattore essenziale. Non si tratta di una debolezza vergognosa bensì di qualcosa che viene ritenuta debolezza soltanto nel nostro pianeta. Anche la disponibilità a volare non potrebbe essere giudicata, per esempio, una forma di debolezza visto che comprende oscillazioni, impennate, svolazzamenti? Mio figlio rivela qualcosa di simile. Ovviamente al padre non fanno piacere queste qualità; perché portano senza dubbio alla distruzione della famiglia. Talvolta mi guarda come se volesse dirmi: «Padre, ti porterò con me». Allora penso: «Saresti l'ultimo al quale mi affiderei». E il suo sguardo sembra rispondere: «Che almeno io sia l'ultimo».

Questi sono gli undici figli.

Un fratricidio

È stato provato che l'omicidio si è svolto nel modo seguente:

Schmar, l'assassino, s'appostò verso le nove di sera nella notte illuminata dalla luna all'angolo dove avrebbe dovuto svoltare Wese, la vittima, per passare dalla strada dove si trovava il suo ufficio in quella dov'era la sua abitazione.

Una gelida aria notturna da far rabbrividire tutti. Ma Schmar aveva indosso solo un leggero abito turchino e la sua giacchetta era persino aperta. Non sentiva freddo; inoltre non stava mai fermo. Stringeva l'impugnatura della sua arma micidiale, completamente snudata, metà baionetta, metà coltello da cucina. Osservò il coltello alla luce della luna, la lama lampeggiò; non abbastanza per Schmar; la batté contro le pietre del selciato facendone sprizzare scintille; forse se ne pentì e per rimediare al danno la passò, come l'archetto di un violino, sulla suola di uno stivale, mentre, piegato in avanti e reggendosi su un piede solo, spiava sia il rumore della lama sfregata contro lo stivale, che la fatale via laterale.

Perché tollerava tutto questo il proprietario Pallas, che osservava ogni cosa da vicino stando alla sua finestra al secondo piano? Vai a capire la natura umana! Guardava in basso scuotendo il capo, col bavero sollevato e la vestaglia allacciata sull'ampio ventre.

Cinque case più in là, dall'altra parte della strada, la signora Wese, con la pelliccia di volpi sopra la camicia da notte, scrutava il ritorno del marito, che quella sera s'attardava inspiegabilmente.

Finalmente echeggia per la città, verso il cielo, il campanello appeso sopra la porta dell'ufficio di Wese; è troppo forte per essere un semplice campanello; Wese, il diligente lavoratore notturno, scende nella strada, è ancora invisibile, l'annuncia solo il campanello; il suolo conta i suoi passi tranquilli.

Pallas si sporge, non deve perdere nulla. La signora Wese, rassicurata dal trillo, chiude tintinnando la finestra. Schmar s'inginocchia e, avendo nude solo la faccia e le mani le poggia sulle pietre; dove tutto gela Schmar brucia.

Wese si ferma proprio al confine che separa le strade, solo il bastone sul quale si puntella penetra nella strada che dovrà imboccare. Un capriccio. L'ha attratto il cielo notturno, l'azzurro cupo e l'oro. Lo contempla ignaro, ignaro si liscia le chiome sotto il cappello un poco sollevato; nulla si muove lì in alto per rivelargli l'immediato futuro; tutto rimane al suo posto assurdo e imperscrutabile. In fondo è più che logico che Wese vada avanti, ma va nel coltello di Schmar.

«Wese!» urla Schmar stando in punta di piedi col braccio alzato e la lama inclinata. «Wese! Invano aspetta Julia!» E Schmar lo trafigge a sinistra nel collo, a destra nel collo e profondamente nel ventre. I topi d'acqua quando vengono scannati emettono un suono simile a quello prodotto da Wese.

«Fatto», annuncia Schmar e lancia il coltello, inutile peso insanguinato, contro la casa più vicina. «Gioia dell'omicidio! Liberazione, sollievo con lo scorrere del sangue altrui! Wese, vecchia ombra notturna, amico, compagno di bevute in birreria, stai tirando le cuoia nella strada buia. Perché non sei semplicemente una vescica piena di sangue, per cui io possa sedermi su di te e farti scomparire completamente. Non tutto è stato esaudito, non tutti i sogni sbocciati sono giunti a maturazione, il tuo pesante residuo giace qui, già inaccessibile a qualsiasi colpo di piede. Che cosa significa la muta domanda che tu poni così?»

Pallas, ingurgitando tutto il veleno nel corpo, sta sulla soglia della sua porta di casa a due battenti che s'è aperta di colpo. «Schmar! Schmar! Ho notato tutto, non ho tralasciato niente». Pallas e Schmar si esaminano a vicenda. Pallas è soddisfatto, Schmar non viene a capo di nulla.

La signora Wese con una moltitudine di gente ai fianchi accorre col volto invecchiato dall'orrore. La pelliccia si apre, ella precipita su Wese, il corpo coperto dalla camicia da notte appartiene a lui, la pelliccia, che sta sopra la coppia come l'erba su una tomba, appartiene alla moltitudine.

Schmar inghiotte a fatica l'ultima nausea, con la bocca premuta contro la spalla del poliziotto, che lo porta via con passo leggero.

Un sogno

Era una bella giornata e K. volle andare a spasso. Aveva fatto appena due passi che già raggiunse il cimitero. Vi erano lì dei sentieri artificiosamente sinuosi e assai poco pratici, ma egli sdrucciolò su uno di questi sentieri e si trovò imperturbabilmente librato in aria come su una corrente impetuosa. Ancora da lontano catturò con lo sguardo un tumulo scavato di fresco dove avrebbe voluto fermarsi. Questo tumulo aveva uno strano fascino per lui e desiderava raggiungerlo al più presto. A volte non riusciva neppure a vederlo, coperto com'era da bandiere, le cui stoffe si agitavano e sbattevano tra loro con notevole energia; gli sbandieratori non se ne accorgevano, tuttavia sembrava esservi tra loro una grande allegria.

Mentre il suo sguardo spaziava in lontananza si rese conto improvvisamente che quel tumulo era già accanto a lui, anzi già quasi un poco indietro. Saltò subito nell'erba. Siccome il pensiero continuava a scorrere, il balzo gli fece perdere l'equilibrio e cadde sulle ginocchia proprio dinanzi al tumulo. Dietro la tomba c'erano due uomini che tenevano sollevata una lapide; appena comparve K. affondarono la pietra nel terreno, che vi rimase come murata. Da un cespuglio sbucò subito un terzo uomo, nel quale K. riconobbe un artista. Indossava solamente un paio di pantaloni e una camicia mezza sbottonata; sulla testa portava un berretto di velluto; stringeva in mano una comune matita con la quale disegnava figure per aria mentre s'avvicinava.

Con quella matita si mise all'opera alla sommità della lapide, che era molto alta per cui non aveva bisogno di abbassarsi, però doveva piegarsi in avanti perché il tumulo, che evidentemente non voleva calpestare, lo separava dalla pietra. Stava quindi in punta di piedi e s'appoggiava con la mano sinistra sulla superficie di marmo. Con mosse particolarmente abili riuscì a incidere lettere dorate servendosi di una semplice matita; scrisse: «Qui riposa...». Ogni lettera appariva nitida e bella, scavata in profondità e perfettamente ricoperta d'oro. Dopo aver scritto le due parole si voltò indietro verso K., che seguiva con estrema curiosità il progredire dell'incisione guardando fissamente la lapide, senza curarsi affatto dell'uomo. L'uomo, infatti, si rimise all'opera ma non riuscì ad andare avanti, qualcosa glielo impediva, abbassò la matita e si girò nuovamente verso K. Ora anche K. guardò l'artista e notò che questi si trovava in grande imbarazzo, ma non ne poteva rivelare la causa. Tutta la sua vivacità di prima era svanita. Ora anche K. si sentì imbarazzato; si scambiarono sguardi disperati; un odioso malinteso, che nessuno poteva eliminare, era sorto tra loro. Per di più si mise a squillare, assai poco a proposito, la piccola campana della cappella mortuaria, ma l'artista agitò la mano per aria e il suono s'interruppe. Riprese dopo un poco, però molto piano, senza enfasi e interrompendosi subito; sembrava volesse controllare il proprio suono. K. era costernato per la situazione dell'artista, si mise a piangere e singhiozzò a lungo coprendosi il viso con le mani. L'artista attese che K. si fosse calmato, poi decise, non avendo altra via di scampo, di rimettersi a scrivere. La prima breve linea che tracciò fu un sollievo per K., però l'artista lo fece con estrema riluttanza; la calligrafia non era più così accurata, anche l'oro era scarso, il segno si profilava pallido e incerto, comunque la lettera era molto grande. Era una J, era quasi terminata quando l'artista furibondo batté col piede sul tumulo facendo schizzare la terra tutt'intorno. Finalmente K. comprese; era troppo tardi per dissuaderlo; con tutte le dita si mise a scavare il terreno, che non offriva quasi nessuna resistenza; tutto pareva pronto; solo per l'apparenza era stata disposta una piccola crosta di terra; sotto ad essa s'apriva una gran buca con le pareti scoscese nella quale K. affondò girato sul dorso da una morbida corrente. Mentre veniva inghiottito in basso, la testa ancora sollevata sul collo, dall'impenetrabile profondità, il suo nome si stendeva con foga sulla pietra tra enormi svolazzi.

Deliziato da quella vista si svegliò.

Una relazione per un'Accademia

Chiarissimi signori dell'Accademia,

sono molto onorato di aver ricevuto l'invito di presentare all'Accademia una relazione sulla mia primitiva esistenza scimmiesca.

Sotto questo aspetto non mi è possibile soddisfare la richiesta. Quasi cinque anni mi separano dalla mia precedente condizione di scimmia, un periodo forse breve se misurato col calendario, ma lunghissimo per percorrerlo al galoppo come ho fatto io accompagnato per alcuni tratti da persone eccellenti, da consigli, da applausi e dal suono dell'orchestra; sostanzialmente, però, percorso da me solo, in quanto gli accompagnatori, per restare nell'immagine, sono rimasti al di là dello steccato. Questa mia impresa, sarebbe stata assolutamente irrealizzabile se avessi continuato a restar attaccato alle origini e ai ricordi di gioventù. L'imperativo categorico che mi sono posto era la rinuncia totale a qualsiasi ostinazione; io, libero, scimmione, mi sono assoggettato a questo giogo. Di conseguenza i miei ricordi sono impalliditi sempre di più. Se all'inizio il ritorno mi era possibile, a condizione che gli uomini lo avessero voluto, attraverso una porta grande quanto la distanza tra il cielo e la terra, col progredire, a suon di frustate, della mia evoluzione, quella porta diveniva sempre più stretta e più bassa; in cambio mi sentivo sempre meglio e più a mio agio nel mondo degli uomini; il turbine che soffiava dal mio passato si rabboniva; oggi è soltanto una brezza che mi sfiora il tallone; e il foro lontanissimo dal quale proviene e attraverso il quale io sono passato un giorno, mi scorticherebbe tutto se tentassi di riattraversarlo per tornare indietro. Parlando apertamente, anche se mi piace usare delle similitudini, parlando apertamente: il vostro periodo scimmiesco, chiarissimi signori, se esiste un'epoca simile nel vostro passato, non può essere più distante per voi di quanto lo sia il mio per me. Però tutti coloro che camminano per il mondo si sentono vellicare il tallone: il piccolo scimpanzé e il grande Achille.

Potrei rispondere comunque alla vostra domanda sotto un aspetto molto più limitato e lo faccio anzi con grande piacere. La prima cosa che imparai fu: stringere la mano; stringere la mano dimostra franchezza; oggi che mi ritrovo all'apice della mia carriera è opportuno che quella prima stretta di mano sia descritta con franchezza. L'Accademia non verrà a conoscenza di novità particolari, inoltre la mia esposizione sarà di gran lunga inferiore a ciò che si pretende da me e che, con tutta la più buona volontà, non sarei capace di dire; in ogni caso può indicare quale orientamento ha seguito una ex scimmia per penetrare nel mondo degli uomini e stabilirvisi. Tuttavia non oserei riferire neppure quel poco che segue, se non mi sentissi sicuro di me e la mia posizione in tutti i teatri di varietà del mondo civile non fosse incrollabilmente solida:

Provengo dalla Costa d'Oro. Devo per forza rifarmi a rapporti stesi da estranei per chiarire le circostanze della mia cattura. Una spedizione di caccia della ditta Hagenbeck – con il suo capo ho vuotato d'allora molte buone bottiglie di vino rosso – era appostata tra i cespugli della riva, quando verso sera corsi a bere assieme a un branco. Spararono; io fui l'unico ad essere colpito; ricevetti due ferite.

Una sulla guancia; non era grave, ma lasciò una grossa cicatrice rossa priva di pelo e mi fece affibbiare il disgustoso e inappropriato nomignolo di Pietro il Rosso, che poteva essere inventato solo da una scimmia, come se soltanto quella macchia rossa sulla guancia potesse distinguermi da un'altra scimmia ammaestrata chiamata Pietro, conosciuta qua e là e recentemente crepata. Questo sia detto marginalmente.

Il secondo colpo mi prese all'anca. Era più grave e ancor oggi mi fa claudicare. Ho letto tempo fa in un articolo di uno di quei diecimila ciarlatani occupati a sproloquiare su di me nei giornali, che la mia origine scimmiesca non s'è cancellata del tutto; lo dimostrerebbe infatti la mia abitudine di levarmi i calzoni davanti ai visitatori per far vedere il punto dove sono stato colpito. Bisognerebbe staccare a quell'individuo, una per una, tutte le dita della mano con cui scrive. Io, io posso togliermi i calzoni davanti a chi mi pare; si vedrà soltanto una pelliccia assai ben tenuta e la cicatrice di – userò qui per uno scopo preciso un determinato termine, che non dovrebbe essere frainteso – un vile sparo. Non v'è nulla da mascherare, tutto è limpido e palese; davanti alla verità la persona più nobile rinuncia alle belle maniere. Se a levarsi i calzoni davanti ai visitatori fosse quell'imbrattacarte certo la questione sarebbe stata diversa e gli do atto che dimostra di avere buon senso astenendosene. Però non deve seccarmi con i suoi sentimenti delicati!

Ripresi i sensi, dopo quegli spari, – e da qui iniziano più o meno i miei ricordi – dentro una gabbia nella stiva del piroscafo della ditta Hagenbeck. Non era una vera gabbia con quattro pareti di sbarre, si trattava piuttosto di tre pareti di sbarre fissate ad una cassa, che costituiva quindi la quarta parete. Il tutto era troppo basso per star dritto e troppo stretto per star seduti. Stavo quindi rannicchiato con le ginocchia piegate e tremanti, inizialmente ero sempre girato verso la cassa, probabilmente per non vedere nessuno e per restarmene al buio, mentre, dietro, le sbarre mi scorticavano la schiena. È opinione comune che sia meglio trattare così, nei primissimi tempi, le bestie feroci, e oggi dopo la mia esperienza, non posso negare che dal punto di vista umano ciò risponda effettivamente a verità.

Ma allora non ci pensavo. Per la prima volta nella mia vita ero senza via d'uscita, per lo meno non ne vedevo nessuna davanti a me; davanti c'era la cassa con le assi ben sistemate, una accanto all'altra. A dire il vero esisteva una fessura tra le assi e quando me ne accorsi la salutai con l'urlo beato dell'inconsapevolezza; purtroppo da quella fessura non poteva passare neppure la mia coda e con tutta la mia forza scimmiesca non riuscii ad allargarla.

Secondo quanto mi è stato riferito, devo aver fatto assai poco rumore e questo fece ritenere che non avrei vissuto a lungo, viceversa se fossi riuscito a superare il primo periodo critico, allora sarei stato facilmente ammaestrabile. Ho superato tale periodo. Singhiozzi sordi, dolorosa ricerca di pulci, stanche leccate a una noce di cocco, colpi di testa contro la parete della cassa, mostrare la lingua a chi mi si avvicinava; queste erano le mie occupazioni nella nuova vita. Su tutto ciò predominava la sensazione: nessuna via d'uscita. Oggi, naturalmente, posso riferire con parole umane quelle che allora erano sensazioni da scimmia, e infatti lo sto facendo, ma se anche non riesco a riprodurre esattamente l'antica verità scimmiesca, la mia descrizione è certo orientata nella direzione giusta.

Sino a quel momento avevo avuto tante vie d'uscita e ora non me ne restava alcuna. M'ero arenato. Se mi avessero inchiodato la mia libertà di movimenti non sarebbe stata inferiore. Perché questo? Grattati la carne tra le dita dei piedi, non troverai la risposta. Spingiti all'indietro contro le sbarre al punto da tagliarti quasi in due, non troverai la risposta. Non avevo via d'uscita, ma ne dovevo trovare una, altrimenti non avrei potuto vivere. Sempre di fronte a quella cassa che fungeva da parete, sarei sicuramente schiattato. Ma da Hagenbeck le scimmie devono stare di fronte alla cassa che funge da parete, perciò smisi di essere scimmia. Una bella e chiara riflessione che devo aver concepito con la pancia, poiché le scimmie pensano con la pancia.

Ho paura che non si capisca bene che cosa io intenda per via d'uscita. Uso la parola secondo il suo significato più comune e più completo. Intenzionalmente non dico libertà. Non intendo quella grande sensazione di libertà in tutte le direzioni. Forse l'ho conosciuta quand'ero una scimmia e ho incontrato uomini che la bramano. Per quanto mi tocca non pretendevo la libertà né allora né adesso. Tra parentesi: con la libertà ci si inganna troppo spesso tra gli uomini. Come la libertà va annoverata tra i sentimenti più nobili, così lo è anche la relativa illusione. Prima d'entrare in scena m'è capitato spesso di vedere nei varietà delle coppie di acrobati che si muovevano sui trapezi appesi al soffitto. Volteggiavano, si dondolavano, saltavano, si slanciavano uno nelle braccia dell'altro, uno sorreggeva l'altro stringendogli i capelli tra i denti. «Anche questa è la libertà degli uomini», ho pensato, «movimenti di autoesaltazione!» O irrisione della sacra natura! Nessun edificio resisterebbe alla violenza delle risate che una visione simile susciterebbe nelle scimmie.

No, non volevo la libertà. Solo una via d'uscita; a destra, a sinistra, da qualsiasi parte; non avanzavo altre pretese; anche se la via d'uscita era solo un'illusione; la pretesa era modesta, anche l'illusione sarebbe stata modesta. Andare avanti, andare avanti! Pur di non restare fermi con le mani alzate, schiacciati contro una cassa che funge da parete.

Oggi vedo chiaro: senza una grande serenità interiore non avrei potuto mai salvarmi. Probabilmente tutto ciò che sono diventato lo devo alla calma che ho saputo raggiungere dopo i primi giorni trascorsi nella nave. D'altra parte se ho acquistato la calma lo devo alla gente della nave.

Sono brava gente, malgrado tutto. Ricordo ancora volentieri il suono dei loro passi pesanti, che allora echeggiava nel mio dormiveglia. Erano abituati a fare ogni cosa con la massima lentezza. Quando qualcuno desiderava stropicciarsi gli occhi, sollevava la mano come se fosse un oggetto pesantissimo. I loro scherzi erano grossolani, ma cordiali. Alle loro risate si mescolava sempre una tosse che sembrava pericolosa, ma non significava niente. Avevano sempre in bocca qualcosa da sputare, e non badavano mai al bersaglio dei loro sputi. Si lamentavano sempre che le mie pulci saltassero su di loro; però non erano mai seriamente arrabbiati con me per questo; sapevano infatti che nella mia pelliccia le pulci prosperavano e che le pulci sono saltatrici, quindi si rassegnavano. Certe volte alcuni si sedevano attorno a me quando non erano di servizio; non parlavano quasi per niente, ma grugnivano fra di loro; fumavano la pipa, sdraiati sulle casse; si battevano le mani sulle ginocchia non appena facevo il minimo movimento; e ogni tanto qualcuno prendeva uno stecco e mi vellicava dove mi faceva piacere. Se oggi venissi invitato a intraprendere un viaggio su quella nave rifiuterei certamente l'invito, ma è altrettanto certo che i ricordi della traversata nella stiva non sono tutti sgradevoli.

La calma che acquistai tra quella gente mi trattenne soprattutto da qualsiasi tentativo di fuga. Ripensandoci oggi mi sembra di aver almeno intuito che dovevo trovare una via d'uscita se desideravo continuare a vivere e che questa via d'uscita non era raggiungibile con la fuga. Non so più se la fuga fosse possibile, però lo penso; per una scimmia la fuga dovrebbe essere sempre possibile. Coi denti che mi ritrovo oggi devo stare attento anche a schiacciare le noci, allora però sarei riuscito, dopo un po' di tempo, a rompere la serratura con essi. Non lo feci. Che ne avrei ricavato? Non appena avessi mostrato il capo mi avrebbero acchiappato e rinchiuso in una gabbia anche peggiore; altrimenti sarei potuto sgusciare senza farmi vedere, da qualche altro animale, per esempio nella gabbia dei pitoni che mi stavano di fronte, così avrei esalato l'ultimo respiro nel loro abbraccio; e pure se fossi stato capace di arrivare in coperta e saltare in mare, avrei galleggiato per un po' sulle onde dell'oceano e poi sarei affogato. Gesti disperati. Non ragionavo in modo tanto umano, tuttavia mi comportavo come se lo facessi, grazie all'influsso dell'ambiente.

Non ragionavo, però osservavo con tutta calma. Vedevo andare questa gente su e giù, sempre le stesse facce, sempre gli stessi movimenti, spesso mi sembrava che fosse sempre lo stesso uomo. Quest'uomo, oppure questi uomini, se ne andavano indisturbati. Uno scopo altissimo mi folgorò il cervello. Nessuno mi prometteva che se fossi diventato come gli altri la gabbia mi sarebbe stata aperta. Simili promesse legate a realizzazioni apparentemente impossibili non si fanno. Ma se si riesce a realizzare l'impossibile arrivano anche le promesse proprio dove prima erano state cercate invano. In sé e per sé non c'era nulla che mi attraesse in quegli uomini. Se fossi stato un sostenitore di quella libertà che ho menzionato, avrei preferito sicuramente l'oceano alla via d'uscita che mi si presentava nello sguardo spento di quella gente. Comunque, già prima di covare certi progetti, li avevo osservati per diverso tempo e furono proprio tali osservazioni che mi spinsero verso una determinata direzione.

Era tanto facile imitare quella gente! Già durante i primi giorni sapevo sputare. Ci sputavamo a vicenda e poi reciprocamente in faccia; la sola differenza era che io mi ripulivo il volto con la lingua e loro no. Presto fumai la pipa come un vecchio; se premevo anche il pollice sul fornello tutta la stiva giubilava; però non riuscii a capire per molto tempo la differenza tra una pipa piena e una vuota.

La difficoltà maggiore l'incontrai con la bottiglia d'acquavite. L'odore mi rivoltava; cercavo d'impormi per quanto m'era possibile, ma ci vollero delle settimane prima che ci riuscissi. Quella gente – per quanto possa sembrare strano – prese in considerazione più seriamente queste mie intime lotte di qualsiasi altra cosa che mi riguardasse. Nel ricordo non riesco a distinguere le singole persone, ma ce n'era uno che veniva sempre, sia da solo che in compagnia, di giorno e di notte, alle ore più strane; si metteva davanti a me con la bottiglia e mi dava lezione. Non era in grado di capirmi, ma voleva svelare il segreto del mio essere. Stappava la bottiglia lentamente e mi fissava, come se volesse accertarsi che avevo compreso; devo ammettere che lo scrutavo con attenzione selvaggia, disperata; mai nessun maestro tra gli uomini potrà trovare un discepolo simile; sturata la bottiglia la portava alle labbra ed io lo seguivo con lo sguardo sin quasi dentro la gola; egli annuisce soddisfatto di me e avvicina la bottiglia alla bocca; io, eccitato dalla mia graduale comprensione mi gratto in lungo e in largo, dove capita, squittendo di gioia; egli si rallegra e manda giù un sorso; io, impaziente e ansioso d'imitarlo me la faccio addosso dentro la gabbia e lui se ne compiace oltremodo; ed ora allontanando la bottiglia da sé per poi riavvicinarla con gesto teatrale la svuota d'un fiato, spingendosi esageratamente all'indietro per insegnarmi meglio. Io, sfinito dall'eccessiva bramosia, non sono più capace di seguirlo e mi reggo a mala pena alle sbarre, mentre lui conclude la lezione teorica carezzandosi la pancia e sogghignando.

Ora ha inizio l'esercitazione pratica. Non sono già troppo esausto da quella teorica? Certo, troppo esausto. Fa parte del mio destino.

Ciò nonostante afferro come posso la bottiglia che mi viene porta; la stappo tremando; riuscendo nell'intento acquisto nuove forze; sollevo la bottiglia proprio come il mio maestro; la porto alle labbra e... la butto con repulsione, con repulsione, sebbene sia vuota e ci sia rimasto soltanto l'odore, la butto con maggior dispiacere mio; né lui, né io ci sentiamo consolati dal fatto che dopo aver buttato la bottiglia non mi sono dimenticato di accarezzarmi la pancia e di sogghignare.

Troppo spesso le lezioni si concludevano allo stesso modo. Devo precisare, a onore del mio maestro, che non mi serbava rancore; qualche volta mi teneva, è vero, la pipa accesa sulla pelliccia sino a quando questa cominciava a bruciare in qualche punto che mi era difficile raggiungere, tuttavia lui la spegneva da solo con la sua manona buona; non mi serbava rancore, si rendeva conto che combattevamo nella stessa trincea contro la natura scimmiesca e io avevo la parte più difficile.

Quale vittoria fu quindi, per lui e per me, quando una sera dinanzi ad una notevole cerchia di spettatori – doveva esserci una festa, probabilmente, un grammofono suonava e un ufficiale si aggirava tra i marinai – afferrai senza riflettere una bottiglia d'acquavite lasciata distrattamente davanti alla mia gabbia, la stappai a regola d'arte, tra l'interesse crescente della compagnia, me la portai alla bocca e senza esitare, senza fare una smorfia, da gran bevitore, gli occhi stralunati, la gola straripante, la svuotai veramente e completamente; buttai quindi la bottiglia, non come un disperato, ma come un artista; mi dimenticai, però, di accarezzarmi la pancia, in cambio, non potendo fare altro e sentendomi esplodere con tutti i sensi che mi turbinavano gridai senz'altro «Olà!» nella lingua degli uomini e con questo grido saltai in pieno nella comunità umana la cui eco: «Sentite, parla!» mi giunse come un bacio sul mio corpo trafelato.

Ripeto: non mi allettava imitare gli uomini; li imitavo perché cercavo una via d'uscita, per nessun'altra ragione. Inoltre quella vittoria non mi aveva portato molto avanti. La voce mi mancò subito; ritornò solo dopo qualche mese; il disgusto per l'acquavite si fece sentire ancora più intensamente. Ma ormai avevo preso la direzione giusta una volta per sempre.

Ad Amburgo quando fui affidato al primo domatore, riconobbi ben presto le due possibilità che avevo davanti a me: giardino zoologico o il varietà. Non esitai. Dissi a me stesso: metticela tutta per arrivare al varietà; quella è la via d'uscita; il giardino zoologico è soltanto una nuova gabbia; se finisci lì, sei perduto.

E imparai, chiarissimi signori. Oh, s'impara, quando si deve; s'impara quando si cerca una via d'uscita; s'impara senza tante fisime. Ci si sorveglia da soli con la frusta; ci si lacera le carni alla minima resistenza. La natura scimmiesca irruppe fuori di me come un turbine, tanto che il mio primo maestro ne rimase contagiato e fu prossimo a diventare una scimmia lui stesso; dovette interrompere l'insegnamento e farsi ricoverare al manicomio. Per fortuna ne uscì fuori abbastanza presto.

Ma io ho logorato molti maestri, persino più maestri alla volta. Quando fui più sicuro delle mie capacità, l'opinione pubblica seguiva i miei progressi, il mio avvenire cominciava a farsi luminoso, assunsi io stesso i maestri, li sistemai in cinque stanze diverse e imparai da tutti contemporaneamente, passando di continuo da una stanza all'altra.

Quali progressi! Quale irruzione, da più parti, dei raggi del sapere nel cervello che si risveglia! Non lo nego: mi sentivo felice. Però ammetto anche: non lo sopravvalutavo allora e tanto meno adesso. Con uno sforzo che non si è mai ripetuto in terra sino ad oggi ho raggiunto la cultura media di un europeo. Di per sé questo non sarebbe nulla, tuttavia è qualcosa perché mi ha permesso d'uscire dalla gabbia e mi ha procurato questa particolare via d'uscita, questa via d'uscita umana. Esiste un ottimo modo di dire: darsi alla macchia; ecco quello che ho fatto, mi sono dato alla macchia. Non avevo altra via, a parte s'intende, che scegliere la libertà.

Se do uno sguardo alla mia evoluzione e alla meta che ho raggiunto sinora, non mi lamento, né mi ritengo soddisfatto. Le mani nelle tasche dei calzoni, la bottiglia di vino sul tavolo, sto metà sdraiato, metà seduto sulla sedia a dondolo e guardo dalla finestra. Se viene una visita la ricevo come si deve. Il mio impresario siede in anticamera; se suono accorre e ascolta ciò che gli dico. La sera c'è quasi sempre una rappresentazione e io riscuoto successi difficilmente superabili. Se torno tardi da un banchetto, da una seduta scientifica, da una piacevole riunione casalinga, mi attende una piccola scimpanzè semiaddomesticata e io mi diverto con lei alla maniera delle scimmie. Di giorno non la voglio vedere; nel suo sguardo si scorge la folle angoscia della bestia domata; solo io riconosco questo segno e non posso sopportarlo.

Nell'insieme ho raggiunto ciò che volevo raggiungere. Non mi si dica che non ne valesse la pena. Del resto non cerco il giudizio degli uomini, voglio soltanto diffondere delle cognizioni, io riferisco soltanto, anche a voi, chiarissimi signori dell'Accademia, ho soltanto riferito.

7. Un digiunatore
(1924)

Primo dolore

Un trapezista – come si sa, quest'arte che si pratica in alto nelle cupole dei grandi palcoscenici di varietà è una delle più difficili tra tutte quelle in cui gli uomini possano cimentarsi – all'inizio soltanto per la ricerca della perfezione, in seguito anche per abitudine divenuta tirannica, aveva regolato la sua vita in modo da restare giorno e notte sul trapezio, per tutto il tempo in cui lavorava in una stessa compagnia. Si faceva fronte a tutte le sue necessità, invero molto modeste, con l'ausilio di inservienti che si alternavano, vigilando in basso e mandando su e giù tutto quello che serviva in alto, in appositi contenitori. Da questo modo di vivere non derivavano particolari inconvenienti per chi gli stava intorno; soltanto, durante i vari numeri del programma, era un po' seccante che egli se ne stesse lassù, né si poteva nasconderlo, e che, benché rimanesse quasi sempre tranquillo, di tanto in tanto una occhiata dal pubblico si dirigesse verso di lui. Tuttavia le direzioni glielo perdonavano, perché era un artista straordinario, insostituibile. Naturalmente ci si rendeva conto che egli non viveva così per capriccio e che in fondo solo così poteva mantenersi in continuo esercizio, solo così poteva conservare nella sua perfezione la sua arte.

E inoltre lassù si stava bene, e quando nella stagione calda si aprivano le finestre laterali tutt'intorno alla volta e con l'aria fresca in quello spazio crepuscolare penetrava imponente il sole, lassù era addirittura bello. A dire il vero, i suoi rapporti umani erano limitati, solo qualche volta un collega ginnasta si arrampicava fino a lui sulla scala di corda, stavano entrambi seduti sul trapezio, appoggiati a destra e a sinistra sulle corde di sostegno, e conversavano, o un muratore che riparava il tetto scambiava con lui qualche parola da una finestra aperta, o il pompiere che verificava l'illuminazione di emergenza sulla galleria superiore gli gridava qualche parola di stima, ma troppo poco comprensibile. Per il resto intorno a lui c'era silenzio; solo qualche volta un impiegato pensieroso, che per caso nel pomeriggio capitava nel teatro deserto, guardava a quell'altezza che quasi si sottraeva allo sguardo, lassù, dove il trapezista, senza mai sapere che qualcuno lo osservasse, faceva i suoi esercizi o si riposava.

Così il trapezista avrebbe potuto vivere tranquillo, se non ci fossero stati gli inevitabili viaggi da un luogo all'altro, che erano per lui estremamente fastidiosi. Certo l'impresario provvedeva a che al trapezista fosse risparmiato ogni inutile supplemento delle sue pene: per gli spostamenti in città si usavano automobili da corsa, con le quali, se possibile di notte o nelle prime ore mattutine, si correva per le strade deserte alla massima velocità, ma di certo troppo piano per lo struggimento del trapezista; in treno era predisposto un intero scompartimento, nel quale il trapezista trascorreva il viaggio sulla rete portabagagli, una sorta di rimpiazzo certo miserevole del suo abituale modo di vivere; nella più vicina località di esibizione, nel teatro il trapezio era già al suo posto, molto prima dell'arrivo del trapezista; tutte le porte che conducevano alla sala erano già state aperte, tutti i corridoi erano stati sgombrati – ma erano sempre gli attimi più belli nella vita dell'impresario, quando il trapezista posava il piede sulla scala di corda e in un istante, finalmente, era di nuovo sospeso al suo trapezio.

Benché all'impresario fossero ormai andati bene molti viaggi, ogni nuovo viaggio gli era penoso, poiché i viaggi, a parte ogni altra cosa, erano in ogni caso deleteri per i nervi del trapezista. Una volta stavano viaggiando di nuovo insieme, il trapezista stava sulla rete portabagagli e sognava, l'impresario era appoggiato nell'angolo del finestrino di fronte e leggeva un libro, quando il trapezista gli si rivolse sottovoce. L'impresario fu subito ai suoi ordini. Il trapezista disse, mordendosi le labbra, che d'ora in poi per i suoi esercizi gli occorrevano non uno, ma sempre due trapezi l'uno di fronte all'altro. L'impresario si mostrò subito d'accordo. Ma il trapezista, come per far capire che in questo caso l'assenso dell'impresario era irrilevante, come lo sarebbe stata la sua opposizione, diceva che mai più e in nessun caso si sarebbe esercitato su un solo trapezio. La sola idea che ciò potesse forse accadere ancora una volta, lo faceva rabbrividire. L'impresario, che l'osservava perplesso, assicurò ancora il suo assenso, che due trapezi erano meglio che uno, che del resto questa nuova disposizione sarebbe stata conveniente, che avrebbe reso più vario lo spettacolo. Ma all'improvviso il trapezista cominciò a piangere.

L'impresario, profondamente sconvolto, balzò in piedi e chiese che cosa fosse accaduto e, poiché non ricevette alcuna risposta, salì sul sedile, lo accarezzò e strinse il suo viso sul proprio, così che anch'egli fu bagnato dalle lacrime del trapezista. Ma soltanto dopo molte preghiere e lusinghe il trapezista disse singhiozzando: «Con una sola sbarra fra le mani – come posso vivere!» Allora fu già più facile per l'impresario confortare il trapezista; egli promise di telegrafare subito dalla più vicina stazione alla più vicina località di esibizione per il secondo trapezio; si rimproverò di aver fatto lavorare per così lungo tempo il trapezista su un solo trapezio, e lo ringraziò e lo lodò molto per averlo finalmente reso consapevole di questo errore. In tal modo l'impresario riuscì a tranquillizzare a poco a poco il trapezista e poté ritornare nel suo angolo. Ma egli stesso non era tranquillo, con grave preoccupazione osservava di nascosto al di sopra del libro il trapezista. Una volta che tali pensieri avevano cominciato ad affliggerlo, sarebbero spariti del tutto? Non sarebbero aumentati sempre di più? Non rappresentavano un pericolo per la sua esistenza? E veramente l'impresario credette di vedere come ora, nel sonno apparentemente sereno in cui era finito il pianto, si cominciavano a delineare sulla liscia fronte infantile del trapezista le prime rughe.

Una piccola donna

È una piccola donna; pur esile di natura, si stringe molto nel busto; io la vedo sempre con lo stesso vestito, di tessuto grigio-giallastro, in un certo qual modo color legno, con piccole nappe e ornamenti a forma di bottone, dello stesso colore; ella è sempre senza cappello, i suoi capelli biondo-opaco sono lisci e non in disordine, ma tenuti molto allentati. Benché sia stretta nel busto, è molto agile, a dire il vero sottolinea questa agilità, tiene volentieri le mani sui fianchi e gira il busto da un lato con slancio sorprendentemente rapido. Posso far capire l'impressione che mi fa la sua mano, soltanto dicendo che non ho mai visto alcuna mano le cui singole dita siano tanto nettamente separate le une dalle altre, come la sua; ma non per questo la sua mano presenta qualche stranezza anatomica, è una mano del tutto normale.

Questa piccola donna, allora, è molto scontenta di me, ha sempre qualcosa da ridire su di me, subisce sempre qualche torto da me, la faccio arrabbiare ogni momento; se si potesse dividere la vita in tante piccolissime parti e si potesse valutare separatamente ogni particella, senza dubbio ogni particella della mia vita sarebbe per lei un dispiacere.

Spesso mi sono chiesto perché la faccio arrabbiare tanto; forse che tutto di me contraddice il suo senso della bellezza, il suo senso della giustizia, le sue abitudini, le sue tradizioni, le sue speranze, esistono siffatte nature che si contrappongono l'una all'altra, ma perché lei ne soffre tanto? Tra noi non sussiste alcun legame che le imponga di soffrire per me. Dovrebbe solo risolversi a considerarmi proprio come un estraneo, come infatti sono, e io non mi difenderei da una simile decisione, anzi la approverei molto, lei dovrebbe soltanto risolversi a dimenticare la mia esistenza, che non le ho mai imposto e che non le imporrei – e allora tutta la sua sofferenza evidentemente finirebbe. In questa occasione prescindo del tutto da me e dal fatto che il suo comportamento è naturalmente penoso anche per me, ne prescindo perché so bene che tutta questa pena non è nulla in confronto al suo dolore. Ma sono del tutto consapevole che non è la sofferenza di chi ama; non gliene importa nulla di migliorarmi veramente, tanto più che tutto ciò che lei ha da ridire su di me, non è di natura tale che la mia vita ne sia turbata. Ma della mia vita non si preoccupa, non si preoccupa di nient'altro che del suo interesse personale, cioè di vendicare la sofferenza che le causo, e di evitare la sofferenza che in futuro la minaccia da parte mia. Già una volta ho cercato di mostrarle come avrebbe potuto nel migliore dei modi farla finita con questo continuo risentimento, ma proprio il mio tentativo l'ha messa in una tale agitazione che non lo ripeterò mai più.

Se vogliamo, anche su di me ricade una certa responsabilità, infatti, per quanto questa piccola donna mi sia estranea, e per quanto l'unico legame che sussiste tra noi sia il risentimento che suscito in lei, o meglio il risentimento che lei si procura attraverso di me, non dovrebbe essermi indifferente come lei soffra visibilmente di questo risentimento anche nel corpo. Da varie parti, più di frequente negli ultimi tempi, mi giungono notizie che ancora una volta, di mattina, pallida, stanca per non aver dormito, è afflitta dal mal di testa e quasi incapace di lavorare; suscita così preoccupazioni nei suoi familiari, si tira a indovinare la causa di questo suo stato, e finora non si è riusciti a scoprirla. Solo io la conosco, è il vecchio e sempre nuovo risentimento. E non condivido certo le preoccupazioni dei suoi familiari; lei è forte e tenace; chi può irritarsi così, presumibilmente può anche vincere le conseguenze del risentimento; anzi ho il sospetto che lei – almeno in parte – faccia finta di star male, per indirizzare in tal modo su di me il sospetto del mondo. È troppo orgogliosa per dire chiaramente che la tormento con la mia esistenza; vivrebbe come una sua degradazione il ricorrere ad altri per colpa mia; si occupa di me soltanto per avversione, un'avversione che non cessa, che la pungola continuamente. Per il suo pudore sarebbe troppo parlare in pubblico di questa brutta faccenda. Ma d'altronde è anche troppo tacere del tutto di una faccenda che la opprime incessantemente. E così nella sua scaltrezza femminile cerca una via di mezzo; tacendo vuol portare la questione dinanzi al tribunale della gente solo attraverso i segni esteriori di un segreto dolore. Forse spera perfino che, una volta che la gente abbia diretto tutta la sua attenzione su di me, contro di me sorga un generale risentimento pubblico e che la gente, con i suoi grandi potenti mezzi, mi condanni in modo inappellabile con più forza e rapidità di quanto sia capace il suo privato risentimento ancora relativamente debole; allora lei si ritirerebbe, trarrebbe un sospiro di sollievo e mi volterebbe le spalle. Ora, se sono veramente queste le sue speranze, si illude. La gente non assumerà il suo ruolo; la gente non avrà mai e poi mai tanto da ridire su di me, anche se mi osservasse con la sua lente d'ingrandimento più potente. Non sono un uomo così inutile, come lei pensa; non voglio vantarmi, in particolare in questo caso; ma anche se io non debba essere distinto per una particolare utilità, certo non do nell'occhio per il contrario; solo per lei, solo ai suoi occhi chiari quasi splendenti, sono così, ma non potrà convincere nessun altro. Posso allora essere assolutamente tranquillo a questo riguardo? No, proprio no; perché se si venisse veramente a sapere che io la faccio addirittura ammalare con la mia condotta, e alcuni intriganti, i più solleciti a portare le notizie, sono già vicini a intuire o almeno fanno finta di intuire, e se la gente venisse e mi ponesse la domanda, perché io affligga la povera piccola donna con la mia incorreggibilità e se ho l'intenzione di spingerla fino alla morte e quando infine avrò il buon senso o semplicemente la compassione umana di farla finita, se la gente mi facesse questa domanda, sarebbe difficile rispondere. Devo forse ammettere che non credo molto a quei segni di malattia e suscitare così l'impressione spiacevole che, per riuscire a liberarmi da una colpa, accuso un altro e in una maniera così sconveniente? E forse potrei dire chiaramente che, anche se credessi a un suo sincero star male, non avrei la minima compassione, dal momento che la donna mi è assolutamente estranea e il rapporto che esiste tra noi è voluto solo da lei e esiste solo da parte sua. Non voglio dire che non mi si crederebbe; piuttosto che non sarei né creduto né non creduto; non si giungerebbe neppure a parlarne; semplicemente si registrerebbe la risposta che ho dato riguardo a una donna debole e malata, e ciò non sarebbe conveniente per me. Come per qualsiasi altra risposta, anche in questo caso sarei avversato ostinatamente dall'incapacità della gente a non far sorgere in un caso come questo il sospetto di una relazione d'amore, sebbene sia più che evidente che non esiste una tale relazione e che, se ci fosse, sarebbe voluta semmai da me, che davvero sarei pur sempre capace di ammirare la piccola donna per la forza del suo giudizio e l'inesorabilità delle conclusioni, se non fossi continuamente mortificato proprio dai suoi pregi. Ma in lei non si trova in ogni caso alcuna traccia di una relazione amichevole con me; in ciò è sincera e vera; in ciò riposa la mia ultima speranza; anche se al suo piano strategico convenisse far credere una simile relazione con me, non una volta si dimenticherebbe a tal punto di sé, da farlo. Ma la gente, in questo genere di cose completamente ottusa, rimarrà della sua opinione e si risolverà sempre contro di me.

Così non mi resterebbe che migliorarmi in tempo, prima che la gente intervenga non ad eliminare, il che è impensabile, ma a mitigare un poco il risentimento della piccola donna. In effetti mi sono spesso chiesto se sono contento della mia attuale situazione al punto di non volerla cambiare, e se non sia possibile apportare qualche cambiamento in me, anche se non lo farei perché convinto della sua necessità, ma solo per acquietare la donna. E sinceramente l'ho tentato, non senza affanno e con impegno, anzi mi si confaceva, quasi me ne rallegravo; qualche cambiamento si verificò, risultò evidente, non dovetti attirare su di esso l'attenzione della donna, lei avverte tutto prima di me, avverte perfino il manifestarsi in me di un'intenzione; ma non ho ottenuto un buon esito. E come sarebbe stato possibile? La sua insoddisfazione di me, ormai me ne rendo conto, è di principio; nulla la può eliminare, nemmeno l'eliminazione di me stesso; i suoi accessi d'ira alla notizia del mio suicidio sarebbero senza limiti. Ora non posso concepire come lei, una donna così acuta, non comprenda come me tutto questo, la vanità dei suoi affanni come la mia innocenza, la mia incapacità di soddisfare le sue pretese anche con la migliore volontà. Di certo lo comprende, ma combattiva per natura se ne dimentica nella passione della lotta, e la mia infelice condotta, ma non posso fare altrimenti poiché ormai è così, sta nel voler sussurrare una sommessa esortazione a chi è uscito fuori di sé. Naturalmente così non ci intenderemo mai. Uscendo di casa nella felicità delle prime ore del mattino, continuerò a vedere sempre quel viso afflitto per colpa mia, le labbra imbronciate dal cruccio, lo sguardo indagatore che prima di indagare già sa che cosa troverà, che passa su di me e a cui anche nella più grande fugacità non sfugge niente, quel sorriso amaro che segna le sue guance di fanciulla, quel lamentoso levare gli occhi al cielo, quel mettere le mani sui fianchi per apparire più decisa, e poi quell'impallidire e tremare dallo sdegno.

Ultimamente, d'altra parte per la prima volta, come in questa circostanza con stupore dovetti riconoscere, feci ad un buon amico qualche accenno a questa faccenda, solo incidentalmente, di sfuggita, con un paio di parole, minimizzando l'importanza del tutto, in fondo esteriormente così irrilevante per me, in modo che avesse ancor meno rilievo che nella realtà. Stranamente l'amico non vi passò sopra, anzi da parte sua aggiunse importanza alla cosa, non si lasciò distrarre e vi insistette. Tuttavia, ancor più stranamente, su un punto decisivo egli sottovalutò la cosa, infatti mi consigliò seriamente convinto di fare un piccolo viaggio. Nessun consiglio poteva essere più irragionevole; la cosa è certo semplice, chiunque la consideri da vicino la comprende, ma non è così semplice che la mia partenza sia sufficiente a sistemare tutto o almeno l'essenziale. Invece, devo piuttosto guardarmi dal partire; se insomma dovessi seguire un qualche piano, dovrebbe essere in ogni caso quello di mantenere la cosa nei limiti angusti in cui finora è stata, che non includono ancora il mondo esterno, di restare tranquillo, dove sono, di non permettere grandi, vistosi cambiamenti provocati da questa faccenda, di non parlarne con nessuno, e non perché sia un qualche pericoloso segreto, ma piuttosto perché è una piccola faccenda, puramente personale e in quanto personale comunque facile da sopportare, e tale deve rimanere. Perciò le osservazioni dell'amico non sono state senza utilità, non mi hanno insegnato nulla di nuovo, ma mi hanno confermato nella mia convinzione di fondo.

A ben rifletterci, appare che le modificazioni che questa situazione sembra aver conosciuto nel corso del tempo, non sono modificazioni delle cose stesse, ma soltanto lo sviluppo della mia visione di esse, in quanto questa mia visione da una parte diventa più pacata, più virile, avvicinandosi al nocciolo, dall'altra è sottoposta a un certo nervosismo, anche sotto l'insuperabile influsso di continue scosse, pur se ancora così lievi.

Nei confronti di questa vicenda mi sento più tranquillo quando credo di capire che una risoluzione non può assolutamente verificarsi, per quanto talvolta sembri essere imminente; si è facilmente inclini, in particolare negli anni della giovinezza, a sopravvalutare il tempo in cui avvengono le soluzioni; se una volta la mia piccola giudice, resa debole dalla mia vista, si piegava da un lato nella poltrona, reggendosi con una mano alla spalliera, armeggiando con l'altra sul suo corsetto, e lacrime di rabbia e di disperazione le segnavano le guance, io pensavo sempre che quello fosse il momento risolutivo e che subito sarei stato chiamato a rispondere di me. Ma nessuna soluzione, nessuna giustificazione; le donne stanno male facilmente, il mondo non ha il tempo di portare attenzione a tutti i casi. E in fondo che cosa è veramente avvenuto in tutti questi anni? Nulla, se non che si sono ripetuti simili episodi, a volte in modo più grave, a volte più lieve, che il loro numero totale è più grande, che la gente si aggira qui intorno e volentieri si intrometterebbe quando se ne offrisse la possibilità; ma non se ne offre alcuna e per ora deve far affidamento solo sul suo fiuto, il fiuto certo è sufficiente a tenere molto occupato chi ha fiuto, ma non serve ad altro. Ma in fondo è sempre stato così, ci sono sempre stati questi buoni a nulla, gente che si accontenta di respirare, che motiva la propria vicinanza sempre in qualche modo furbesco, di preferenza con la parentela, sono sempre appostati, hanno sempre avuto gran fiuto, ma la conseguenza di tutto questo è solo che ci sono ancora. La differenza sta tutta qui, che poco alla volta li ho conosciuti e distinguo i loro volti; in un primo momento ho creduto che giungessero insieme a poco a poco da tutte le parti, che le dimensioni della faccenda si ingrandissero e che si sarebbe da sé determinata la soluzione; oggi credo di sapere che tutto ciò esiste da tempo immemorabile e che ha poco o nulla a che fare con l'avvicinarsi della soluzione. E la soluzione stessa, perché la chiamo con una parola così grande? Se dovesse venire un giorno – e certo non domani né dopodomani e probabilmente mai – in cui la pubblica opinione volesse occuparsi della cosa, per quanto non sia, come ripeterò sempre, di sua competenza, forse non uscirò indenne dal processo, ma si dovrà pur prendere in considerazione il fatto che non sono sconosciuto alla gente, che ho da sempre vissuto una esistenza limpida, pieno di fiducia e meritandomi la fiducia, e che perciò questa piccola donna sofferente intervenuta nella mia vita a un certo punto, che forse un altro al mio posto avrebbe da un pezzo considerato come una sanguisuga e senza che nessuno se ne accorgesse schiacciato sotto il suo stivale, che questa donna nel peggiore dei casi potrebbe solo aggiungere un piccolo e brutto ghirigoro al diploma con il quale la gente mi ha dichiarato da lungo tempo suo membro degno di riguardo. Questo è attualmente lo stato delle cose, non ho proprio alcun motivo di preoccuparmi.

Che con gli anni io sia diventato un poco inquieto, non ha nulla a che fare con il vero significato della cosa; è semplicemente insopportabile far sempre arrabbiare qualcuno, anche se si riconosce l'infondatezza dell'irritazione; si diventa inquieti, si incomincia ad attendere con impazienza, per così dire quasi fisicamente, una soluzione, anche se razionalmente non si crede troppo alla sua possibilità. In parte si tratta solo di una manifestazione senile; la gioventù ammanta tutto di rosa; i particolari brutti si perdono nella inesauribile sorgente di forze della gioventù; da giovane uno può anche aver rivolto uno sguardo un po' sospettoso, ma nessuno gli vuole male per questo, egli stesso non se ne accorge neppure, ma ciò che rimane da vecchi sono i resti, ogni cosa è necessaria, nulla si rinnova, ogni cosa viene osservata, e lo sguardo che spia di un uomo vecchio è indubitabilmente uno sguardo che spia, e non è difficile rendersene conto. Ma anche in questo caso non si tratta di un vero e proprio peggioramento.

Così, da qualsiasi parte valuti la cosa, ne risulta sempre, e insisto su questo, che se tengo nascosta con la mano questa piccola cosa anche soltanto un po', potrò continuare, senza essere disturbato dal mondo, ancora a lungo in pace la mia solita vita, a dispetto di tutto l'agitarsi della donna.

Un digiunatore

In questi ultimi decenni l'interesse per i digiunatori è molto scemato. Mentre un tempo era vantaggioso allestire in economia grandi esibizioni di questo genere, oggi ciò sarebbe del tutto impossibile. Erano altri tempi quelli. Allora tutta la città si interessava del digiunatore; di giorno di digiuno in giorno di digiuno la partecipazione cresceva; ognuno voleva vedere il digiunatore almeno una volta al giorno; negli ultimi giorni c'erano abbonati che per giorni e giorni sedevano davanti alla piccola gabbia a rete; le visite si tenevano anche di notte, alla luce di fiaccole per avere un maggiore effetto; nelle belle giornate la gabbia veniva portata all'aperto, e allora era in particolare ai bambini che si mostrava il digiunatore; per gli adulti spesso si trattava solo di un passatempo al quale era di moda prender parte, i bambini invece guardavano stupiti, con la bocca aperta, tenendosi per sicurezza per mano, mentre il digiunatore, pallido, nella maglietta nera, con le costole che sporgevano in modo impressionante, disdegnando perfino una sedia, sedeva sulla paglia che era stata sparsa qua e là, a volte annuendo cortesemente, a volte rispondendo alle domande con un sorriso forzato; altre volte tendeva il braccio attraverso la grata, per far toccare la propria magrezza, poi ripiombava in se stesso, incurante di tutti, perfino del battito dell'orologio tanto importante per lui. L'orologio era l'unico oggetto della gabbia. Egli guardava innanzi con gli occhi socchiusi e di tanto in tanto sorseggiava dell'acqua da un piccolo bicchierino, per inumidirsi le labbra.

Oltre agli spettatori che si succedevano, c'erano anche guardiani fissi, scelti dal pubblico, i quali stranamente di solito erano macellai che, sempre tre alla volta, avevano il compito di osservare giorno e notte il digiunatore, affinché questi non mangiasse in qualche modo di nascosto. Era solo una formalità, per tranquillizzare la gente, poiché gli iniziati ben sapevano che il digiunatore durante il periodo di digiuno non avrebbe mangiato in nessun caso anche la minima cosa, neppure in stato di costrizione; glielo vietava l'onore della sua arte. Certo non tutti i guardiani lo potevano capire, qualche volta c'erano dei gruppi di guardia notturna che facevano la sorveglianza con molta negligenza, si riunivano di proposito in un angolo lontano e lì giocavano a carte, con l'evidente intenzione di concedere al digiunatore un piccolo ristoro che secondo la loro opinione avrebbe potuto tirar fuori da qualche segreta provvista. Per il digiunatore nulla era più angoscioso di simili guardiani; lo rendevano triste, gli rendevano terribilmente difficile il digiuno; a volte, vincendo la debolezza, cantava durante la veglia, finché ce la faceva, per dimostrare a quelle persone quanto a torto lo sospettassero. Ma questo serviva a ben poco; quelli si stupivano della sua abilità a mangiare persino cantando. Preferiva di gran lunga quei guardiani che si sedevano proprio vicino alla grata, che non erano soddisfatti della debole illuminazione notturna della sala e lo illuminavano con le lampadine tascabili che l'impresario metteva loro a disposizione. La luce abbagliante non lo infastidiva affatto, tanto non poteva dormire, poteva appisolarsi sempre un po', con qualsiasi illuminazione e a qualsiasi ora, anche in una sala affollata e chiassosa. Egli era dispostissimo a trascorrere la notte con tali guardiani senza mai dormire; era disposto a scherzare con loro, a raccontare loro delle storie dalla sua vita di vagabondo, ad ascoltare a sua volta i loro racconti, tutto ciò solo per tenerli svegli, per poter continuamente dimostrare loro che nella gabbia non aveva nulla da mangiare e che digiunava come nessuno di loro avrebbe potuto. Ma era felicissimo quando veniva il giorno e a sue spese ai guardiani era portata una prima colazione abbondantissima sulla quale essi si lanciavano con l'appetito delle persone sane dopo una notte di faticosa veglia. Certo alcuni volevano vedere in questa prima colazione un indecoroso tentativo di corruzione dei guardiani, ma questo era andare troppo oltre, e quando si chiedeva a queste persone se volessero impegnarsi nella veglia notturna senza la prima colazione, solo per andare fino in fondo alla cosa, scomparivano, mantenendo tuttavia i loro sospetti.

Ciò, del resto, faceva parte di quei sospetti che accompagnano in ogni caso il digiunare. Nessuno infatti poteva trascorrere tutti i giorni e le notti ininterrottamente presso il digiunatore come guardiano, nessuno poteva sapere per esperienza diretta se il digiuno fosse veramente ininterrotto, assoluto; solo il digiunatore poteva saperlo, solo lui poteva essere al tempo stesso anche lo spettatore pienamente soddisfatto del suo digiuno. Eppure egli non era mai soddisfatto per un altro motivo; forse non era così dimagrito per il digiuno, così tanto che alcune persone con rincrescimento dovevano rinunciare a quella esibizione, non sopportando la sua vista, bensì era così dimagrito per l'insoddisfazione di sé. Infatti egli soltanto sapeva, e nessun iniziato lo sospettava, quanto fosse facile digiunare. Era la cosa più facile del mondo. Egli neppure lo nascondeva, ma non gli si credeva, nel migliore dei casi veniva ritenuto modesto, più spesso smanioso di pubblicità o perfino un impostore, a cui il digiuno indubbiamente era facile, perché era capace di renderselo facile e aveva anche la sfacciataggine di confessarlo. Aveva dovuto accettare tutto questo, nel corso degli anni vi si era anche abituato, ma dentro di sé questa insoddisfazione lo tormentava sempre, tanto che mai, dopo nessun periodo di digiuno – questa testimonianza non gli si poteva negare – aveva lasciato spontaneamente la gabbia. Come tempo massimo per il digiuno l'impresario aveva stabilito quaranta giorni, non consentiva mai di digiunare oltre, neppure nelle metropoli, e non senza una buona ragione. Per esperienza l'interesse di una città si poteva aumentare gradualmente fino al quarantesimo giorno circa con una pubblicità sempre più forte, ma oltre il pubblico veniva meno, si verificava una sostanziale diminuzione di favore, naturalmente a questo riguardo c'erano piccole differenze fra città e paesi, ma come regola valeva che quaranta giorni era il tempo massimo. Il quarantesimo giorno veniva aperta la gabbia ornata di fiori, un pubblico di spettatori entusiasti riempiva l'anfiteatro, una banda militare suonava, due medici entravano nella gabbia per eseguire i necessari controlli sul digiunatore, i risultati della visita venivano resi noti alla sala attraverso un megafono, infine giungevano due giovani donne, liete di essere state scelte, che dovevano condurre il digiunatore dalla gabbia, per un paio di gradini, fino a un piccolo tavolino dove era imbandito un pranzo da malato, preparato con cura. A questo punto il digiunatore si difendeva sempre. Certo metteva spontaneamente le braccia scheletriche nelle mani soccorrevolmente tese delle donne piegate su di lui, ma non voleva alzarsi. Perché smettere proprio adesso dopo quaranta giorni? Avrebbe potuto resistere ancora a lungo, illimitatamente a lungo; perché smettere proprio ora che era al massimo, anzi non era nemmeno al massimo del digiuno? Perché volerlo privare della gloria di digiunare ancora, di diventare non solo il più grande digiunatore di tutti i tempi, il che probabilmente già era, ma di oltrepassare persino se stesso fino all'inconcepibile, dal momento che non sentiva nessun limite per le sue capacità di digiunare? Perché questa folla che dava ad intendere di ammirarlo così tanto, aveva così poca pazienza con lui? Se lui resisteva a digiunare ancora, perché essa non voleva resistere? Inoltre era stanco, stava bene seduto sulla paglia e ora doveva alzarsi per quanto era alto e lungo e andare verso quel pasto, che al solo pensiero gli procurava la nausea, le cui manifestazioni soltanto per rispetto delle signore reprimeva a fatica. E guardava all'insù negli occhi di quelle donne, in apparenza così gentili, in realtà così spietate, e scuoteva la testa pesantissima sul debole collo. Ma poi accadeva quello che accadeva sempre. Accorreva l'impresario, in silenzio – la musica non permetteva di parlare – levava le braccia sul digiunatore come se invitasse il cielo a guardare una buona volta a quella sua opera sulla paglia, quel commiserevole martire, che il digiunatore in ogni modo era, solo in tutt'altro senso; prendeva il digiunatore per l'esile vita, volendo far credere con un'accortezza esagerata di avere a che fare con una cosa molto delicata; e – non senza averlo di nascosto sbattuto un poco in modo che il digiunatore ondeggiasse di qua e di là senza poter controllare le gambe e il busto – lo affidava alle signore, nel frattempo mortalmente impallidite. Ora il digiunatore sopportava tutto; la testa poggiava sul petto, era come se fosse rotolata e si fosse fermata lì inspiegabilmente; il corpo era incavato; le gambe si stringevano saldamente l'una all'altra nelle ginocchia per istinto di conservazione, ma raspavano il terreno come se non fosse quello vero, ma lo stessero cercando; e tutto il peso del corpo, per quanto molto leggero, gravava su una sola delle signore che, cercando aiuto, con il respiro affannoso – certo non si era figurato così quell'incarico onorifico – prima allungava il collo il più possibile, per cercare di proteggere almeno il viso dal contatto con il digiunatore, poi, poiché questo non le riusciva e la sua più fortunata amica non le veniva in aiuto, ma tremante si accontentava di reggere davanti a sé la mano del digiunatore, un piccolo fascio d'ossa, scoppiava in lacrime fra le risate entusiastiche della sala e subito un inserviente già pronto da tempo prendeva il suo posto. C'era poi il pasto di cui l'impresario somministrava qualche cucchiaio al digiunatore, caduto in un dormiveglia simile ad uno svenimento, con un allegro chiacchierare che avrebbe dovuto distogliere l'attenzione dallo stato del digiunatore; si faceva ancora un brindisi al pubblico; l'impresario faceva intendere che glielo aveva sussurrato all'orecchio il digiunatore; l'orchestra sottolineava il tutto con un grosso stacco, la gente si disperdeva e nessuno aveva il diritto di essere deluso dello spettacolo, nessuno, solo il digiunatore, sempre solo lui.

Aveva vissuto così molti anni con brevi e regolari pause di riposo, in un apparente benessere, stimato dalla gente, ma malgrado tutto ciò per lo più in uno stato d'animo triste, che diventava sempre più triste perché nessuno lo prendeva sul serio. Del resto in che modo confortarlo? Che cosa gli rimaneva da desiderare? E se una volta si trovava una persona di buon cuore che aveva compassione di lui e gli voleva far capire che la sua tristezza probabilmente derivava dal digiuno, poteva accadere, specie in periodo di digiuno inoltrato, che il digiunatore rispondesse con un accesso d'ira e tra lo spavento generale cominciasse a scuotere la grata come una belva. In circostanze simili l'impresario aveva un mezzo di punizione a cui ricorreva volentieri. Chiedeva scusa per il digiunatore al pubblico riunito, conveniva che il comportamento del digiunatore poteva essere perdonato solo pensando all'irascibilità provocata dal digiuno, senz'altro inimmaginabile per chi è sazio; di conseguenza cominciava a parlare, per cercare di spiegarla, dell'affermazione del digiunatore di poter digiunare ancora più a lungo di quanto digiunasse; lodava l'alta aspirazione, la buona volontà, la grande abnegazione, che certo erano contenute in quell'affermazione; ma cercava di controbattere l'affermazione semplicemente mostrando delle fotografie, subito vendute, dalle cui immagini si vedeva il digiunatore al quarantesimo giorno di digiuno, nel letto, quasi morto dalla debolezza. Per quanto ben noto al digiunatore, questo travisamento della verità era pur sempre ogni volta troppo snervante per lui. Ciò che era la conseguenza della fine anticipata del digiuno era mostrata come la causa! Era impossibile lottare contro tale incomprensione, contro l'incomprensione di tutti. Ogni volta restava presso la grata ad ascoltare l'impresario, fiduciosamente curioso, ma all'apparire delle fotografie lasciava ogni volta la grata, ripiombava sospirando sulla paglia; allora il pubblico tranquillizzato poteva di nuovo avvicinarsi e osservarlo.

I testimoni di simili scene, quando qualche anno più tardi le ricordavano, spesso non riuscivano a comprendere più se stessi. Nel frattempo era intervenuto quel cambiamento che si è detto; era avvenuto quasi all'improvviso; ci sarà stata una ragione profonda, ma a chi importava trovarla? In ogni modo un giorno il digiunatore, che era stato male abituato, fu abbandonato dalla folla amante di divertimenti, che piuttosto accorreva ad altri spettacoli. Ancora una volta l'impresario si affannò con lui per mezza Europa, per vedere se si potesse ritrovare qua e là il vecchio interesse; tutto inutilmente; come per un accordo segreto si era sviluppata proprio un'antipatia per lo spettacolo. In realtà ciò non era potuto avvenire all'improvviso, e ora in ritardo venivano in mente alcuni segni premonitori, a suo tempo nel fumo del successo non sufficientemente considerati né sufficientemente messi in ombra, ma era troppo tardi per fare qualche cosa. Era però sicuro che un giorno sarebbe di nuovo venuto il tempo per l'arte del digiuno, ma questo non era di alcuna consolazione per chi viveva allora. Che cosa avrebbe dovuto fare il digiunatore? Lui che era stato acclamato da migliaia di persone, non poteva mostrarsi nei baracconi alle piccole fiere; il digiunatore non solo era troppo vecchio per abbracciare un'altra professione, ma soprattutto era troppo fanaticamente fedele al digiuno. Allora congedò l'impresario, compagno di una carriera senza uguali, e si fece ingaggiare da un grande circo; per non urtare la propria sensibilità non vide neppure le condizioni del contratto.

Un grande circo con la sua gran quantità di uomini, animali e attrezzature che sempre si compensano e si integrano, può impiegare chiunque in qualunque momento, anche un digiunatore, naturalmente senza eccessive pretese; inoltre in questo caso particolare non era solo il digiunatore ad essere stato ingaggiato, ma anche il suo nome da tempo famoso, anzi non si poteva neppure dire, per la peculiarità di quest'arte che con l'avanzare degli anni non conosceva declino, che un artista a riposo che non era più al massimo delle sue capacità avesse voluto rifugiarsi nel tranquillo lavoro del circo, al contrario il digiunatore assicurava che avrebbe praticato l'arte del digiuno altrettanto bene come prima, gli si poteva senz'altro credere, affermava perfino che, se l'avessero lasciato fare a modo suo, e ciò gli fu senz'altro promesso, proprio adesso avrebbe meravigliato il mondo, un'affermazione che tuttavia, tenendo conto dell'umore del tempo che il digiunatore nel suo fervore facilmente dimenticava, provocava solo un sorriso nella gente del mestiere.

Ma in fondo anche il digiunatore non perdeva di vista la situazione reale e ritenne ovvio di non essere messo con la sua gabbia nel mezzo della pista come attrazione principale, bensì fuori, in un luogo del resto facilmente raggiungibile, nelle vicinanze delle stalle. Grandi scritte dipinte a colori incorniciavano la gabbia e annunciavano che cosa là c'era da vedere. Quando il pubblico negli intervalli dello spettacolo si spingeva verso le stalle per vedere gli animali, era quasi inevitabile che passasse davanti al digiunatore e che si fermasse un poco davanti a lui, si sarebbe potuto forse trattenere più a lungo, se nel corridoio stretto le persone che sopraggiungevano, non comprendendo quella sosta sulla via delle agognate stalle, non avessero reso impossibile una visita più lunga e tranquilla. Questo era anche il motivo per cui il digiunatore tremava ogni volta all'approssimarsi di questi momenti di visita, che peraltro desiderava come scopo della sua vita. In un primo tempo aveva atteso gli intervalli dello spettacolo; era rapito dalla vista della folla che ondeggiando si avvicinava, finché presto si era convinto – anche la più irresistibile, quasi consapevole autoillusione non aveva retto all'esperienza – che per lo più erano nelle intenzioni, senza eccezione, visitatori delle stalle. La vista della gente da lontano rimase sempre la cosa più bella, perché invece, non appena la gente si avvicinava a lui, infuriavano grida e imprecazioni di due partiti che si formavano sempre daccapo, uno – presto divenne per il digiunatore il più penoso – che voleva osservarlo con calma, non per un vero interesse, ma per capriccio e ostinazione, e l'altro che voleva innanzitutto vedere le stalle. Passata la gran massa di pubblico, giungevano poi i ritardatari, e proprio questi ai quali nessuno impediva di sostare fino a quando ne avessero avuto voglia, quasi senza dargli un'occhiata gli scorrevano davanti allungando il passo, per arrivare in tempo dagli animali. E non era molto frequente il caso che giungesse un padre di famiglia con i suoi bambini, che mostrava con il dito il digiunatore, spiegava dettagliatamente di che si trattasse, raccontava degli anni passati, in cui aveva assistito a esibizioni simili, ma incomparabilmente più imponenti, mentre i bambini, a causa della loro insufficiente preparazione di scuola e di vita, continuavano a restare lì senza capire – che cosa poteva mai significare per loro digiunare? – ma nella luce dei loro occhi indagatori si rivelava qualcosa di tempi nuovi, da venire, più benevoli.

Forse, si diceva a volte il digiunatore, tutto sarebbe andato un poco meglio se la sua postazione non fosse stata così vicina alle stalle. In tal caso infatti la gente avrebbe fatto facilmente la sua scelta, per non parlare del fatto che le esalazioni delle stalle, l'irrequietezza degli animali durante la notte, il trasporto dei pezzi di carne cruda per le belve, le grida durante il foraggiamento lo ferivano e lo angustiavano di continuo. Ma non osava presentare un reclamo alla direzione; doveva pur sempre agli animali la folla di visitatori, tra i quali di tanto in tanto poteva trovarsi anche uno destinato a lui, e chi sa dove l'avrebbero nascosto se avesse voluto richiamare l'attenzione su di sé e quindi anche sul fatto che, alla fin fine, egli era solo un ostacolo sulla via che portava alle stalle.

Un piccolo ostacolo, un ostacolo che diveniva sempre più piccolo. Ci si abituò alla stranezza di richiedere nei tempi odierni al pubblico attenzione per un digiunatore, e con questa assuefazione la sentenza su di lui fu pronunciata. Poteva digiunare quanto voleva, e lo faceva, ma niente lo poteva più salvare, lo si ignorava. Tenti qualcuno di spiegare l'arte del digiuno! A chi non la sente, non la si può far capire. Le belle scritte diventarono sporche e illeggibili, vennero strappate e nessuno pensò di sostituirle; la tavoletta con la cifra dei giorni di digiuno fatti, che nei primi tempi veniva accuratamente aggiornata, rimase per lungo tempo sempre con la stessa cifra, poiché dopo le prime settimane il personale si era stufato di quel piccolo lavoro; e così il digiunatore continuava a digiunare, come aveva sognato una volta, e lo faceva del tutto senza sforzo, come aveva predetto, ma nessuno contava i giorni, nessuno, neanche il digiunatore sapeva quanto grande fosse ormai la sua prestazione, e il suo cuore divenne pesante. E se una volta in quel periodo uno sfaccendato si fermava, scherzava sulla cifra alta e parlava di imbroglio, era in tal senso la più stupida bugia che l'indifferenza e l'innata malvagità potessero inventare, poiché il digiunatore non imbrogliava, lavorava onestamente, ma il mondo lo defraudava del suo premio.

Trascorsero ancora molti giorni, e anche questo ebbe fine. Un giorno un sorvegliante si accorse della gabbia e domandò agli inservienti perché mai si tenesse inutilizzata quella gabbia ancora buona ad essere usata con dentro quella paglia putrida; nessuno sapeva perché, finché uno, con l'aiuto della tavoletta delle cifre, si ricordò del digiunatore. La paglia fu smossa con delle pertiche e vi si trovò il digiunatore. «Tu digiuni ancora?», domandò il sorvegliante, «quando ti deciderai a smettere?» «Perdonatemi tutti», sussurrò il digiunatore; solo il sorvegliante che teneva l'orecchio appoggiato alla grata lo sentì. «Certo», disse il sorvegliante toccandosi la fronte con un dito per indicare in tale modo al personale lo stato del digiunatore, «ti perdoniamo». «Ho sempre desiderato che ammiraste il mio digiuno», disse il digiunatore. «Noi lo ammiriamo», disse il sorvegliante mostrandosi compiacente. «Ma non dovete ammirarlo», disse il digiunatore. «Allora non l'ammireremo», disse il sorvegliante, «ma perché non dobbiamo ammirarlo?» «Perché io», disse il digiunatore, alzò un poco la testa e parlò con le labbra appuntite come per un bacio dentro l'orecchio del sorvegliante affinché nulla andasse perduto, «non riuscivo a trovare la pietanza che mi piacesse. Se l'avessi trovata, credimi non avrei fatto tanto chiasso e mi sarei rimpinzato come te e tutti». Queste furono le sue ultime parole, ma nei suoi occhi spenti c'era ancora la salda, anche se non più fiera, convinzione di continuare a digiunare.

«Ora mettete in ordine», disse il sorvegliante e si sotterrò il digiunatore insieme alla paglia. Nella gabbia fu messa una giovane pantera. Fu una vera esultanza per i sensi intorpiditi vedere in quella gabbia così a lungo desolata quell'animale selvaggio che si agitava di qua e di là. Non le mancava nulla. Il pasto che le piaceva glielo portavano i guardiani senza tanti problemi; non sembrava neppure che sentisse la mancanza della libertà; quel nobile corpo dotato di tutto quello che gli serviva fin quasi a scoppiarne sembrava portasse in giro con sé anche la libertà; sembrava che essa si nascondesse in qualche luogo della dentatura; e la gioia di vivere fuoriusciva con così forte ardore dalle sue fauci, che non era facile per gli spettatori reggervi. Ma si vincevano, circondavano la gabbia e non volevano mai muoversi di lì.

Josefine, la cantante ovvero Il popolo dei topi

La nostra cantante si chiama Josefine. Chi non l'ha mai ascoltata non conosce il potere del canto. Non c'è nessuno che non sia trascinato dal suo canto, il che è da valutare tanto di più in quanto la nostra gente nel complesso non ama la musica. La pace silenziosa è per noi la musica più gradita; la nostra vita è difficile, anche se a volte cerchiamo di scrollarci di dosso tutte le preoccupazioni quotidiane, non siamo più capaci di elevarci a cose così lontane dalla nostra solita vita, come la musica. Ma non ce ne dogliamo molto; non arriviamo neppure a questo; consideriamo come il più grande privilegio una certa furbizia pratica di cui a dire il vero abbiamo bisogno in modo estremo, assoluto, e con il sorriso di questa furbizia siamo soliti consolarci di tutto, anche se una volta – ma non capita mai – dovessimo desiderare la felicità che forse promana dalla musica. Solo Josefine fa eccezione; lei ama la musica e sa anche mediarla; è l'unica; con la sua morte la musica – chissà quanto a lungo – scomparirà dalla nostra vita.

Ho pensato spesso a come in realtà ci si comporta con la musica. Noi siamo del tutto immusicali; come mai allora comprendiamo il canto di Josefine o, dal momento che Josefine nega la nostra comprensione, crediamo almeno di comprenderlo? La risposta più semplice sarebbe che la bellezza del suo canto è così grande che nemmeno il senso più ottuso può resistervi, ma questa risposta non è soddisfacente. Se fosse così, di fronte a questo canto dovremmo avere innanzitutto e sempre il sentimento di una cosa straordinaria, la sensazione che da quella gola risuoni qualcosa che non abbiamo mai udito prima e che non siamo neppure in grado di udire, qualcosa che soltanto quest'unica Josefine e nessun altro ci rende capaci di udire. Ma secondo la mia opinione proprio questo non quadra, io non lo sento e non ho notato nulla di simile neppure in altri. Nella cerchia degli amici spesso ci confessiamo l'un l'altro che il canto di Josefine come canto non rappresenta niente di straordinario.

Innanzitutto, è canto? Nonostante la nostra immusicalità abbiamo tradizioni di canto; nei tempi antichi il nostro popolo cantava; lo raccontano le saghe, si sono persino conservati canti che a dire il vero nessuno sa più cantare. Abbiamo un'idea di che cos'è canto e questa idea non corrisponde propriamente all'arte di Josefine. Ma innanzitutto è canto? Non è forse soltanto un fischiare? E certo tutti sappiamo fischiare, è l'abilità più propria del nostro popolo, anzi non un'abilità, ma piuttosto una caratteristica espressione di vita. Tutti noi fischiamo, ma in verità nessuno pensa di spacciarlo come arte, noi fischiamo senza farci attenzione, anzi senza accorgercene e tra noi ci sono molti che non sanno neppure che il fischiare appartenga alle nostre peculiarità. Se allora fosse vero che Josefine non canta, ma fischia soltanto o forse, come almeno a me pare, non va oltre i limiti del normale fischiare – forse la sua forza non basta neppure per l'abituale fischiare, mentre un comune sterratore lo fa senza sforzo tutto il giorno oltre al suo lavoro – se tutto ciò fosse vero, di certo la pretesa artisticità di Josefine sarebbe confutata, ma più che mai rimarrebbe da sciogliere l'enigma del suo grande effetto.

Ma ciò che ella produce non è solo un fischiare. Se ci si mette molto lontano da lei e si sta in ascolto o, ancor meglio, se a tal riguardo si tenta una prova, se dunque Josefine canta fra altre voci e ci si impone il compito di riconoscere la sua voce, immancabilmente non si sentirà che un comune fischiare, al massimo un po' più distinguibile per delicatezza o debolezza. Ma se si sta davanti a lei, non è soltanto un fischio, per comprendere la sua arte è necessario non solo ascoltarla, ma anche vederla. Si trattasse anche solo del nostro fischiare quotidiano, va comunque constatata innanzitutto la singolarità che uno si metta lì solennemente per fare nient'altro che una cosa consueta. Schiacciare una noce in verità non è un'arte, per questo nessuno avrà l'ardire di convocare un pubblico e schiacciare noci davanti ad esso per intrattenerlo. Se tuttavia lo fa e raggiunge il suo scopo, allora non può trattarsi solo di un semplice schiacciare noci. Oppure si tratta di schiacciare noci, ma viene fuori che non abbiamo dato attenzione a questa arte dal momento che la dominavamo senza difficoltà e che questo nuovo schiacciatore di noci ce ne rivela la vera essenza e per raggiungere questo effetto potrebbe persino essere necessario che egli fosse nello schiacciare noci quasi un po' meno bravo della maggior parte di noi.

Forse qualcosa di simile avviene con il canto di Josefine; ammiriamo in lei ciò che non ammiriamo affatto in noi; del resto lei è in quest'ultima cosa pienamente d'accordo con noi. Una volta ero presente quando uno, come spesso succede, le fece osservare con molta pacatezza che tutto il popolo fischia, ma per Josefine questo era già troppo. Un sorriso così impudente, così altezzoso, come lo aveva lei quella volta, non l'ho mai visto; lei, che esteriormente è tutta delicatezza, sorprendentemente delicata perfino nel nostro popolo così ricco di simili figure di donna, apparve allora addirittura volgare; del resto anche lei nella sua grande sensibilità lo avvertì e si contenne. In ogni caso lei nega una qualche connessione tra la sua arte e il fischiare. Per quelli che sono di opinione opposta, prova solo disprezzo e probabilmente un odio inconfessato. Non è comune vanità, perché l'opposizione, alla quale appartengo anch'io, sicuramente non l'ammira meno di quello che fa la maggioranza, ma Josefine non vuole soltanto essere ammirata, ma essere ammirata proprio nella maniera da lei decisa, non le sta a cuore la sola ammirazione. Quando si è davanti a lei la si capisce; si può fare opposizione solo da lontano; quando si è davanti a lei, si capisce che ciò che lei fischia non è fischio.

Dal momento che il fischiare appartiene alle nostre abitudini irriflesse, si potrebbe ritenere che si fischi anche nell'uditorio di Josefine; alle sue esibizioni stiamo bene e quando stiamo bene fischiamo; ma il suo uditorio non fischia, se ne sta zitto zitto, restiamo in silenzio come fossimo divenuti partecipi della sospirata pace dalla quale se non altro il nostro stesso fischiare ci distoglie. È il suo canto che ci affascina o non piuttosto il silenzio solenne di cui è circondata quella fievole vocina? Una volta avvenne che un piccolo stolto in tutta innocenza cominciasse a fischiare durante il canto di Josefine. Era proprio la stessa cosa che ci faceva ascoltare Josefine; là davanti il fischio ancora sempre timido nonostante la grande routine e qui nel pubblico l'irriflesso sibilo infantile; sarebbe stato impossibile indicare la differenza; eppure noi egualmente zittimmo e fischiammo il piccolo disturbatore, benché non fosse nemmeno necessario, poiché di certo anche altrimenti egli si sarebbe rincantucciato per paura e vergogna, mentre Josefine intonava il suo fischio trionfale ed era completamente fuori di sé con le braccia distese e il collo non allungabile più di così.

D'altra parte lei è sempre così, ogni sciocchezza, ogni caso fortuito, ogni riottosità, uno scricchiolio nel parquet, uno stridere di denti, un guasto all'illuminazione, le danno l'opportunità di aumentare l'effetto del suo canto; secondo la sua opinione lei canta a orecchie sorde; entusiasmo e applausi non mancano, ma da lungo tempo ha imparato a rinunciare alla vera comprensione, come la intende lei. Le tornano perciò molto opportuni tutti i disturbi; tutto quello che si oppone dall'esterno alla purezza del suo canto, è vinto in una battaglia lieve, anzi senza battaglia, con la semplice contrapposizione, può concorrere a destare la massa, a insegnarle, se non di certo la comprensione, un timoroso rispetto.

E se le giovano le piccole cose, figuriamoci le grandi. La nostra vita è molto inquieta. Ogni giorno porta attacchi di sorpresa, preoccupazioni, speranze e paure, cosicché il singolo non potrebbe proprio sopportare tutto questo se non avesse in ogni momento di giorno e di notte il sostegno degli amici; ma anche così essa è spesso molto difficile; a volte mille spalle tremano sotto il fardello che è in realtà destinato a uno soltanto. Allora Josefine ritiene che è venuto il momento. E già è lì, quella natura delicata, angosciosamente vibrante in specie sotto il petto, è come se avesse raccolto tutta la sua forza nel canto, come se a tutto ciò che non è immediatamente utile al canto fosse tolta ogni forza, quasi ogni possibilità di vita, come se lei fosse messa a nudo, esposta, consegnata solo alla protezione di qualche anima buona, come se, mentre del tutto estraniata dimora nel canto, un alito freddo nello spirare la potesse uccidere. Ma proprio a tale vista noi supposti oppositori siamo soliti dire: «Non sa neppure fischiare; deve sforzarsi in modo così atroce per tirar fuori da sé non il canto – non parliamo nemmeno di canto – ma piuttosto il tradizionale fischio». Così ci sembra, ma questa è, come già detto, un'impressione, certo inevitabile, ma fuggevole, che passa in fretta. E subito anche noi ci immedesimiamo nel sentimento della massa che, calda, corpo a corpo, ascolta respirando timidamente.

E per riunire intorno a sé la massa del nostro popolo, che è quasi sempre in movimento e che corre precipitosamente di qua e di là per scopi spesso non molto chiari, Josefine per lo più non deve fare altro che, con la testolina inclinata all'indietro, con la bocca semiaperta, con gli occhi rivolti in alto, assumere quella posizione che fa capire che intende cantare. Lo può fare dove vuole, non deve necessariamente esserci un luogo visibile da lontano; un qualsiasi angolo nascosto, scelto a caso nell'umore del momento, va altrettanto bene. La notizia che vuole cantare si diffonde in un baleno e subito si accorre in processione. Qualche volta, tuttavia, si interpongono ostacoli, Josefine canta di preferenza proprio nei momenti di agitazione, varie preoccupazioni e necessità ci costringono su strade diverse, pur con la miglior volontà non ci si può riunire così in fretta come desidererebbe Josefine, e qualche volta se ne sta lì nella sua solenne posizione per un po' di tempo senza un uditorio sufficiente – allora a dire il vero diventa furibonda, batte i piedi, impreca, di certo non come si conviene a una fanciulla, morde persino. Ma anche un comportamento simile non danneggia la sua fama; invece di contenere un poco le sue eccessive pretese, ci sforziamo di accoglierle; vengono inviati fattorini a chiamare ascoltatori; ciò che si fa è tenuto in segreto; nelle vie intorno si vedono guardie appostate che fanno cenno a chi sopraggiunge di affrettarsi; tutto questo continua, fino a quando non si sia messo insieme un discreto numero di persone.

Che cosa spinge il popolo a darsi tanta premura per Josefine? Ecco una domanda alla quale non è più difficile rispondere che a quella sul canto di Josefine, dalla quale è inscindibile. La si potrebbe elidere e accorpare interamente alla seconda domanda, se si potesse affermare che il popolo è incondizionatamente devoto a Josefine per il canto. Ma non è questo il caso; il nostro popolo conosce appena una devozione incondizionata; questo popolo che soprattutto ama la furbizia, certo inoffensiva, l'ingenuo bisbigliare, i pettegolezzi a fior di labbra, certo innocenti, un tale popolo in ogni caso non può dedicarsi senza condizioni, anche Josefine lo sa bene, ed è quello che lei combatte con tutti gli sforzi della sua debole gola.

Non bisogna però andare troppo oltre con tali giudizi generali, il popolo è certo devoto a Josefine, solo non incondizionatamente. Non sarebbe, per esempio, capace di ridere di Josefine. Si può ammetterlo: qualche volta Josefine suscita il riso; e d'altronde siamo sempre pronti al riso; nonostante tutti gli strazi della vita un riso sommesso è per così dire sempre di casa fra noi; ma di Josefine non si ride. A volte ho l'impressione che il popolo intenda il suo rapporto con Josefine nel senso che lei, questa natura fragile, bisognosa di riguardi, distintasi in qualche modo, secondo la sua opinione distintasi per il canto, sia affidata a noi, e si debba pensare a lei; la ragione non è chiara a nessuno; ma il fatto sembra certo. Su ciò che ci viene affidato, non si ride; riderne sarebbe una violazione del dovere; il massimo della cattiveria è quello che arrecano a Josefine i più cattivi fra noi, quando talvolta dicono: «Quando vediamo Josefine, ci passa la voglia di ridere».

Così allora il popolo si preoccupa per Josefine come un padre che si prende a cuore un figlio, che – non si sa bene se per pregare o per chiedere qualcosa – tende verso di lui le braccine. Si potrebbe credere che il nostro popolo non sia adatto all'adempimento di simili doveri paterni, ma in realtà li compie, almeno in questo caso, in modo esemplare; nessuno da solo potrebbe fare ciò che in tal senso il popolo è capace di fare nel suo insieme. A dire il vero la differenza di forza tra il popolo e il singolo è così grande che è sufficiente che il popolo avvolga nel calore della sua vicinanza la protetta ed essa è sufficientemente protetta. Ad ogni modo non si osa parlare di queste cose con Josefine. «Io me ne infischio della vostra protezione», dice lei. «Sì, sì, tu fischi», pensiamo noi. Ma non si tratta di una vera opposizione, quando si ribella; è piuttosto un modo infantile di dimostrare la propria riconoscenza, e sta al padre non curarsene.

Ma interviene poi un'altra circostanza che è più difficile chiarire a partire dal rapporto fra il popolo e Josefine. Josefine è infatti dell'opinione opposta, crede di essere lei che protegge il popolo. Secondo lei il suo canto niente di meno ci preserva dalle più gravi congiunture politiche ed economiche, e se non allontana la sfortuna, ci dà almeno la forza di sopportarla. Lei non si esprime così né diversamente, in generale parla poco, è taciturna fra i chiacchieroni, ma ciò lampeggia dai suoi occhi e le si legge sulle labbra chiuse – da noi solo pochi sono capaci di tenere la bocca chiusa. Ad ogni cattiva notizia – e in alcuni giorni le cattive notizie si sopravanzano l'una all'altra, fra di esse false e mezze vere – lei si alza immediatamente, mentre normalmente è stanca e abbattuta, si alza e allunga il collo e cerca

di abbracciare con lo sguardo il suo gregge come fa il pastore prima del temporale. Certo anche i bambini accampano simili pretese, a loro modo selvaggio e incontrollato, ma le pretese di Josefine non sono così immotivate come quelle. A dire il vero non ci salva e non ci dà alcuna forza, è facile assumere il ruolo di salvatore di questo popolo, che, abituato al dolore, non si risparmia, è veloce nelle decisioni, conosce bene la morte, solo in apparenza timoroso nel clima di temerarietà nel quale vive costantemente, tanto fecondo quanto audace – è facile, dico, atteggiarsi a posteriori a salvatore di questo popolo che si è ancor sempre salvato in qualche modo, anche se con sacrifici, dinanzi ai quali lo storico – generalmente ignoriamo del tutto la ricerca storica – impietrisce dall'orrore. Tuttavia è vero che proprio nelle difficoltà ascoltiamo più che mai la voce di Josefine. Le minacce che incombono su di noi ci rendono più taciturni, più umili, più docili al dispotismo di Josefine; di buon grado ci incontriamo, di buon grado ci stringiamo l'uno all'altro, in particolare perché si tratta di un evento che è molto lontano dalla cosa che principalmente ci tormenta; è come bere assieme in fretta – sì, la fretta è necessaria, Josefine troppo spesso lo dimentica – un bicchiere di pace prima della battaglia. Non è tanto un'esibizione di canti, quanto piuttosto un'assemblea del popolo, e certo un'assemblea che tranne che per quel piccolo fischio là davanti è completamente silenziosa; l'ora è troppo solenne perché si possa far chiacchiere.

Questo rapporto non potrebbe invero soddisfare Josefine. Nonostante tutto il disagio nervoso che la prende a causa della sua per nulla chiara posizione, Josefine non vede, accecata dall'orgoglio, parecchie cose e senza grandi sforzi può essere indotta a ignorare molte più cose, uno sciame di lusingatori è in tal senso, propriamente in un senso di generale utilità, sempre attivo, – ma per cantare solo di passaggio, inosservata, in un angolo dell'assemblea del popolo, non sacrificherebbe, nonostante sia in sé non poco, il suo canto.

Ma non deve poi farlo, dal momento che la sua arte non resta inosservata. Benché in fondo siamo occupati con tutt'altre cose ed il silenzio non regni solo per amore del canto e qualcuno non alzi neppure lo sguardo, ma nasconda la faccia nella pelliccia del vicino e Josefine sembri affaticarsi lassù inutilmente, qualcosa del suo fischiare – questo non si può negare – filtra inevitabilmente fino a noi. Questo fischio che si innalza, mentre a tutti gli altri è ingiunto il silenzio, giunge a ognuno quasi come un messaggio del popolo; il fievole fischio di Josefine nel mezzo di difficili scelte è quasi co-

me la grama esistenza del nostro popolo nel mezzo del tumulto del mondo nemico. Josefine si afferma, quel nulla di voce, quel nulla di effetto si afferma e si apre la via fino a noi; fa bene pensarci. Un vero artista del canto, se una volta ce ne dovesse essere uno tra noi, di certo non lo sopporteremmo in simili occasioni e di comune accordo respingeremmo l'insensatezza di una simile esibizione. Possa Josefine non sapere mai che il fatto che l'ascoltiamo è un argomento contro il suo canto. Forse un sospetto ce l'ha già, altrimenti perché con tanta passione negherebbe che l'ascoltiamo, eppure canta sempre di nuovo, fischia sopra questo sospetto?

Ma sarebbe pur sempre un sollievo per lei: noi l'ascoltiamo in un certo qual modo realmente, apparentemente in modo simile a come si ascolta un artista del canto; lei raggiunge effetti che un artista del canto inutilmente perseguirebbe tra noi e che invece sono solo concessi proprio ai suoi mezzi inadeguati. Ciò principalmente è in relazione con il nostro modo di vivere.

Nel nostro popolo non si conosce la gioventù, a stento si conosce una brevissima infanzia. Regolarmente vengono presentate richieste affinché possa essere assicurata ai fanciulli una particolare libertà, una particolare protezione, il loro diritto ad un po' di spensieratezza, il loro diritto a correre qua e là, a giocare un po', affinché si riconosca questo loro diritto e ci si adoperi per la sua realizzazione; tali richieste vengono avanzate e quasi tutti le accettano, non c'è nulla che non sia maggiormente da accogliere, ma non c'è nulla che nella realtà della nostra vita possa essere meno realizzato, si accolgono le richieste, si fanno sforzi in tal senso, ma subito tutto è di nuovo come prima. La nostra vita è tale che un bambino, non appena impara un poco a camminare e impara a distinguere il mondo circostante, deve provvedere a se stesso come un adulto; le regioni nelle quali per considerazioni d'ordine economico dobbiamo vivere sparpagliati sono troppo estese, i nostri avversari sono troppi, i pericoli che incombono su di noi da tutte le parti sono incalcolabili – non possiamo tenere i bambini lontano dalla lotta per l'esistenza, se lo facessimo, per loro sarebbe la fine prematura. A queste ragioni che ci rattristano si aggiunge in verità anche una ragione che ci dà sollievo: la fecondità della nostra stirpe. Una generazione – e ogni generazione è numerosa – spinge l'altra, i bambini non hanno il tempo di essere bambini. Presso altri popoli i fanciulli potranno essere allevati con cura, potranno essere state edificate scuole per i piccoli, da queste scuole potranno uscire numerosi ogni giorno i bambini, il futuro del popolo, ma per lungo

tempo di giorno in giorno saranno sempre gli stessi bambini che ne escono. Noi non abbiamo scuole, ma dal nostro popolo fuoriescono a intervalli di tempo molto brevi le immense frotte dei nostri bambini, sibilando o pigolando gioiosamente, fino a quando non sappiano fischiare, rotolandosi o avvoltolandosi grazie alla forza di spinta, fino a quando non imparano a camminare, trasportando con goffaggine tutto con la loro massa, fino a quando non imparano a vedere, i nostri bambini! E non sono come in quelle scuole gli stessi bambini, no, ma sempre, sempre nuovi, senza fine, senza interruzione, non appena nasce un bambino, non è più un bambino, ma già dietro di lui spingono le facce di nuovi bambini non distinguibili nella loro moltitudine e foga, rosei di felicità. A dire il vero, per quanto ciò possa essere bello e per quanto anche a ragione ci possa essere invidiato, purtroppo non possiamo dare una vera infanzia ai nostri figli. Ciò produce i suoi effetti. Il nostro popolo è pervaso da una certa infantilità non estinta, inestirpabile; in piena opposizione con ciò che di migliore è in noi, l'infallibile ragione pratica, talvolta ci comportiamo in modo completamente folle e certo nel modo folle, senza senso, dissipato, magnanimo, spensierato, in cui si comportano i bambini, e tutto questo spesso per amore di un piccolo gioco. E se la nostra gioia non può naturalmente avere tutta la forza della gioia dell'infanzia, di certo qualcosa di essa vi rimane. Anche Josefine ha sempre profittato dell'infantilità del nostro popolo.

Ma il nostro popolo non è solo infantile, è anche per così dire prematuramente vecchio, infanzia e vecchiaia da noi non sono come altrove. Noi non abbiamo la gioventù, subito siamo adulti e siamo adulti troppo a lungo, di qui quel senso di stanchezza e quella mancanza di speranze che con forte impronta segna l'essenza del nostro popolo, in complesso così tenace e pieno di speranze. Anche la nostra immusicalità è in relazione con questo; noi siamo troppo vecchi per la musica, la sua capacità di suscitare emozioni, il suo slancio non si addicono alla nostra pesantezza, con stanchezza la rifiutiamo; siamo arretrati al fischio; un fischio ogni tanto è quello che è giusto per noi. Chi sa se tra noi ci siano talenti musicali; se pure ci fossero, il carattere dei nostri connazionali li soffocherebbe prima del loro sviluppo. Al contrario Josefine può fischiare a suo piacimento e cantare, o come lei lo voglia chiamare, ciò non ci disturba, si addice a noi, possiamo sopportarlo bene; infatti se lì ci dovesse essere un po' di musica, ciò si riduce al minimo possibile. Viene salvaguardata una certa tradizione musicale, ma senza che questo pesi in alcun modo su di noi.

Ma Josefine a questo popolo così caratterizzato dà ancora di più. Durante i suoi concerti, in particolare nei momenti più gravi, solo ancora quelli che sono molto giovani hanno interesse per la cantante in quanto tale, solo essi guardano con meraviglia come arriccia le labbra, come espelle l'aria tra i deliziosi incisivi, come si perde nell'ammirazione dei toni che ella stessa emette e come adopera questo abbandono per accendersi a esibizioni nuove che diventano per lei sempre meno comprensibili, ma la vera massa, lo si capisce chiaramente, si è ritratta in sé. Negli sporadici intervalli tra le sue battaglie il popolo sogna, è come se ad ognuno si sciogliessero le membra, come se chi è senza pace potesse una volta a suo piacimento distendersi e stirarsi nel grande letto del popolo. E in questi sogni risuona qui e là il fischio di Josefine; lei lo trova argentino, noi lo troviamo scuotente; ma in ogni caso è al suo posto, come non mai, come mai la musica trova il momento atteso. Qualcosa della nostra povera breve infanzia è lì, qualcosa della felicità perduta, che ormai non si può più incontrare, ma è lì anche qualcosa della vita attiva di oggi, della sua modesta vivacità, che non si può cogliere, e che pure esiste e non si può eliminare. E tutto ciò in verità non è detto con grandi toni, ma con un suono lieve, sussurrato, confidenziale, talvolta un poco roco. Naturalmente è un fischio. Che altro? Fischiare è il linguaggio del nostro popolo, solo che qualcuno fischia tutta la vita e non lo sa, qui invece il fischiare si è reso libero dai vincoli della vita quotidiana e rende liberi anche noi per un breve tratto. Non vorremmo certo mai rinunciare a queste esibizioni.

Ma da questo a dire, come fa Josefine, che è lei che in tali frangenti ci dà nuove forze etc. etc., ci corre molta strada. Per la gente comune certamente, non per i lusingatori di Josefine. «Come potrebbe essere diversamente», dicono con coraggiosa disinvoltura, «come si potrebbe spiegare altrimenti, in modo particolare nei momenti di immediato incombente pericolo, la grande affluenza di gente che già molte volte ha ostacolato persino la difesa necessaria, tempestiva, da quel pericolo?» Ora, quest'ultima cosa è purtroppo giusta, ma non appartiene ai titoli di gloria di Josefine, specie se si aggiunge il fatto che, quando tali assemblee furono inaspettatamente disperse dal nemico, e molti dei nostri ci lasciarono la vita, Josefine, che ha la responsabilità di tutto, che aveva forse attirato il nemico col suo fischio, era sempre nel posticino più sicuro e sotto la protezione dei suoi sostenitori furtivamente e molto rapidamente era la prima a sparire. Tutti lo sanno, eppure si precipitano quando Josefine in qualche luogo, in qualche momento a suo piacimento si leva al canto. Da ciò si potrebbe concludere che Josefine sta quasi fuori della legge, che può fare ciò che vuole, anche se ciò mette tutti in pericolo, e che tutto le viene perdonato. Se così fosse, anche le pretese di Josefine sarebbero pienamente comprensibili, anzi, in quella libertà che il popolo le concederebbe, in quello straordinario dono che nessuno ha mai avuto, di fatto opposto alle leggi, si potrebbe in un certo senso vedere l'ammissione che il popolo non capisce Josefine come lei afferma, che in deliquio ammira la sua arte, non se ne sente degno, tenta di risarcire il dolore che arreca a Josefine, attraverso una prestazione addirittura disperata e, come la sua arte è al di fuori della sua possibilità di comprensione, pone anche la sua persona e i suoi desideri al di fuori del suo comando. Ora, ciò non è per nulla giusto, forse in qualche caso particolare il popolo capitola troppo facilmente dinanzi a Josefine, ma come non capitola senza condizioni davanti a nessuno, così neppure dinanzi a lei.

Già da lungo tempo, forse già dall'inizio della sua carriera artistica, Josefine combatte per essere esonerata da ogni lavoro in considerazione del fatto che canta; bisognerebbe sottrarle anche la preoccupazione per il pane quotidiano e per tutto ciò che è legato alla nostra lotta per l'esistenza e accollarlo – probabilmente – al popolo nel suo insieme. Un frettoloso entusiasta – ci sono stati anche questi – poteva dedurre l'interna legittimità della richiesta già dalla sua peculiarità, dalla mentalità che era in grado di pensare una simile richiesta. Ma il nostro popolo trae conclusioni diverse e con tranquillità rifiuta la richiesta. Non si affatica certo a controbattere i motivi della domanda. Josefine, per esempio, richiama l'attenzione sul fatto che la fatica del lavoro nuoce alla sua voce, che è certo lo sforzo nel lavoro, insignificante a confronto con quello del cantare, che tuttavia la priva della possibilità di riposare sufficientemente dopo il canto e di fortificarsi per una nuova esibizione, sicché lei finisce per esaurirsi completamente e non può più arrivare in queste condizioni all'apice della sua prestazione. Il popolo l'ascolta e passa oltre. Questo popolo così facile da commuovere, talvolta non si lascia commuovere. Talvolta il rifiuto è così forte, che la stessa Josefine rimane sorpresa, sembra che si rassegni, lavora come si deve, canta meglio che può, ma il tutto solo per un momento, finché ricomincia la battaglia con nuove forze – sembra che ne abbia illimitatamente.

È chiaro che Josefine non mira alla lettera a ciò che reclama. Ella è ragionevole, non teme il lavoro, da noi lo scansare la fatica in generale è sconosciuto, anche dopo l'accoglimento della sua richiesta certo non vivrebbe in modo diverso da prima, il lavoro non è d'intralcio al suo canto, né il canto per la verità ne guadagnerebbe in bellezza – ciò a cui lei aspira è soltanto il riconoscimento della sua arte, pubblico, inequivocabile, che sopravviva ai tempi, che si elevi al di sopra di ogni cosa conosciuta. Eppure mentre sembra che possa ottenere tutto il resto, questo le è caparbiamente negato. Forse all'inizio avrebbe dovuto portare l'attacco in un'altra direzione; forse ora lei stessa riconosce l'errore, ma non può più tornare indietro, tornare indietro significherebbe rinnegare se stessa, ora deve restare in piedi con questa richiesta o cadere.

Se veramente avesse dei nemici, come dice, potrebbe divertirti stare a guardare questa battaglia senza dover muovere un dito. Ma non ha nemici, e anche se qui e là qualcuno le fa obiezioni, questa battaglia non diverte nessuno. Non fosse altro perché qui il popolo si mostra nel suo freddo atteggiamento giudiziario, come solo molto di rado si vede fra noi. E ammesso che uno possa in questo caso accettare questo atteggiamento, solo il pensiero che un giorno il popolo possa comportarsi in modo simile nei suoi confronti, bandisce ogni piacere. Nel rifiuto come nella richiesta non si tratta della cosa in se stessa, ma nel fatto che il popolo possa chiudersi in modo impenetrabile rispetto ad un connazionale e tanto più impenetrabilmente in quanto di solito si prende cura di questo suo membro paternamente, anzi, più che paternamente, umilmente.

Se in luogo del popolo ci fosse un singolo: si potrebbe credere che in tutto questo tempo costui si sia piegato a Josefine sotto il continuo ardente desiderio di porre fine una buona volta alla propria cedevolezza; che si sia piegato in maniera sovrumana nella solida convinzione che in ogni modo l'arrendevolezza avrebbe trovato il suo giusto limite; anzi, che si sia piegato più di quanto fosse necessario, solo per accelerare la cosa, solo per viziare Josefine e per spingerla a sempre nuovi desideri, fino a quando sollevasse veramente questa richiesta; che abbia poi pronunciato il rifiuto definitivo, netto, perché predisposto da lungo tempo. Ora, certo, non si tratta di questo, il popolo non necessita di simili stratagemmi, inoltre la sua venerazione per Josefine è leale e provata, mentre la richiesta di Josefine è così forte che ogni bambino spigliato avrebbe potuto preannunziarne il risultato; ciò nonostante può essere che nell'idea che Josefine si è fatta della cosa, concorrano anche simili supposizioni e aggiungano al dolore del rifiuto una amarezza.

Ma anche se può fare questa ipotesi, lei non si lascia intimidire dalla battaglia. Negli ultimi tempi la battaglia si è perfino acuita; dopo aver finora condotto la battaglia solo a parole, ora Josefine incomincia ad adoperare altri mezzi, che secondo il suo parere sono più efficaci, che secondo il nostro parere sono più pericolosi per lei.

Alcuni ritengono che Josefine sia così insistente perché si sente invecchiare, perché la voce presenta qualche debolezza, e le sembra sia giunto il momento estremo per condurre l'ultima battaglia per il suo riconoscimento. Io non ci credo. Josefine non sarebbe Josefine, se ciò fosse vero. Per lei non c'è alcun invecchiamento e alcuna debolezza nella voce. Quando pretende qualcosa, non si impegna per motivi esteriori, ma per interna conseguenzialità. Lei cerca di afferrare la corona più alta, non perché a un certo momento la corona sia un poco meno in alto, ma perché è la più alta; se fosse in suo potere, la porrebbe ancora più in alto.

Il disprezzo per le difficoltà esteriori non le impedisce tuttavia di adoperare i sistemi più indegni. Il suo diritto per lei è oltre ogni dubbio; che cosa importa come lo faccia valere; tanto più che a questo mondo, così come lei se lo rappresenta, sono destinati al fallimento proprio i sistemi degni. Forse proprio per questo ha spostato la lotta per il suo diritto dalla sfera del canto ad un'altra, da lei poco amata. Il suo seguito ha messo in giro sue affermazioni, secondo le quali si sentirebbe senz'altro in grado di cantare in modo da essere, per il popolo in tutti i suoi strati fino nella più occulta opposizione, un autentico piacere, un autentico piacere non nel senso del popolo, che anzi sostiene di sentire sempre questo piacere al canto di Josefine, ma piacere nel senso dei desideri di Josefine. Ma, aggiunge, dal momento che ciò che è elevato non può essere falsificato e ciò che è comune non pùo essere adulato, è necessario lasciare le cose come sono. Altrimenti stanno le cose relativamente alla sua battaglia per essere dispensata dal lavoro, ma in questo caso non lotta direttamente con la rara arma del canto, ogni sistema che lei adopera è sufficientemente buono.

Per esempio si è diffusa la voce che Josefine, se non si cede alle sue richieste, si propone di ridurre le colorature. Non so nulla di colorature, ma non le ho mai avvertite nel suo canto. Josefine vuole ridurre le colorature, non eliminarle per adesso, ma soltanto ridurle. In vero, a quel che si dice, ha già messo in pratica la sua minaccia, tuttavia non ho notato alcuna differenza con le sue esibizioni precedenti. Il popolo al completo ha ascoltato come sempre, senza esprimersi sulle colorature e anche il trattamento della richiesta di Josefine non è cambiato. Del resto Josefine, nell'aspetto, come incontestabilmente nel modo di pensare, ha talvolta qualcosa di molto grazioso. Così per esempio dopo quell'esibizione, come se la sua decisione circa le colorature fosse troppo severa o repentina nei confronti del popolo, affermò che la volta seguente avrebbe eseguito di nuovo le colorature. Ma dopo il concerto successivo cambiò idea di nuovo, le grandi colorature erano definitivamente cessate e non sarebbero state rieseguite prima di una decisione favorevole a Josefine. Il popolo ascolta tutte queste affermazioni, decisioni, ripensamenti, come un adulto ascolta soprapensiero il chiacchierare di un fanciullo, in fondo con benevolenza, ma inaccessibile.

Ma Josefine non si arrende. Per esempio di recente ha detto di essersi procurata durante il lavoro una ferita a un piede che le rende faticoso lo stare in piedi durante il canto; ma dal momento che può cantare solo stando in piedi, ora deve ridurre persino i canti. Sebbene zoppichi e si lasci sostenere dal suo seguito nessuno crede a una vera ferita. Pur ammettendo la particolare sensibilità del suo piccolo corpo, siamo un popolo di lavoratori e anche Josefine vi appartiene; se per ogni escoriazione dovessimo zoppicare, tutto il popolo non la smetterebbe di zoppicare. Tuttavia, per quanto si lasci condurre come una paralitica, per quanto si mostri sempre più spesso in questo stato lacrimevole, il popolo ascolta il suo canto con gratitudine e si entusiasma come prima, ma non protesta per le riduzioni dei canti.

Poiché non si può zoppicare sempre, escogita qualcos'altro, adduce come pretesto stanchezza, irritazione, spossatezza. Ora oltre al concerto abbiamo anche la commedia. Dietro Josefine vediamo il suo seguito che la prega e la implora di cantare. Lei vorrebbe, ma non può. Viene consolata, blandita, quasi trasportata nel luogo già precedentemente scelto per cantare. Infine si piega con confuse lacrime, ma quando con manifesta buona volontà sta per iniziare a cantare, fiacca, le braccia non distese come sempre ma senza vita appese al corpo, in modo da dare l'impressione che siano forse un poco troppo corte – come sta per intonare, non ce la fa, lo indica uno sdegnato brusco movimento della testa, e innanzi ai nostri occhi stramazza. Poi in qualche modo si tira su di nuovo e canta, io credo, non molto diversamente dal solito, forse chi ha l'orecchio per le più sottili nuances sente un turbamento un po' insolito, che va solo a vantaggio della cosa. E alla fine è persino meno stanca di prima, con l'andatura ferma, se così si può definire il suo muoversi a passettini veloci, si allontana rinunciando all'aiuto del suo seguito e scrutando con fredde occhiate la gente che piena di venerazione le cede il passo.

Così è stato negli ultimi tempi, ma l'ultima novità è che una volta in cui si aspettava che lei cantasse, era sparita. Non la cercò solo il suo seguito, in molti si misero alla sua ricerca, ma invano. Josefine è sparita, non vuole cantare, questa volta non vuole neppure essere implorata, questa volta ci ha lasciati veramente.

Strano, come sbagli i suoi calcoli, la furba, li sbaglia a tal punto che si dovrebbe ritenere che non li faccia affatto, ma che sia solo condotta dal suo destino, che nel nostro mondo può essere solo molto doloroso. Lei stessa sfugge al canto, lei stessa annienta il potere che ha acquisito sugli animi. Ma come ha potuto acquisire questo potere, se conosce così poco gli animi? Si tiene nascosta e non canta, ma il popolo tranquillo, senza apparente disappunto, superbo, una massa che si fonda in se stessa, che formalmente, anche se in contrasto con l'apparenza, può solo dare doni, mai accettarne, neppure da Josefine, questo popolo tira dritto per la sua strada.

Invece per Josefine le cose vanno in discesa. Verrà presto il giorni in cui il suo ultimo fischio risuonerà e si spegnerà. Lei è un breve episodio nella storia eterna del nostro popolo e il popolo supererà la perdita. Per noi non sarà semplice; ci potranno essere assemblee in perfetto silenzio? Certo, non erano silenziose anche con Josefine? Il suo fischio era in realtà molto più alto e più vivo di quanto sarà il ricordo? Ai suoi tempi era forse più che un semplice ricordo? Non ha forse il popolo nella sua saggezza posto così in alto il canto di Josefine in modo che non andasse per l'appunto perduto?

Forse non ne sentiremo molto la mancanza, ma Josefine, redenta dalle pene terrene, destinate secondo il suo parere agli eletti, si perderà allegramente in mezzo all'innumerevole massa degli eroi del nostro popolo, e presto, dal momento che non coltiviamo la storia, sarà dimenticata come tutti i suoi fratelli in una superiore redenzione.

II.
RACCONTI PUBBLICATI FRAMMENTARIAMENTE, NON INSERITI IN VOLUMI DA KAFKA

Conversazione con l'uomo che prega. Titolo originale: *Gespräch mit dem Beter*.
Conversazione con l'ubriaco. Titolo originale: *Gespräch mit dem Betrunkemen*.
Traduzioni di Luigi Coppé.

Gran rumore. Titolo originale: *Grosser Lärm*.
Il cavaliere del secchio. Titolo originale: *Der Kübelreiter*.
Traduzioni di Giulio Raio.

1. Conversazione con l'uomo che prega
(1909)

Ci fu un tempo in cui entravo in una chiesa un giorno dopo l'altro perché una ragazza della quale m'ero innamorato, pregava là, di sera, in ginocchio, per mezz'ora e io nel frattempo potevo osservarla con calma.

Una volta che la ragazza non venne, mentre osservavo infastidito la gente in preghiera, notai un giovane che s'era buttato per terra con tutto il suo esile corpo. Ogni tanto afferrava violentemente il suo cranio e poi lo percuoteva sospirando sulle mani posate sul pavimento di pietra.

Nella chiesa c'erano soltanto alcune vecchie che giravano ogni tanto le loro testoline coperte da un fazzoletto, per sbirciare il giovanotto in preghiera. Egli sembrava compiacersi per quell'attenzione, infatti prima dei suoi slanci di devozione si guardava attorno per accertarsi di essere osservato. Ritenni che il suo comportamento fosse sconveniente e decisi di rivolgergli la parola appena fosse uscito dalla chiesa per domandargli la ragione di quel suo modo di pregare. Sì, ero seccato perché la mia ragazza non era venuta.

S'alzò soltanto dopo un'ora, fece un accurato segno di croce e s'avviò a scatti verso l'acquasantiera. Mi misi tra la pila dell'acqua santa e la porta sapendo che non l'avrei lasciato passare senza una spiegazione. Contrassi le labbra come faccio sempre quando voglio prepararmi a parlare con fermezza. Avanzai con la gamba destra e mi poggiai su di essa, la sinistra si reggeva con noncuranza sulla punta del piede; anche questo mi dà sicurezza.

Può darsi che quell'uomo mi adocchiasse già mentre si spruzzava l'acqua benedetta, forse m'aveva notato ancora prima con un certo allarme, visto che improvvisamente infilò la porta di corsa. La porta a vetri si chiuse di colpo. Quando uscii dopo di lui non lo vidi più, in quel posto ci sono molte viuzze e il traffico è intenso.

Nei giorni seguenti rimase assente, ma venne la mia ragazza. Indossava l'abito nero, con un pizzo trasparente sulle spalle – la scollatura a mezzaluna della camicetta si trova sotto – rifinito da un collettino di buon taglio. Essendo venuta la ragazza, mi scordai del giovane e anche quando prese a tornare regolarmente pregando alla sua maniera, non mi occupai di lui. Però continuava sempre a passarmi davanti in gran fretta con la faccia girata. Forse per questo potevo immaginarmelo soltanto in movimento, e anche quando stava fermo mi pareva che strisciasse.

Una volta m'attardai nella mia stanza. Però andai in chiesa lo stesso. Non vi trovai più la ragazza e mi disposi a tornare a casa. Il giovane era di nuovo lì per terra. L'antico episodio mi tornò alla mente e m'incuriosì.

Scivolai in punta di piedi verso l'ingresso, diedi una moneta al mendicante cieco che stava lì accanto e m'infilai vicino a lui dietro al battente aperto; ci restai per un'ora intera assumendo forse un'espressione sorniona. Mi sentivo bene in quel posto e decisi di tornarci spesso. Verso la seconda ora mi sembrò assurdo restare in quel posto per l'orante. Tuttavia lasciai passare, furibondo, una terza ora mentre i ragni si arrampicavano sul mio vestito e le ultime persone sortivano sospirando dal buio della chiesa.

Finalmente arrivò anche lui. Avanzava cautamente e i suoi piedi tastavano piano piano il suolo prima di calpestarlo.

Mi raddrizzai, feci un gran passo ed afferrai il giovanotto. «Buona sera», dissi spingendolo per i gradini, con la mano sul bavero, verso la piazza illuminata.

Quando fummo in basso mormorò con voce malsicura: «Buona sera, caro, caro signore, non s'arrabbi con me che sono il suo devotissimo servitore».

«Già», esclamai, «voglio chiederle qualcosa, signor mio; l'altra volta è riuscito a sfuggirmi, ma è difficile che oggi ci riesca».

«Lei è comprensivo, signore, e mi lascerà tornare a casa. Sono da compatire, questa è la verità».

«No», urlai sopra il frastuono del tram che stava passando, «non la lascio. Sono proprio queste le storie che mi piacciono di più. La sua cattura è per me un colpo di fortuna e me ne rallegro con me stesso».

Lui rispose: «Oh, Dio. Lei ha un cuore vivace e una testa come un ariete. Afferma che io sono per lei un colpo di fortuna. Quanto dev'essere fortunato! Perché la mia è una sfortuna oscillante, una sfortuna oscillante sopra una cima aguzza e basta toccarla per farla precipitare sull'interrogante. Buona notte, signor mio».

«Bene», dissi trattenendolo per la strada, «se lei non mi risponderà mi metterò a gridare qui nella strada. E tutte le commesse che stanno uscendo dai negozi, e tutti i loro amanti che già pregustano la loro compagnia, accorreranno pensando che sia caduto il cavallo di una vettura di piazza o sia avvenuto qualcosa del genere. E io la mostrerò alla gente».

Allora, piangendo, si mise a baciare alternativamente le mie mani. «Le dirò quanto vuol sapere, ma andiamo piuttosto in quella via laterale». Annuii e andammo.

Ma non gli bastò l'oscurità della stradina dove i lampioni gialli erano abbastanza distanti l'uno dall'altro, e mi condusse nel basso vestibolo di una vecchia casa sotto una lampada sgocciolante appesa di fronte alle scale di legno.

Poi, con fare importante, prese il suo fazzoletto e lo stese su un gradino dicendo: «Sedetevi, caro signore, qui potete domandare meglio, io rimango in piedi, così posso rispondere meglio. Ma non mi tormentate».

Mi sedetti e cominciai, guardandolo con gli occhi socchiusi: «Voi siete proprio uno scriteriato, ecco quello che siete! In che maniera vi comportate in chiesa! Fa rabbia ed è sgradevole per chi assiste! Come ci si può raccogliere in preghiera quando vi si vede?»

Aveva premuto il corpo contro il muro e muoveva liberamente solo il capo. «Non v'arrabbiate, perché dovreste arrabbiarvi per cose che non vi toccano? Io m'arrabbio se mi comporto in maniera sconveniente, però se lo fa un altro me ne rallegro. Quindi non arrabbiatevi se affermo che lo scopo della mia vita è di essere guardato dalla gente».

«Che state dicendo», esclamai in tono troppo alto per quel piccolo androne, ma poi ebbi timore di abbassare la voce, «davvero, che andate mai dicendo. Già, immagino, già immaginavo in che stato vi trovate da quando vi ho visto oggi per la prima volta. Ho esperienza e non scherzo se dico che si tratta di mal di mare sulla terraferma. Consiste nel dimenticare i nomi veri delle cose e profondere frettolosamente su di esse dei nomi a caso. Ma di furia, ma di furia! Però appena siete scappato da essi, avete dimenticato nuovamente i loro nomi. Il pioppo nei campi che avete chiamato 'torre di Babele', perché non sapevate o non volevate sapere che era un pioppo, ondeggia nuovamente senza nome e voi dovete chiamarlo 'Noè, mentre era ubriaco'».

Fui alquanto sbigottito quando disse: «Sono contento di non aver capito quanto avete detto».

Irritato, replicai in fretta: «Affermando di essere contento dimostrate di aver capito».

«Certo che l'ho dimostrato, egregio signore, ma anche voi avete parlato in modo strano».

Appoggiai le mani su un gradino superiore, mi piegai all'indietro e chiesi, in quella posizione quasi inattaccabile che è l'ultima salvezza del lottatore: «Avete una strana maniera di cavarvi d'impaccio, avanzando l'ipotesi che gli altri si trovino nella vostra condizione».

Allora si fece ardito. Unì le mani per dare unità al suo corpo, e disse con una leggera riluttanza: «No, non lo faccio contro tutti, neanche contro di voi, per esempio, perché non posso. Ma sarei contento di poterlo fare, così avrei bisogno di suscitare l'interesse della gente in chiesa. Sapete perché ho bisogno di farlo?»

Questa domanda mi mise a disagio. Certo, non lo sapevo, e credo di non volerlo neanche sapere. Non avevo neanche voluto venire là, mi dissi allora, ma quell'uomo mi aveva costretto ad ascoltarlo. Perciò bastava che scuotessi il capo per mostrargli che non lo sapevo, ma non riuscivo a muovere la testa.

L'uomo che mi stava di fronte sorrise. Poi si piegò sulle ginocchia e mi raccontò con una smorfia sonnolenta: «Non c'è mai stata una volta in cui mi sia convinto della mia vita attraverso me stesso. Io afferro le cose intorno a me con immagini tanto labili e credo sempre che le cose siano vissute un tempo, ma ora stiano affondando. Desidero sempre, caro signore, vedere le cose come si vogliono offrire, piuttosto che come si mostrano. Esse sono qua belle e tranquille. Dev'essere così perché sento spesso la gente parlare di loro in questa maniera».

Poiché tacevo e soltanto alcune contrazioni involontarie del mio volto tradivano il mio imbarazzo, egli mi chiese: «Non crede che la gente parli così?»

Ritenni di dover annuire, ma non ne fui capace.

«Davvero non ci crede? Mi ascolti, dunque; una volta, mentre ero ancora bambino, aprii gli occhi dopo un sonnellino pomeridiano e udii, ancora mezzo addormentato, mia madre che domandava dal balcone con voce naturale: 'Che cosa sta facendo, mia cara. È così caldo'. Una donna rispose dal giardino: 'Faccio merenda in mezzo al verde'. Lo disse senza riflettere e non troppo chiaramente, come se tutti se l'aspettassero».

Mi sembrò di essere stato interpellato e misi la mano nella tasca posteriore dei pantaloni come se vi cercassi qualcosa. Ma non cercavo niente, volevo solo modificare il mio aspetto per dimostrare che partecipavo alla conversazione. Nel fare questo affermai che quel caso era tanto strano e io non lo capivo affatto. Soggiunsi inoltre che non credevo fosse vero e che doveva essere stato inventato per un determinato scopo che, per l'appunto, non potevo comprendere. Poi chiusi gli occhi perché mi facevano male. «Oh, è un bene che voi siate del mio stesso parere ed è stato un gesto altruistico fermarmi per dire questo. Nevvero, perché dovrei vergognarmi – oppure perché dovremmo vergognarci – che io non inceda impettito e grave, non batta il bastone sul selciato e non sfiori gli abiti della gente che passa rumorosa. Non avrei piuttosto il diritto di lamentarmi con ostinazione di dover saltellare come un'ombra dalle spalle angolose lungo le case, sparendo talvolta nei cristalli nelle vetrine?

Che giornate sto vivendo! Perché tutto è costruito tanto male che a volte crollano delle grandi case senza che se ne possa trovare una ragione esteriore? Io mi arrampico allora sulle macerie e chiedo a chiunque mi capiti d'incontrare: 'Com'è potuto mai accadere? Nella nostra città – una casa nuova – è già la quinta oggi – ci pensi'. E nessuno è in grado di rispondermi.

Spesso qualcuno cade per la strada e rimane là, morto. Allora tutti i negozianti aprono le porte con le merci appese, si avvicinano con agilità, trasportano il morto in una casa, riescono fuori con un sorriso sulle labbra e sugli occhi e chiacchierano: 'Buon giorno – il cielo è grigio – vendo molti fazzoletti per coprirsi la testa – già, la guerra'. Io saltello nella casa e dopo aver alzato più volte timidamente la mano col dito piegato, busso infine alla finestrella del portinaio. 'Buon uomo', dico affabilmente, 'hanno portato da lei un morto. Me lo mostri, per favore'. E quando costui scuote il capo, come se esitasse, dico in tono deciso: 'Buon uomo. Sono un agente segreto. Mi mostri subito il morto'. 'Un morto?' domanda adesso ed è quasi offeso. 'No, non abbiamo morti qui. Questa è una casa seria'. Io saluto e me ne vado.

Ma quando devo attraversare una grande piazza dimentico tutto. La difficoltà di quest'impresa mi confonde e penso spesso tra me: 'Se si creano piazze così grandi solo per superbia, perché non si costruisce anche una balaustra di pietra che le attraversi. Oggi soffia il libeccio. L'aria nella piazza è agitata. La cuspide della torre del municipio descrive dei minuscoli cerchi. Perché non si fa un po' di calma nella calca? Tutti i vetri delle finestre schiamazzano, e i pali dei lampioni si piegano come canne di bambù. Il manto della Madonna sopra la colonna si torce e l'aria impetuosa lo tira. Non lo vede nessuno? I signori e le signore che dovrebbero andare sul selciato sono sospesi in aria. Quando il vento prende fiato, si fermano, si dicono qualche parola, e s'inchinano salutando, ma quando il vento riprende a soffiare non possono resistergli e tutti alzano i piedi contemporaneamente. Devono, sì, tener stretti i loro cappelli, ma i loro occhi sono allegri come se il tempo fosse mite. Io solo ho paura'».

Maltrattato com'ero, dissi: «La storia che lei prima ha raccontato, cioè quella della sua signora madre e della donna nel giardino, non mi pare affatto strana. Non soltanto ho udito e vissuto molti episodi analoghi, ma ho preso anche parte direttamente ad alcuni. La cosa è assolutamente naturale. Pensa che se fossi stato io sul balcone non avrei detto la stessa cosa e che non avrei potuto dare la stessa risposta dal giardino? Un caso così semplice».

Sembrò molto felice quando dissi questo. Affermò che ero vestito bene e che la mia cravatta gli piaceva molto. E che pelle morbida avevo. E che le confessioni sarebbero più chiare se le revocassimo.

2. Conversazione con l’ubriaco
(1909)

Quando uscii a passettini dal portone fui travolto dal cielo con la luna, le stelle e la grande volta e dalla piazza del Ring col palazzo del municipio, la colonna e la chiesa di Maria.

Passai tranquillamente dall’ombra alla luce della luna, mi sbottonai il soprabito e mi scaldai; poi feci tacere il sussurro della notte alzando le mani e presi a riflettere:

«Che significa che vi comportiate come se esistesse realmente. Volete farmi credere che sono io irreale e mi trovo in modo buffo sul selciato verde? È passato tanto tempo da quando tu cielo esistevi realmente, e tu piazza del Ring non sei mai esistita realmente».

«È vero mi siete ancora superiori, ma solo quando vi lascio in pace».

«Grazie a Dio, luna, non sei più luna, ma forse è per trascuratezza che io continuo a dare il nome di luna a te che sei chiamata luna. Perché non sei più tanto superba quando ti chiamo ‘lampioncino di carta dimenticato dal colore strano’. E perché ti tiri quasi indietro quando ti chiamo ‘colonna di Maria’, e non riconosco più il tuo atteggiamento minaccioso, colonna di Maria, quando ti chiamo ‘luna dalla luce gialla’».

«Mi sembra davvero che non vi giovi quando si medita su di voi; ci perdete in coraggio e salute».

«Dio, come deve far bene quando un pensatore impara da un ubriaco!».

«Perché tanto silenzio? Credo che non ci sia più vento. E le casette che attraversano spesso la piazza come se fossero su rotelline, sono ben rincalcate – zitto – zitto – non si vede per niente la sottile striscia nera che solitamente le separa dal suolo».

E mi misi a correre. Corsi tre volte intorno alla grande piazza senza trovare ostacoli e poiché non m’imbattevo in nessun ubriaco, corsi senza moderare la velocità e senza provare fatica verso la via Karl. La mia ombra correva sul muro, spesso più piccolo di me, come in un argine tra la parete e il fondo della strada.

Passando davanti alla caserma dei pompieri, sentii un rumore che proveniva dal piccolo Ring, e quando vi entrai scorsi un ubriaco in piedi vicino alla cancellata della fontana, aveva le braccia sollevate lungo i fianchi e coi piedi entro zoccoli di legno batteva per terra.

Mi fermai per riprendere fiato, poi m'avvicinai a lui, mi tolsi il cilindro e mi presentai:

«Buona sera, garbato nobiluomo, ho ventitré anni, ma non ho ancora un nome. Lei, però, proviene sicuramente dalla grande città di Parigi, con un nome stupendo, che si può persino cantare. Tutto il profumo innaturale della traballante corte di Francia la circonda».

«Sicuramente lei ha visto con i suoi occhi colorati quelle grandi dame che, mentre sono già sull'alta e luminosa terrazza e si girano ironicamente sull'esile via, hanno l'estremità dello strascico dipinto che si prolunga per tutto lo scalone e tocca ancora la sabbia del giardino. Su lunghi pali distribuiti un po' dovunque, non è vero, i domestici con una livrea grigia dal taglio sfacciato e candidi calzoni, si reggono con le gambe allacciate a questi pali, il tronco spesso piegato all'indietro e di fianco, mentre cercano di sollevare da terra, con delle corde, gigantesche lenzuola grigie che devono essere tese in alto, per aria, perché la gran dama desidera una mattina nebbiosa». Siccome s'era messo a ruttare, dissi quasi spaventato: «Sì, è proprio vero. Lei, signore, viene dalla nostra Parigi, dalla Parigi turbinosa, ah, da quel passionale tempo di grandine?» Quando ruttò di nuovo, mormorai imbarazzato: «Lo so, mi tocca un grande onore».

E con abili dita abbottonai il mio soprabito, poi parlai con ardore e ritrosia:

«Lo so che lei non mi stima degno d'una risposta, ma dovrei condurre un'esistenza lacrimevole se oggi mi astenessi dal rivolgerle delle domande».

«La prego, elegantissimo signore, è vero quanto mi hanno detto. Esistono a Parigi delle persone che consistono unicamente di abiti ricchi di ornamenti, e case che hanno soltanto portali, ed è vero che nei giorni d'estate il cielo è fuggevolmente azzurro, abbellito unicamente da bianche nuvolette appiccicate, che hanno tutte la forma di cuore? E vi è là un museo molto frequentato, dove ci sono soltanto alberi sui quali sono appesi dei quadretti con i nomi dei più famosi eroi, criminali e innamorati».

«E poi ancora questa notizia! Questa notizia palesemente falsa!».

«Non è vero che quelle strade di Parigi sono improvvisamente ramificate; sono impetuose, non è vero? Non sempre tutto è a posto, e come potrebbe essere! Accade alle volte una disgrazia, la gente si assembra, accorrono dalle vie laterali con il passo delle grandi città, che sfiora appena il selciato; tutti sono curiosi, ma temono anche di venire delusi; respirano in fretta e sporgono le loro testoline. Ma quando si toccano fra loro, s'inchinano profondamente e chiedono scusa: 'Mi dispiace tanto, – è stato senza volere – c'è troppa ressa, mi scusi, la prego – sono stato molto maldestro – lo ammetto. Mi chiamo... – mi chiamo Jérôme Faroche, sono droghiere in rue de Cabotin – mi permetta che l'inviti a pranzo domani – anche mia moglie ne sarà molto lieta'. Parlano così, mentre la strada è stordita e il fumo dei camini cade tra le case. È così. E sarebbe possibile che ad un tratto in un animato boulevard di un quartiere elegante si fermassero due carrozze. Dei domestici aprono gli sportelli con sussiego. Otto nobili cani lupi siberiani saltellano giù e si precipitano abbaiando attraverso la carreggiata. E dicono che si tratta di giovani damerini di Parigi mascherati».

Aveva gli occhi ben chiusi. Quando tacqui s'infilò tutte e due le mani in bocca e tirò la mascella inferiore. Il suo vestito era tutto insudiciato. Probabilmente lo avevano buttato fuori da un'osteria e non se n'era ancora reso conto.

Era forse quella piccola pausa serena tra il giorno e la notte, durante la quale la testa ciondola sul collo, senza che ce l'aspettiamo, e dove tutto è immobile, senza che ce ne accorgiamo, perché non stiamo osservando, e poi scompare. Rimasti soli col corpo piegato ci guardiamo in giro, ma non vediamo più nulla, non sentiamo più neanche la resistenza dell'aria e dentro di noi ci attacchiamo al ricordo che a una certa distanza vi sono delle case con tetti e con comignoli fortunatamente ad angolo, dai quali l'oscurità fluisce nelle case e, attraverso i solai, passa nelle stanze più disparate. Ed è una fortuna che domani sarà un giorno nel quale, per quanto suoni incredibile, si potrà vedere tutto.

L'ubriaco sollevò le sopracciglia facendo apparire tra esse e gli occhi una zona lucida e blaterò a intervalli: «È così, cioè – io cioè ho sonno, perciò me ne andrò a dormire. – Io cioè ho un cognato in piazza Venceslao – vado là, perché è là che abito, perché il mio letto è là. – Io vado adesso. – Solo non so cioè come si chiama e dove abita – mi sembra, ma l'ho dimenticato – ma non fa niente, perché non so neppure se ho un cognato. – Adesso me ne vado cioè. – Crede che lo troverò?»

Risposi senza esitare: «Questo è fuori dubbio. Ma lei viene dall'estero e la sua servitù per il momento non è con lei. Mi consenta di accompagnarla».

Egli non rispose. E io gli porsi il braccio affinché vi si attaccasse.

3. Gran rumore
(1912)

Sono seduto nella mia stanza nel quartier generale del rumore dell'intero appartamento. Sento sbattere tutte le porte, grazie al loro rumore mi sono risparmiati solo i passi di chi corre fra di esse, ancora, sento chiudersi lo sportello del focolare nella cucina. Il padre spalanca le porte della mia stanza nella veste da camera che dietro gli fa come uno strascico, dalla stufa nella stanza accanto viene raschiata la cenere, Valli chiede, gridando dall'anticamera parola per parola, se il cappello del padre è già stato pulito, un sibilare che mi è familiare accresce ancor più il grido di una voce che risponde. La porta dell'appartamento viene aperta con la maniglia e fa rumore come di una gola catarrale, si apre con il canto di una voce di donna e si chiude infine con un cupo colpo virile, che si sente senza il benché minimo riguardo. Il padre è via, ora comincia il rumore più tenue, più diffuso, più senza speranza, prodotto dalle voci dei due canarini. Già una volta ho riflettuto su questo, presso i canarini mi capita di nuovo, se non debba aprire la porta lasciando uno spiraglio, strisciare come un serpente nella stanza accanto e così per terra chiedere alle mie sorelle e alla loro signorina un po' di silenzio.

4. Il cavaliere del secchio
(1921)

Usato tutto il carbone; il secchio vuoto; la pala inutile; la stufa che emana freddo; la stanza soffiata di gelo; dinanzi alla finestra alberi irrigiditi di brina; il cielo, uno scudo d'argento contro chi gli chieda aiuto. Devo avere del carbone; non posso certo morire di freddo; dietro di me la stufa che non ha compassione, dinanzi a me allo stesso modo il cielo, perciò nel frattempo devo subito cavalcare tra i due e chiedere aiuto dal carbonaio. Ma egli è già insensibile alle mie consuete preghiere; devo provargli con precisione che non ho più neppure un granello di carbone e quindi egli per me rappresenta addirittura il sole nel firmamento. Devo arrivare come il mendicante che rantolando dalla fame sta per morire sulla soglia e al quale perciò la cuoca dei padroni si decide a somministrare il fondo dell'ultimo caffè; allo stesso modo il commerciante, furente, ma sotto lo strale del comandamento «Non ammazzare!», dovrà gettare una palata di carbone nel secchio.

Già il mio arrivo deve essere risolutivo; quindi vado lì a cavallo del secchio. Come cavaliere del secchio, la mano sul manico, semplicissima briglia, giro scendendo a fatica le scale; ma giù il mio secchio si alza, splendido, splendido; non sono più belli i cammelli quando, piegati a terra, si alzano scuotendosi sotto il bastone del guidatore. Lungo la strada bloccata dal ghiaccio, si va a trotto regolare; spesso sono sollevato fino all'altezza dei primi piani; non mi abbasso mai fino alla porta di casa. E insolitamente in alto mi libro davanti alla cantina a volta del commerciante, nella quale sta rannicchiato in fondo al suo tavolino a scrivere; per fare uscire l'eccessivo calore, tiene la porta aperta.

«Carbonaio», chiamo con voce resa arsa e cavernosa dal freddo, avvolto nella nuvola di fumo del mio respiro, «per favore, carbonaio, dammi un po' di carbone. Il mio secchio è già così vuoto che posso cavalcarlo. Sii buono. Appena posso ti pago».

Il commerciante porta la mano all'orecchio. «Sento bene?», chiede volgendosi alla moglie che lavora a maglia accanto alla stufa, «sento bene? Un cliente».

«Io non sento proprio nulla», dice la donna, aspirando e inspirando tranquillamente sopra i ferri da maglia, piacevolmente riscaldata nella schiena.

«Oh, sì», esclamo «sono io; un vecchio cliente; fedelmente affezionato; solo in questo momento senza soldi».

«Moglie», dice il commerciante «sì che c'è qualcuno; non posso ingannarmi fino a tal punto; deve essere un vecchio cliente, un vecchissimo cliente, se sa parlarmi al cuore in questo modo».

«Che hai, marito mio?», dice la donna ponendo in grembo il lavoro, riposandosi un istante, «non c'è nessuno, la strada è vuota, tutti i nostri clienti sono riforniti; potremmo chiudere per giorni il negozio e riposare».

«Ma io siedo qui sul secchio», grido mentre dure lacrime di freddo mi velano gli occhi, «per favore, guardate quassù; mi troverete subito; vi chiedo una palata di carbone; e se me ne date due, mi rendete ancora più felice. Già tutti gli altri clienti sono riforniti. Oh, se lo sentissi già sbattere nel secchio!».

«Vengo», dice il carbonaio e sta per salire con le gambe corte le scale della cantina, quando la moglie è già su di lui, lo afferra per un braccio e gli dice: «Resta qui. Se insisti nella tua cocciutaggine, vado io su. Ricordati della tua forte tosse di questa notte. Ma per un affare sia pure immaginario, dimentichi moglie e figli e sacrifichi i polmoni. Vado io». «Allora menzionagli tutte le qualità che abbiamo in deposito; i prezzi te li dico io».

«Bene», dice la moglie e sale sulla strada. Ovviamente mi vede subito. «Signora carbonaia», esclamo, «i miei devoti saluti; solo una palata di carbone; qui direttamente nel secchio; io stesso me lo porto a casa; una palata di quello più scadente. Naturalmente lo pago, ma non subito, non subito». Quale scampanio sono le due parole "non subito" e come si mescolano fino a confondersi alle campane della sera che suonano dal campanile vicino!

«Allora che cosa vuole?», grida il commerciante. «Nulla», risponde la moglie, «non c'è nessuno; non vedo nulla, non sento nulla; solo suonano le sei e ora chiudiamo. C'è un freddo terribile; domani probabilmente avremo ancora molto lavoro».

Ella non vede e non sente nulla; ma tuttavia si slega il nastro del grembiule e cerca di cacciarmi via con il grembiule. Purtroppo ci riesce. Il mio secchio ha tutti i pregi di una buona cavalcatura; non ha però alcuna forza di resistenza; è troppo leggero; un grembiule da donna gli fa alzare le gambe da terra.

«Tu cattiva», le grido, mentre lei volgendosi al negozio agita in aria le mani, mezza sprezzante e mezza soddisfatta, «tu cattiva! Ti ho chiesto una palata di quello più scadente e tu non me l'hai data». E così dicendo, mi alzo nelle regioni dei monti di ghiaccio e mi disperdo per non tornare più.

III.
RACCONTI POSTUMI

Descrizione di una lotta. Titolo originale: *Beschreibung eines Kampfes*.
Preparativi di nozze in campagna. Titolo originale: *Hochzeitsvorbereitungen auf dem Lande*.
Il maestro di scuola del villaggio. Titolo originale: *Der Dorfschullehrer*.
Blumfeld, un vecchio scapolo. Titolo originale: *Blumfeld, ein älterer Junggeselle*.
Il ponte. Titolo originale: *Die Brücke*.
Il cacciatore Gracchus. Titolo originale: *Der Jäger Gracchus*.
Durante la costruzione della muraglia cinese. Titolo originale: *Beim Bau der chinesischen Mauer*.
Il colpo al portone. Titolo originale: *Der Schlag ans Hoftor*.
Il vicino. Titolo originale: *Der Nachbar*.
Un incrocio. Titolo originale: *Ein Kreuzung*.
Uno scompiglio quotidiano. Titolo originale: *Ein alltäglicher Verwirrung*.
La verità su Sancio Panza. Titolo originale: *Die Wahrheit über Sancho Pansa*.
Il silenzio delle sirene. Titolo originale: *Das Schweigen der Sirenen*.
Prometeo. Titolo originale: *Prometheus*.
Lo stemma cittadino. Titolo originale: *Das Stadtwappen*.
Posidone. Titolo originale: *Poseidon*.
Comunità. Titolo originale: *Gemeinschaft*.
Di notte. Titolo originale: *Nachts*.
Il rifiuto. Titolo originale: *Die Abweisung*.
Sul problema delle leggi. Titolo originale: *Zur Frage der Gesetze*.
L'arruolamento. Titolo originale: *Die Truppenaushebung*.
L'esame. Titolo originale: *Die Prüfung*.
L'avvoltoio. Titolo originale: *Der Geier*.
Il timoniere. Titolo originale: *Der Stenermann*.
La trottola. Titolo originale: *Der Kreisel*.
Piccole favole. Titolo originale: *Kleine Fabel*.
Ritorno a casa. Titolo originale: *Heimkehr*.
La partenza. Titolo originale: *Der Aufbruch*.
Difensori. Titolo originale: *Fürsprecher*.
Indagini di un cane. Titolo originale: *Forschungen eines Hundes*.
Una coppia di coniugi. Titolo originale: *Das Ehepaar*.
Rinuncia!. Titolo originale: *Gibs auf!*.
Delle metafore. Titolo originale: *Von den Gleichnissen*.
La tana. Titolo originale: *Der Bau*.
Traduzioni di Giulio Raio.

1. Descrizione di una lotta

E gli uomini vanno, abbigliati,
passeggiano lentamente sulla ghiaia
sotto questo grande cielo,
che da colline in lontananza
si estende a colline lontane.

I.

Già intorno alla mezzanotte alcune persone si alzarono, fecero un inchino, si strinsero vicendevolmente le mani, dichiararono che era stato bello e andarono nell'anticamera per prendere il soprabito, passando attraverso l'ampia apertura della porta. La padrona di casa stava al centro della stanza, e si inchinava con vivacità, mentre il vestito faceva leziose pieghe.

Io sedevo a un piccolo tavolino – aveva tre sottili gambe dritte – sorseggiavo giusto il terzo bicchierino di benedettino e bevendo dominavo con lo sguardo la piccola provvista di pasticcini, che io stesso avevo scelto e disposto a strati dato che avevano un gusto delizioso.

Fu allora che il mio nuovo conoscente venne verso di me e un po' distratto, sorridendo della mia occupazione, disse con voce tremante: «Mi scusi se vengo da lei. Fino a questo momento sono stato solo con la mia ragazza in una stanza vicina. Fin dalle undici e mezzo. La serata non è ancora finita. Mi scusi se le parlo. Noi non ci conosciamo. Non è vero? Ci siamo incontrati per le scale e ci siamo scambiati un paio di parole gentili e ora io già le parlo della mia fidanzata, ma – la prego – lei mi deve perdonare, in me la felicità non sa più contenersi, non potrei fare altrimenti. E poiché qui non ho altri conoscenti di cui fidarmi…».

Così parlava. Ma io lo guardai con tristezza, – il pezzetto di panfrutto che avevo in bocca non aveva un buon sapore – e rivolgendomi al suo grazioso viso acceso, dissi: «Sono lieto di apparirle degno di fiducia, ma sono dispiaciuto che lei voglia parlarne con me. Lei stesso – se non fosse così turbato – dovrebbe comprendere come sia sconveniente raccontare di una ragazza innamorata a uno che siede da solo e beve acquavite».

Come dissi così, lui si sedette di colpo, appoggiandosi alla spalliera e lasciando cadere le braccia. Poi piegò all'indietro i gomiti aguzzi e cominciò a parlare fra sé a voce alquanto alta: «Eravamo là soli nella stanza – seduti – con Annetta e io l'ho baciata – l'ho – baciata – sulle labbra – sulle orecchie – sulle spalle».

Alcuni ospiti che si trovavano vicini, pensando ad una conversazione vivace, vennero verso di noi sbadigliando. Allora io mi alzai e dissi a voce alta: «Bene, se lei vuole, verrò, ma è una follia andare adesso sul Monte San Lorenzo, perché il tempo è ancora freddo ed è caduta un po' di neve, le strade sono come piste di pattinaggio. Ma, se vuole, verrò con lei».

Sulle prime mi guardò con stupore, la bocca aperta con le labbra rosse larghe e umide. Ma poi, appena vide quelle persone che erano ormai molto vicine, si alzò e disse: «Oh, il fresco ci farà bene, i nostri abiti sono pieni di calore e di fumo, forse sono anche un po' brillo, senza aver bevuto molto, dunque, salutiamo e andiamocene».

Andammo dalla padrona di casa e, mentre lui le baciava la mano, lei gli disse: «In verità, sono lieta che oggi abbia un aspetto così felice, di solito lei è sempre così serio e annoiato». La bontà di queste parole lo toccò e lui le baciò la mano ancora una volta, allora lei sorrise.

Nell'anticamera c'era una cameriera, noi la vedevamo per la prima volta. Ci aiutò con i soprabiti e poi prese una piccola lampada per farci luce sulle scale. Sì, la ragazza era bella. Il suo collo era nudo, solo sotto il mento era cinto da un nastro di velluto nero; mentre scendeva le scale davanti a noi, tenendo in basso la lampada, il suo corpo era curvato nel comodo vestito. Le sue guance erano arrossate; aveva bevuto vino, e le sue labbra erano socchiuse.

Poggiò la lampada su un gradino ai piedi delle scale, un po' barcollando si avvicinò di un passo al mio conoscente e lo abbracciò e lo baciò e indugiò nell'abbraccio. Solo quando le misi nella mano una moneta, assonnata sciolse le braccia da lui, aprì lentamente il piccolo portone di casa e ci lasciò nella notte.

In un cielo leggermente nuvoloso e perciò più esteso, una grande luna sovrastava la strada vuota, uniformemente illuminata. A terra c'era una tenera neve. Nel camminare i piedi scivolavano, si dovevano fare piccoli passi.

Eravamo da poco usciti all'aperto allorché fui colto evidentemente da una grande vivacità. Sollevavo le gambe con baldanza, facendo allegramente crocchiare le giunture, gridai un nome sulla strada, come se un amico mi fosse appena sfuggito dietro l'angolo, con un salto lanciai in alto il cappello e lo riacchiappai al volo con ostentazione. Il mio conoscente camminava incurante accanto a me. Teneva la testa china. Non parlava.

Questo mi sorprendeva, perché mi ero aspettato che non appena avesse lasciata la compagnia sarebbe impazzito dalla gioia. Anch'io restai in silenzio. Gli avevo appena dato una pacca di incoraggiamento sulle spalle, quando mi colse la vergogna e ritirai la mano impacciato. Poiché mi era inutile, la infilai nella tasca della giacca.

Camminavamo così in silenzio. Facevo attenzione a come i nostri passi risuonassero e non riuscivo a capire perché mi era impossibile stare al passo con il mio conoscente. Ciò mi irritava un poco. La luna era chiara, si poteva vedere distintamente. Qua e là c'era qualcuno affacciato a una finestra e ci osservava.

Quando giungemmo alla Ferdinandsstrasse, notai che il mio conoscente aveva cominciato a canticchiare a bocca chiusa una melodia; lo faceva molto sommessamente, ma lo sentii. Trovavo che questo era offensivo per me. Perché non parlava con me? Se non aveva bisogno di me, perché non mi aveva lasciato in pace? Ripensavo con irritazione alle buone cose dolci che per colpa sua avevo lasciato sul mio tavolino. Ripensavo anche al benedettino e divenivo un po' più vivace, si poteva dire quasi altezzoso. Puntai le mani ai fianchi e immaginai di passeggiare da solo. Ero stato in società, avevo salvato un giovane ingrato da una umiliazione e ora passeggiavo al chiaro di luna. Il giorno in ufficio, la sera in società, la notte per le strade e mai oltre misura. Nella sua naturalezza una maniera di vivere senza limiti.

Ma il mio conoscente veniva ancora dietro di me, anzi accelerò persino il suo passo, non appena si accorse di essere rimasto indietro, e lo fece come fosse una cosa naturale. Io riflettevo se non fosse forse opportuno svoltare in una via laterale, visto che non ero obbligato a quella passeggiata in comune. Potevo andare a casa da solo e nessuno me lo poteva impedire. Nella mia stanza avrei acceso la lampada a stelo che con la sua base di ferro sta sul tavolo, mi sarei seduto sulla mia sedia a braccioli che sta sul tappeto orientale ormai consunto. A questo punto mi assalì la spossatezza che mi prende sempre non appena penso di ritornare a casa mia e di trascorrere di nuovo da solo le ore fra le pareti dipinte e su quel pavimento che nello specchio dalla cornice dorata appeso alla parete posteriore sembra scendere inclinato. Le mie gambe erano stanche e già ero deciso a tornare comunque a casa e a coricarmi, quando mi venne il dubbio se andando via dovessi o meno salutare il mio conoscente. Ma ero troppo pavido per andar via senza salutare e troppo debole per salutare ad alta voce, allora rimasi fermo, mi appoggiai al muro di una casa rischiarata dalla luna e aspettai.

Il mio conoscente avanzava con un incedere vivace e forse anche un poco inquieto. Faceva una gran quantità di mosse, ammiccava con le palpebre, stendeva le braccia nell'aria, drizzava fortemente in alto verso di me la testa, sulla quale portava un duro cappello nero e sembrava volermi dimostrare con tutto questo che lui capiva tanto bene da apprezzarlo lo scherzo che avevo fatto per il suo divertimento. Io ero perplesso e dissi ad alta voce: «Oggi è una serata allegra». E feci un sorriso malriuscito. Egli rispose: «Sì, e lei ha visto come la cameriera mi ha baciato?» Io non potevo parlare, perché la mia gola era stretta per le lacrime, allora cercavo di soffiare come un corno di postiglione per non restare muto. Sulle prime lui si tappò le orecchie, poi strinse la mia mano destra ringraziando gentilmente. La mia mano al tatto doveva essere fredda, infatti la lasciò e disse: «La sua mano è molto fredda, le labbra della cameriera erano calde, oh, sì». Comprensivo assentii ma, pregando il buon Dio di darmi fermezza, dissi: «Sì, lei ha ragione, andiamo a casa, è tardi e domani presto io ho l'ufficio; pensi che bisogna andare a dormire, anche se non è la cosa più giusta. Lei ha ragione, andremo a casa». Così dicendo gli porsi la mano, come per chiudere la faccenda definitivamente. Ma lui sorridendo assentiva al mio modo di parlare: «Sì, lei ha ragione, una notte così non può essere trascorsa dormendo nel letto. Consideri quanti pensieri felici si soffocano con le coperte quando si dorme da soli nel proprio letto e quanti sogni felici si scaldano con esse». E per la gioia di questa idea afferrò con forza la mia giacca sul petto – non più su – e mi scosse con fare spiritoso; poi strinse gli occhi e disse con confidenza: «Sappia, come è lei, lei è divertente». Così dicendo riprese a camminare ed io lo seguii, senza farci caso, intento a pensare alle sue parole.

Sulle prime fui contento, poi mi sembrò di capire che lui supponeva in me qualcosa che certo in me non c'era, ma che richiamava la sua attenzione per il fatto che lo supponeva. Un rapporto così mi rende felice. Io ero contento di non essere tornato a casa ed il mio conoscente mi divenne molto prezioso come uno che mi rendeva merito davanti al mondo, senza che io me lo dovessi conquistare! Guardai al mio conoscente con occhi pieni d'amore. Nel pensiero lo proteggevo dai pericoli, in particolare da rivali e da uomini gelosi. La sua vita mi era più cara della mia. Trovai bello il suo viso, ero orgoglioso delle sua fortuna con le cameriere e partecipe dei baci che aveva ricevuto quella sera dalle due ragazze. Oh, era una bella serata! Domani il mio conoscente parlerà con la signorina Anna; sulle prime delle solite cose, come è naturale, ma poi all'improvviso dirà: «Ieri di notte sono stato con un uomo che tu cara Annetta sicuramente non hai mai visto. Egli ha l'aspetto – come devo descriverlo – come di una pertica che si muove a penzoloni, sulla quale è infilzata una testa un poco goffa di pelle gialla e con i capelli neri. Il suo corpo è addobbato di tanti stridenti cenci giallognoli, alquanto piccoli, che ieri lo ricoprivano interamente, perché nella bonaccia di questa notte aderivano completamente. Egli camminava accanto a me timidamente. Tu, mia cara Annetta che sai baciare così bene, credo che tu un po' avresti riso e un po' avresti avuto paura, ma a me, la cui anima è volata da tutte la parti per amor tuo, faceva piacere la sua presenza. Egli forse è infelice e perciò sta sempre zitto e vicino a lui si sta sempre in una felice inquietudine che non finisce mai. Ieri ero proprio vinto dalla felicità, ma quasi mi dimenticai di te. Mi sembrava che con il respiro del suo petto schiacciato si sollevasse la dura volta del cielo stellato. L'orizzonte si aprì e sotto le nuvole infiammate i paesi erano visibili all'infinito, in quel modo che ci rende felici. – Mio cielo, come ti amo stanotte e il tuo bacio mi è più caro di un paese. Non parliamo più di lui, e amiamoci».

Quando con passi lenti mettemmo piede sulla banchina, certo invidiavo il mio conoscente per via dei baci, ma con gioia sentivo anche l'intima umiliazione che doveva provare, così mi sembrava, nei miei confronti.

Così pensavo. Ma in quel momento i miei pensieri si ingarbugliavano, perché la Moldava e i quartieri sull'altra riva giacevano in un'unica oscurità. Erano accese solo alcune luci e luccicavano come occhi contemplanti. Ci fermammo alla balaustra. Infilai i guanti, perché dall'acqua aleggiava il gelo; sospirai senza motivo, come si può fare di notte dinanzi ad un fiume, volevo riincamminarmi. Ma il mio conoscente guardava verso l'acqua e non si mosse affatto. Poi andò ancor più vicino alla balaustra, appoggiò le braccia con i gomiti sul ferro e posò la fronte nelle mani. Ciò mi sembrò folle. Avevo freddo e mi alzai il bavero della giacca. Il mio conoscente si stirò e ripiegò sulla balaustra il busto, che fino a quel momento aveva riposato sulle braccia piegate. Per reprimere uno sbadiglio, mi affrettai a parlare imbarazzato: «È strano, non è vero, che proprio la notte sia capace di immergerci completamente nei ricordi. Ora per esempio mi ricordo di questo. Una volta sedevo sulla riva di un fiume su una panca di sera in una posizione distorta. Tenevo la testa appoggiata sul braccio, sulla spalliera di legno della panchina, guardavo le montagne fra le nuvole sull'altra riva e ascoltavo un violino delicato, che qualcuno suonava nell'albergo sulla spiaggia. Su entrambe le rive transitavano di qua e di là dei treni in manovra con fumo luccicante». Dissi così, cercando disperatamente dietro le parole storie d'amore con strane situazioni non esenti da una certa crudezza e da una forte violenza.

Ma proferii appena le prime parole, il mio conoscente con indifferenza e semplicemente sorprendendosi di vedermi ancora lì – così mi sembrò – si volse verso di me e disse: «Vede, avviene sempre così. Oggi mentre scendevo le scale per fare ancora una passeggiata serale, prima di andare al ricevimento, mi sono meravigliato di come le mie mani rossicce ciondolassero di qua e di là nei polsini bianchi e di come lo facessero con insolita allegria. Presentivo un'avventura. Avviene sempre così». Così dicendo, già si incamminava sorridendo e guardandomi con tanto d'occhi.

Ma mi turbò molto e fu per me doloroso il fatto che forse la mia figura alta gli poteva essere sgradita, che accanto a me forse lui sembrava troppo basso. E, benché fosse notte e noi non stessimo incontrando quasi nessuno, questa circostanza mi tormentava, tanto che incurvai la schiena a tal punto che camminando le mani toccavano le ginocchia. Ma affinché il mio conoscente non capisse la mia intenzione, alterai la mia posizione solo a poco a poco con grande accortezza, cercando di distogliere da me la sua attenzione con osservazioni sugli alberi dell'Isola dei Tiratori e sul riflesso delle luci del ponte sul fiume. Ma lui con una mossa repentina rivolse il suo sguardo su di me e disse con indulgenza: «Perché cammina così? Lei è tutto curvo ed è quasi basso come me!»

Visto che aveva parlato con benevolenza, io risposi: «Può essere. Ma questa posizione mi è gradita. Sappia che sono alquanto gracile e mi è troppo faticoso tenere il corpo eretto. Non è una sciocchezza, sono troppo lungo».

Lui disse, un po' diffidente: «Questo è solo un capriccio. Certo prima camminava completamente dritto, credo, e anche al ricevimento si reggeva ancora discretamente. Ha ballato persino, o no? Ma certo camminava dritto e può farlo anche ora».

Risposi con ostinazione, difendendomi con la mano: «Sì, sì io camminavo dritto. Ma lei mi sottovaluta. So quali sono le buone maniere e perciò cammino dritto».

Ma ciò non gli sembrò comprensibile; alquanto turbato dalla sua felicità non capiva il nesso delle mie parole e disse soltanto: «Via, come vuole», e levò gli occhi all'orologio della Torre del Mulino, che già segnava quasi l'una.

E io dissi fra me: «Come è senza cuore quest'uomo! Come è indicativa ed evidente la sua indifferenza alle mie umili parole! Egli è veramente felice e questo è il modo d'essere di chi è felice, trovare naturale tutto ciò che accade intorno a sé. La sua felicità crea una splendida armonia. E se io ora saltassi nell'acqua o se ora dinanzi a lui mi straziassero le convulsioni, qui sul selciato sotto questo arco, mi adatterei pacificamente alla sua felicità. Sì, se gliene venisse l'estro – un uomo felice è tanto pericoloso, ciò è indubitabile – mi potrebbe ammazzare come un assassino di strada. Ciò è sicuro; e, poiché sono un vigliacco, dinanzi allo spavento non oserò mai gridare – Per amore di Dio!» Mi guardai intorno per la paura. Da una lontana caffetteria con vetri neri rettangolari una guardia scivolò via sul lastricato. Prese nella mano la sciabola che gli era un po' di impaccio e camminò con molta più grazia. E quando la sentii gridare di giubilo, seppure debolmente da una distanza mediocre, mi convinsi che non mi avrebbe salvato, se il mio conoscente avesse voluto ammazzarmi.

Ma ora sapevo cosa dovevo fare, poiché proprio dinanzi a eventi terribili una grande risolutezza si impadronisce di me. Dovevo fuggire. Era molto facile. Prendendo il Ponte Carlo a sinistra, potevo saltare a destra nella Karlsgasse. Era una via tortuosa, c'erano portoni bui e taverne ancora aperte; non dovevo disperare.

Quando sbucammo sotto l'arco alla fine della banchina, corsi nella strada con le braccia alzate; ma non appena giunsi presso una piccola porta della chiesa caddi, perché lì c'era un gradino che non avevo visto. Ci fu uno schianto. La lanterna più vicina era lontana, giacevo nel buio. Da una taverna di fronte uscì una donna grassa con una piccola lampada fumosa per vedere che cosa fosse successo sulla strada. Il pianoforte cessò di suonare e un uomo aprì completamente la porta ancora socchiusa. Egli sputò grandiosamente su un gradino e solleticando la donna fra i seni, disse che quello che era successo era in ogni caso senza importanza. Si girarono e la porta fu richiusa.

Come tentai di alzarmi, caddi di nuovo. «Il terreno è gelato», dissi e avvertii un dolore al ginocchio. Eppure ero contento che la gente della taverna non mi potesse vedere e quello mi sembrò il posto più comodo, potevo restare lì fino all'alba.

Il mio conoscente era di certo andato da solo fino al ponte senza notare che mi ero allontanato, visto che mi raggiunse solo dopo un po'. Io non lo vidi meravigliato quando con compassione si chinò su di me e mi accarezzò teneramente con la mano. Sfiorò gli zigomi su e giù e posò due grosse dita sulla mia fronte bassa: «Si è fatto male, non è vero? C'è il ghiaccio e bisogna essere prudenti. – Le fa male la testa? No? Ah, il ginocchio». Parlava in un tono cantilenante come se raccontasse una storia e una storia per giunta piacevole di un dolore molto lontano in un ginocchio. Muoveva le braccia, ma non gli venne in mente di sollevarmi. Io appoggiai la testa sulla mano destra – il gomito era poggiato su una pietra del selciato – e dissi in fretta per non dimenticarmene: «Non so proprio perché sono corso a destra. Ho visto correre un gatto sotto il portico di questa chiesa, non so cosa voglia dire, oh, per favore, mi perdoni. Un piccolo gatto col pelo chiaro. Per questo l'ho notato. – Oh, no, non è stato questo, mi scusi, ma la fatica necessaria per dominarsi durante il giorno. Si dorme giusto l'indispensabile per riprendersi di questa fatica; se non si dorme, allora ci capitano cose senza scopo, ma sarebbe scortese da parte dei nostri accompagnatori meravigliarsene molto».

Il mio conoscente aveva le mani in tasca e guardava il ponte deserto, poi la chiesa dei Cavalieri della Santa Croce e poi il cielo, che era chiaro. Poiché non mi aveva ascoltato, disse timorosamente: «Ma perché non parla, mio caro, sta male? – Perché non si alza? – Qui fa freddo, si prenderà un raffreddore, e poi dovevamo andare sul Monte San Lorenzo». «Certo», dissi, «mi perdoni», e mi alzai da solo, ma con un forte dolore. Barcollai e per essere sicuro del mio punto di osservazione, dovetti fissare la statua di Carlo IV. Ma la luce lunare era maldestra e mise in movimento anche Carlo IV. Mi meravigliai ancor più e i miei piedi divennero molto più saldi per la paura che Carlo IV si sarebbe potuto rovesciare se non mi fossi messo in una posizione più rassicurante. Subito dopo il mio mi sembrò inutile, perché Carlo IV cadde giù, quando mi venne in mente che sarei stato amato da una ragazza con un bel vestito bianco.

Faccio cose davvero inutili e spesso mi perdo. Com'era felice quest'idea che riguardava la ragazza! – Ed era bello da parte della luna che essa illuminasse anche me ed io per modestia mi stavo mettendo sotto la volta della torre del ponte, quando capii che era del tutto naturale che la luna illuminasse ogni cosa. Perciò allargai le braccia con gioia per godere interamente della luna. Allora mi venne in mente il verso:

> Io correvo per le vie
> come un corridore ubriaco
> che scalpita nell'aria,

e mi sentivo leggero quando, facendo con le braccia rilassate i movimenti del nuoto, avanzavo senza dolore e fatica. La testa stava bene nell'aria fresca e l'amore della ragazza vestita di bianco mi gettò in un triste incanto, mi sembrò di allontanarmi a nuoto dall'innamorata e dalle montagne nuvolose del suo paese. – E mi ricordai che prima avevo odiato un conoscente felice che forse continuava a camminare accanto a me e mi fece piacere che la mia memoria fosse così buona da conservare cose di secondaria importanza. Infatti la memoria deve sopportare molto. Così ad un tratto dal nome riconobbi molte stelle, benché non avessi mai imparato a farlo. Sì, sono nomi strani, difficili da ricordare, ma li conoscevo tutti e molto bene. Puntavo in alto l'indice e pronunciavo il nome di ognuna ad alta voce. – Ma non andai lontano con il dare il nome alle stelle, perché dovevo continuare a nuotare, non volevo affondare troppo. In seguito mi si sarebbe potuto dire che chiunque è in grado di nuotare sul lastricato e che ciò non è degno di narrazione; saltai con uno scatto sul parapetto e a nuoto girai attorno ad ogni statua di santo che incontravo. Alla quinta, mentre mi tenevo dritto con superbe bracciate, il mio conoscente mi afferrò la mano. Stavo di nuovo sul selciato e sentivo un dolore al ginocchio. Avevo dimenticato i nomi delle stelle e della ragazza amata sapevo solo che ella aveva portato un vestito bianco, ma non riuscivo a ricordarmi quali motivi avevo avuto per credere all'amore della ragazza. Mi prese una grande e legittima collera contro la mia memoria e la paura di poter dimenticare la ragazza. E così ripetevo intensamente e in continuazione "vestito bianco, vestito bianco", per ricordarmi della ragazza almeno attraverso questo segno. Ma ciò non servì a nulla. Il mio conoscente si avvicinò sempre di più a me e, nel momento in cui cominciai a capire le sue parole, una luce bianca saltellò graziosamente lungo la ringhiera del ponte, passò attraverso la torre del ponte, e saltò nella strada buia. «Sempre ho amato», disse il mio conoscente indicando la statua di Santa Ludmila, «le mani di quest'angelo, a sinistra. La loro delicatezza è senza limiti e le dita che si tendono tremano. Ma questa sera queste mani mi sono indifferenti, posso dire, perché ho baciato altre mani». – Allora mi abbracciò, baciò i miei vestiti, battendo con la testa contro il mio corpo.

Dissi: «Sì, sì, ci credo. Non ne dubito», e intanto gli pizzicavo i polpacci con le dita che avevo libere. Ma non provava nulla. Allora mi dissi: "Perché camminare con quest'uomo? Tu non lo ami e neppure lo odi, perché la sua felicità sta soltanto in una ragazza e non è neppure certo che ella indossi un vestito bianco. Quindi quest'uomo ti è indifferente – lo ripeto – indifferente. Ma non è neanche pericoloso, come si è visto. Cammina pure con lui fino al Monte San

Lorenzo, dato che sei già sulla strada in questa notte meravigliosa, ma lascialo parlare e divertiti a modo tuo, e così, dillo piano – ti difendi nel modo migliore”.

II.

DIVERTIMENTI OVVERO DIMOSTRAZIONE CHE È IMPOSSIBILE VIVERE

1. *Cavalcata*

Saltai subito con insolita destrezza sulle spalle del mio conoscente e battendogli i pugni sulla schiena lo portai a trotto leggero. E, quando riluttante scalpitava un po' o addirittura si fermava, lo colpivo ripetutamente con gli stivali nel ventre, per tenerlo sempre pronto. Ci riuscii e con buona velocità arrivammo così sempre più lontano all'interno di una grande ma ancora indefinita regione, nella quale era sera.

La via maestra sulla quale cavalcavo era pietrosa e saliva in maniera considerevole, ma proprio questo mi piaceva e la facevo diventare ancora più pietrosa ed in salita. Quando il mio conoscente inciampava, di strappo lo sollevavo in alto per il bavero e quando si lamentava gli davo pugni in testa. Intanto avvertivo come per me fosse salutare quella cavalcata serale nell'aria buona e, per renderla ancora più vivace, feci soffiare contro di noi un forte vento con lunghe raffiche, poi intensificai il movimento a balzi sulle spalle larghe del mio conoscente e, tenendomi con entrambe le mani ben saldo al suo collo, piegavo la testa all'indietro per osservare le molteplici nuvole che, più leggere di me, goffamente volavano con il vento. Io ridevo e trepidavo dal coraggio. La giacca si allargava e mi dava forza. Nel frattempo stringevo forte le mani rischiando così, inconsapevolmente, di strozzare il mio conoscente.

Ma quando il cielo poco a poco fu nascosto dai rami adunchi degli alberi che feci crescere sui cigli della strada, nel movimento acceso della cavalcata, esclamai: «Io ho ben altro da fare che ascoltare chiacchiere di innamorato. Perché è venuto da me questo innamorato chiacchierone? Tutti sono felici e lo sono in modo particolare se un altro lo sa. Credono di avere una serata felice e per questo subito si rallegrano della vita futura».

A questo punto il mio conoscente cadde e quando lo esaminai trovai che era seriamente ferito a un ginocchio. Dal momento che non mi poteva più essere utile, lo abbandonai sulle pietre e con un fischio feci accorrere alcuni avvoltoi che ubbidienti con il becco severo si posarono su di lui, per sorvegliarlo.

2. *Passeggiata*

Incurante andai oltre. Ma, temendo lo sforzo della strada di montagna visto che andavo a piedi, lasciai che la strada divenisse sempre più pianeggiante e che infine sprofondasse in lontananza in una vallata. I sassi scomparvero, secondo la mia volontà, e il vento si calmò e si perse nella sera. Marciavo di buona lena, e, andando in discesa, avevo sollevato la testa e irrigidito il corpo e incrociato le braccia dietro la testa. Poiché amo gli abeti rossi, passavo attraverso abeti rossi, e, poiché guardo volentieri in silenzio il cielo stellato, lentamente e pacatamente, come del resto fanno di solito, sorsero per me le stelle nel cielo immensamente aperto. Vedevo soltanto alcune nuvole veloci che un vento che soffiava solo alla loro altezza trascinava nell'aria.

Piuttosto lontano di fronte alla mia strada, feci innalzare, forse separata da me da un fiume, un'alta montagna la cui cima coperta di boscaglia confinava col cielo. Potevo vedere chiaramente anche le piccole ramificazioni e i movimenti dei rami più alti. Quella vista, per quanto possa considerarsi solita, mi faceva così piacere che, dondolando come un piccolo uccello sui rametti di quei lontani cespugli incolti, dimenticai di far sorgere la luna che già stava dietro alle montagne, forse arrabbiata per il ritardo.

Ma il freddo chiarore che precede il sorgere della luna si diffuse sulle montagne e all'improvviso la luna stessa si levò dietro ad uno degli inquieti cespugli. Io però stavo guardando in un'altra direzione e, appena volsi lo sguardo davanti a me e la vidi, ormai splendeva in tutta la sua rotondità, mi fermai con gli occhi spenti, perché la mia ripida strada sembrava condurre proprio a quella terribile luna.

Ma dopo un po' mi abituai ad essa e considerai avvedutamente come per lei fosse difficile la salita, finché, alla fine, dopo che io e lei eravamo andati l'uno all'altra incontro per un lungo tratto, sentii una piacevole sonnolenza che, come credo, mi prese per le fatiche della giornata, che a dire il vero non riuscivo più a ricordare. Camminai per un po' di tempo con gli occhi chiusi mentre mi mantenevo sveglio soltanto battendo le mani rumorosamente con cadenze regolari.

Ma come la strada minacciava di sfuggirmi sotto i piedi e tutte le cose, come me stanche, cominciarono a dileguarsi, io mi affrettai ad arrampicarmi sul pendio al lato destro della strada con movimenti convulsi per giungere in tempo nell'alto e intricato bosco di abeti nel quale volevo dormire la notte. La fretta era necessaria. Le stelle già si spegnevano e la luna tramontava debolmente nel cielo, come in un'acqua mossa. La montagna era già un pezzo della notte, la strada maestra finiva angosciosamente là dove io avevo preso il pendio e dall'interno del bosco sentivo avvicinarsi lo schiantarsi di alberi che cadevano. Ora avrei subito potuto mettermi a dormire sul muschio, ma avevo paura delle formiche; con le gambe avvinghiate al tronco mi arrampicai su un albero che anche senza vento ondeggiava, mi stesi su un ramo, poggiai la testa al tronco e subito presi sonno, mentre per il mio buon umore uno scoiattolo con la coda eretta si posava sulla punta tremante del ramo e si cullava.

Dormii un sonno senza sogni e profondo. Non mi svegliarono né il tramontare della luna né il sorgere del sole. E persino mentre stavo per svegliarmi, mi tranquillizzavo dicendo: "Ieri ti sei molto stancato, perciò abbi cura del tuo sonno" e mi riaddormentavo.

Ma, benché non sognassi, il mio sonno trascorreva lievemente disturbato di continuo, l'intera notte sentii qualcuno parlare vicino a me. Non ne capivo le parole tranne qualcuna come "panca in riva al fiume", "montagne nuvolose", "treni con fumo luccicante", ma soltanto l'intonazione e mi ricordo che anche nel sonno mi fregavo le mani dalla gioia di non dover riconoscere le singole parole, visto che stavo dormendo.

Prima di mezzanotte la voce era molto allegra, sconveniente. Io tremavo, perché credevo che qualcuno sotto segasse il mio albero, che già aveva prima barcollato. Dopo mezzanotte la voce si ritrasse divenendo seria; faceva pause fra una frase e l'altra così che sembrava che rispondesse a delle domande che io non ponevo. Allora mi sentii a mio agio e osai stendermi. – Sul far del mattino la voce divenne sempre più benevola. Il giaciglio di chi parlava sembrò esser forse non più sicuro del mio, dal momento che ora notavo che parlava dai rami vicini. Allora con audacia mi posi di fronte. Ciò lo rese evidentemente triste perché smise di parlare e tacque finché al mattino mi svegliò con un leggero sospiro, mentre ero già del tutto disabituato a quel rumore.

Guardavo un cielo nuvoloso, che non era solo sulla mia testa; ma mi girava perfino intorno. Le nuvole erano così pesanti che si spingevano in basso sul muschio, urtavano contro gli alberi, si laceravano ai rami. Qualcuna per un momento cadde giù sul terreno, qualcun'altra si lasciava incuneare dagli alberi, finché non sopraggiungeva un vento più forte e continuava a trascinarle. La maggior parte di esse trasportava coni d'abete, rami spezzati, comignoli, selvaggina morta, drappi di biancheria, banderuole e altre cose, per lo più irriconoscibili, che aveva preso con sé in qualche luogo librandosi in lontananza.

Io stavo accovacciato piccolo piccolo sul mio ramo e dovevo riflettere su questo, se respingere via le nuvole che incombevano su di me, oppure schivarle, quando fossero alte. Questo però era un lavoro pesante, per me che ero ancora mezzo addormentato, e ancora turbato dai sospiri, che ancora spesso credevo di sentire. Tuttavia vidi con stupore che quanto più sicuro divenivo della mia vita, tanto più in alto e in largo si estendeva anche il cielo, finché alla fine dopo il mio ultimo sbadiglio era ancora irriconoscibile il paesaggio della sera che ora stava sotto le nuvole di pioggia.

L'ampiezza della visione apparsa così rapidamente mi atterrì. Pensavo al perché ero giunto in quella regione, di cui non conoscevo le strade. Mi sembrò di essermi smarrito lì in sogno e di aver compreso il tremendo della mia situazione solo al risveglio. Allora udii per fortuna un uccello nel bosco e pensai tranquillizzandomi che ero giunto là per il mio divertimento. “La tua vita era monotona”, così dissi piano, per persuadermene, “era effettivamente necessario che tu venissi condotto altrove. Puoi essere contento, qui c'è allegria. Splende il sole”.

Allora il sole splendette e le nuvole piovose divennero bianche, leggere e piccole nel cielo blu. Rilucevano e si inselvavano. Vidi un fiume nella vallata.

“Sì, era monotona, ti meriti questo divertimento”, dissi ancora quasi con forza, “ma non era anche minacciata”. Sentii qualcuno sospirare spaventosamente vicino.

Volevo discendere velocemente ma, poiché il ramo tremava come la mia mano, caddi impietrito da quella altezza. Urtai appena e non avvertii alcun dolore, ma mi sentii così debole e infelice che poggiai la faccia sul terreno a bosco, dal momento che non riuscivo a sopportare la fatica di vedere intorno a me le cose della terra. Ero persuaso che ogni movimento e ogni pensiero fossero strappati con la forza, che ci si dovesse proteggere da essi. La cosa più naturale era invece stare lì sull'erba, le braccia lungo il corpo e la faccia nascosta. E mi dicevo di essere proprio contento di trovarmi già in quella posizione naturale, dato che altrimenti ci sarebbero volute molte crisi estenuanti, come passi o parole, per giungervi.

Giacevo a terra da non molto tempo quando udii qualcuno piangere. Era vicino a me e ciò mi corrucciava. Mi corrucciava tanto che cominciai a pensare chi mai potesse essere che piangeva. Avevo appena cominciato a pensarci, che presi a rigirarmi in una tremenda angoscia così forte che, interamente nascosto dai pini, rotolai giù dal pendio fin nella polvere della strada. E, benché vedessi ogni cosa con gli occhi pieni di polvere, come se si trattasse di un'immaginazione, mi misi lo stesso a correre lungo la strada per sfuggire finalmente a ogni fantasma.

Correndo ansimavo e nello scompiglio perdevo il dominio su me stesso. Vedevo come si sollevavano le mie gambe con le loro grosse rotule sporgenti, ma non potevo più fermarmi, le mie braccia oscillavano di qua e di là come per un esito molto lieto, anche la mia testa vacillava. Ciò nonostante, mi affannavo freddo e disperato per trovare scampo. Mi ricordai del fiume, che doveva essere nelle vicinanze, e per mia gioia vidi anche una via stretta che si piegava di lato e che, dopo qualche salto fra i prati, mi condusse alla riva.

Il fiume era largo e le sue piccole risuonanti onde erano rischiarate. Anche sull'altra sponda c'erano prati che si mutavano poi in cespugli, dietro ai quali in grande lontananza si vedevano viali luminosi di alberi da frutta che conducevano a verdi colline.

Allietato da quella vista mi distesi a terra e, tappandomi le orecchie per non sentir piangere come temevo, pensai che lì potevo stare contento. Qui è solitario e bello. Non occorre molto coraggio per viverci. Ci si dovrà affannare come altrove, ma non ci si dovrà muovere con eleganza. Ciò non sarà necessario. Qui ci sono soltanto montagne e un grande fiume e io sono ancora abbastanza ragionevole da ritenerli senza vita. Anzi, quando di sera inciamperò da solo su sentieri che salgono attraverso i prati, non sarò abbandonato più della montagna, solo me ne accorgerò. Ma credo che anche questo finirà.

Così giocavo con la mia vita futura e ostinatamente cercavo di dimenticare. Socchiudendo gli occhi guardavo un cielo che era di un colore insolitamente felice. Da molto tempo non l'avevo visto così, mi commossi e mi ricordai di certi giorni in cui pure avevo creduto di vederlo così. Levai le mani dalle orecchie, allargai le braccia e le lasciai cadere nell'erba.

Udii qualcuno che singhiozzava lontano lievemente. Si levò il vento e frusciando si sollevò una gran quantità di foglie secche che prima non avevo visto. Dagli alberi caddero al suolo in folle quantità frutti non ancora maturi. Dietro a una montagna spuntavano brutte nubi. Le onde del fiume scrosciavano indietreggiando di fronte al vento.

Mi alzai in fretta. Mi faceva male il cuore, perché ora appariva impossibile venir fuori dalla mia pena. Volevo già tornare indietro, per lasciare quella regione e riprendere il mio precedente modo di vivere, quando mi venne questa idea: "Come è strano che ancora di questi tempi delle persone distinte vengano trasportate al di là di un fiume in questo modo difficile. Non c'è altra spiegazione se non che si tratta di vecchia usanza". Stupito, scossi la testa.

3. *Il grasso*

a. Discorso al paesaggio

Dai cespugli dell'altra sponda sbucarono quattro grossi uomini nudi, che reggevano sulle spalle una portantina di legno. Su quella portantina sedeva nella posizione orientale un uomo mostruosamente grasso. Sebbene fosse trasportato per una strada impraticabile attraverso cespugli, non allontanava da sé i ramoscelli spinosi, ma con forza passava attraverso di essi con il corpo immobile. Le sue masse di grasso grinzoso erano così accuratamente disposte che ricoprivano l'intera portantina e pendevano ancora ai lati, simili agli orli di un tappeto giallognolo, ma senza che lui ne fosse turbato. La sua testa calva era piccola e risplendeva gialla. La faccia aveva l'espressione semplice di un uomo che pensa e non si studia di nasconderlo. A volte chiudeva gli occhi; li riapriva e il mento si storceva.

«Il paesaggio mi disturba mentre penso», disse sottovoce, «fa oscillare le mie meditazioni come ponti sospesi sopra una corrente infuriata. È bello e per questo vuole essere contemplato».

«Chiudo gli occhi e dico: tu, verde montagna sul fiume, tu che hai pietrame che rotola contro l'acqua, sei bella».

«Ma non è contenta, vuole che apra gli occhi».

«Ma quando dico con gli occhi chiusi: montagna, non ti amo, perché mi ricordi le nuvole, il rosso della sera e il cielo che sale e queste sono cose che mi fanno quasi piangere, perché non si possono mai raggiungere, quando ci si fa portare su una piccola lettiga; ma mentre mi mostri queste cose, perfida montagna, mi nascondi il panorama, che mi allieta, perché mi mostra ciò che è raggiungibile in una bella visione di insieme: ecco che non ti amo, montagna sull'acqua, no, non ti amo».

«Ma queste parole sarebbero per lei indifferenti come le mie parole precedenti, se non parlassi ad occhi aperti. Altrimenti non è contenta».

«E non dobbiamo tenercela amica, salvaguardare lei che nutre una così capricciosa predilizione per la poltiglia del nostro cervello? Ella proietterebbe su di me la sua ombra dentata, metterebbe dinanzi a me pareti mute, spaventose, nude e i miei portatori inciamperebbero nei piccoli sassolini sulla via».

«Ma non è solo la montagna così vanitosa, così indiscreta e così avida di vendetta, lo è anche tutto il resto. Così, con gli occhi tondi – oh, mi fanno male – devo sempre ripetere»:

«Sì, montagna, sei bella e mi rallegrano i boschi sul tuo versante occidentale. – Anche di te sono contento, fiore, e il tuo rosa allieta la mia anima. – Tu, erba, sei già alta e folta sui prati e dai frescura. – E tu, boscaglia eterogenea, pungi così inattesa che i nostri pensieri sobbalzano. Ma anche in te, fiume, trovo un diletto così grande, che mi lascerò trasportare sulle tue acque arrendevoli».

Dopo aver pronunciato dieci volte questa magnificazione con qualche umile movimento del corpo, abbassò il capo e disse ad occhi chiusi:

«Ora però – vi prego – montagna, fiore, erba, boscaglie e fiume, datemi un po' di spazio perché possa respirare».

Seguì allora un rapido spostamento nelle montagne circostanti che si urtavano dietro la nebbia. I viali alberati restavano fermi e rispettavano abbastanza la larghezza della strada, ma presto si confusero. Nel cielo dinanzi al sole c'era una nuvola umida con l'orlo lievemente traslucente, nel cui raggio d'ombra la regione si abbassava profondamente, mentre tutte le cose perdevano i loro bei confini.

I passi dei portatori erano udibili fin dalla mia riva, eppure nello scuro quadrilatero dei loro volti non potevo distinguere nulla di preciso. Vedevo soltanto come chinavano la testa su un lato e come incurvavano la schiena, a causa di quel peso eccezionale. Mi preoccupavo per loro, perché notavo che erano stanchi. Perciò stavo a guardare con tensione quando si inoltrarono nell'erba della riva, e con passo regolare passarono sulla sabbia bagnata, finché infine si lasciarono affondare nella melma del canneto, dove i due portatori che erano dietro si abbassarono di più, per mantenere la lettiga nella sua posizione orizzontale. Premetti l'una all'altra le mani. Ora dovevano levare in alto i piedi ad ogni passo, così che nell'aria fresca di quel pomeriggio variabile rilucevano dal sudore.

Il grasso se ne stava tranquillamente seduto, le mani sulle cosce; le lunghe punte delle canne lo sfioravano quando si rialzavano di scatto dietro i portatori che stavano davanti.

I movimenti dei portatori divenivano sempre più irregolari man mano che si avvicinavano all'acqua. Di tanto in tanto la lettiga oscillava, come se già stesse sulle onde. Le piccole pozzanghere del canneto venivano saltate o aggirate, visto che potevano essere profonde. Ad un certo momento si levarono gridando delle anatre selvatiche e si alzarono in volo obliquo fino alla nuvola di pioggia. Allora osservai di sfuggita il volto del grasso; era molto inquieto. Mi alzai e con salti maldestri mi misi a correre sul pendio pietroso che mi separava dall'acqua. Non feci attenzione al fatto che potesse essere pericoloso, pensavo soltanto di aiutare il grasso, quando i servitori non potessero più trasportarlo. Correvo così avventatamente che davanti all'acqua non riuscii a fermarmi, ma dovetti entrare nell'acqua per un tratto alzando spruzzi e riuscendo a fermarmi solo quando l'acqua mi arrivò alle ginocchia.

Sull'altra riva i servitori contorcendosi avevano portato la lettiga nell'acqua e, mentre con una mano toccavano l'acqua agitata, con le quattro braccia pelose sollevavano la lettiga in alto, così che si vedevano i loro muscoli straordinariamente ingrossati.

Prima l'acqua arrivò loro al mento, poi si alzò fino alla bocca, i portatori piegarono indietro la testa, le stanghe della lettiga caddero sulle loro spalle. L'acqua già lambiva il dorso del naso e ancora essi non desistevano dai loro sforzi, benché fossero appena al centro del fiume. Un'onda bassa si abbatté sulla testa di quelli che stavano davanti e i quattro uomini annegarono muti, trascinandosi dietro con le mani la lettiga, convulsamente. L'acqua subito li ricoprì.

Allora la luce bassa del sole del tramonto uscì dai margini della grande nuvola e rischiarò le colline e le montagne al confine dell'orizzonte, mentre, sotto la nuvola, il fiume e la regione rimanevano in una luce indistinta.

Il grasso si girò lentamente nel senso della corrente e fu trasportato giù per il fiume, come un idolo di legno chiaro divenuto inutile e gettato nel fiume. Procedeva sul riflesso della nuvola di pioggia. Nuvole allungate lo trascinavano e piccole nuvole ricurve lo mandavano avanti, così che ci fu un considerevole sommovimento, che si poté notare anche dall'infrangersi dell'acqua sulle mie ginocchia e sulle pietre a riva.

Rapidamente mi arrampicai sulla scarpata, per poter seguire il grasso lungo la via, perché invero io lo amavo. E forse avrei potuto esperire qualcosa sulla pericolosità di quella regione all'apparenza sicura. Allora mi incamminai su una striscia di sabbia, alla cui strettezza sulle prime bisognò abituarsi, le mani in tasca e la faccia rivolta ad angolo retto verso il fiume, così il mento quasi poggiava sulla spalla.

Sulle pietre della riva erano posate tenere rondini.

Il grasso disse: «Caro signore sulla riva, non cerchi di salvarmi. Questa è la vendetta dell'acqua e del vento; ora sono perduto. Sì, è la vendetta; perché molte volte io e il mio amico l'orante abbiamo aggredito queste cose, al canto della nostra lama, sotto lo splendore dei cembali, il grande fulgore delle trombe e la luce saltellante dei timpani».

Un piccolo gabbiano con le ali tese volò sulla sua pancia, senza diminuire la sua velocità.

Il grasso continuò a dire:

b. Conversazione iniziata con l'uomo che prega[1]

Ci fu un tempo in cui entravo in una chiesa un giorno dopo l'altro perché una ragazza della quale m'ero innamorato, pregava là, di sera, in ginocchio, per mezz'ora e io nel frattempo potevo osservarla con calma.

Una volta che la ragazza non venne, mentre osservavo infastidito la gente in preghiera, notai un giovane che s'era buttato per terra con tutto il suo esile corpo. Ogni tanto afferrava violentemente il suo cranio e poi lo percuoteva sospirando sulle mani posate sul pavimento di pietra.

Nella chiesa c'erano soltanto alcune vecchie che giravano ogni tanto le loro testoline coperte da un fazzoletto, per sbirciare il giovanotto in preghiera. Egli sembrava compiacersi per quell'attenzione, infatti prima dei suoi slanci di devozione si guardava attorno per accertarsi di essere osservato. Ritenni che il suo comportamento fosse sconveniente e decisi di rivolgergli la parola appena fosse uscito dalla chiesa per domandargli la ragione di quel suo modo di pregare. Sì, ero seccato perché la mia ragazza non era venuta.

S'alzò soltanto dopo un'ora, fece un accurato segno di croce e

[1] La sezione b. riproduce il racconto *Conversazione con l'uomo che prega*: vedi pp. 213-218 di questo volume *(n.d.t.)*.

s'avviò a scatti verso l'acquasantiera. Mi misi tra la pila dell'acqua santa e la porta sapendo che non l'avrei lasciato passare senza una spiegazione. Contrassi le labbra come faccio sempre quando voglio prepararmi a parlare con fermezza. Avanzai con la gamba destra e mi poggiai su di essa, la sinistra si reggeva con noncuranza sulla punta del piede; anche questo mi dà sicurezza.

Può darsi che quell'uomo mi adocchiasse già mentre si spruzzava l'acqua benedetta, forse m'aveva notato ancora prima con un certo allarme, visto che improvvisamente infilò la porta di corsa. La porta a vetri si chiuse di colpo. Quando uscii dopo di lui non lo vidi più, in quel posto ci sono molte viuzze e il traffico è intenso.

Nei giorni seguenti rimase assente, ma venne la mia ragazza. Indossava l'abito nero, con un pizzo trasparente sulle spalle – la scollatura a mezzaluna della camicetta si trova sotto – rifinito da un collettino di buon taglio. Essendo venuta la ragazza, mi scordai del giovane e anche quando prese a tornare regolarmente pregando alla sua maniera, non mi preoccupai di lui. Però continuava sempre a passarmi davanti in gran fretta con la faccia girata. Forse per questo potevo immaginarmelo soltanto in movimento, e anche quando stava fermo mi pareva che strisciasse.

Una volta m'attardai nella mia stanza. Però andai in chiesa lo stesso. Non vi trovai più la ragazza e mi disposi a tornare a casa. Il giovane era di nuovo lì per terra. L'antico episodio mi tornò alla mente e m'incuriosì.

Scivolai in punta di piedi verso l'ingresso, diedi una moneta al mendicante cieco che stava lì accanto, m'infilai vicino a lui dietro al battente aperto; ci restai per un'ora intera assumendo forse un'espressione sorniona. Mi sentivo bene in quel posto e decisi di tornarci spesso. Verso la seconda ora mi sembrò assurdo restare in quel posto per l'orante. Tuttavia lasciai passare, furibondo, una terza ora mentre i ragni si arrampicavano sul mio vestito e le ultime persone sortivano sospirando dal buio della chiesa.

Finalmente arrivò anche lui. Avanzava cautamente e i suoi piedi tastavano piano piano il suolo prima di calpestarlo.

Mi raddrizzai, feci un gran passo ed afferrai il giovanotto. «Buona sera», dissi spingendolo per i gradini, con la mano sul bavero, verso la piazza illuminata.

Quando fummo in basso mormorò con voce malsicura: «Buona sera, caro, caro signore, non s'arrabbi con me che sono il suo devotissimo servitore».

«Già», esclamai, «voglio chiederle qualcosa, signor mio; l'altra volta è riuscito a sfuggirmi, ma è difficile che oggi ci riesca».

«Lei è comprensivo, signore, e mi lascerà tornare a casa. Sono da compatire, questa è la verità».

«No», urlai sopra il frastuono del tram che stava passando, «non la lascio. Sono proprio queste le storie che mi piacciono di più. La sua cattura è per me un colpo di fortuna e me ne rallegro con me stesso».

Lui rispose: «Oh, Dio. Lei ha un cuore vivace e una testa come un ariete. Afferma che io sono per lei un colpo di fortuna. Quanto dev'essere fortunato! Perché la mia è una sfortuna oscillante, una sfortuna oscillante sopra una cima aguzza e basta toccarla per farla precipitare sull'interrogante. Buona notte, signor mio».

«Bene», dissi trattenendolo per la strada, «se lei non mi risponderà mi metterò a gridare qui nella strada. E tutte le commesse che stanno uscendo dai negozi, e tutti i loro amanti che già pregustano la loro compagnia, accorreranno pensando che sia caduto il cavallo di una vettura di piazza o sia avvenuto qualcosa del genere. E io la mostrerò alla gente».

Allora, piangendo, si mise a baciare alternativamente le mie mani. «Le dirò quanto vuol sapere, ma andiamo piuttosto in quella via laterale». Annuii e andammo.

Ma non gli bastò l'oscurità della stradina dove i lampioni gialli erano abbastanza distanti l'uno dall'altro, e mi condusse nel basso vestibolo di una vecchia casa sotto una lampada sgocciolante appesa di fronte alle scale di legno.

Poi, con fare importante, prese il suo fazzoletto e lo stese su un gradino dicendo: «Sedetevi, caro signore, qui potete domandare meglio, io rimango in piedi, così posso rispondere meglio. Ma non mi tormentate».

Mi sedetti e cominciai, guardandolo con gli occhi socchiusi: «Voi siete proprio uno scriteriato, ecco quello che siete! In che maniera vi comportate in chiesa! Fa rabbia ed è sgradevole per chi assiste! Come ci si può raccogliere in preghiera quando vi si vede?»

Aveva premuto il corpo contro il muro e muoveva liberamente solo il capo. «Non v'arrabbiate, perché dovreste arrabbiarvi per cose che non vi toccano? Io m'arrabbio se mi comporto in maniera sconveniente, però se lo fa un altro me ne rallegro. Quindi non arrabbiatevi se affermo che lo scopo della mia vita è di essere guardato dalla gente».

«Che state dicendo», esclamai in tono troppo alto per quel piccolo androne, ma poi ebbi timore di abbassare la voce, «davvero che andate dicendo. Già, immagino, già immaginavo in che stato vi trovate da quando vi ho visto oggi per la prima volta. Ho esperienza e non scherzo se dico che si tratta di mal di mare sulla terraferma. Consiste nel dimenticare i nomi veri delle cose e profondere frettolosamente su di esse dei nomi a caso. Ma di furia, ma di furia! Però appena siete scappato da essi, avete dimenticato nuovamente i loro nomi. Il pioppo nei campi che avete chiamato 'torre di Babele', perché non sapevate o non volevate sapere che era un pioppo, ondeggia nuovamente senza nome e voi dovete chiamarlo 'Noè, mentre era ubriaco'».

Fui alquanto sbigottito quando disse: «Sono contento di non aver capito quanto avete detto».

Irritato, replicai in fretta «Affermando di essere contento dimostrate di aver capito».

«Certo che l'ho dimostrato, egregio signore, ma anche voi avete parlato in modo strano».

Appoggiai le mani su un gradino superiore, mi piegai all'indietro e chiesi, in quella posizione quasi inaccettabile che è l'ultima salvezza del lottatore: «Avete una strana maniera di cavarvi d'impaccio, avanzando l'ipotesi che gli altri si trovino nella vostra condizione».

Allora si fece ardito. Unì le mani per dare unità al suo corpo, e disse con una leggera riluttanza: «No, non lo faccio contro tutti, neanche contro di voi, per esempio, perché non posso. Ma sarei contento di poterlo fare, così non avrei bisogno di suscitare l'interesse della gente in chiesa. Sapete perché ho bisogno di farlo?»

Questa domanda mi mise a disagio. Certo, non lo sapevo, e credo di non volerlo neanche sapere. Non avevo neanche voluto venire là, mi dissi allora, ma quell'uomo mi aveva costretto ad ascoltarlo. Perciò bastava che scuotessi il capo per mostrargli che non lo sapevo, ma non riuscivo a muovere la testa.

L'uomo che mi stava di fronte sorrise. Poi si piegò sulle ginocchia e mi raccontò con una smorfia sonnolenta: «Non c'è mai stata una volta in cui mi sia convinto della mia vita attraverso me stesso. Io afferro le cose intorno a me con immagini tanto labili e credo sempre che le cose siano vissute un tempo, ma ora stiano affondando. Desidero sempre, caro signore, vedere le cose come si vogliono offrire, piuttosto che come si mostrano. Esse sono qua belle e tranquille. Dev'essere così perché sento spesso la gente parlare di loro in questa maniera».

Poiché tacevo e soltanto alcune contrazioni involontarie del mio volto tradivano il mio imbarazzo, egli mi chiese: «Non crede che la gente parli così?»

Ritenni di dover annuire, ma non ne fui capace.

«Davvero non ci crede? Mi ascolti, dunque; una volta, mentre ero ancora bambino, aprii gli occhi dopo un sonnellino pomeridiano e udii, ancora mezzo addormentato, mia madre che domandava dal balcone con voce naturale: 'Che cosa sta facendo, mia cara. È così caldo'. Una donna rispose dal giardino: 'Faccio merenda in mezzo al verde'. Lo disse senza riflettere e non troppo chiaramente, come se tutti se l'aspettassero».

Mi sembrò di essere stato interpellato e misi la mano nella tasca posteriore dei pantaloni come se vi cercassi qualcosa. Ma non cercavo niente, volevo solo modificare il mio aspetto per dimostrare che partecipavo alla conversione. Nel fare questo affermai che quel caso era tanto strano e io non lo capivo affatto. Soggiunsi inoltre che non credevo fosse vero e che doveva essere stato inventato per un determinato scopo che, per l'appunto, non potevo comprendere. Poi chiusi gli occhi perché mi facevano male. «Oh, è un bene che voi siate del mio stesso parere ed è stato un gesto altruista fermarmi per dire questo. Nevvero, perché dovrei vergognarmi – oppure perché dovremmo vergognarci – che io non inceda impettito e grave, non batta il bastone sul selciato e non sfiori gli abiti della gente che passa rumorosa. Non avrei piuttosto il diritto di lamentarmi con ostinazione di dover saltellare come un'ombra dalle spalle angolose lungo le case, sparendo talvolta nei cristalli nelle vetrine?

Che giornate sto vivendo! Perché tutto è costruito tanto male che a volte crollano delle grandi case senza che se ne possa trovare una ragione esteriore? Io mi arrampico allora sulle macerie e chiedo a chiunque mi capiti d'incontrare: 'Com'è potuto mai accadere? Nella nostra città – una casa nuova – è già la quinta oggi – ci pensi'. E nessuno è in grado di rispondermi.

Spesso qualcuno cade per la strada e rimane là, morto. Allora tutti i negozianti aprono le porte con le merci appese, si avvicinano con agilità, trasportano il morto in una casa, riescono fuori con un sorriso sulle labbra e sugli occhi e chiacchierano: 'Buon giorno – il cielo è grigio – vendo molti fazzoletti per coprirsi la testa – già, la guerra'. Io saltello nella casa e dopo aver alzato più volte timidamente la mano col dito piegato, busso infine alla finestrella del portinaio. 'Buon giorno', dico affabilmente, 'hanno portato da lei un morto. Me lo mostri, per favore'. E quando costui scuote il capo, come se esitasse, dico in tono deciso: 'Buon uomo. Sono un agente segreto. Mi mostri subito il morto'. 'Un morto?' domanda adesso ed è quasi offeso. 'No, non abbiamo morti qui. Questa è una casa seria'. Io saluto e me ne vado.

Ma quando devo attraversare una grande piazza dimentico tutto. La difficoltà di quest'impresa mi confonde e penso spesso tra me: 'Se si creano piazze così grandi solo per superbia, perché non si costruisce anche una balaustra di pietra che le attraversi. Oggi soffia il libeccio. L'aria nella piazza è agitata. La cuspide della torre del municipio descrive dei minuscoli cerchi. Perché non si fa un po' di calma nella calca? Tutti i vetri delle finestre schiamazzano, e i pali dei lampioni si piegano come canne di bambù. Il manto della Madonna sopra la colonna si torce e l'aria impetuosa lo tira. Non lo vede nessuno? I signori e le signore che dovrebbero andare sul selciato sono sospesi in aria. Quando il vento prende fiato, si fermano, si dicono qualche parola, e s'inchinano salutando, ma quando il vento riprende a soffiare non possono resistergli e tutti alzano i piedi contemporaneamente. Devono, sì, tener stretti i loro cappelli, ma i loro occhi sono allegri come se il tempo fosse mite. Io solo ho paura'».

Maltrattato com'ero, dissi: «La storia che lei prima ha raccontato, cioè quella della signora madre e della donna nel giardino, non mi pare affatto strana. Non soltanto ho udito e vissuto molti episodi analoghi, ma ho preso anche parte direttamente ad alcuni. La cosa è assolutamente naturale. Pensa che se fossi stato io sul balcone non avrei detto la stessa cosa e che non avrei potuto dare la stessa risposta dal giardino? Un caso così semplice».

Sembrò molto felice quando dissi questo. Affermò che ero vestito bene e che la mia cravatta gli piaceva molto. E che pelle morbida avevo. E che le confessioni sarebbero più chiare se le revocassimo.

c. La storia dell'orante

Poi si sedette accanto a me perché ero diventato timido e gli avevo fatto posto piegando la testa da un lato. Ma non mi sfuggiva che anche lui provava un certo imbarazzo, tentava sempre di mantenere un piccola distanza da me e a fatica disse:

«Quali giorni sono questi che trascorro!».

Ieri sera ero in società. Alla luce del gas mi sono inchinato davanti a una signorina dicendo queste parole: «Sono davvero contento che ci avviciniamo già all'inverno»; mi stavo giusto inchinando nel dire queste parole, quando notai con disappunto che il mio femore destro si era svoltolato dalla giuntura. Anche la rotula si era un po' allentata.

Allora mi sedetti e dissi, cercando di mantenere sempre una visione di insieme sulle mie frasi: «Infatti l'inverno è molto meno faticoso; ci si può comportare più semplicemente, non serve sforzarsi con le parole. Non è vero, cara signorina? Speriamo che io abbia ragione in questo». Intanto la gamba destra mi procurava molte noie. Sulle prime mi sembrò che fosse completamente slogata e solo lentamente pigiando e spostando a senso la rimisi alquanto in ordine.

Allora udii la ragazza che si era seduta anche lei per simpatia, dire a bassa voce: «No, lei non mi impressiona affatto, poiché...».

«Aspetti», dissi contento e pieno di speranza, «lei, cara signorina, non dovrà spendere neanche cinque minuti per parlare con me. Mangi pure mentre parla, la prego».

Allungai un braccio, presi un grosso grappolo d'uva che pendeva dal piatto sorretto da un alato fanciullo di bronzo, lo tenni un po' nell'aria e poi lo poggiai su un piattino con l'orlo blu, che porsi alla ragazza forse non senza grazia.

«Lei non mi impressiona affatto», disse, «tutto ciò che dice è noioso e incomprensibile, ma non ancora vero per questo. Infatti credo, signore – perché mi chiama sempre cara signorina? – credo che lei non si dedichi alla verità per questo, perché è troppo faticosa».

Dio, che piacere! «Sì, signorina, signorina», quasi gridai, «come ha ragione! Cara signorina, lei comprende, è un piacere immenso quando si è capiti senza aver mirato ad esserlo».

«La verità è infatti faticosa per lei, signor mio, basta guardarla! In tutta la sua lunghezza lei è ritagliato da una carta velina, da una carta velina gialla, così sagomato, e quando cammina, la si deve sentir frusciare. Quindi è inopportuno andare in collera per il suo comportamento o per le sue opinioni, perché lei deve piegarsi secondo la corrente d'aria che in quel momento è nella stanza».

«Io non capisco. Qui nella stanza si aggirano diverse persone. Poggiano il braccio sulla spalliera delle sedie o si appoggiano al pianoforte o esitanti alzano alla bocca un bicchiere o passano timidamente nella stanza accanto e dopo aver urtato nel buio con la spalla destra un armadio se ne stanno alla finestra aperta a pensare respirando: Ecco là Venere, l'astro della sera. E io sono a questo ricevimento. Se c'è una connessione, io non la comprendo. Ma non so neppure se c'è una connessione. E vede, cara signorina, fra tutte queste persone, che per la loro confusione si comportano in maniera così indecisa, addirittura ridicola, sembra che solo io sia degno di ascoltare tutta la verità su di me. E affinché ciò sia anche pieno di gradevolezza, lei lo dice in modo canzonatorio, così che rimane ancora qualcosa di visibile, come avviene anche dei muri maestri di una casa del tutto bruciata al suo interno. Ora la vista non è impedita, di giorno dai grandi vani delle finestre si vedono le nuvole del cielo e di notte le stelle. Ma le nuvole sono spesso tagliate da grigie pietre e le stelle disegnano figure innaturali. – Che ne direbbe se le confidassi per gratitudine che un giorno tutti gli uomini che vogliono vivere dovranno sembrare come me: ritagliati da carta velina gialla, ben sagomati – come lei osservava – e quando cammineranno, si dovrà sentire che frusciano. Non saranno altro da quello che sono ora, ma lo sembreranno. Anche lei, cara».

Allora notai che la ragazza non sedeva più accanto a me. Doveva essere andata via subito dopo le sue ultime parole, visto che ora stava lontano da me presso una finestra, circondata da tre giovani che ridendo parlavano dagli alti colletti bianchi.

Bevvi con piacere un bicchiere di vino e andai dal pianista che completamente appartato suonava annuendo un pezzo triste. Mi abbassai circospetto al suo orecchio affinché non si spaventasse e sottovoce nella melodia del pezzo dissi: «Sia gentile, caro signore, ora lasci suonare me, perché sto per essere felice».

Dal momento che non mi dava ascolto rimasi un attimo impacciato, ma poi, frenando la mia timidezza, andavo da un ospite all'altro dicendo come per caso: «Oggi suonerò il pianoforte. Sì».

Tutti sembravano essere a conoscenza del fatto che non sapevo suonare, ma sorrisero amichevolmente per la gradevole interruzione della loro conversazione. Divennero davvero attenti solo quando dissi ad alta voce al pianista: «Abbia la bontà, caro signore, di lasciar suonare me, adesso. Infatti sto per essere felice. Si tratta di un trionfo».

Il pianista si fermò, ma non lasciò il suo sgabello marrone. Sembrò che non mi avesse nemmeno capito. Sospirò e si coprì il viso con le lunghe dita.

Sentii una certa compassione e volevo esortarlo a suonare di nuovo, quando si avvicinò la padrona di casa con un gruppo di persone.

«È un'idea buffa», dissero ridendo forte, come se io volessi tentare qualcosa di innaturale.

Si avvicinò anche la ragazza, e, guardando in modo sprezzante, disse: «Per favore, gentile signora, lo lasci suonare. Forse vuole contribuire in qualche modo al divertimento. È da lodare. La prego, gentile signora».

Tutti si rallegrarono vivamente, perché come me credevano che l'avesse detto con ironia. Solo il pianista restò in silenzio. Teneva la testa china e sfiorava con l'indice della mano sinistra il legno dello sgabello come se disegnasse sulla sabbia.

Tremavo e, per nasconderlo, misi le mani nelle tasche dei pantaloni. Non riuscivo nemmeno più a parlare chiaramente perché tutto il mio volto voleva piangere. Perciò dovetti scegliere le parole, così che agli ascoltatori il pensiero che volessi piangere dovesse apparire ridicolo.

«Gentile signora», dissi, «ora devo suonare, perché...». Visto che ne avevo dimenticato la ragione, mi sedetti inopinatamente al pianoforte. Compresi allora nuovamente la mia situazione. Il pianista si alzò e con delicatezza scavalcò lo sgabello, visto che gli sbarravo la strada. «Spenga la luce, per favore, so suonare solo al buio». Mi raddrizzai.

Allora due signori afferrarono lo sgabello e mi portarono molto lontano dal pianoforte verso la tavola imbandita, fischiando una canzone e facendomi un poco dondolare.

Tutti sembravano acconsentire e la signorina disse: «Vede, gentile signora, ha suonato davvero bene. Lo sapevo. E lei stava così in apprensione».

Io capii e ringraziai con un inchino nel quale mi produssi a dovere.

Mi si versò una limonata e una signorina dalle labbra rosse mi tenne il bicchiere mentre bevevo. La padrona di casa mi offrì una meringa su un piatto d'argento e una ragazza tutta vestita di bianco me la ficcò in bocca. Una signorina esuberante dai folti capelli biondi reggeva sopra di me un grappolo d'uva e io non dovevo far altro che addentarlo, mentre lei mi guardava negli occhi sfuggenti.

Dal momento che tutti si comportavano così bene nei miei confronti, rimasi meravigliato del fatto che di comune accordo mi trattenessero non appena feci per ritornare al piano. «Ora è abbastanza», disse il padrone di casa, che non avevo notato fino a quel momento. Uscì e ritornò immediatamente con un cilindro gigantesco e un soprabito a fiori color marrone rame. «Ecco le sue cose».

Non erano certo le mie cose, ma non volli procurargli la fatica di andare a vedere ancora una volta. Il padrone di casa in persona mi aiutò ad indossare il soprabito che mi andava giusto, dal momento che più o meno si adattava alla mia corporatura magra. Una signora dal viso dolce, piegandosi man mano, mi abbottonò il soprabito per tutta la sua lunghezza.

«Stia bene», disse la padrona di casa, «e torni presto. La vediamo sempre con piacere, lei lo sa». Allora tutti gli ospiti fecero un inchino, come se fosse necessario. Anch'io cercai di farlo, ma il mio soprabito era troppo aderente. Presi il cappello e uscii dalla porta in modo forse troppo goffo[2].

Quando uscii a passettini dal portone fui travolto dal cielo con la luna, le stelle e la grande volta e dalla piazza del Ring col palazzo del municipio, la colonna e la chiesa di Maria.

Passai tranquillamente dall'ombra alla luce della luna, mi sbottonai il soprabito e mi scaldai; poi feci tacere il sussurro della notte alzando le mani e presi a riflettere:

"Che significa che vi comportiate come se esistessi realmente. Volete farmi credere che sono io irreale e mi trovo in modo buffo sul selciato verde? È passato tanto tempo da quando tu cielo esistevi realmente, e tu piazza del Ring non sei mai esistita realmente".

"È vero mi siete superiori, ma solo quando vi lascio in pace".

"Grazie a Dio, luna, non sei più luna, ma forse è per trascuratezza che io continuo a dare il nome di luna a te che sei chiamata luna. Perché non sei più tanto superba quando ti chiamo 'lampioncino di carta dimenticato dal colore strano'. E perché ti tiri quasi indietro quando ti chiamo 'colonna di Maria', e non riconosco più il tuo atteggiamento minacccioso, colonna di Maria, quando ti chiamo 'luna dalla luce gialla".

"Mi sembra davvero che non vi giovi quando si medita su di voi; ci perdete in coraggio e salute".

"Dio, come deve far bene quando un pensatore impara da un ubriaco!".

"Perché tanto silenzio? Credo che non ci sia più vento. E le casette che attraversano spesso la piazza come se fossero su rotelline, sono ben rincalcate – zitto – zitto – non si vede per niente la sottile striscia nera che solitamente le separa dal suolo".

E mi misi a correre. Corsi tre volte intorno alla grande piazza senza trovare ostacoli e poiché non m'imbattevo in nessun ubriaco, corsi senza moderare la velocità e senza provare fatica fisica verso la via Karl. La mia ombra correva sul muro, spesso più piccolo di me, come in un argine tra la parete e il fondo della strada.

Passando davanti alla caserma dei pompieri, sentii un rumore che proveniva dal piccolo Ring, e quando vi entrai scorsi un ubriaco in piedi vicino alla cancellata della fontana, aveva le braccia sollevate lungo i fianchi e coi piedi entro zoccoli di legno batteva per terra.

[2] Il brano seguente che conclude la sezione c. riproduce il racconto *Conversazione con l'ubriaco*: vedi pp. 219-221 di questo volume (*n.d.t.*).

Mi fermai per riprendere fiato, poi m'avvicinai a lui, mi tolsi il cilindro e mi presentai:

«Buona sera, garbato nobiluomo, ho ventitré anni, ma non ho ancora un nome. Lei, però, proviene sicuramente dalla grande città di Parigi, con un nome stupendo, che si può persino cantare. Tutto il profumo innaturale della traballante corte di Francia la circonda».

«Sicuramente lei ha visto con i suoi occhi colorati quelle grandi dame che, mentre sono già sull'alta e luminosa terrazza e si girano ironicamente sull'esile via, hanno l'estremità dello strascico dipinto che si prolunga per tutto lo scalone e tocca ancora la sabbia del giardino. Su lunghi pali distribuiti un po' dovunque, non è vero, i domestici con una livrea grigia dal taglio sfacciato e candidi calzoni, si reggono con le gambe allacciate a questi pali, il tronco spesso piegato all'indietro e di fianco, mentre cercano di sollevare da terra, con delle corde, gigantesche lenzuola grigie che devono essere tese in alto, per aria, perché la gran dama desidera una mattina nebbiosa». Siccome s'era messo a ruttare, dissi quasi spaventato: «Sì, è proprio vero. Lei, signore, viene dalla nostra Parigi, dalla Parigi turbinosa, ah, da quel passionale tempo di grandine?» Quando ruttò di nuovo, mormorai imbarazzato: «Lo so, mi tocca un grande onore».

E con abili dita abbottonai il mio soprabito, poi parlai con ardore e ritrosia:

«Lo so che lei non mi stima degno d'una risposta, ma dovrei condurre un'esistenza lacrimevole se oggi mi astenessi dal rivolgerle delle domande».

«La prego, elegantissimo signore, è vero quanto mi hanno detto. Esistono a Parigi delle persone che consistono unicamente di abiti ricchi di ornamenti, e case che hanno soltanto portali, ed è vero che nei giorni d'estate il cielo è fuggevolmente azzurro, abbellito unicamente di bianche nuvolette appiccicate, che hanno tutte la forma di cuore? E vi è là un museo molto frequentato, dove ci sono soltanto alberi sui quali sono appesi dei quadretti con i nomi dei più famosi eroi, criminali e innamorati».

«E poi ancora questa notizia! Questa notizia palesemente falsa!».

«Non è vero che quelle strade di Parigi sono improvvisamente ramificate; sono impetuose, non è vero? Non sempre tutto è a posto, e come potrebbe essere! Accade alle volte una disgrazia, la gente si assembra, accorrono dalla vie laterali con il passo delle grandi città, che sfiora appena il selciato; tutti sono curiosi, ma temono anche di venire delusi; respirano in fretta e sporgono le loro testoline. Ma quando si toccano fra loro, s'inchinano profondamente e chiedono scusa: 'Mi dispiace tanto, – è stato senza volere – c'è troppa ressa, mi scusi, la prego – sono stato molto maldestro – lo ammetto. Mi chiamo... – mi chiamo Jérôme Faroche, sono droghiere in rue de Cabotin – mi permetta che l'inviti a pranzo domani – anche mia moglie ne sarà molto lieta'. Parlano così, mentre la strada è stordita e il fumo dei camini cade tra le case. È così. E sarebbe possibile che ad un tratto in un animato boulevard di un quartiere elegante si fermassero due carrozze. Dei domestici aprono gli sportelli con sussiego. Otto nobili cani lupi siberiani saltellano giù e si precipitano abbaiando attraverso la carreggiata. E dicono che si tratta di giovani damerini di Parigi mascherati».

Aveva gli occhi ben chiusi. Quando tacqui s'infilò tutte e due le mani in bocca e tirò la mascella inferiore. Il suo vestito era tutto insudiciato. Probabilmente lo avevano buttato fuori da un'osteria e non se n'era ancora reso conto.

Era forse quella piccola pausa serena tra il giorno e la notte, durante la quale la testa ciondola sul collo, senza che ce l'aspettiamo, e dove tutto è immobile, senza che ce ne accorgiamo perché non stiamo osservando, e poi scompare. Rimasti soli col corpo piegato ci guardiamo in giro, ma non vediamo più nulla, non sentiamo più neanche la resistenza dell'aria e dentro di noi ci attacchiamo al ricordo che a una certa distanza vi sono delle case con tetti e con comignoli fortunatamente ad angolo, dai quali l'oscurità fluisce nelle case e, attraverso i solai, passa nelle stanze più disparate. Ed è una fortuna che domani sarà un giorno nel quale, per quanto suoni incredibile, si potrà vedere tutto.

L'ubriaco sollevò le sopracciglia facendo apparire tra esse e gli occhi una zona lucida e blaterò a intervalli: «E così, cioè – io cioè ho sonno, perciò me ne andrò a dormire. – Io cioè ho un cognato in piazza Venceslao – vado là, perch'è là che abito, perché il mio letto è là. – Io vado adesso. – Solo non so cioè come si chiama e dove abita – mi sembra, ma l'ho dimenticato – ma non fa niente, perché non so neppure se ho un cognato. – Adesso me ne vado cioè. – Crede che lo troverò?»

Risposi senza esitare: «Questo è fuori dubbio. Ma lei viene dall'estero e la sua servitù per il momento non è con lei. Mi consenta di accompagnarla».

Egli non rispose. E io gli porsi il braccio affinché vi si attaccasse.

d. Continuazione della conversazione tra il grasso e l'uomo che prega

Ma io già da lungo tempo cercavo di farmi coraggio. Mi sfregavo il corpo e dicevo tra me:

"È tempo che tu parli. Sì, sei già impacciato. Ti senti afflitto? Aspetta! Tu certo le conosci queste situazioni. Rifletticі senza fretta! Anche chi ti sta vicino aspetterà".

"È come nella comitiva della settimana scorsa. Uno legge qualcosa da una copia. Anch'io sotto suo invito ho copiato una pagina. Come leggo la scrittura sotto le pagine scritte da lui, mi spavento. È senza fondamento. La gente vi si piega sopra dai tre lati del tavolo. Piangendo giuro che non è la mia scrittura".

"Ma perché questo dovrebbe essere simile a quello di oggi? Dipende solo da te che ci sia una conversazione circoscritta. Tutto è pacifico. Datti da fare, mio caro! Troverai una scusa. – Tu puoi dire: 'Ho sonno. Ho mal di testa. Adieu'. Presto, presto. Fatti sentire! – Che c'è? Ancora impedimenti e impedimenti? Che cosa rammenti? – Ricordo un altipiano che si elevava contro l'immenso cielo come uno scudo della terra. Lo vedevo da una montagna e mi preparavo ad attraversarlo. Incominciai a cantare".

Le mie labbra erano secche e ribelli quando dissi:

«Che non si possa vivere in altro modo?»

«No», disse interrogativamente, sorridendo.

«Ma perché lei di sera prega in chiesa?», domandai mentre crollava tra me e lui tutto ciò che fino a quel momento aveva retto come nel sonno.

«No, perché ne dovremmo parlare? Di sera, nessuno che viva da solo, ha responsabilità. Si ha paura di parecchie cose. Che la corporeità forse scompaia, che gli uomini siano proprio come appaiono nel crepuscolo, che non si debba camminare senza bastone, che forse sarebbe bene andare in chiesa e pregare gridando per essere visti e per diventare corpi».

Così disse, poi tacque; presi dalla tasca il mio fazzoletto rosso e piegandomi piansi.

Lui si alzò, mi baciò e disse: «Perché piangi? Tu sei grande, questo mi piace, tu hai le mani lunghe, che si comportano secondo la tua volontà; perché non ti rallegri di ciò? Porta sempre, te lo consiglio, orli delle maniche di color scuro. – No – io ti lusingo, eppure tu piangi? Tu sopporti giudiziosamente le difficoltà della vita».

«In verità fabbrichiamo macchine da guerra che non servono a niente, torri, mura, tende di seta, e potremmo meravigliarcene molto se ne avessimo il tempo. E ci reggiamo in equilibrio, non cadiamo, ci agitiamo, anche se siamo più odiosi dei pipistrelli e nessuno in una bella giornata può impedirci di dire: 'Oh, Dio, oggi è una bella giornata', perché noi già ci siamo installati sulla nostra terra e viviamo sulla base di un nostro accordo».

«Noi siamo fatti come tronchi di alberi sulla neve, apparentemente essi stanno sulla neve e dovrebbe essere possibile spostarli con un piccolo colpo. Ma no, non è possibile, perché stanno ben piantati al suolo. Eppure vedi, persino questo è solo un'apparenza».

Questo pensiero mi impedì di piangere: «È notte e domani nessuno mi rinfaccerà quello che potrei dire in questo momento, dal momento che potrebbe essere detto nel sonno».

Poi dissi: «Sì, è così, ma di che cosa parlavamo? Non potevamo parlare dell'illuminazione del cielo, visto che stiamo nella profondità di una corridoio. No – avremmo potuto parlare, perché siamo completamente indipendenti nella nostra conversazione e non vogliamo raggiungere né uno scopo né una verità, ma solo scherzo e trattenimento. Tuttavia, lei potrebbe raccontarmi di nuovo la storia della donna nel giardino. Come è degna di ammirazione, come è intelligente questa donna! Dobbiamo comportarci secondo il suo esempio. Come mi piace! E inoltre è anche un bene che io l'abbia incontrata e l'abbia portata via. È stato un grande piacere per me aver parlato con lei. Ho ascoltato cose a me sconosciute, forse di proposito – me ne rallegro».

Sembrava contento. Sebbene il contatto con un corpo umano sia per me sempre spiacevole, dovetti abbracciarlo.

Poi dal corridoio uscimmo sotto il cielo. Il mio amico soffiò via alcune nuvolette schiacciate, così che in quel momento ci si presentò lo spazio libero degli astri. Il mio amico con fatica si incamminò.

4. *Scomparsa del grasso*

Allora tutto fu trascinato dalla velocità e si perse nella lontananza. L'acqua del fiume fu trasportata giù in un dirupo, cercò di ritirarsi, vacillò sul margine sgretolato, ma alla fine cadde in scrosci e fumo.

Il grasso non poté continuare a parlare, ma dovette voltarsi e scomparire nella cascata rumorosa e veloce.

Io che avevo provato un così grande divertimento, stavo sulla sponda e vidi tutto questo. «Che cosa devono fare i nostri polmoni?», gridai, gridai, «se respirano velocemente, soffocano da sé, per veleni interni; se respirano lentamente, soffocano per l'aria irrespirabile, per le cose rivoltatesi contro. Se poi vogliono cercare il loro ritmo, vanno in rovina già per questo ricercare».

Nel frattempo le sponde del fiume si allargavano smisuratamente e nonostante ciò tastai con il palmo della mano il ferro di un piccolo segnavia in lontananza. La cosa non mi sembrò del tutto comprensibile. Ero infatti piccolo, quasi più piccolo del solito, e un arbusto con coccole bianche che si agitava molto velocemente, mi superava in altezza. Me ne accorsi perché un momento prima era vicino a me.

Ma ero caduto in errore, perché le mie braccia erano così grandi come le nuvole di un temporale, solo erano più impazienti. Non so perché volessero schiacciare la mia povera testa.

La mia testa era piccola come un uovo di formica, solo era un poco ammaccata e perciò non più perfettamente rotonda. Eseguivo con essa rotazioni imploranti, dal momento che non poteva essere osservata l'espressione dei miei occhi, tanto erano piccoli.

Ma le mie gambe, le mie impossibili gambe, poggiavano sulle montagne boscose e proiettavano ombre sulle vallate rurali. Si allungavano, si allungavano. Già si innalzavano nello spazio che non conteneva più paesaggi, già da un pezzo la loro lunghezza usciva fuori dalla acutezza visiva dei miei occhi.

Tuttavia, non si tratta di questo – io sono piccolo, per il momento sono piccolo – rotolo – rotolo – sono una valanga in montagna! Per favore, voi gente che passate, siate buoni, ditemi, come sono grande, misuratemi queste braccia, le gambe.

III.

«Come stanno le cose?», disse il mio conoscente che era venuto via con me dalla serata con amici e con calma camminava accanto a me su una via del Monte San Lorenzo. «Si fermi un poco, finalmente, perché possa vederci chiaro. Sa, ho da portare a termine una faccenda; questa cosa è così stancante – questa notte senza dubbio fredda e rischiarata, questo vento insoddisfatto, che a volte sembra persino mutare la posizione di quelle acacie».

L'ombra lunare della casa del giardiniere era proiettata sopra la via leggermente inarcata e ornata con poca neve. Appena mi accorsi della panca che stava vicino alla porta, la indicai alzando la mano, visto che non ero coraggioso e mi attendevo rimproveri, perciò poggiai sul petto la mano sinistra.

Lui stufo si sedette senza riguardo per il suo bell'abito e mi sorprese quando puntando i gomiti ai fianchi poggiò la fronte sulla punta delle dita piegate.

«Sì, ora voglio dire questo. Sappia, io vivo in modo regolare, non c'è niente da ridire, faccio tutto quanto è necessario e permesso. La sfortuna alla quale si è abituati nella società che frequento, non mi ha risparmiato, come con soddisfazione hanno visto quelli che mi stanno vicino e anche io, e non si è tirata indietro neppure la solita fortuna, e io stesso potetti parlarne in un piccolo consesso di amici. Bene, non ero mai stato veramente innamorato. A volte me ne dispiacevo, ma ricorrevo a questo modo di dire, quando ne avevo bisogno. Ora devo dire: Sì, sono innamorato e in verità rincuorato dinanzi all'amore. Sono un amante di fuoco, come lo desiderano le ragazze. Ma non avrei dovuto tener conto che proprio questa precedente mancanza dava al mio stato una svolta eccezionale e lieta, in particolare lieta?»

«Calma, calma», dissi impassibile, pensando soltanto a me, «però la sua amata è bella come ho potuto sentire».

«Sì, è bella. Quando ero seduto vicino a lei, pensavo sempre soltanto: 'Questa avventura – eppure sono molto audace – intraprendo un viaggio per mare – bevo vino a galloni'. Ma quando lei ride, non mostra i denti, come ci si dovrebbe aspettare, ma si può soltanto vedere la piccola buia apertura della bocca. Questo la fa apparire scaltra e senile, anche se nel ridere reclina la testa all'indietro».

«Non posso non ammetterlo», dissi sospirando, «forse ho visto anche questo dal momento che deve colpire. Ma non si tratta solo di questo. Innanzitutto la bellezza delle ragazze! Spesso quando vedo vestiti con svariate pieghe, guarnizioni e ornamenti che ben si stendono su un bel corpo, penso che non possano mantenersi a lungo così, ma prenderanno pieghe che non potranno più essere stirate, prenderanno polvere che, grassa nelle pieghe, non si potrà più togliere e nessuno vorrà essere così triste e meschino da portare ogni giorno quello stesso vestito di mattina e toglierselo la sera. Eppure vedo ragazze che sono certo belle, che mostrano muscoli e caviglie incantevoli e la pelle liscia e masse di capelli sottili, che ogni giorno si fanno vedere in questa unica mascherata naturale, che poggiano sempre lo stesso viso sullo stesso palmo della mano e che lasciano che riappaia nel loro specchio. Solo qualche volta di sera, quando tornano tardi da una festa, il loro viso appare consunto, gonfio, già veduto da tutti e quasi non più portabile».

«Eppure, mentre camminavamo, le ho domandato più volte se trovasse bella la ragazza, ma lei si è sempre voltata dall'altro lato, senza darmi risposta, Dica, è forse mal disposto? Perché non mi conforta?»

Perforai l'ombra con i piedi e dissi in tono cortese: «Lei non deve essere confortato. Lei è amato». Intanto tenevo davanti alla bocca il mio fazzoletto ornato con motivi di grappoli d'uva azzurri, per non raffreddarmi.

Allora si girò verso di me e appoggiò la grossa faccia sulla bassa spalliera della panca: «Sappia, tutto sommato ho ancora tempo, posso ancora sempre porre fine a questo amore che comincia, con una scelleratezza o con un tradimento o con un viaggio in una terra lontana. Invero non so se devo espormi a questa inquietudine. Non c'è nulla di certo, nessuno può stabilire con precisione sviluppo e durata. Se vado in una taverna con l'intenzione di ubriacarmi, lo so, sarò ubriaco per una serata, nel mio caso invece! Fra una settimana vogliamo fare un'escursione con una famiglia amica, e ne seguiranno forse quindici giorni con la tempesta nel cuore. I baci di questa sera mi rendono sonnolento per fare spazio a sogni sfrenati. Io respiro e faccio una passeggiata di notte, allora avviene che mi muovo incessantemente, che la mia faccia è fredda e calda come dopo un colpo di vento, che devo sempre toccare in tasca un nastro rosa, sono molto in ansia per me, ma posso risolvermi, e reggo persino lei, signor mio, mentre altrimenti non le parlerei di certo così a lungo».

Ero molto infreddolito e già il cielo si abbassava un poco in un colore biancastro: «Non basterà né una scelleratezza, né un tradimento, né un viaggio in una terra lontana. Lei dovrà uccidersi», dissi e per di più sorrisi.

Di fronte a noi, all'altro lato del viale c'erano due cespugli e dietro quei cespugli, giù, c'era la città. Era ancora un poco illuminata.

«Bene», disse e colpì la panca con un piccolo pugno compatto, che lasciò fermare lì, «lei vive, però. Lei non si uccide. Nessuno la ama. Lei non ottiene nulla. Non può dominare l'istante successivo. Lei è un uomo vile, per parlarmi in questo modo. Non può amare, niente la agita eccetto la paura. Guardi qua il mio petto».

Si sbottonò velocemente la giacca, il gilè e la camicia. Il suo petto invero era largo e bello.

Io cominciai a raccontare: «Sì, a volte siamo assaliti da questi accessi d'ira. Così, quest'estate stavo in un villaggio che sorgeva sulla riva di un fiume. Mi ricordo proprio con esattezza. Spesso sedevo in posizione contorta su una panchina sulla riva. Là, sulla spiaggia c'era anche un hotel. Spesso si sentiva il suono di un violino. Alcuni robusti giovani, nel giardino, al tavolo davanti a bicchieri di birra, parlavano di caccia e di avventure, sull'altra riva sorgevano montagne simili a nuvole».

Mi alzai storcendo leggermente la bocca, camminai nell'erba fin dietro alla panchina, spezzai alcuni ramoscelli innevati e dissi in un orecchio al mio conoscente: «Lo ammetto, sono fidanzato».

Il mio conoscente non si stupì del fatto che mi alzassi: «È fidanzato?» Era in verità molto indebolito, sostenuto solo dalla spalliera della panca. Poi si tolse il cappello e vidi i suoi capelli che odorosi e ben pettinati racchiudevano la testa rotonda con una curva precisa sulla carne del collo, come andava di moda in quell'inverno.

Mi rallegravo di avergli risposto in modo così assennato. «Sì», dissi fra me, «ecco come si aggira in società, con quel collo agile e le braccia libere. Può accompagnare una signora nel mezzo di una sala, conversando con lei piacevolmente, e non lo turba affatto che fuori della casa cade la pioggia o che là si può trovare un uomo timido oppure sta accadendo qualcosa di deplorevole. No, fa sempre ugualmente bene inchini davanti alle signore. Adesso però siede qui».

Il mio conoscente si toccava la fronte con un fazzoletto di battista. «Per favore», disse, «mi metta un poco una mano sulla fronte. La prego». Visto che non lo feci subito, congiunse le mani.

Come se la nostra apprensione avesse offuscato ogni altra cosa, eravamo lì sulla montagna come in una piccola stanza, sebbene prima già ci fossimo accorti della luce e del vento del mattino. Eravamo insieme vicini, benché non ci volessimo affatto bene, non potevamo allontanarci l'uno dall'altro dal momento che le pareti della stanza erano fatte con tutte le regole e ben costruite. Ma potevamo comportarci in modo ridicolo e senza dignità umana, visto che non dovevano vergognarci di fronte ai rami sopra di noi e di fronte agli alberi che ci stavano davanti.

Allora il mio conoscente, senza tante cerimonie, estrasse dalla tasca un coltello, lo aprì senza pensarci e come per gioco se lo ficcò nel braccio sinistro e non lo tolse. Subito uscì il sangue. Le sue guance rotonde diventarono smorte. Io estrassi il coltello, tagliai la manica del cappotto e del frac, strappai la manica della camicia. Mi misi a correre per un bel tratto di strada in su e in giù per vedere se c'era qualcuno che potesse aiutarmi. Tutte le fronde erano immobili e visibili quasi nitidamente. Allora succhiai un poco dalla ferita profonda. Poi mi ricordai della casetta del giardiniere. Corsi su per i gradini che conducevano all'erba alta sul lato sinistro della casa, rapidamente esaminai le finestre e le porte, furibondo e scalpitante suonai, benché avessi subito capito che la casa era disabitata. Allora osservai nuovamente la ferita dalla quale usciva un sottile flusso di sangue. Inumidii il mio fazzoletto nella neve e legai il braccio maldestramente.

«Caro, caro», dicevo, «ti sei ferito per colpa mia. Tu sei così ben sistemato, sei circondato di amici, puoi passeggiare in pieno giorno in mezzo a persone vestite con eleganza, in lungo e in largo fra tavolini o lungo sentieri di colline. Pensa soltanto che in primavera andremo nel parco, anzi non andremo, purtroppo, in verità ci andrai tu con Annetta, con gioia e al trotto. Oh, sì, credimi, ti prego, e alla luce del sole tutti vi vedranno nel modo più bello. Oh, c'è la musica, in lontananza si sentono i cavalli, non c'è bisogno di preoccuparsi, nei viali si grida e si suonano organini».

«Oh, Dio», disse, si alzò, si appoggiò a me e ci mettemmo in cammino; «non c'è alcun soccorso. Questo non mi rallegra. Mi perdoni. È già tardi? Forse devo fare qualche cosa la mattina presto. Oh, Dio».

Una lanterna vicino alla porta ardeva e proiettava l'ombra dei tronchi sulla strada e sulla neve bianca, mentre l'ombra dei molti rami ricurvi giaceva come spezzata sul pendio.

2. Preparativi di nozze in campagna

I.

Quando Eduard Raban, passando attraverso l'androne, giunse sulla soglia del portone, vide che pioveva. Pioveva poco.

Sul marciapiede, proprio dinanzi a lui, c'erano molte persone che camminavano con andature diverse. Ogni tanto qualcuno si portava innanzi e attraversava la carreggiata. Una piccola ragazza reggeva sulle mani tese un cagnolino affaticato. Due signori si davano l'un l'altro informazioni. Uno teneva le mani con le palme in alto e le muoveva con regolarità come se reggesse un peso in equilibrio. Comparve una signora con un cappello molto carico di nastri, fermagli e fiori. E un giovane con un bastone sottile andava avanti in fretta, la mano sinistra, come fosse paralizzata, schiacciata sul petto. Ogni tanto passavano uomini che fumavano portandosi davanti piccole nuvole oblunghe. Tre signori – due portavano leggeri soprabiti sull'avambraccio piegato – andavano più volte dal muro delle case al margine del marciapiede, guardavano quello che là accadeva e dopo ritornavano indietro conversando.

Attraverso gli spazi vuoti fra i passanti si vedevano le pietre della carreggiata, commesse con regolarità. Là carrozze dalle alte fragili ruote venivano trainate da cavalli dal collo allungato. Le persone che sedevano sui sedili imbottiti guardavano in silenzio i pedoni, le botteghe, i balconi e il cielo. Quando una carrozza doveva sorpassarne un'altra, i cavalli si stringevano l'un l'altro e i finimenti pendevano ciondoloni. Gli animali davano strattoni al timone, la carrozza dondolando passava rapida, finché non era conclusa la curva intorno alla carrozza davanti, allora i cavalli si distaccavano nuovamente, inclinando l'uno verso l'altro soltanto le scarne e pazienti teste.

Alcune persone si diressero in fretta al portone, sostarono sull'asciutto pavimento a mosaico, si girarono lentamente e osservarono la pioggia che, spinta a forza in quella strada stretta, cadeva disordinatamente.

Raban si sentiva stanco. Le sue labbra erano smorte come il rosso scolorito della sua grossa cravatta, che presentava un motivo moresco. La signora che era presso il portico di fronte a lui e che fino a quel momento aveva guardato le proprie scarpe, ben visibili sotto la gonna tenuta stretta, allora lo guardò. Lo fece con indifferenza, e forse guardava solo la pioggia che cadeva davanti a lui e le targhette delle ditte che erano attaccate alla porta sopra i suoi capelli. Raban pensò che lo guardasse con stupore. Pensò: "Se potessi parlarle non si stupirebbe affatto. In ufficio si lavora in modo così esagerato che si è persino troppo stanchi per godersi le proprie ferie. Ma con tutto questo lavoro non si consegue ancora il diritto di essere trattati con amore da tutti, piuttosto si è soli, completamente estranei e solo oggetto della curiosità. E fin quando tu dici *si* al posto di *io* non è niente, si può ben dire questa storia, ma non appena riconosci che tu stesso sei quel *si*, allora ti senti trafiggere e indignare".

Egli poggiò a terra la valigia cucita con una stoffa a scacchi, piegando le ginocchia. L'acqua piovana già scorreva al margine della carreggiata in rigagnoli che si stendevano fino ai canali di scolo che si trovavano più in basso.

"Ma se io stesso pongo una differenza tra *si* e *io,* come posso rammaricarmi degli altri? Forse non sono ingiusti; ma sono troppo stanco per comprendere tutto. Sono troppo stanco persino per fare senza fatica la strada che porta alla stazione, che è molto breve. Perché allora per queste brevi ferie non rimango in città a riposarmi? Sono proprio irragionevole. – Il viaggio mi farà ammalare, lo so bene. La mia stanza non sarà sufficientemente confortevole, non è possibile altrimenti in campagna. Siamo ancora appena nella prima quindicina di giugno, l'aria in campagna è spesso ancora molto fresca. Certo prudentemente mi sono coperto, ma dovrò stare in compagnia di persone che fanno passeggiate la sera tardi. Lì ci sono dei laghi, mi faranno passeggiare lungo i laghi. Sicuramente mi raffredderò. Di contro mi metterò poco in vista nella conversazione. Non potrò paragonare il lago con altri laghi in terre lontane, dal momento che non ho mai viaggiato, e per parlare della luna e per sentirmi beato e per arrampicarmi con entusiasmo sui cumuli di macerie, sono troppo vecchio per non essere deriso".

La gente camminava con la testa un poco bassa, sulla quale portava con leggerezza gli ombrelli scuri. Passò un carro; sulla cassetta piena di paglia un uomo stendeva le gambe con tanta negligenza che un piede quasi sfiorava il suolo, mentre l'altro era ben poggiato sulla paglia e sui cenci. Sembrava fosse sdraiato su un campo in una bella giornata. Tuttavia teneva con attenzione le briglie, così che il carro, sul quale si urtavano fra loro stanghe di ferro, si muoveva bene nella ressa. Sul suolo bagnato si vedevano i riverberi del ferro passare tortuosamente e lentamente da una fila di pietre all'altra. Il fanciullo vicino alla signora di fronte era vestito come un vecchio vignaiolo. Il suo vestito a pieghe faceva sotto un ampio cerchio ed era avvolto solo da una cinghia di cuoio, quasi sotto le ascelle. Il suo berretto gli ricadeva fin sull'orecchio sinistro. La pioggia lo rallegrava. Correva fuori della porta e osservava il cielo ad occhi spalancati come per prendere più pioggia. Ogni tanto saltava, così che l'acqua schizzava in gran quantità, e i passanti lo rimproveravano molto. Allora la signora lo chiamò e lo tenne per una mano; egli non pianse.

Raban trasalì. Non era già tardi? Poiché portava il soprabito e la giacca aperti, afferrò rapidamente l'orologio. Era fermo. Infastidito chiese l'ora a uno che gli stava vicino, un poco più all'interno dell'androne. Questi stava conversando e ridendo e, ancora impegnato a ridere, disse: «Le quattro passate», e si voltò.

Raban aprì subito l'ombrello e prese la valigia. Ma quando stava uscendo sulla strada, la via gli fu sbarrata da alcune donne che si affrettavano, che egli lasciò passare. Intanto osservò il cappello di una ragazzina, di paglia intrecciata, di colore rosso, che sull'orlo ondulato aveva una coroncina verde.

Ne conservava ancora il ricordo quando era già sulla strada per la quale doveva andare, che in quella direzione saliva alquanto. Poi se ne dimenticò perché ora doveva fare un certo sforzo; la valigetta non era leggera per lui e il vento soffiava proprio contro di lui, facendo svolazzare la giacca e piegare le stecche dell'ombrello.

Dovette respirare più profondamente; l'orologio in fondo a una piazza vicina suonò un quarto alle cinque, da sotto l'ombrello egli vedeva i passi brevi e leggeri della gente che gli veniva incontro; le ruote delle carrozze che giravano lentamente scricchiolavano nel frenare, i cavalli tendevano i loro sottili garretti, temerariamente come camosci sulla montagna.

Allora a Raban sembrò che gli sarebbe stato possibile superare il lungo spiacevole tempo dei successivi quattordici giorni. Perché sono solo quattordici giorni, un tempo limitato, e anche se i motivi di irritazione diventano sempre grandi, diminuisce però il tempo durante il quale bisogna tollerarli. Perciò senza dubbio il coraggio cresce. “Tutti quelli che vogliono tormentarmi e che ora hanno occupato tutto lo spazio intorno a me piano piano saranno ricacciati indietro dal piacevole trascorrere di questi giorni senza che io debba anche solo minimamente intervenire. Io potrò essere fiacco e muto, come sarà naturale, e lasciarmi fare tutto, e tutto si risolverà in bene, soltanto grazie al passare dei giorni.

E per di più non posso fare come nelle faccende pericolose facevo sempre da bambino? Non occorre nemmeno che vada io stesso in campagna, non è necessario. Mando il mio corpo vestito. Se esso barcolla fuori dalla porta della mia stanza, il barcollare non indica paura, ma la sua nullità. E non è agitazione quando inciampa sulle scale, quando parte singhiozzando per la campagna e piangendo lì mangia la cena. Perché io nel frattempo giaccio nel mio letto, ben protetto da una coperta giallognola, in mezzo all'aria che circola dalla porta socchiusa della stanza. Sulla strada le carrozze e la gente vanno e vengono esitanti sul terreno lucente, perché sto ancora sognando. Cocchieri e passanti sono timidi e guardandomi mi chiedono il permesso per ogni passo avanti che vogliono fare. Io li incoraggio, non trovano impedimenti.

Quando sono a letto, ho la forma di un grosso coleottero, di un cervo volante o di un maggiolino, credo”.

Dinanzi a una vetrina, nella quale dietro a una lastra di vetro bagnato pendevano da asticelle piccolli cappelli da uomo, egli si fermò e guardò dentro, con le labbra appuntite. “Il mio cappello andrà bene per le ferie”, pensò, e andò avanti “e se nessuno mi potrà sopportare a causa del cappello, tanto meglio.

Sì, la forma di grosso coleottero. Mi sistemai come se si trattasse di un letargo invernale, e premetti le zampette sull'addome panciuto. E bisbiglio un piccolo numero di parole che sono comandi per il mio corpo triste, che, misero, sta vicinissimo a me ed è piegato. Presto ho finito – esso si inchina, si allontana in fretta e compirà tutto nel migliore dei modi, mentre io mi riposo”.

Raggiunse un portico a volta, vuoto, che dall'alto della strada in salita portava a una piccola piazza, circondata da molti negozi già illuminati. Nel centro della piazza, un po' in ombra perché le luci stavano soltanto intorno alla piazza, si ergeva il monumento basso di un uomo che sedeva pensoso. Le persone si muovevano come sottili diaframmi davanti alle luci, e poiché le pozzanghere proiettavano diffusamente ogni luccichio, l'aspetto della piazza mutava continuamente.

Raban si spinse molto avanti nella piazza, evitava sussultando le carrozze che acceleravano, saltava da una sporadica pietra asciutta all'altra, tenendo alta la mano che reggeva l'ombrello aperto, per vedere tutt'intorno. Finché non si fermò presso un lampione piantato su una piccola struttura quadrangolare lastricata – una fermata del tram elettrico.

"In campagna mi aspettano. Non staranno già in pensiero? Ma io in una settimana che lei è in campagna non le ho mai scritto, tranne questa mattina. Si immaginano forse che io sia diverso da come sono? Credono forse che io abbia un atteggiamento confidenziale, quando rivolgo la parola a qualcuno. Ma questa non è la mia abitudine, o che io abbracci la gente quando arrivo, altra cosa che non faccio. Li farò irritare se cercherò di rabbonirli, ah se potessi farli arrabbiare cercando di rabbonirli!".

Passò lentamente una carrozza aperta, dietro i suoi due fanali accesi si vedevano due signorine che sedevano su sediolini di cuoio scuro. Una era appoggiata all'indietro e aveva il volto coperto da una veletta e dall'ombra del cappello. Il busto dell'altra signora era ritto; il suo cappello, delimitato da sottili piume, era piccolo. Ognuno poteva vederla. Il suo labbro inferiore era un poco rientrante nella bocca.

Appena la carrozza passò davanti a Raban, un palo gli impedì la vista del cavallo di destra della carrozza, poi un cocchiere – portava un grande cappello a cilindro – su una cassetta straordinariamente alta, fu sospinto davanti alle signore – era già molto più lontano, – la carrozza girò l'angolo di una piccola casa che in quel momento egli notò, e sparì alla vista.

Raban continuò a guardarla con la testa inclinata, appoggiò il manico dell'ombrello alla spalla per vedere meglio. Si era messo in bocca il pollice della mano destra e si sfregava i denti. La sua valigia era accanto a lui con un lato poggiato a terra.

Sulla piazza le carrozze correvano da una strada all'altra, i corpi dei cavalli sembravano volare orizzontalmente come fossero catapultati, ma l'ondeggiare della testa e del collo mostrava lo slancio e la fatica della corsa.

Tutt'intorno agli angoli dei marciapiedi di tutte e tre le strade che qui si congiungono stavano molti sfaccendati, che con i loro piccoli bastoni battevano sul lastricato. Fra questi gruppi c'erano torrette dove ragazze vendevano limonata, poi pesanti orologi stradali su pali sottili, poi uomini che portavano sul petto e sulla schiena grandi cartelli sui quali erano annunciati divertimenti in caratteri variopinti, poi fattorini [*Mancano due pagine*] ... una piccola comitiva. Due carrozze padronali che attraversavano trasversalmente la piazza si immisero nella strada in discesa, sbarrando il passo ad alcuni signori di questa comitiva, ma dietro la seconda carrozza – ci avevano già provato timorosamente dietro la prima – questi signori si ricongiunsero in un unico gruppo con gli altri, con i quali in lunga fila salirono sul marciapiede e si accalcarono alla porta di una caffetteria, illuminata dalle lampade elettriche che pendevano sull'entrata.

Vagoni del tram elettrico passavano lì vicino, altri erano fermi più in là nelle strade: indistintamente e in silenzio.

"Come è curva", pensò Raban guardando la fotografia, "non sta mai del tutto dritta e forse la sua schiena è incurvata. Dovrò farci molta attenzione. E la sua bocca è così larga e qui senza dubbio il labbro inferiore sporge, sì, ora me ne ricordo. E il vestito! Certo io non mi intendo di vestiti, ma queste maniche cucite così strette sono proprio brutte, hanno l'aspetto di una fasciatura. E il cappello, con il bordo che si alza da tutte le parti con pieghe diverse. Ma i suoi occhi sono belli, sono bruni, se non sbaglio. Tutti dicono che i suoi occhi sono belli".

Quando un tram elettrico si fermò davanti a Raban, molta gente intorno a lui si affrettò verso il predellino, con gli ombrelli appuntiti semiaperti, tenuti dritti nelle mani strette sulle spalle. Raban, che reggeva la valigia sotto il braccio, fu spinto giù dal marciapiede e cadde pesantemente in una pozzanghera invisibile. Nella vettura un bambino era inginocchiato sul sedile e premeva sulle labbra la punta delle dita di tutte e due le mani, come per prendere congedo da qualcuno, che in quel momento se ne andasse. Alcuni passeggeri scesero e dovettero andare qualche passo avanti lungo la carrozza per uscire dalla ressa. Allora una signora salì sul primo gradino, il suo strascico, che ella reggeva con entrambe le mani, stava stretto intorno alle gambe. Un signore si teneva alla stanga di ottone e diceva qualcosa alla signora, con la testa alzata. Tutti quelli che volevano salire erano impazienti. Il conducente urlava.

Raban, che ora stava all'estremità del gruppo di persone in attesa, si voltò perché qualcuno aveva gridato il suo nome.

«Ah, Lement», disse piano, e porse a un giovane che sopraggiungeva il dito mignolo della mano nella quale teneva l'ombrello.

«Ecco il fidanzato che va dalla sua fidanzata. Ha l'aspetto terribilmente innamorato», disse Lement, e sorrise con la bocca chiusa.

«Sì, devi scusarmi se parto oggi», disse Raban. «Ti ho anche scritto nel pomeriggio. Certo sarei partito molto volentieri con te domani mattina, ma domani è sabato, sarà tutto affollato, il viaggio è lungo».

«Non fa nulla. Me l'avevi promesso, è vero, ma quando si è innamorati. – Dovrò partire da solo». Lement aveva messo un piede sul marciapiede e l'altro sul lastricato, e si sosteneva il busto ora sull'una, ora sull'altra gamba.

«Tu volevi salire sul tram; parte adesso. Vieni, andiamo a piedi, ti accompagno. C'è ancora tempo».

«No, è già tardi, ti prego».

«Non mi sorprende che tu sia ansioso, ma invero hai ancora tempo. Io non sono così ansioso, per questo anche ora non ho visto Gillemann».

«Gillemann? Non va a stare anche lui fuori?»

«Sì, con la moglie, vogliono partire la prossima settimana e perciò avevo promesso a Gillemann che oggi, appena uscito dall'ufficio, lo avrei incontrato. Voleva darmi alcune disposizioni per l'arredamento del suo appartamento, per questo dovevo incontrarlo. Purtroppo ho fatto tardi, dovevo sbrigare delle commissioni. E proprio mentre mi chiedevo se dovevo andare al loro appartamento, ti ho visto, sulle prime mi sono stupito della valigia e ti ho chiamato. Ma ora è già troppo tardi per far visite, ormai non è più possibile andare dai Gillemann».

«Certo. Allora in campagna incontrerò dei conoscenti. Non ho mai visto la signora Gillemann».

«È molto bella. È bionda, e pallida, ora dopo la sua malattia. Ha gli occhi più belli che abbia mai visto».

«Ti prego, che aspetto hanno degli occhi belli? È lo sguardo? Io non ho mai trovato belli gli occhi».

«Sì, forse ho esagerato. Ma è una donna graziosa».

Dai vetri di una caffetteria a piano terra si potevano vedere dei signori che stavano seduti leggendo e mangiando intorno a un tavolo triangolare, proprio accanto alla finestra; uno aveva abbassato il giornale sul tavolo, teneva alzata una tazzina e con la coda dell'occhio guardava nella strada. Dietro questo tavolino vicino alla finestra, nella grande sala, i mobili e le suppellettili erano nascosti dai clienti che in piccole cerchie sedevano gli uni accanto agli altri. [*Mancano due pagine*] ... «Comunque non è una cosa spiacevole. Molti, credo, prenderebbero su di sé questo fardello».

Entrarono in una piazza alquanto buia, che si apriva dalla parte della strada da cui provenivano, per poi chiudersi nella direzione opposta. Sul lato della piazza lungo il quale si incamminarono, c'era una fila ininterrotta di case, ai cui angoli due serie di case molto distanti l'una dall'altra si dipartivano in una lontananza indistinta nella quale sembravano riunirsi. Il marciapiede davanti alle case, per lo più piccole, era stretto, non si vedevano negozi, né passavano carrozze. Un pilastro di ferro, quasi alla fine della strada dalla quale essi venivano, sosteneva alcuni lampioni, che erano fissati a due anelli posti orizzontalmente l'uno sull'altro. La fiamma trapezoidale ardeva tra le lastre di vetro, commesse l'una all'altra sopra l'ampio buio turricolato come in una cameretta e lasciava esistere il buio qualche passo più in là.

«Ma ora è sicuramente tardi, tu me l'hai nascosto e perderò il treno. Perché?» [*Mancano quattro pagine*].

... «Sì, al più Pirkershofer, beh! e quello!».

«Il nome compare, credo, nelle lettere di Betty, è un aspirante ferroviere, no?»

«Sì, un aspirante ferroviere e un uomo impossibile. Tu mi darai retta, non appena avrai visto il suo piccolo naso grasso. Ti dico, quando si va insieme a lui per i campi uggiosi... Del resto è già sistemato, e se ne andrà via di là, credo e spero, la settimana prossima».

«Aspetta, tu prima mi ha detto che mi suggerivi di rimanere qui ancora una notte. Io ho riflettuto, non è il caso. Ho già scritto che sarei arrivato questa sera, mi aspettano».

«Ma è semplice, telegrafi».

«Sì, certo – ma non sarebbe cortese se non partissi – sono anche stanco, partirò; – se arrivasse un telegramma, si spaventerebbero. – E poi, a che scopo, dove potremmo andare?»

«In verità è meglio che tu parta. L'ho pensato soltanto. – Oggi non potrei venire con te, perché ho sonno, ho scordato di dirtelo. Anzi mi congedo subito, non voglio più accompagnarti nel parco che è umido, potrei ancora vedere Gillemann. È un quarto alle sei, si può ancora far visita a buoni conoscenti. Addio. Felice viaggio e saluti a tutti!».

Lement si voltò a destra e porse la mano a Raban per congedarsi, così che per un momento si trovò a camminare in direzione opposta al suo braccio teso.

«Addio», disse Raban.

Da una piccola distanza Lement gridò ancora: «Eduard, ascoltami, chiudi l'ombrello, da molto non piove più. Non ho avuto modo di dirtelo».

Raban non rispose, chiuse l'ombrello e il cielo si chiuse pallidamente oscurato sopra di lui.

"Se almeno salissi su un treno sbagliato", pensò Raban, "mi parrebbe di aver già cominciato l'impresa e quando più tardi ritornassi di nuovo in questa stazione, chiarito l'errore, starei già molto meglio. Ma se poi il paese, come dice Lement, è così tedioso, non dovrebbe essere per niente uno svantaggio. Piuttosto ci si tratterrà di più in camera e non si saprà mai bene dove sono gli altri; poiché intorno ci sono delle rovine, si intraprenderà una passeggiata in comune alla volta delle rovine, come di certo qualche tempo prima si sarà concordato. In questo caso si è obbligati a esserne contenti, per cui non si potrà mancare. Ma se non ci sono queste curiosità da vedere, non ci sono neppure discussioni e ci si aspetta di trovare tutti facilmente, se improvvisamente, contro ogni consuetudine, si decide una escursione più lunga, è sufficiente mandare la ragazza nell'appartamento degli altri, dove siedono o davanti a una lettera o davanti a un libro e restano incantati da questo messaggio. Ora, non è difficile proteggersi da tali inviti. Eppure non so se saprò farlo, infatti non è così facile come penso tornare indietro, ora che sono solo e posso ancora fare quello che voglio; infatti lì non ho nessuno a cui poter far visita, quando lo volessi, e nessuno con cui poter fare gite faticose, che mi faccia vedere lo stato del suo raccolto o una cava di pietra che vuole sfruttare. Non si può essere sicuri nemmeno dei vecchi conoscenti. Lement oggi non è stato gentile con me, mi ha chiarito alcune cose e mi ha esposto tutto come mi apparirà. Mi ha chiamato e mi ha accompagnato, benché non volesse sapere nulla da me e avesse persino un altro impegno. Ma poi è andato via improvvisamente e certo io non ho potuto urtarlo con nessuna parola. Certo non ho voluto trascorrere la serata in città, ma era naturale, ciò non può averlo offeso, è un uomo ragionevole".

L'orologio della stazione suonò, un quarto alle sei. Raban si fermò, perché si sentiva il batticuore, poi andò velocemente lungo il laghetto, giunse in una via stretta, male illuminata fra grossi cespugli, si slanciò in una piazza nella quale c'erano molte panchine vuote sotto gli alberi, poi più lentamente passò attraverso l'apertura del cancello sulla strada, attraversò, oltrepassò con un salto la porta della stazione, trovò subito lo sportello e dovette battere un poco sul divisorio di latta. Allora l'impiegato guardò fuori, disse che era appena in tempo, afferrò la banconota e gettò immediatamente sulla tavoletta il biglietto richiesto e il poco denaro di resto. Raban avrebbe voluto rapidamente contarlo, pensava che avrebbe dovuto avere di più, ma un inserviente che passava vicino lo spinse attraverso una porta di vetro sul marciapiede della stazione. Lì Raban si guardò intorno, gridando all'inserviente: «Grazie, grazie!» e, poiché non trovò alcun controllore, salì da solo gli scalini del vagone più vicino, posando la valigia sempre sul gradino più alto e issandosi dietro di essa, con una mano appoggiata all'ombrello e con l'altra alla maniglia della valigia. Il vagone in cui entrò era illuminato dalle molte luci della stazione; davanti ad alcuni finestrini, erano tutti chiusi fin su, pendeva ben visibile una lampada ad arco che emetteva uno sfrigolio e le molte gocce di pioggia sui vetri dei finestrini erano bianche, spesso qualcuna cadeva. Raban sentiva il chiasso della stazione, anche quando ebbe chiuso le porte dello scompartimento e si fu seduto nell'ultimo posticino libero di un sedile di legno scuro. Guardava la schiena e la nuca di molti passeggeri e, attraverso quelli, i volti dei passeggeri appoggiati alla spalliera del sedile che stava di fronte a lui. Sopra ad alcuni posti si levava da pipe e sigari il fumo, e ad un certo momento passò lentamente davanti al viso di una ragazza. Di frequente i passeggeri cambiavano posto, discutendo tra loro degli spostamenti, o trasportavano il loro bagaglio che era appoggiato su una stretta rete sopra il sedile, in un altro posto. Se un bastone o l'angolo rinforzato di una valigia sporgeva in avanti veniva fatto notare al suo proprietario. Allora egli si alzava e ristabiliva l'ordine. Anche Raban cambiò idea e mise la valigia sopra il suo sedile.

Alla sua sinistra, presso il finestrino, stavano seduti l'uno di fronte all'altro due signori. Parlavano di prezzi di merci. "Sono commessi viaggiatori", pensò Raban, e li osservava respirando con regolarità. "Il loro commerciante li manda in campagna, loro ubbidienti prendono il treno e in ogni villaggio vanno di bottega in bottega. A volte girano in carrozza fra i villaggi, non possono trattenersi a lungo in alcun posto, perché ogni cosa deve svolgersi rapidamente, e sono costretti a parlare sempre e soltanto di merci. Con che piacere ci si deve affaticare in una professione così gradita!".

Il signore più giovane aveva tirato con uno scossone, dalla tasca di dietro dei pantaloni, il taccuino, lo sfogliò con l'indice rapidamente inumidito sulla lingua e lesse una pagina muovendo in giù su di essa il dorso dell'unghia. Sollevando lo sguardo, vide Raban e non staccò lo sguardo da Raban anche quando discusse dei prezzi del filo, come quando si guarda in modo fisso una qualunque cosa per non dimenticare ciò che si vuol dire. Intanto aggrottava le sopracciglia. Reggeva il taccuino semichiuso nella mano sinistra, il pollice sulla pagina letta, per poter facilmente andare a vedere, se fosse stato necessario. Il taccuino vibrava perché egli non puntellava il braccio ad alcunché e il vagone, nel suo procedere, batteva sulle rotaie come un martello.

L'altro viaggiatore si era appoggiato sulla schiena, ascoltava e a intervalli uguali annuiva con il capo. Si vedeva che non era d'accordo su tutto e che più tardi avrebbe detto la sua opinione.

Raban mise le palme delle mani a incavo sulle ginocchia, e inchinandosi vide tra le teste dei viaggiatori il finestrino, e attraverso il finestrino luci che sfrecciavano le une in avanti, le altre indietro in lontananza. Del discorso del viaggiatore non capiva nulla, non avrebbe capito neppure la risposta dell'altro. Sarebbe occorsa una grossa seria preparazione, perché quelle erano persone che avevano trattato di merci fin dalla loro gioventù. Quando si è così spesso avuto nelle mani un rocchetto di filo e lo si è così spesso offerto alla clientela, allora si conosce il prezzo e se ne può parlare, mentre villaggi ci vengono incontro e corrono avanti, dirigendosi nella profondità della campagna, dove per noi devono scomparire. Eppure questi villaggi sono abitati, e forse lì i viaggiatori vanno di bottega in bottega.

Nell'angolo all'altra estremità dello scompartimento si alzò un uomo grosso, teneva nelle mani delle carte da gioco; gridò: «Tu, Marie, hai messo nella valigia anche le camicie di zefir?» «Ma sì», disse la moglie, che sedeva di fronte a Raban. Si era un po' appisolata e quando la domanda la svegliò, rispose guardando davanti a sé come se parlasse a Raban. «Lei va al mercato di Jungbunzlau, non è vero?», chiese prontamente il viaggiatore. «Sì, a Jungbunzlau». «Questa volta c'è un grande mercato, non è vero?» «Sì, un grande mercato». Lei era assonnata, teneva il gomito sinistro puntellato su un fagotto blu e la testa poggiata pesantemente sulla mano, che premeva sulla carne della guancia fino allo zigomo. «Come è giovane», disse il viaggiatore.

Raban prese dalla tasca del gilè i soldi che aveva avuto dal cassiere e cominciò a contarli. Manteneva a lungo ogni moneta stretta fra il pollice e l'indice e con la punta dell'indice la girava di qua e di là sul lato interno del pollice. Osservò a lungo l'immagine dell'imperatore, lo colpì la corona d'alloro e il modo in cui era attaccata all'occipite con i nodi e i fiocchi di un nastro. Alla fine trovò che la somma era giusta e mise le monete in un grosso borsellino nero. Proprio mentre stava per dire al viaggiatore: «Sono una coppia di coniugi, non le pare?», il treno si fermò. Il fracasso del treno cessò, bigliettai gridarono il nome di una località e Raban non parlò.

Il treno ripartì in modo così lento che ci si poteva figurare il movimento rotatorio delle ruote, ma subito si precipitò giù per un avvallamento e, senza che ce lo si aspettasse, fuori del finestrino le lunghe sbarre della ringhiera di un ponte furono strappate l'una dall'altra e poi schiacciate l'una sull'altra, così sembrò.

A Raban fece piacere che il treno corresse; non avrebbe voluto fermarsi nell'ultima località. "Quando in un posto è buio, quando in un posto non si conosce nessuno, quando si è lontani da casa, allora deve essere spaventoso anche di giorno. Ed è diverso alla prossima stazione o alle precedenti, o alle prossime ancora, o nel villaggio dove vado?"

All'improvviso il viaggiatore parlò ad alta voce. "È ancora lontano", pensò Raban. «Signore, lei sa bene quanto me che i fabbricanti fanno viaggiare nei più piccoli paesini, vanno strisciando fino al più lurido dei bottegai, e crede lei che ad essi facciano dei prezzi diversi da quelli che fanno a noi grossisti? Signore, lasci che glielo dica, proprio gli stessi prezzi, proprio ieri l'ho visto, nero su bianco. Io la definisco furfanteria. Ci schiacciano, nelle condizioni odierne è letteralmente impossibile fare affari, ci schiacciano». Guardò nuovamente Raban; non si vergognava delle lacrime agli occhi; premeva contro la bocca le dita ripiegate della mano sinistra perché gli tremavano le labbra. Raban si appoggiò all'indietro e con la mano sinistra si tirò i baffi lievemente.

La bottegaia che gli stava di fronte si destò e sorridendo si toccò la fronte con le mani. Il viaggiatore parlava più piano. Ancora una volta la donna si risistemò come per dormire, si appoggiò mezza piegata sul suo fagotto e gemette. Sul fianco destro la gonna le si tese.

Dietro di lei con in testa un berretto da viaggio stava seduto un signore che leggeva un grosso giornale. La ragazza che stava di fronte a lui, che presumibilmente era una sua parente, lo pregò di aprire il finestrino perché faceva molto caldo – intanto piegò la testa sulla spalla destra. Egli disse senza guardarla che subito l'avrebbe fatto, solo doveva prima leggere fino alla fine un pezzo su un giornale e le indicò quale pezzo intendeva.

La bottegaia non riusciva a prendere sonno, si mise dritta e guardò fuori dal finestrino, poi osservò a lungo la fiamma della lampada a petrolio che ardeva gialla sul soffitto dello scompartimento. Raban chiuse gli occhi per un momento.

Quando sollevò lo sguardo, proprio allora la bottegaia addentava un pezzo di torta ricoperto di marmellata marrone. Il pacco accanto a lei era aperto. Il viaggiatore fumava in silenzio un sigaro e continuamente faceva come per far cadere la cenere dall'estremità del sigaro. L'altro armeggiava con la punta di un temperino nell'ingranaggio di un orologio da taschino, tanto forte che si sentiva.

Con gli occhi socchiusi Raban vide ancora confusamente che il signore con il berretto da viaggio tirava la cinghia del finestrino. Entrò un colpo d'aria fredda, un cappello di paglia cadde da un gancio. Raban credette di svegliarsi e che per questo le sue guance fossero così fresche, o che si aprisse la porta e lo si spingesse in una stanza, o comunque di ingannarsi, e subito si addormentò con profondi sospiri.

II.

Gli scalini della vettura vibrarono ancora un poco quando Raban scese. Sul suo volto che veniva fuori dall'aria dello scompartimento batteva la pioggia; egli chiuse gli occhi. – Sul tetto di lamiera della stazione pioveva fragorosamente, nella campagna intorno la pioggia cadeva in modo tale che sembrava come di sentir soffiare un vento con regolarità. Correndo arrivò un ragazzo scalzo – Raban non aveva visto da dove – e col fiatone implorò Raban che gli facesse portare la valigia, visto che pioveva, allora Raban disse: Sì, piove, perciò ne me andrò con l'omnibus. Non aveva bisogno di lui. Il ragazzo fece una smorfia come se considerasse più distinto camminare sotto la pioggia e lasciarsi portare la valigia che prendere l'omnibus, si girò e corse via. Quando Raban volle chiamarlo era già troppo tardi.

Si vedevano ardere due lanterne; un impiegato della stazione uscì da una porta. Senza indugio andò sotto la pioggia verso la locomotiva, lì si fermò con le braccia incrociate e aspettò finché il conduttore della locomotiva, piegandosi sulla balaustra, non gli parlò. Fu chiamato un inserviente, arrivò e fu rimandato via. Davanti ad alcuni finestrini del treno stavano dei passeggeri e dato che vedevano un normale edificio di stazione il loro sguardo era spento, le palpebre strette, come durante il viaggio. Dalla strada maestra giunse sul marciapiede una ragazza sotto un ombrello da sole con motivi floreali, appoggiò a terra l'ombrello aperto, si sedette divaricando le gambe per meglio asciugare la gonna, e con la punta delle dita riassettava la gonna tesa. Poiché ardevano solo due lanterne, il suo viso era indistinto. L'inserviente passandole davanti si lamentò del fatto che sotto l'ombrello si era formata una pozzanghera, arrotondò le braccia per mostrare l'ampiezza della pozzanghera e agitò nell'aria le mani l'una dietro l'altra come pesci che si inabissano nell'acqua profonda, per chiarire che con quell'ombrello anche il passaggio veniva ostacolato.

Il treno ripartì, scomparendo come una lunga porta scorrevole e dietro i pioppi al di là delle rotaie c'era la massa del paesaggio che turbava il respiro. Era qualcosa che si intravedeva nel buio o era un bosco, era uno stagno o una casa nella quale la gente già dormiva, era un campanile o una forra fra le colline; nessuno avrebbe dovuto arrischiarsi laggiù, ma chi avrebbe potuto trattenersi?

E quando Raban rivide l'impiegato – era già davanti allo scalino del suo ufficio – corse da lui e lo fermò: «Mi scusi, è lontano il villaggio? Devo andare laggiù».

«No, un quarto d'ora, ma con l'omnibus – piove – sarà là in cinque minuti».

«Piove. Non è una bella primavera», disse Raban.

L'impiegato aveva la mano destra appoggiata al fianco e, attraverso il triangolo fra il braccio e il corpo, Raban vide sulla panchina la ragazza che aveva già chiuso l'ombrello.

«Deve essere spiacevole se si va ora in villeggiatura e ci si deve fermare. In verità pensavo di essere atteso». Si guardò intorno per rendere credibile la cosa.

«Ho paura che perderà l'omnibus. Non sosta così a lungo. Non mi ringrazi. – Deve andare da quella parte, passando per la siepe».

La strada davanti alla stazione non era illuminata, soltanto dalle tre finestre a piano terra dell'edificio proveniva un nebbioso chiarore che però non giungeva molto lontano. Raban camminava nel fango in punta di piedi, gridando varie volte «cocchiere!» e «ehi!» e «omnibus!» e «sono qui». Ma quando, quasi attraversando una pozzanghera dietro l'altra, giunse sul lato buio della strada, dovette continuare a camminare pestando con tutta la suola delle scarpe, finché all'improvviso non fu sfiorato sulla fronte dal muso bagnato di un cavallo.

Era l'omnibus, salì in fretta sulla vettura vuota, e si andò a sedere vicino al vetro dietro al posto del cocchiere e si rincantucciò lì con le spalle incurvate; aveva fatto tutto quello che doveva fare. Perché se il cocchiere si fosse addormentato, si sarebbe svegliato sul mattino, se fosse morto sarebbe venuto un altro cocchiere o il padrone, e se ciò non fosse avvenuto, sarebbero arrivati con il primo treno passeggeri, persone frettolose che fanno rumore. In ogni caso poteva stare tranquillo, poteva persino tirare la tendina del finestrino e aspettare il sobbalzo con il quale la vettura sarebbe ripartita.

"Sì, dopo quanto ho già intrapreso, è sicuro che domani arriverò da Betty e dalla mamma, nessuno può impedirmelo. Del resto è vero ed era anche prevedibile che la mia lettera arriverà solo domani; avrei potuto certo restare in città e trascorrere una piacevole notte da Elvy, senza dover temere di andare a lavorare il giorno dopo, cosa che di solito mi rovina ogni divertimento. Ma guarda, ho i piedi bagnati".

Egli accese un moccolo di candela che aveva preso dalla tasca del gilè e lo pose sul sedile di fronte. Era abbastanza luminoso, l'oscurità all'esterno faceva sì che le pareti dell'omnibus sembrassero verniciate di nero, senza vetri. Allo stesso modo nulla faceva pensare che sotto il pavimento dell'omnibus vi fossero ruote e che davanti fosse attaccato il cavallo.

Raban sfregò a fondo i piedi sul sedile, si mise calze nuove e si sedette dritto. Udì qualcuno che gridava dalla stazione: «Ehi!», se c'era qualche passeggero sull'omnibus, che si facesse vedere.

«Sì, sì e volentieri vorrebbe già partire», rispose Raban affacciandosi dalla porta aperta, tenendosi con la mano destra al montante e con la sinistra vicino alla bocca.

L'acqua piovana violentemente gli scorreva fra il bavero e il collo.

Avvolto nella tela di due sacchi tagliati a pezzi sopraggiunse il cocchiere, il riflesso della sua lanterna da stalla saltellava sulle pozzanghere sotto di lui. Seccato cominciò una spiegazione: attenzione, egli stava giocando a carte con Lebeda e stavano proprio nel bel mezzo del gioco quando era arrivato il treno. Allora per lui sarebbe stato davvero impossibile venire a vedere, ma non voleva certo offendere chi non lo capiva. Del resto questo era senza limiti un posto schifoso e non si vedeva cosa venisse a farci un signore come lui e sarebbe arrivato anche abbastanza presto così che non doveva lamentarsi di nulla. Proprio allora era entrato il signor Pirkershofer – prego, il signor aggiunto – e aveva detto, così gli pareva, che un biondino voleva prendere l'omnibus. E allora lui subito si era informato, o forse non si era informato subito?

La lanterna fu fissata sull'estremità del timone, il cavallo, incitato con voce cupa, tirò e l'acqua sul tetto dell'omnibus, smossa, gocciolava lentamente nella carrozza attraverso una fessura.

Doveva essere una strada di montagna, di certo il fango schizzava nei raggi delle ruote, il ventaglio formato dall'acqua delle pozzanghere scrosciava dietro le ruote che giravano, il cocchiere teneva il cavallo grondante acqua con le briglie allentate al massimo. – Non si poteva usare il tutto come rimprovero a Raban? Molte pozzanghere inaspettatamente venivano illuminate dalla lanterna che traballava al timone e si disperdevano, sollevando onde, sotto la ruota. Questo accadeva solo perché Raban andava dalla sua fidanzata, da Betty, una ragazza carina alquanto attempata. E chi avrebbe apprezzato, se già se ne voleva parlare, quali meriti avesse Raban in quella situazione, si fosse anche solo trattato del fatto che egli tollerava quei rimproveri che del resto nessuno poteva fargli apertamente. Naturalmente lo faceva di buon grado, Betty era la sua fidanzata, egli l'amava, sarebbe stato ripugnante se lei l'avesse ringraziato anche per questo, ma in ogni caso.

Involontariamente ogni tanto batteva con la testa sulla parete, alla quale era appoggiato, guardava per qualche attimo il soffitto. A un tratto la mano destra scivolò lungo la coscia sulla quale era appoggiata. Ma il gomito restò nell'angolo fra il bacino e le gambe.

L'omnibus già procedeva fra le case, di tanto in tanto l'interno della vettura prendeva la luce di una stanza, una scala – per vedere il suo primo gradino Raban avrebbe dovuto alzarsi – conduceva a una chiesa, davanti all'ingresso di un parco ardeva una lampada con una grande fiamma, ma la statua di un santo apparve nera solo alla luce di un negozietto, allora Raban vide la sua candela ardente bassa, la cera coagulata pendeva immobile dal sedile.

Quando la carrozza si fermò davanti all'albergo si sentiva forte la pioggia e – forse una finestra era aperta – anche le voci degli ospiti, Raban allora si domandò se sarebbe stato meglio scendere subito oppure aspettare che il padrone venisse alla carrozza. Quale fosse la consuetudine in quella cittadina, non lo sapeva, ma certamente Betty aveva già parlato del suo fidanzato, e la sua considerazione, e quindi anche la propria, sarebbe divenuta più grande o più piccola a seconda che la sua apparizione fosse stata sfarzosa o fiacca. Ma ora egli non sapeva in quale considerazione ella stesse in quel momento, né quali notizie avesse divulgato su di lui, ciò rendeva la cosa tanto più sgradevole e difficile. Bella la città e bella la via del ritorno a casa! Quando piove, si torna a casa col tram sopra le pietre bagnate, qui si arriva in albergo con un carretto attraverso un pantano. "La città è lontana da qui e anche se morissi di nostalgia, nessuno oggi potrebbe condurmi là. – Ora non morirò – ma là io mangio la pietanza stabilita per la sera ben disposta sul tavolo, a destra, dietro il piatto il giornale, a sinistra la lampada, qui mi daranno una pietanza grassa e sospetta – non si sa che ho lo stomaco debole, e anche se lo si sapesse – ci sarà un giornale che non conosco, molte persone che già sento e arderà una sola lampada per tutti. Ma che luce può dare, sufficiente per giocare a carte, non per leggere il giornale.

Il padrone non viene, non gli importa niente degli ospiti, forse è una persona scortese. Oppure sa che sono il fidanzato di Betty e lo ritiene un buon motivo per non venirmi incontro? Con ciò si accorda anche che il cocchiere mi ha fatto aspettare così a lungo. Betty mi ha raccontato tante volte quanto ha sofferto a causa di persone volgari e come dovesse respingere le loro pressioni, forse anche qui...".

[*Interruzione*]

[*Secondo manoscritto*]

Quando Eduard Raban, passando attraverso l'androne, giunse sulla soglia del portone, poté vedere come pioveva. Pioveva poco.

Sul marciapiede, proprio dinanzi a lui, non più su o più giù, c'erano molti passanti nonostante la pioggia. Ogni tanto qualcuno si portava innanzi e attraversava la carreggiata.

Una piccola ragazza portava sulle braccia tese un cane grigio. Due signori si davano l'un l'altro informazioni su una qualsiasi cosa, ogni tanto si avvicinavano l'uno all'altro e poi si allontanavano di nuovo lentamente; ciò faceva pensare a porte aperte nel vento. Uno teneva le mani con le palme in alto e le muoveva con regolarità in su e in giù, come se reggesse un peso in equilibrio per accertarne la portata. Allora comparve una signora snella, il cui viso aveva un leggero tremito, come la luce delle stelle, con un cappello piatto, carico fino all'orlo di cose irriconoscibili; senza intenzione ella sembrava estranea a tutti i passanti, come per una legge. E un giovane con un bastone sottile andava avanti in fretta, la mano sinistra, come fosse paralizzata, schiacciata sul petto. Molti giravano per affari; benché andassero in fretta, si potevano vedere più a lungo degli altri, ora sul marciapiede, ora sulla carreggiata, le giacche gli stavano male, essi non si curavano del loro portamento. Tre signori – due portavano leggeri soprabiti sull'avambraccio piegato – andavano dal muro delle case al margine del marciapiede, per vedere come si arrivasse alla carreggiata e al marciapiede di fronte.

Attraverso gli spazi vuoti fra i passanti si vedevano, ora di sfuggita, ora con facilità, le pietre, commesse con regolarità, della carreggiata, sulla quale carrozze traballanti sulle ruote venivano trainate velocemente da cavalli dal collo allungato. Le persone che sedevano sui sedili imbottiti guardavano in silenzio i pedoni, le botteghe, i balconi e il cielo. Quando una carrozza doveva sorpassare un'altra, i cavalli si stringevano l'un l'altro e i finimenti pendevano ciondoloni. Gli animali davano strattoni al timone, la carrozza dondolando passava rapida, finché non era conclusa la curva intorno alla carrozza davanti, allora i cavalli si distaccavano nuovamente, inclinando l'uno verso l'altro soltanto le scarne e pazienti teste.

Un signore attempato si diresse in fretta al portone, sul pavimento a mosaico asciutto, si girò. E osservò la pioggia che, spinta a forza in quella strada stretta, cadeva disordinatamente.

Raban poggiò a terra la valigia, cucita con una stoffa nera, piegando un poco il ginocchio destro. L'acqua piovana già scorreva al margine della carreggiata in rigagnoli che si stendevano fino ai canali di scolo che si trovavano più in basso.

Il signore attempato restò solo accanto a Raban, che si era appoggiato un poco al battente di legno della porta, e ogni tanto guardava verso Raban, facendo per questo girare velocemente il collo. Lo faceva soltanto per il naturale bisogno di osservare con precisione tutto, almeno quello che stava intorno a lui, visto che in quel momento era inoperoso. La conseguenza di questo guardare di qua e di là senza scopo era di non far caso a molte cose. Così gli sfuggì che le labbra di Raban erano molto pallide e non molto dissimili dal rosso scolorito della sua cravatta che presentava un motivo moresco, che doveva essere stato una volta molto vistoso. Se l'avesse notato, certamente nel suo intimo avrebbe emesso un grido, ma non sarebbe stato giusto, perché Raban era sempre pallido, benché negli ultimi tempi a dire il vero alcune cose potevano averlo stancato particolarmente.

«Che tempo», disse piano il signore e scosse la testa, in modo certo consapevole, anche se un poco senile.

«Sì, sì, e quando si deve viaggiare», disse Raban, e rapidamente si mise dritto.

«E non è un tempo che può migliorare», disse il signore, e chinandosi in avanti guardò come per esaminare tutto all'ultimo momento, la strada prima in su e poi in giù, «può durare giorni, settimane. Per quel che ricordo, non è previsto che migliori neanche per giugno e per l'inizio di luglio. Ora questo non ci rallegra, io per esempio dovrò rinunciare alle mie passeggiate, che sono molto importanti per la mia salute».

Fece uno sbadiglio e sembrò rilassarsi, aveva ascoltato la voce di Raban e, impegnato nella conversazione, non aveva più interesse per niente, neppure per quella conversazione.

Ciò fece a Raban una notevole impressione, visto che quel signore per primo gli aveva rivolto la parola, ed egli cercava di vantarsi un poco, anche se ciò non doveva essere per nulla notato. «Giusto», disse, «in città si può rinunciare molto bene a ciò che non è salutare. Se non si rinuncia, si possono fare rimproveri solo a se stessi per le conseguenze dannose. Ci si pente, e solo così si può vedere molto chiaramente come ci si dovrà comportare la prossima volta. E se è così già in particolari… [*Mancano due pagine*]… «Con ciò non intendo riferirmi a nulla. Non intendo proprio nulla», si affrettò a dire

Raban, pronto a scusare, per quanto possibile, la sbadataggine del signore, visto che voleva vantarsi ancora un po'. «Tutto deriva dal libro suddetto, che negli ultimi tempi ho letto la sera anche con altri. Per lo più ero solo. Ci sono state circostanze familiari. Ma, a parte ogni altra cosa, un buon libro dopo cena è per me la cosa più bella. Già da sempre. Ultimamente lessi in un opuscolo, come da citazione di non so quale scrittore: 'Un buon libro è il migliore amico', e forse è vero, è così, un buon libro è il migliore amico».

«Sì, quando si è giovani – », disse il signore e non voleva dire niente di particolare, voleva soltanto dire, con questo, che pioveva, che la pioggia era ancora più forte e che non voleva affatto smettere, ma ciò per Raban risuonò come se il signore si considerasse, con i suoi sessant'anni, ancora vispo e giovane e che, di contro, non stimasse per nulla i trent'anni di Raban. E con ciò inoltre volesse dire, per quanto gli era consentito, che a trent'anni era stato certamente più ragionevole di Raban; e credesse che, benché non si avesse niente da fare, come non aveva da fare niente lui che era un uomo anziano, equivaleva a perdere il proprio tempo stare qui nell'androne davanti alla pioggia, e inoltre perdere il tempo doppiamente sprecandolo in chiacchiere.

Raban credeva che già da qualche tempo non lo potesse riguardare nulla di ciò che gli altri dicevano sulle sue doti e sulle sue opinioni, piuttosto egli aveva lasciato quella posizione in cui aveva sempre devotamente ascoltato tutto, così che ora la gente parlava soltanto nel vuoto, sia che fosse contro di lui, sia che fosse per lui. Perciò disse: «Noi parliamo di cose diverse perché lei non ha fatto attenzione a ciò che volevo dire».

«Prego, prego», disse il signore.

«Oh, non è importante», disse Raban, «io volevo soltanto dire che i libri sono utili in ogni senso e in particolare quando non ce lo si aspetta. Perché, quando si ha in mente una iniziativa, proprio i libri il cui contenuto non ha nulla in comune con la propria iniziativa, sono i più importanti. Infatti il lettore che ha progettato quella intrapresa e che in qualche modo ci si appassiona (e formalmente solo l'effetto del libro può penetrare fino a quella passione), è indotto dal libro a pensieri più vasti che concernono il suo progetto. Ma, poiché il contenuto del libro è del tutto indifferente, il lettore non è per niente disturbato in quei pensieri, e va insieme ad essi attraverso il libro, come una volta, se posso dirlo, i giudei attraverso il Mar Rosso».

Tutta la persona del vecchio signore assunse per Raban un aspetto fastidioso. Gli sembrò che gli si avvicinasse troppo, – ma questo era irrilevante ...[*Mancano due pagine*]... «Anche il giornale. – Ma io volevo ancora dirle che parto per la campagna solo per quattordici giorni, mi sono preso le ferie per la prima volta da tanto tempo, del resto è necessario, e, per esempio, lo stesso libro che come le ho detto ho letto ultimamente mi ha istruito sul mio piccolo viaggio, più di quanto lei possa immaginare».

«L'ascolto», disse il signore.

Raban stava zitto, e stando dritto mise le mani nelle tasche del soprabito che erano piuttosto in alto.

Dopo un po' il vecchio signore disse: «Questo viaggio sembra avere per lei una importanza particolare».

«Ora vede, vede», disse Raban, e si appoggiò nuovamente alla porta. Allora vide che il vestibolo si era riempito di persone; ce n'erano persino davanti alle scale del palazzo e un impiegato, che aveva preso in affitto una stanza presso la stessa signora di Raban, quando scese le scale, dovette pregare la gente di fargli posto. A Raban, che indicava con la mano la pioggia, egli gridò al di sopra di alcune teste, che allora si girarono tutte verso Raban, «felice viaggio», e rinnovò la promessa, chiaramente fatta in precedenza, di andarlo a trovare la domenica successiva.

[*Mancano due pagine*] «...ha un buon posto, del quale è anche contento e che lo aspettava da sempre. È così perennemente e intimamente allegro che non ha bisogno di nessun altro per il suo divertimento, ma tutti hanno bisogno di lui. Egli stava sempre bene. Ah, non discuta».

«Non discuterò», disse il signore.

«Lei non discuterà, ma non ammetterà il suo errore, perché lei vi insiste. E benché ancora ora lo ricordi precisamente, dimenticherebbe tutto, ci scommetto, se ne parlasse con lui. Lei mi rimprovererebbe di non averla contraddetta di più ora. Quando parla solo di un libro... Si entusiasma subito per tutto ciò che è bello»...

3. Il maestro di scuola del villaggio

Coloro, io appartengo ad essi, che già trovano ripugnante una piccola comune talpa, sarebbero forse morti dal disgusto, se avessero visto la talpa gigante che fu vista alcuni anni fa nelle vicinanze di un piccolo villaggio, che da ciò ottenne una temporanea rinomanza. Ora in ogni modo la cosa è caduta nella dimenticanza già da lungo tempo e a ciò contribuisce anche l'ingloriosità dell'intero fenomeno che è rimasto del tutto inspiegato, che anzi non ci si curò neppure di spiegare e che, a causa di un'incomprensibile trascuratezza di quei circoli che se ne sarebbero dovuti interessare e che in effetti si interessano intensamente di cose ben più insignificanti, fu dimenticato senza un esame più approfondito. In tal senso il fatto che il villaggio disti molto dalla ferrovia non può certo essere visto come una giustificazione. Molta gente, per curiosità, venne da lontano, persino dall'estero; non vennero proprio quelli che avrebbero dovuto dimostrare più che la semplice curiosità. Anzi, se gente comune, gente il cui solito lavoro quotidiano non concedeva quasi un attimo di respiro, se questa gente non si fosse presa a cuore la cosa disinteressatamente, la notizia del fenomeno probabilmente non sarebbe neppure uscita dal più vicino circondario. Bisogna ammettere che anche la diceria che di solito non si lascia fermare, in questo caso fu addirittura lenta; se non fosse stata sospinta decisamente, non si sarebbe diffusa. Ma, certo, neppure questo era un motivo per non occuparsi della cosa, al contrario, si doveva analizzare anche questo fenomeno. Invece l'unica trattazione scritta del caso fu affidata al vecchio maestro del villaggio, che indubbiamente era una persona eccellente, nella sua professione, ma le cui capacità, non meno che la sua preparazione non gli consentivano di fornire una descrizione esatta e utilizzabile in seguito, tanto meno una spiegazione. Il piccolo scritto fu stampato e venduto molto ai visitatori di allora del villaggio; ebbe anche qualche riconoscimento, ma il maestro era abbastanza intelligente da capire che in fondo i suoi sforzi, non sostenuti da nessuno, erano senza valore. Se, ciò nondimeno, non li ridusse e, sebbene per sua natura fosse di anno in anno più sfiduciato, fece di questa faccenda la ragione della sua vita, ciò dimostra da un lato come fosse grande l'influenza che poteva esercitare il fenomeno e dall'altro lato quale perseveranza e fedeltà alle proprie convinzioni si possano trovare in un vecchio e trascurato maestro di paese. Ma che egli abbia sofferto duramente, a causa dell'atteggiamento ostile di personalità autorevoli, lo testimonia una piccola appendice che fece seguire al suo scritto, comunque solo dopo alcuni anni, in un tempo però in cui quasi nessuno più poteva ricordare di che cosa si era trattato. In questa appendice egli si lamentava, in modo convincente forse non per l'abilità ma per l'onestà, della mancanza di comprensione che aveva incontrato in persone dalle quali meno se la sarebbe aspettata. Di queste persone giustamente dice: «Non io, ma loro parlano come vecchi maestri di paese». E tra l'altro riporta l'osservazione di uno studioso dal quale si era recato proprio per la sua faccenda. Il nome dello studioso non è menzionato, ma da diverse circostanze secondarie si può indovinare chi fosse. Superate grandi difficoltà per essere ricevuto dallo studioso, al quale si era annunciato varie settimane prima, il maestro notò già dal saluto che l'erudito era chiuso in un pregiudizio insuperabile riguardo alla sua faccenda. Con quale disattenzione avesse ascoltato il lungo rapporto del maestro, che questi espose sulla scorta del suo scritto, si rilevò nell'osservazione che fece dopo un'apparente riflessione: «La terra nella vostra regione è particolarmente nera e pesante. Ora, per questo, dà anche alle talpe un nutrimento particolarmente grasso ed esse diventano straordinariamente grosse». «Ma non così grosse», esclamò il maestro e, un poco eccedendo nella sua furia, misurò sulla parete due metri. «Oh, certo», rispose lo studioso, al quale il tutto sembrava chiaramente molto divertente. Con questo parere il maestro ritornò a casa. Egli narra che la moglie e i suoi sei figli lo aspettavano di sera sotto la nevicata sulla strada maestra e che egli dovette riconoscere il definitivo fallimento delle sue speranze.

Quando io lessi del comportamento dello studioso nei confronti del maestro, non conoscevo ancora lo scritto principale del maestro. Ma subito mi risolsi a raccogliere e a mettere insieme tutto quello che potevo venire a sapere sul caso. Poiché non potevo certo minacciare l'erudito, il mio scritto doveva almeno sostenere il maestro o, per meglio dire, non tanto il maestro quanto la buona fede di un uomo onesto, ma ininfluente. Lo ammetto, più tardi mi pentii di questa decisione, perché subito mi resi conto che la sua realizzazione mi doveva mettere in una strana situazione. Da un lato, anche la mia influenza era di gran lunga insufficiente a far cambiare idea allo studioso o magari all'opinione pubblica a favore del maestro, dall'altro il maestro doveva notare che a me il suo scopo principale, provare l'apparizione della grossa talpa, stava meno a cuore della difesa della sua onestà, che a lui invece appariva evidente e non bisognosa di alcuna difesa. Doveva perciò andare a finire che io, che volevo legarmi al maestro, non trovassi in lui alcuna comprensione, e, forse, invece di aiutare, dovessi io avere bisogno di un nuovo aiutante, la cui entrata in scena era di certo molto improbabile. Inoltre, con la mia risoluzione mi addossavo un grosso lavoro. Se volevo convincere, non dovevo richiamarmi al maestro, che appunto non era riuscito a convincere. La conoscenza del suo scritto mi avrebbe soltanto fuorviato e per questo evitai di leggerlo prima della conclusione del mio lavoro. Anzi, non entrai neppure in contatto con il maestro. Ad ogni modo egli venne a conoscenza delle mie ricerche per interposta persona, ma non sapeva se io operassi in suo favore o contro di lui. Anzi, forse credette persino a quest'ultima ipotesi, anche se in seguito lo negò, infatti ho le prove del fatto che mi frappose sulla strada diversi ostacoli. Lo poteva fare molto facilmente, dal momento che io dovevo effettuare nuovamente tutte le ricerche che lui aveva già condotto, e perciò poteva sempre prevenirmi. Questo era l'unico appunto che potesse essere fatto al mio metodo, un appunto del resto inevitabile, che tuttavia era fortemente invalidato dalla cautela, persino dalla abnegazione, delle mie conclusioni finali. Per il resto, il mio scritto era libero da ogni influenza del maestro, anzi forse in questo avevo dimostrato fin troppo grande scrupolosità, proprio come se nessuno, fino ad allora, avesse indagato il caso, come se fossi io il primo che interrogasse i testimoni oculari e auricolari, il primo che mettesse in fila le dichiarazioni, il primo che tirasse conclusioni. Quando in seguito lessi lo scritto del maestro – recava un titolo molto circostanziato: *Una talpa, così grossa che finora nessuno l'ha mai vista* –, in realtà scoprii che non convenivamo in alcuni punti essenziali, anche se entrambi ritenevamo di aver provato la cosa principale, cioè l'esistenza della talpa. Comunque, proprio quelle divergenze di opinioni resero impossibile un rapporto amichevole con il maestro, rapporto che in verità, nonostante tutto, mi ero aspettato. Nacque invece, da parte sua, quasi un'inimicizia. Certo fu nei miei confronti sempre discreto e umile, ma tanto più chiaramente si poteva notare la sua vera disposizione d'animo. Egli era infatti dell'opinione che io avessi senz'altro nuociuto a lui e alla cosa, e che il fatto che io credessi di potergli essere stato utile o di potergli essere utile, nel migliore dei casi era dabbenaggine, ma forse presunzione o perfidia. Innanzitutto richiamava di frequente l'attenzione sul fatto che, fino a quel momento, tutti i suoi oppositori o non gli avevano affatto dimostrato la loro opposizione o gliela avevano dimostrata soltanto a quattrocchi, o per lo meno solo a voce, mentre io avevo ritenuto necessario far subito stampare tutte le mie critiche. Inoltre, i pochi oppositori che veramente si erano interessati alla cosa, sia pure solo in modo superficiale, avevano almeno sentito la sua opinione, l'opinione del maestro, in questo caso l'opinione decisiva, prima di dare essi il loro parere; io, invece, da dichiarazioni raccolte in modo non sistematico e in parte fraintese, avevo tratto conclusioni che, quand'anche fossero state giuste in generale, dovevano risultare incredibili, certamente tanto alla massa che agli studiosi. E la più pallida parvenza di incredibilità era in questo caso ciò che di più spiacevole potesse capitare.

A questi rimproveri, sia pure mossi velatamente, avrei potuto facilmente rispondere – il suo scritto, per esempio, rappresentava proprio il colmo dell'incredibilità; meno semplice era combattere contro l'altro suo sospetto, e questa era la ragione per la quale in fondo mi contenevo molto di fronte a lui. Infatti in segreto credeva che io avessi voluto derubarlo della gloria di essere il primo difensore pubblico della talpa. Invero non c'era alcuna gloria intorno alla mia persona, ma soltanto del ridicolo, anche se circoscritto ad una cerchia sempre più piccola, a cui certo io non aspiravo. Inoltre nell'introduzione al mio scritto avevo espressamente chiarito che si doveva per sempre ritenere il maestro come lo scopritore della talpa – in realtà non era stato neppure lo scopritore – e che solo l'interessamento al destino del maestro mi aveva indotto alla stesura dello scritto. «Lo scopo di questo scritto è...» – così concludevo in modo troppo patetico, ma questo corrispondeva alla mia emozione di allora – «di contribuire alla meritata diffusione dello scritto del maestro. Se vi riuscirò, il mio nome, che è stato coinvolto in questa questione in modo solo transitorio ed esteriore, deve essere subito cancellato». Negavo così ogni mia ampia compartecipazione alla cosa; era quasi come se avessi previsto in qualche maniera l'incredibile rimprovero del maestro. Eppure, proprio in questo passaggio, egli trovò un argomento contro di me, e non posso negare che in ciò che diceva, o che piuttosto lasciava intendere, era contenuta una apparente traccia di legittimità, come d'altra parte mi ero accorto qualche volta dal fatto che dimostrava sotto diversi aspetti quasi più perspicacia nei miei confronti che nel suo scritto. Sosteneva infatti che la mia introduzione aveva la lingua biforcuta. Se mi stava veramente a cuore la diffusione del suo scritto, perché non mi interessavo esclusivamente di lui e del suo scritto, perché non ne mostravo i pregi, l'irrefutabilità, perché non mi limitavo a mettere in rilievo il significato della scoperta e a chiarirlo, perché, piuttosto, ignorando completamente lo scritto, mi incuneavo nella stessa scoperta? Non era forse già stata fatta? Restava forse sotto questo aspetto ancora qualche cosa da fare? Ma se veramente credevo di dover fare la scoperta ancora una volta, perché nell'introduzione mi ero così solennemente distanziato dalla scoperta? Avrebbe potuto trattarsi di falsa modestia, invece era qualcosa di più grave. Io screditavo la scoperta, la mettevo in evidenza col solo scopo di screditarla, l'avevo analizzata e messa da parte. Forse questa faccenda era un po' caduta in ombra, ed ora io di nuovo la mettevo in luce, ma contemporaneamente rendevo la situazione del maestro più difficile di quanto non fosse mai stata. Che cosa significava per il maestro la difesa della sua onestà! A lui stava a cuore la cosa, solo la cosa. Ma io la tradivo, perché non la capivo, non la valutavo giustamente, non avevo il senso di essa. Superava di moltissimo la mia intelligenza. Egli sedeva davanti a me e mi osservava tranquillamente con il suo vecchio viso grinzoso, e dire che solo questa era la sua opinione. Ad ogni modo, non era esatto che gli stesse a cuore solo questa faccenda, era persino ambizioso e voleva anche ottenere denaro, cosa che, tenendo conto della sua numerosa famiglia, era molto comprensibile. Ciò nonostante, il mio interesse alla faccenda gli sembrava comparativamente così scarso, che riteneva possibile presentarsi come uno del tutto disinteressato, senza dover dire per questo una menzogna troppo grossa. E per la mia intima soddisfazione non bastava nemmeno che mi dicessi che le accuse di quell'uomo erano in fondo in fondo riconducibili al fatto che si teneva in un certo qual modo stretto con entrambe le mani alla sua talpa e definiva traditore chiunque le si volesse avvicinare anche solo con un dito. Le cose non stavano così, non si poteva spiegare il suo comportamento con l'avidità, almeno non solo con l'avidità, ma piuttosto con la rabbia provocata in lui dai suoi sforzi estenuanti ed al loro completo insuccesso. Ma anche la rabbia non spiega tutto. Forse il mio interesse alla faccenda era davvero troppo scarso. Alla mancanza di interesse negli estranei il maestro era già quasi abituato, in genere se ne rammaricava, ma non più in modo particolare. Però in questo caso aveva finalmente trovato uno che si interessava alla faccenda in modo eccezionale, e neppure lui la afferrava. Costretto una buona volta su questa strada, non volli neppure negare. Io non sono uno zoologo, forse non mi sarei accalorato fin nel profondo del cuore per questo caso se l'avessi scoperto io stesso, ma non l'avevo scoperto io. Una talpa così grossa indubbiamente è un fatto strano, ma per questo non si deve pretendere l'attenzione permanente del mondo intero, in particolare quando l'esistenza della talpa non è accertata in maniera del tutto incontrovertibile, e quando in ogni caso non la si può presentare. Ammettevo che probabilmente, se fossi stato io lo scopritore, non mi sarei mai impegnato per la talpa, come facevo di buon grado e spontaneamente per il maestro.

Ora, il disaccordo tra me ed il maestro forse si sarebbe subito risolto, se il mio scritto avesse avuto successo. Ma proprio questo successo mancò. Forse non era scritto bene, forse era scritto in modo non sufficientemente convincente; io sono un commerciante, la compilazione di uno scritto simile probabilmente supera l'ambito a me assegnato più di quanto non avvenga nel caso del maestro, sebbene in ogni modo io gli sia di molto superiore in tutte le cognizioni necessarie in questo caso. La mancanza di successo si poteva chiarire anche in altro modo, forse non era il momento adatto per la pubblicazione. Da una parte, la scoperta della talpa, che non si era potuta diffondere, non era avvenuta in un tempo tanto remoto da essere completamente dimenticata e da costituire attraverso il mio scritto quasi una sorpresa, dall'altra, era trascorso abbastanza tempo per esaurire lo scarso interesse originariamente presente. Quelli che si davano pensiero per il mio scritto si dicevano, con una sorta di scoraggiamento, che già anni prima aveva dominato questo dibattito, che sarebbero ricominciati i vani sforzi per questa noiosa faccenda, e alcuni confondevano persino il mio scritto con quello del maestro. In una importante rivista di agricoltura si trovava la seguente osservazione, per fortuna solo alla fine e stampata in piccolo: «Ci è stato di nuovo inviato lo scritto sulla talpa gigante. Noi ricordiamo di aver già una volta riso di cuore anni fa. Da allora esso non è diventato più intelligente e noi non siamo diventati più stupidi. Solo che non possiamo ridere una seconda volta. Chiediamo al contrario alle nostre associazioni di insegnanti se un maestro di scuola di villaggio non possa trovare un lavoro più utile da fare che andare a caccia di talpe giganti». Uno scambio ingiustificabile! Non avevano letto né il primo né il secondo scritto, e le due povere parole afferrate in fretta 'talpa gigante' e 'maestro di scuola di villaggio' erano già sufficienti a quei signori per mettersi in mostra come patrocinatori di interessi riconosciuti. Per contro si sarebbero potute tentare con successo diverse cose, ma me lo impedì la mancanza di accordo con il maestro. Io piuttosto cercai di tenergli segreta la rivista, finché fu possibile. Ma egli la scoprì molto presto, lo capii già da una notazione in una lettera, nella quale mi faceva sperare in una sua visita per il giorno di Natale. Scriveva: «Il mondo è cattivo e lo si agevola», con ciò voleva dire che io appartenevo al mondo cattivo, ma non mi bastava la cattiveria che alberga in noi, agevolavo persino il mondo, vale a dire, mi davo da fare per attirare la cattiveria universale e per farla trionfare. Ora, io avevo già preso le necessarie decisioni, potevo attenderlo tranquillamente e tranquillamente vederlo arrivare, salutare persino meno gentilmente del solito, sedersi muto dinanzi a me, estrarre piano dalla tasca interna della giacca stranamente imbottita con ovatta la rivista, e spararmela davanti aperta. «La conosco», dissi, e spinsi indietro la rivista senza leggerla. «La conoscete», disse sospirando, aveva la vecchia abitudine dei maestri di ripetere le risposte degli altri. «Naturalmente non tollererò questa cosa senza reagire», proseguì irritato, battendo con un dito sulla rivista, e mi osservava intensamente come se io fossi di parere contrario; aveva un presentimento di ciò che volevo dire; non tanto per le sue parole, quanto per altri segni, avevo creduto di notare che spesso aveva un'intuizione esatta dei miei propositi, ma non cedeva ad essa e si lasciava sviare. Posso riferire parola per parola ciò che gli dissi in quell'occasione, perché l'ho annotato poco dopo il colloquio. «Fate ciò che volete», dissi, «le nostre strade da oggi si separano. Credo che ciò non vi giunga né inaspettatamente, né intempestivamente. La nota della rivista non è la causa della mia decisione, essa l'ha semplicemente rafforzata in modo definitivo; la vera causa consiste nel fatto che all'inizio credevo di potervi essere utile con la mia entrata in scena, mentre ora devo ammettere di avervi nuociuto in ogni caso. Perché le cose si siano rivoltate in questa maniera, io non lo so, le ragioni per il successo o per l'insuccesso hanno sempre molteplici significati, non tirate fuori soltanto le interpretazioni che parlano contro di me. Pensate a voi, anche voi avevate i migliori propositi e, se consideriamo bene il tutto, non avete avuto successo. Non lo dico per scherzo, la cosa va anche contro di me se affermo che disgraziatamente anche il legame con me si annovera fra i vostri insuccessi. Il fatto che io ora mi tiri indietro dalla faccenda, non è viltà, né tradimento. Anzi, non avviene senza abnegazione; quanto rispetti la vostra persona, risulta dal mio scritto, voi siete diventato per me, in un certo senso, un maestro, e persino la talpa mi è diventata quasi cara. Nonostante ciò mi metto da parte, siete voi lo scopritore, e qualunque cosa voglia combinare, impedisco sempre che l'eventuale gloria possa toccare a voi, mentre attiro l'insuccesso e lo passo a voi. Questa almeno è la vostra opinione. Ma basta così. La sola ammenda che posso prendere su di me, è di pregarvi di perdonarmi e, se così desiderate, di ripetere anche in pubblico, per esempio su questa rivista, la confessione che vi ho reso».

Queste furono allora le mie parole, non erano completamente sincere, ma facilmente se ne poteva trarre ciò che di sincero c'era in esse. La mia spiegazione agì su di lui pressapoco come mi aspettavo. La maggior parte delle persone anziane hanno nei confronti dei più giovani qualcosa di illusorio, qualcosa di falso nella loro essenza, si continua a vivere tranquillamente accanto a loro, si crede a una relazione consolidata, si conoscono le opinioni dominanti, si ricevono di continuo attestazioni di pace, si considera tutto ciò naturale e all'improvviso, quando accade qualcosa di decisivo e la quiete da così lungo tempo preparata dovrebbe dare i suoi frutti, questi vecchi insorgono come estranei, hanno opinioni più radicate e forti, solo ora dispiegano la loro bandiera e su di essa si può leggere con sgomento la nuova sentenza. Questo sgomento innnanzitutto deriva dal fatto che quello che i vecchi dicono ora è effettivamente più giustificato, più significativo e, se ci fosse il comparativo di ovvio, più ovvio. Ma ciò che è falso in modo insuperabile è il fatto che ciò che dicono ora, in fondo l'hanno sempre detto, eppure non era mai prevedibile. Dovevo essermi profondamente immedesimato in quel maestro di scuola di villaggio, dal momento che ora egli non mi sorprese del tutto. «Figliolo», disse, appoggiò la mano sulla mia e la sfregò amichevolmente, «come vi è passato per la mente di impegolarvi in questa cosa? – Appena lo venni a sapere per la prima volta, ne parlai con mia moglie». Si allontanò dal tavolo, allargò le braccia e guardò a terra, come se lì sotto stesse, minuscola, la moglie ed egli parlasse con lei. «'Per molti anni', le dissi, 'lottiamo da soli, ma ora pare che in città un alto benefattore difenda la nostra causa, un commerciante della città, di nome Tal dei Tali. Ora dovremmo rallegrarcene molto, non è vero? Un commerciante di città non significa poco; se un miserabile contadino ci crede e lo dichiara, questo non ci può aiutare in alcun modo perché ciò che il contadino fa è sempre volgare, sia che egli dica: il vecchio maestro di scuola del villaggio ha ragione, o che sputi in modo indecente, le due cose hanno sempre lo stesso effetto, e se al posto di un contadino ce ne sono diecimila, l'effetto è, se è possibile, ancora più brutto. Al contrario, un commerciante di città è qualcosa di diverso, un uomo della sua posizione ha conoscenze, persino ciò che dice di sfuggita si diffonde in circoli più ampi, nuovi benefattori si interessano della cosa, uno dice, per esempio: Si può imparare anche da un maestro di scuola di villaggio, e il giorno dopo già lo bisbiglia una gran quantità di persone, dalle quali, a giudicare dall'apparenza, non ce lo si sarebbe mai aspettato. Allora si trova il denaro per la cosa, uno solo lo raccoglie, gli altri gli mettono in mano il denaro, si ritiene che il maestro di scuola del villaggio debba essere tirato fuori dal villaggio, si va, non ci si cura del suo aspetto, lo si circonda e, poiché la moglie e i figli si aggrappano a lui, ce li si porta dietro. Hai mai osservato le persone che vengono dalla città? Cinguettano ininterrottamente. Quando sono riunite in fila, il cinguettare va da destra a sinistra e torna indietro e va su e giù. E, così cinguettando, ci fanno salire sulla carrozza, non c'è neppure il tempo di fare un cenno col capo a tutti. Il signore che sta a cassetta si rimette a posto gli occhiali, agita il frustino e partiamo. Tutti fanno un cenno di saluto al villaggio, come se fossimo ancora là e non sedessimo insieme a loro. Dalla città ci vengono incontro alcune carrozze con i più impazienti. Come ci avviciniamo, si alzano dai loro posti sporgendosi per vederci. Quello che ha raccolto il denaro mantiene l'ordine e esorta alla calma. Quando giungiamo in città, c'è già una grossa fila di carrozze. Pensavamo che i saluti fossero già terminati, ma ora cominciano davvero davanti alla locanda. In città è sufficiente un solo appello perché si riuniscano molte persone. Quello che interessa a uno, interessa subito anche all'altro. Si sottraggono gli uni agli altri con il respiro le opinioni e se le fanno proprie. Non tutte queste persone possono andare in carrozza, sono in attesa davanti alla locanda, altri potrebbero andarci, ma non lo fanno per orgoglio. Anch'essi stanno in attesa. È incomprensibile come faccia quello che ha raccolto il denaro ad abbracciare con lo sguardo tutto questo'».

L'avevo ascoltato tranquillamente; anzi, mentre parlava, ero diventato sempre più tranquillo. Avevo accatastato sul tavolo tutti gli esemplari del mio scritto, che ancora possedevo in gran quantità. Ne mancavano soltanto pochi, perché nell'ultimo periodo avevo richiesto con una lettera circolare tutti gli esemplari inviati e ne avevo ricevuto la maggior parte. Da varie parti mi era anche stato risposto molto cortesemente di non ricordare affatto di aver ricevuto un tale scritto e che, se per caso l'avevano ricevuto, l'avevano purtroppo perduto. Anche in questo modo andava bene, in fondo non volevo altro. Solo uno mi pregava di consentirgli di trattenere lo scritto come curiosità, e si impegnava, nel senso della mia lettera circolare, a non mostrarlo a nessuno per i prossimi venti anni. Il maestro di scuola del villaggio non aveva ancora visto questa lettera circolare. Mi rallegrai del fatto che le sue parole mi agevolassero nel mostrargliela. Ma potevo farlo anche senza preoccuparmi, perché nella sua compilazione avevo proceduto con molta accortezza e non avevo mai tralasciato l'interesse del maestro di scuola del villaggio e della sua faccenda. Le frasi principali dello scritto suonavano infatti: «Prego che mi venga restituito lo scritto non perché mi sia allontanato dalle opinioni sostenute nello scritto o perché forse siano da ritenere in qualche parte sbagliate o anche solo indimostrabili. La mia preghiera ha motivi unicamente personali, in ogni caso molto convincenti; ma non consente illazioni di sorta sulla mia posizione nei confronti di questa faccenda. Prego di tenere particolarmente conto di questo, e, per piacere, di farlo sapere».

Tenevo per il momento ancora fra le mani la lettera circolare e dissi: «Volete rimproverarmi perché non è andata così? Perché volete farlo? Non rendiamoci amaro questo reciproco distacco! E cercate una buona volta di comprendere che, certo avete fatto una scoperta, ma che questa scoperta non sovrasta tutte le altre cose e che di conseguenza anche l'ingiustizia che vi è capitata, non è un'ingiustizia che sovrasta tutte le altre cose. Non conosco gli ordinamenti delle società scientifiche, ma credo che neppure nel migliore dei casi avreste ricevuto un'accoglienza che solo approssimativamente avrebbe uguagliato quella che avete descritto alla vostra povera moglie. Se avessi nutrito qualche speranza sull'effetto dello scritto, avrei creduto che forse potesse suscitare l'interesse di qualche professore sul nostro caso, che quest'ultimo potesse dare a qualche giovane studente l'incarico di seguire il caso, che questo studente potesse venire da voi e lì potesse ancora una volta, seguendo un suo metodo, verificare le vostre e le mie ricerche, e che questi, infine, quando il risultato gli fosse sembrato degno di menzione – qui bisogna ricordare che tutti i giovani studenti sono pieni di dubbio – avrebbe pubblicato un suo proprio scritto, nel quale ciò che è stato scritto da voi sarebbe stato fondato scientificamente. Ma se pure questa speranza si fosse compiuta, non si sarebbe ottenuto molto. Lo scritto dello studente che avesse difeso un caso così strano, sarebbe stato forse ridicolizzato. Voi vedete dall'esempio della rivista di agricoltura quanto facilmente ciò possa avvenire, e le riviste scientifiche sono in questo ancora meno riguardose. È anche comprensibile, i professori portano molte responsabilità, verso se stessi, verso la scienza, verso i posteri, non possono prendersi subito a cuore ogni nuova scoperta. Noi altri siamo avvantaggiati rispetto a loro. Ma prescindo da questo e ora voglio supporre che lo scritto dello studente si fosse imposto. Che cosa sarebbe successo? Il vostro nome sarebbe stato nominato con rispetto alcune volte, ciò sarebbe forse stato utile alla vostra categoria, si sarebbe detto: 'I nostri maestri di scuola di villaggio hanno gli occhi aperti', e questa rivista qui, se le riviste avessero memoria e coscienza, avrebbe dovuto fare pubblica ammenda, si sarebbe anche trovato un professore benevolo per farvi conseguire una borsa di studio, invero è anche possibile che si sarebbe cercato di trascinarvi in città, di procurarvi un posto in una scuola elementare cittadina e di darvi in tal modo l'opportunità di utilizzare per la vostra più ampia formazione i mezzi scientifici che la città offre. Ma se devo essere sincero, devo dire, in verità, che si sarebbe solo cercato. Vi avrebbero convocato qui, voi sareste anche venuto, ma come un comune postulante, come ve ne sono a centinaia, senza tutte le accoglienze solenni, si sarebbe discusso con voi, si sarebbe dato riconoscimento al vostro onesto sforzo, ma contemporaneamente si sarebbe constatato che voi siete una persona anziana, che a questa età cominciare uno studio scientifico è senza prospettive e che voi siete arrivato alla vostra scoperta più per caso che con metodo e oltre questo singolo caso non intendete neppure più lavorare. Per questi motivi vi avrebbero forse lasciato nel villaggio. In ogni modo avrebbero portato avanti la vostra scoperta, perché non è così piccola da poter essere dimenticata, una volta che abbia avuto il suo riconoscimento. Ma non ne avreste più saputo molto e ciò che avreste saputo, non l'avreste neppure compreso. Ogni scoperta è subito inserita nella totalità delle scienze e in tal modo per così dire finisce di essere una scoperta, entra nel tutto della scienza e sparisce, si deve già avere uno sguardo esperto scientificamente per riconoscerla ancora. Essa è ricondotta a principi della cui esistenza non abbiamo neppure sentito parlare, e nella controversia scientifica è innalzata a partire da questi principi fino alle nuvole. Come vogliamo comprendere tutto questo? Se ascoltiamo un dibattito scientifico, crediamo, per esempio, che si tratti della scoperta, ma invece si tratta di tutta un'altra cosa, e un'altra volta crediamo che si tratti di un'altra cosa, non della scoperta, ma invece ora si tratta proprio di questa.

Avete compreso? Voi sareste rimasto nel villaggio, avreste potuto mantenere e vestire un poco meglio la vostra famiglia con il denaro ottenuto, ma la vostra scoperta vi sarebbe stata tolta, senza che vi poteste difendere con una qualche scusa, perché solo in città essa ha la sua vera validità. Probabilmente non sarebbero stati ingiusti nei vostri confronti, nel luogo dove era avvenuta la scoperta, si sarebbe forse edificato un piccolo museo, esso sarebbe diventato un'attrattiva del villaggio, voi sareste stato il custode delle chiavi e, affinché non mancasse il segno esteriore della stima, vi avrebbero conferito una medaglia da portare sul petto, come sono soliti portare gli inservienti negli istituti scientifici. Tutto questo sarebbe stato possibile; ma era questo che volevate?»

Senza soffermarsi in una risposta, egli controbatté: «E voi cercavate di conseguire questo per me?»

«Forse», dissi, «in quell'occasione non mi sono comportato in maniera così meditata da potervi ora rispondere con sicurezza. Volevo aiutarvi, ma ho fallito, anzi è addirittura la cosa meno riuscita che abbia mai fatto. Per questo voglio ritirarmi dalla faccenda e fare come se non fosse mai successo niente, per quanto ci riescano le mie forze».

«Bene», disse il maestro di scuola del villaggio, estrasse la pipa e cominciò a riempirla col tabacco, che portava con sé sciolto in ogni tasca. «Vi siete volontariamente accollato questa ingrata faccenda e ora volontariamente vi ritirate. È tutto molto giusto!». «Io non sono ostinato», dissi. «Trovate forse qualcosa da ridire sulla mia proposta?» «No, proprio nulla», disse il maestro di scuola del villaggio, e la sua pipa già fumava. Non sopportavo l'odore del suo tabacco, perciò mi alzai e mi misi a camminare su e giù per la stanza. Da colloqui precedenti ero già abituato al fatto che il maestro di scuola del villaggio era molto taciturno con me, e al fatto che, però, una volta venuto, non voleva muoversi dalla mia stanza. Ciò le altre volte già mi aveva molto meravigliato; egli vuole ancora qualcosa da me, avevo sempre pensato, e gli avevo offerto del denaro che regolarmente prendeva. Ma era sempre andato via quando piaceva a lui. Di solito fumava la pipa, girava intorno alla sedia, la accostava al tavolo con precisione e accortezza, afferrava il suo bastone nodoso nell'angolo, mi stringeva con zelo la mano, e andava via. Ma oggi il suo starsene lì seduto in silenzio mi era addirittura fastidioso. Quando si dà ad uno il saluto definitivo, come avevo fatto, e questo è ben riconosciuto dall'altro come tale, allora si compie, possibilmente in fretta, quel poco che ancora rimane da sbrigare insieme e non si addossa all'altro, senza scopo, la propria presenza muta. Chi avesse visto da dietro come stava seduto al mio tavolo quel piccolo vecchio testardo avrebbe creduto che non era possibile cacciarlo via dalla stanza.

4. Blumfeld, un vecchio scapolo

Blumfeld, un vecchio scapolo, saliva una sera al suo appartamento, era una penosa fatica dal momento che abitava al sesto piano. Mentre saliva, rifletteva, come negli ultimi tempi soleva fare più spesso, sul fatto che quella vita del tutto solitaria era noiosa, che ora doveva salire quei sei piani come in segreto, per arrivare su nella sua stanza vuota, lì, ancora come in segreto, mettere la vestaglia, accendere la pipa, leggere un po' la rivista francese alla quale era abbonato già da anni, sorseggiare un'acquavite di ciliege che aveva preparato lui stesso e, alla fine, dopo mezz'ora, andare a letto, non senza prima dover riordinare completamente le lenzuola e le coperte, che la cameriera, inaccessibile ad ogni insegnamento, gettava sempre lì a casaccio. Una qualsiasi compagnia, un qualsiasi spettatore di quelle attività sarebbe stato sicuramente il benvenuto. Blumfeld aveva da tempo pensato se non dovesse procurarsi un cagnolino. Un tale animale è allegro e soprattutto riconoscente e fedele; un collega di Blumfeld ha un cane così, esso non si affeziona a nessuno all'infuori del suo padrone e quando non lo vede, anche solo da qualche momento, lo accoglie subito abbaiando forte; con questo chiaramente vuole manifestare la sua contentezza di aver ritrovato il suo padrone in quello straordinario benefattore. Ad ogni modo, un cane presenta anche degli inconvenienti. Per quanto lo si mantenga pulito, sporca la stanza. Non lo si può evitare; non si può lavare il cane con acqua calda ogni volta che lo si fa entrare nella stanza, anche la sua salute non lo tollererebbe. Ma Blumfeld non sopporta lo sporco nella sua stanza, la pulizia della sua stanza è per lui qualcosa di indispensabile, più volte nella settimana ha una controversia con la cameriera purtroppo non molto scrupolosa su questo punto. Poiché è sorda, di solito la trascina prendendola sotto il braccio in quegli angoli della stanza dove ha egli qualcosa da ridire sulla pulizia. Con questa precisione, ha ottenuto che l'ordine nella stanza risponda all'incirca ai suoi desideri. Con l'introduzione di un cane, avrebbe volontariamente portato nella sua stanza la sporcizia, evitata con cura fino a quel momento. Sarebbero comparse le pulci, le accompagnatrici fisse del cane. Se ci fossero state le pulci, non avrebbe tardato il momento in cui Blumfeld avrebbe ceduto al cane la sua stanza accogliente e cercato un'altra stanza. Ma la mancanza di pulizia era solo *uno* degli inconvenienti dei cani. I cani si ammalano anche, e delle malattie dei cani proprio nessuno capisce niente. Quella bestiola sta accovacciata in un angolo o si aggira zoppicando, guaisce, tossisce, si strozza per un qualche dolore, la si avvolge in una coperta, le si fischietta qualcosa, le si somministra il latte, in breve la si assiste nella speranza che, come è anche possibile, si tratti di un malanno passeggero; invece può essere una malattia seria, ripugnante e contagiosa. E se anche il cane non si ammala, arriva più tardi il momento in cui diventa vecchio, non abbiamo saputo deciderci a dar via a tempo debito la fedele bestiola, e allora arriva il tempo in cui la nostra stessa vecchiaia ci guarda dagli occhi lacrimosi del cane. Allora dobbiamo vivere nel tormento con quella bestiola mezza cieca, debole di polmoni, quasi immobile per la grassezza, e così si pagano care le gioie che il cane prima ci ha dato. Benché ora Blumfeld desideri un cane, preferisce salire le scale da solo ancora per trent'anni, anziché essere poi rattristato da un simile cane vecchio che, affannando ancora più di lui, si trascini accanto a lui di gradino in gradino.

Dunque Blumfeld rimarrà ancora solo, non ha le voglie di una vecchia zitella che desidera avere vicino un qualsiasi essere vivente sottomesso, da proteggere, col quale poter essere affettuosa, da accudire continuamente, così che un gatto, un canarino o i pesciolini rossi vanno bene a questo scopo. E, se ciò non è possibile, si accontenta persino dei fiori davanti alla finestra. Blumfeld al contrario vuole solo una compagnia, un animale di cui non debba preoccuparsi molto, al quale una pedata ogni tanto non faccia male, che in caso di necessità possa anche passare la notte sulla strada, che, quando Blumfeld lo desideri, si metta subito a disposizione abbaiando, saltando, leccandogli le mani. Blumfeld vorrebbe qualcosa del genere, ma, visto che, come si rende ben conto, non può averlo senza troppi inconvenienti, vi rinuncia, ma conformemente alla sua natura scrupolosa, di tanto in tanto, come per esempio quella sera, ritorna sulla stessa idea.

Mentre, dinanzi alla porta della sua stanza, estrae le chiavi dalla tasca, lo colpisce un rumore che viene dalla stanza. Uno strano rumore, molto intenso, molto regolare, di qualcosa che batte. Dal momento che proprio allora Blumfeld stava pensando ai cani, esso gli ricorda il rumore che producono le zampe quando l'una dopo l'altra battono sul pavimento. Ma le zampe non battono; non sono zampe. Apre in fretta la porta ed accende la luce elettrica. Non era preparato a quella vista. Questa è una magia, due piccole palle di celluloide, bianche a righe blu, saltano su e giù, l'una dietro l'altra, sul parquet; l'una batte sul pavimento, l'altra è in alto, e compiono instancabilmente il loro gioco. Una volta, al ginnasio, in un noto esperimento sull'elettricità, Blumfeld aveva visto saltellare in modo simile piccole palline, ma queste sono palle relativamente grosse, saltano liberamente nella stanza e non viene eseguito alcun esperimento elettrico. Blumfeld si china su di esse per guardarle più attentamente. Senza dubbio sono comuni palle, verosimilmente contengono al loro interno alcune palle ancora più piccole e queste generano quel rumore di qualcosa che batte. Blumfeld muove la mano nell'aria per accertarsi che non pendano da qualche filo, no, si muovono del tutto autonomamente. Peccato che Blumfeld non sia un ragazzino, due palle siffatte sarebbero state per lui una lieta sorpresa, mentre ora il tutto gli procura un'impressione alquanto spiacevole. Non è del tutto senza valore come viva in segreto uno scapolo che nessuno guarda, ora qualcuno, non importa chi, ha mandato all'aria il segreto e gli ha inviato queste due divertenti palle.

Vorrebbe acchiapparne una, ma esse rifuggono da lui, e poi lo attirano dietro di loro nella stanza. È stupido, pensa, correre dietro alle palle, si ferma, le osserva, mentre, visto che sembra concluso l'inseguimento, anch'esse si arrestano in uno stesso posto. Tuttavia tenterò di prenderle, pensa di nuovo e si lancia su di loro. Quelle subito scappano, ma Blumfeld, mettendo le gambe una da una parte una dall'altra, le costringe in un angolo della stanza e davanti ad una valigia che sta lì, riesce a prendere una palla. È una pallina fredda che ruota nella mano, chiaramente desiderosa di scivolare via. Anche l'altra palla, come se vedesse il pericolo corso dalla sua compagna, salta più in alto di prima, e allunga i salti fino a toccare la mano di Blumfeld. Batte contro la mano, batte con salti sempre più veloci, cambia il punto di partenza dell'attacco; poi, dal momento che non ottiene nulla contro la mano che racchiude completamente la compagna, salta ancora più in alto, e cerca forse di arrivare al viso di Blumfeld. Blumfeld potrebbe acchiappare anche questa palla e rinchiuderle tutte e due in qualche posto, ma per il momento gli sembra troppo umiliante prendere tali misure contro due palline. Inoltre è anche un divertimento possedere due palle simili, abbastanza presto si stancheranno, rotoleranno sotto un armadio e troveranno pace. Nonostante questa riflessione, Blumfeld, in un accesso di collera, scaglia la palla sul pavimento: è un miracolo che non si rompa il fragile involucro di celluloide, quasi trasparente. Senza tregua, le due palle ricominciano i loro precedenti salti bassi, armonizzati.

Blumfeld si spoglia con calma, mette a posto i vestiti nell'armadio, come al solito osserva se la cameriera ha lasciato tutto in ordine. Una o due volte guarda indietro le palle che, non inseguite, ora sembrano loro inseguire lui, gli vanno dietro e ora saltano proprio dietro di lui. Blumfeld si mette la veste da camera e vuole andare a prendere alla parete di fronte una delle pipe che stanno appese lì, su uno scaffale. Prima di girarsi, involontariamente dà un calcio all'indietro, ma le palle riescono a schivarlo e non si lasciano colpire. Quando va a prendere la pipa, le palle subito lo accompagnano, strascica i piedi con le pantofole, fa passi irregolari, eppure, senza tregua, ogni volta che poggia il piede a terra, segue un colpo delle palle che tengono il suo passo. Blumfeld si volta all'improvviso per vedere che cosa combinano le palle. Ma, appena si volta, le palle tracciano un semicerchio e sono già dietro di lui e questo si ripete, ogni volta che si gira. Come accompagnatrici sottomesse, esse cercano di evitare di trovarsi davanti a Blumfeld. Fino a quel momento hanno osato farlo, così sembra, solo per presentarsi, ma ora sono già entrate in servizio. Fino ad ora, in tutti i rari casi in cui la sua forza bastava a dominare la situazione, Blumfeld ha sempre scelto il sistema di fare come se non notasse nulla. Spesso questo lo ha aiutato e, nella maggior parte dei casi, almeno migliora la situazione. Anche allora quindi si comporta in tal modo, si ferma davanti al ripiano delle pipe, con le labbra rivolte all'insù sceglie una pipa, la riempie in modo particolarmente accurato attingendo dall'apposita borsa del tabacco e incurante lascia che le palle dietro di lui facciano i loro salti. Solo, indugia nell'andare verso il tavolo, e soffre quasi nell'udire il sincronismo dei salti e dei suoi propri passi. Così rimane fermo, riempie la pipa più di quanto non sia necessario e verifica la distanza che lo divide dal tavolo. Alla fine vince la sua esitazione e copre la distanza pestando a tal punto i piedi da non udire più le palle. Quando si siede, esse stanno di nuovo saltando dietro la sua sedia, percepibili come prima.

Sopra il tavolo, a portata di mano, è fissata alla parete una mensola sulla quale sta l'acquavite di ciliege circondata da piccoli bicchierini. Vicino c'è un pacco di riviste francesi. (Proprio oggi è arrivato un nuovo numero e Blumfeld lo prende. Si dimentica del tutto dell'acquavite, e ha la sensazione che oggi, solo per consolazione, non si lascia intralciare nelle sue abituali occupazioni, non ha neppure una vera voglia di leggere. In contrasto con la sua solita abitudine di sfogliare pagina per pagina, apre il fascicolo in un punto qualsiasi e lì trova una grande immagine. Si costringe a guardarla attentamente. Vi è raffigurato l'incontro tra l'imperatore della Russia e il presidente della Francia. Esso si tiene su una nave. Tutt'intorno, fino a perdersi in lontananza, ci sono ancora molte altre navi, il fumo dei loro fumaioli si volatilizza nel cielo chiaro. Entrambi, l'imperatore e il presidente, si sono corsi incontro a lunghi passi e si stringono le mani. Dietro all'imperatore, come dietro al presidente, stanno due signori. Rispetto all'espressione gioiosa dell'imperatore e del presidente, le espressioni degli accompagnatori sono molto serie, gli sguardi di ogni gruppo di accompagnatori sono congiunti sul loro sovrano. Più in giù, l'avvenimento chiaramente si svolge sul ponte di coperta più alto della nave, stanno, tagliate dall'orlo delle figure, lunghe schiere di marinai che salutano. Blumfeld a poco a poco studia quell'immagine con più partecipazione, poi la tiene un poco lontano e la guarda con gli occhi ammiccanti. Ha sempre avuto molto interesse per tali scene imponenti. Trova molto veritiero il fatto che i protagonisti si stringano le mani reciprocamente in modo così naturale, cordiale e spensierato. Come pure è giusto che gli accompagnatori – del resto personaggi molto in vista, i cui nomi sono segnati in basso – custodiscano nel loro atteggiamento la gravità dello storico evento).

Invece di prendere tutto ciò che gli serve, Blumfeld resta seduto in silenzio e osserva il fornello della pipa, sempre non ancora acceso. Egli sta in agguato; improvvisamente il suo stare irrigidito, in modo del tutto inatteso, cede e, con uno strattone, egli si volta con la sedia. Ma anche le palle sono ugualmente attente, seguono senza pensarci la legge che le governa; nello stesso momento in cui Blumfeld si gira, cambiano anch'esse il loro posto e si nascondono dietro le sue spalle. Ora Blumfeld sta seduto con le spalle rivolte verso il tavolo, la pipa fredda nella mano. Le palle ora saltano sotto il tavolo e, poiché lì c'è un tappeto, si sentono solo un poco. È un grande sollievo, si sentono rumori cupi molto flebili, si deve fare molta attenzione per percepirli con l'orecchio. Blumfeld in ogni modo è molto attento e li sente perfettamente. Ma solo per adesso, tra un momento forse non le sentirà più. Che sui tappeti esse si possano far sentire così poco, sembra a Blumfeld essere un grande limite delle palle. Bisogna solo mettere uno, o, ancor meglio, due tappeti ed esse sono subito impotenti. Comunque solo per un tempo determinato, tanto più che il loro esserci già significa una certa potenza.

Ora a Blumfeld servirebbe un cane; una bestia giovane, selvaggia la spunterebbe presto con le palle; egli si figura come il cane cerca di acchiapparle con le zampe, come le manda via dal loro posto, come dà loro la caccia in lungo e in largo attraverso la stanza e infine le prende fra i denti. È senz'altro possibile che Blumfeld prenda presto un cane.

Per adesso però le palle devono aver paura solo di Blumfeld e lui non ha nessuna voglia di distruggerle, forse gli manca solo la forza di decidere. Di sera arriva stanco dal lavoro e ora che ha bisogno di pace gli si prepara questa sorpresa. Solo adesso sente quanto sia effettivamente stanco. Distruggerà certo quelle palle e molto presto, ma non per adesso e forse solo domani. D'altronde le palle si comportano abbastanza discretamente, se si valuta il tutto senza pregiudizi. Per esempio, esse potrebbero di tanto in tanto saltare in avanti, mostrarsi e ritornare al loro posto, o potrebbero saltare più in alto, per battere sulla superficie del tavolo e rifarsi dello smorzamento del rumore causato dal tappeto. Ma non lo fanno, non vogliono provocare inutilmente Blumfeld, si limitano in modo evidente solo allo stretto necessario. Comunque anche quello stretto necessario è sufficiente a rovinare a Blumfeld il suo indugiare al tavolo. Siede lì solo da un paio di minuti e già pensa di andare a dormire. Una delle ragioni di ciò è anche il fatto che lì non può fumare, perché ha lasciato i fiammiferi sul comodino. Dovrebbe prendere i fiammiferi, ma una volta presso il comodino sarebbe meglio restare lì e mettersi a letto. Ha anche un'altra perplessità, infatti crede che le palle, nella loro cieca brama di stargli sempre alle spalle, salteranno sul letto e che lì, quando si coricherà, le schiaccerà, volente o nolente. Rifiuta l'obiezione che anche quello che resterebbe delle palle potrebbe saltare. Anche ciò che è strano deve avere dei limiti. Palle intere saltano anche normalmente, anche se non ininterrottamente, al contrario frammenti di palle non saltano mai, e quindi, anche in quel caso, non saltano.

«Su!», esclama, reso quasi spavaldo da questa riflessione e va con passo pesante verso il letto, sempre con le palle dietro di lui. La sua speranza sembra attuarsi; come egli si mette di proposito accanto al letto, subito una delle palle salta sul letto. Diversamente da ciò che egli si aspettava, l'altra palla va sotto il letto. Alla possibilità che le palle potessero saltare anche sotto il letto, Blumfeld non aveva proprio pensato. È sdegnato nei confronti di quest'ultima palla, benché senta come sia ingiusto, dal momento che la palla, col saltare sotto il letto, assolve al suo compito forse meglio della palla sul letto. Ora tutto dipende da ciò, per quale posto le palle si decidano, dal momento che Blumfeld non crede che esse possano lavorare a lungo divise. Ed effettivamente, un attimo dopo anche la palla di sotto salta sul letto. Ora le ho in pugno, pensa Blumfeld, rosso di gioia, e si toglie di dosso la veste da camera per gettarsi nel letto. Ma proprio allora la stessa palla salta di nuovo sotto il letto. Deluso oltremodo, Blumfeld crolla, stramazza letteralmente. Verosimilmente la palla si è soltanto guardata intorno e quello che ha visto non le è piaciuto. E ora anche l'altra la segue e naturalmente rimane sotto, perché sotto è meglio. 'Ora avrò questo tamburino tutta la notte', pensa Blumfeld, annuendo e mordendosi le labbra.

Egli è triste, senza sapere in fondo in che modo le palle gli potrebbero nuocere durante la notte. Il suo sonno è ottimo, sopporterà facilmente quel piccolo rumore. Per essere certissimo di ciò, mette sotto di loro due tappeti, secondo l'esperienza acquisita. È come se avesse un cagnolino che vuole far dormire sul morbido. E, come se anche le palle fossero stanche e avessero sonno, anche i loro salti sono più bassi e lenti di prima. Quando Blumfeld si inginocchia davanti al letto e fa luce con la lampada da notte, crede che le palle giaceranno tutto il tempo sui tappeti, tanto debolmente cadono, tanto lentamente si rotolano per un pezzettino. In ogni modo poi si risollevano a dovere. È però facilmente possibile che Blumfeld, quando di buon ora guardi sotto il letto, vi trovi due palle per bambini tranquille e inoffensive.

Ma esse sembrano non riuscire a sopportare i salti neppure fino al mattino, perché Blumfeld appena si mette a letto, non le sente più. Si applica per sentire, ascolta attentamente, si sporge in avanti sul letto – nessun rumore. Poiché i tappeti non possono avere questo effetto, l'unica spiegazione è che le palle non saltano più, o non possono rimbalzare a sufficienza sui soffici tappeti e perciò hanno rinunciato per il momento a saltare, o, il che è più probabile, non salteranno mai più. Blumfeld potrebbe alzarsi e verificare come stanno veramente le cose, ma nella contentezza che finalmente vi sia pace, rimane volentieri a letto, non vuole avere a che fare neppure con lo sguardo con le palle che stanno quiete. Rinuncia volentieri persino al fumo, si gira da un lato e subito prende sonno.

Ma non era tranquillo; come sempre anche questa volta il suo sonno è senza sogni, ma molto agitato. Numerose volte di notte sobbalza perché gli sembra che qualcuno bussi alla porta. Sa per certo che nessuno bussa; chi dovrebbe bussare di notte e alla sua porta, alla porta di uno scapolo solo! Ma, sebbene lo sappia per certo, ogni volta sobbalza e guarda ansiosamente verso la porta, la bocca aperta, gli occhi sbarrati e le ciocche di capelli scompigliate sulla fronte bagnata. Fa il tentativo di contare quante volte si sveglia; ma, tramortito dallo straordinario numero di volte che ne risulta, ricade nel sonno. Cerca di rendersi conto da dove provenga quel bussare, non proviene dalla porta, ma da tutt'altra parte, però nella confusione del sonno non riesce a ricordare su cosa si basino le sue supposizioni. Egli sa solo che si riuniscono molti debolissimi odiosi colpi, prima di produrre il grosso bussare forte.

Al mattino lo sveglia il bussare della cameriera, egli accoglie con un sospiro quel bussare piano, di cui si era sempre lamentato perché non lo si sentiva, e sta per gridare «Avanti!», quando sente un altro intenso bussare, certo debole, ma per così dire guerresco. Sono le palle sotto il letto. Si sono svegliate; al contrario di lui hanno raccolto nuove forze durante la notte? «Subito!», grida Blumfeld alla cameriera, salta dal letto, ma con accortezza così da tenere dietro di sé le palle, si lancia a terra, sempre con le spalle rivolte ad esse, guarda verso le palle con la testa girata e – potrebbe quasi imprecare. Come bambini che di notte scostano le coperte fastidiose, le palle, forse con piccoli spasmi proseguiti durante l'intera notte, si sono portate fuori dai tappeti sotto il letto così da avere sotto di loro il parquet nudo e da poter far rumore. «Indietro, sui tappeti!», dice Blumfeld con la faccia cattiva e, solo quando le palle grazie ai tappeti ritornano silenziose, chiama dentro la cameriera. Mentre questa, una donna grassa, stupida, che cammina sempre diritta, poggia sul tavolo la prima colazione e fa un paio di faccende che sono necessarie, Blumfeld se ne sta immobile nella veste da camera presso il suo letto per tenere a bada le palle lì sotto. Egli segue con lo sguardo la cameriera per accertarsi se ella noti qualcosa. Ciò è molto improbabile a causa della sua sordità e Blumfeld ascrive al suo sovreccitamento causato dal sonno agitato, il credere di vedere che la cameriera ogni tanto si ferma qua e là, si appoggia a un mobile e origlia con le sopracciglia alzate. Sarebbe contento se potesse costringere la cameriera a fare più in fretta il suo lavoro, ma lei è quasi più lenta del normale. In modo meticoloso si incarica del vestito e degli stivali di Blumfeld e se ne va nel corridoio dove resta a lungo, monotoni e isolati risuonano i colpi con i quali fuori sbatte i vestiti. E, durante tutto quel tempo, Blumfeld deve resistere presso il letto, non deve muoversi se non vuole portarsi dietro le palle, deve lasciar raffreddare il caffè che beve volentieri possibilmente caldo e non può fare nient'altro che guardare fisso la tendina della finestra abbassata, dietro alla quale spunta il giorno nuvoloso. Finalmente la cameriera ha finito, augura il buon giorno e sta per andarsene. Ma prima di allontanarsi definitivamente resta ancora sulla porta, muove un poco le labbra e osserva a lungo Blumfeld. Blumfeld sta per rivolgerle la parola, ma ella se ne va definitivamente. Blumfeld più di tutto vorrebbe spalancare la porta e gridarle che è una donna ottusa, vecchia, stupida. Ma poi pensa a cosa in effetti abbia da ridire nei suoi confronti, trova solo che è insensato che lei senza dubbio non si era accorta di nulla e voleva darsi le arie come se si fosse accorta di qualcosa. Come sono ingarbugliati i suoi pensieri! E solo per una notte trascorsa così male! Trova una piccola spiegazione per aver dormito così male nel fatto che ieri sera ha deviato dalle sue abitudini, non ha fumato, né ha bevuto acquavite. Quando non fumo e non bevo acquavite – questa è la conclusione delle sue considerazioni – dormo male.

D'ora in poi, baderà di più al suo benessere e inizierà con questo, prenderà dalla cassetta delle medicine, che è appesa sopra il comodino, l'ovatta e si metterà due batuffoli di ovatta nelle orecchie. Allora si alza e fa un passo di prova. Le palle lo seguono, ma quasi non le sente, un altro rifornimento ancora di ovatta le rende del tutto impercepibili. Blumfeld fa ancora qualche passo, procede senza particolare fastidio. Ognuno per sé, Blumfeld e le palle, sono certo reciprocamente incalzati, ma non si importunano a vicenda. Solo quando a un certo momento Blumfeld si gira più velocemente e una palla non riesce a fare abbastanza in fretta il movimento contrario, Blumfeld la colpisce col ginocchio. È l'unica volta, per il resto Blumfeld beve tranquillamente il caffè, ha fame, come se quella notte non avesse dormito, ma avesse percorso una lunga strada, si lava con l'acqua fredda molto rinfrescante, e si veste. Fino a quel momento non ha tirato su le tende, ma per prudenza ha preferito rimanere nella penombra, per le palle non ha bisogno di occhi estranei. Ma ora che è pronto per andar via, deve in qualche modo occuparsi delle palle per l'eventualità che dovessero osare – non lo crede – seguirlo anche sulla strada. Ha una buona idea, apre il grosso armadio dei vestiti e vi si mette davanti dando ad esso le spalle. Come se avessero un presentimento di ciò che stava succedendo, le palle si tengono lontane dalla cavità dell'armadio, adoperando quello spazietto che rimane tra Blumfeld e l'armadio e, se non c'è altro da fare, saltano per un attimo dentro l'armadio, ma subito a causa del buio fuggono di nuovo fuori, non si fanno condurre oltre il margine dell'armadio, preferiscono venir meno al loro dovere e tenersi quasi al fianco di Blumfeld. Ma i loro piccoli stratagemmi non le potranno più aiutare, perché ora Blumfeld stesso sale all'indietro nell'armadio ed esse devono in ogni modo seguirlo. Ma con questo si è deciso di esse, perché sul fondo dell'armadio giacciono diversi piccoli oggetti, come stivali, scatole, una piccola valigia, certo tutte le cose sono molto in ordine – adesso Blumfeld se ne dispiace —, ma pure sono d'impedimento alle palle. E quando Blumfeld, che nel frattempo ha quasi tirato la porta dell'armadio, con un gran salto come non ne faceva da anni, lascia l'armadio, spinge la porta e gira la chiave, le palle sono imprigionate. «Ci sono riuscito», pensa Blumfeld e si asciuga il sudore dalla faccia. Che rumore fanno le palle nell'armadio! Si ha l'impressione che siano disperate. Blumfeld al contrario è molto contento. Abbandona la stanza e già il corridoio gli fa un benefico effetto. Si libera le orecchie dal cotone e i molti rumori della casa al risveglio lo incantano. Si vedono ancora poche persone, è ancora molto presto. Giù nell'ingresso davanti alla porta bassa, dalla quale si va nell'interrato della cameriera, c'è un ragazzino di dieci anni. Il ritratto di sua madre, nessuna bruttezza della vecchia è stata dimenticata in quel volto di bambino. Se ne sta lì con le gambe storte, le mani nelle tasche dei pantaloni e sbuffa perché già ora ha il gozzo e respira a fatica. Ma mentre di solito Blumfeld, quando si trova sulla via quel ragazzo, affretta il passo per evitarsi il più possibile quello spettacolo, oggi potrebbe voler quasi fermarsi con lui. Anche se quel ragazzo è stato messo al mondo da quella donna e porta tutti i segni della sua origine, per il momento è pur sempre un bambino, in quella testa deforme ci sono pur sempre pensieri di bambino, quando gli si rivolgesse la parola in modo comprensibile e gli si chiedesse qualcosa, pure risponderebbe con voce squillante innocente e rispettosa, e con un certo sforzo di volontà lo si potrebbe anche accarezzare sulle guance. Così pensa Blumfeld, ma cammina oltre. Per la strada si accorge che il tempo è più benevolo di quanto abbia immaginato nella sua stanza. Le nebbie del mattino si diradano e compaiono pezzi azzurri di cielo spazzato da un forte vento. Blumfeld deve alle palle se è uscito dalla stanza molto più presto del solito, ha persino dimenticato sul tavolo il giornale senza leggerlo, comunque in tal modo ha guadagnato tempo e ora può andare piano piano. È strano quanto poco si preoccupi delle palle ora che se ne è separato. Fino a quando stavano dietro di lui si potevano considerare come qualcosa che gli appartenesse, come qualcosa che bisognasse comunque tirare in ballo nella valutazione della sua persona, ora al contrario esse sono soltanto un giocattolo nell'armadio a casa. E allora Blumfeld pensa di rendere le palle definitivamente innocue riconsegnandole proprio alla loro funzione. Lì nell'ingresso c'è ancora il ragazzo, Blumfeld regalerà a lui le palle, e certo non gliele darà in prestito, ma gliele regalerà proprio, il che equivale a dire con l'ordine di distruggerle. E anche se dovessero restare intatte, nelle mani del ragazzo significheranno ancor meno che nell'armadio, l'intero palazzo vedrà come il ragazzo gioca con esse, si uniranno al gioco altri bambini, l'opinione generale che si tratti di palle da gioco e non di accompagnatrici della vita di Blumfeld sarà inconfutabile e ferma. Blumfeld torna a casa di corsa. Proprio in quell'istante il ragazzo ha disceso le scale dell'interrato e sta per aprire la porta. Blumfeld deve chiamare il ragazzo e pronunciarne il nome che è ridicolo come tutto ciò che ha a che fare con quel ragazzo. «Alfred, Alfred», grida. Il ragazzo indugia a lungo. «Su, vieni», dice Blumfeld, «ti do una cosa». Le due ragazzine del portinaio sono uscite dalla porta che sta di fronte e si vanno a mettere incuriosite a destra e a sinistra di Blumfeld. Sono molto più perspicaci del ragazzo e non capiscono perché questi non venga subito. Gli fanno dei cenni senza perdere di vista Blumfeld, ma non riescono a indovinare quale regalo tocchi ad Alfred. La curiosità le tormenta e saltellano da un piede all'altro. Blumfeld ride di loro come del ragazzo. Questi finalmente sembra aver capito e risale le scale, rigido e lento. Non smentisce neppure nell'andatura la madre, che adesso compare laggiù alla porta dell'interrato. Blumfeld grida forte perché possa sentire anche la cameriera e sorvegliare, se dovesse essere necessario, l'esecuzione del suo ordine. «Su in camera, ho due belle palle, le vuoi tu?» Il ragazzo storce la bocca, non sa come comportarsi, si gira e guarda la madre in modo interrogativo. Le ragazzine cominciano subito a saltare intorno a Blumfeld chiedendo le palle. «Anche voi potrete giocarci», dice Blumfeld, aspettando però la risposta del ragazzo. Potrebbe regalare le palle anche alle ragazzine, ma gli sembrano troppo sventate e perciò ha più fiducia nel ragazzo. Questi nel frattempo, senza scambiare una parola, ha chiesto consiglio alla madre e, alla nuova domanda di Blumfeld, fa un cenno di sì con la testa. «Allora fa attenzione», dice Blumfeld, dimenticando volentieri che non sarà ringraziato per il suo regalo, «la chiave della mia stanza ce l'ha tua madre, te la fai prestare da lei, ecco qui la chiave dell'armadio e nell'armadio ci sono le palle. Dopo, richiudi con cura l'armadio e la stanza. Puoi fare quello che vuoi con le palle e non devi restituirmele. Mi hai capito?» Ma il ragazzo purtroppo non ha capito. Blumfeld ha tentato di rendere tutto chiaro a quell'essere illimitatamente ottuso, ma proprio a causa di questo suo intento, ha ripetuto ogni cosa troppe volte, ha parlato troppe volte di chiavi, ora di camera e di armadio così che il ragazzo lo fissa non più come suo benefattore, ma come un tentatore. Le ragazzine invece hanno subito capito tutto, fanno ressa intorno a Blumfeld tendendo le mani per la chiave. «Aspettate», dice Blumfeld che comincia ad arrabbiarsi per tutto. Il tempo trascorre, non può trattenersi più a lungo. Che almeno la cameriera dicesse infine che ha capito e che si occuperà di tutto lei per il ragazzo! Ma, al contrario, se ne sta sempre sulla porta, sorride in modo affettato, come timidamente fanno i sordi, e forse crede che lassù Blumfeld sia andato improvvisamente in visibilio per il suo ragazzo e gli faccia ripetere la tavola pitagorica. Blumfeld non può scendere le scale dell'interrato e gridare all'orecchio della cameriera la sua richiesta, che il ragazzo, per carità di Dio, lo liberi da quelle palle. Ha tentato per un giorno intero in tutti i modi di consegnare a quella famiglia la chiave dell'armadio. Non per risparmiarsi vuole dare la chiave al ragazzo, invece di accompagnarlo lui stesso e lì dargli le palle. Ma lì non può regalargliele, infatti, come certamente accadrebbe, subito le riprenderebbe al ragazzo, visto che le attirerebbe dietro di sé come séguito. «Non mi hai ancora capito?», chiede ormai quasi malinconicamente, dopo aver cominciato una nuova spiegazione, ma si interrompe subito davanti allo sguardo vuoto del ragazzo. Un simile sguardo vuoto rende inermi. Potrebbe far dire più di quanto non si voglia, solo per colmare di senno quel vuoto.

«Prendiamo noi le palle», gridano le ragazzine. Sono scaltre, si sono rese conto di poter avere le palle solo attraverso la mediazione del ragazzo e che però devono anche mettere in atto questa mediazione. Dalla stanza del portiere suona l'orologio ricordando a Blumfeld che deve affrettarsi. «Allora prendete la chiave», dice Blumfeld e mentre la sta per dare gli viene strappata dalle mani. La sicurezza con la quale avrebbe dato la chiave al ragazzo sarebbe stata incomparabilmente maggiore. «La chiave della stanza prendetela laggiù dalla signora», dice ancora Blumfeld «e quando ritornate con le palle dovete dare tutte e due le chiavi alla signora». «Sì, sì», esclamano le ragazzine e corrono giù per le scale. Sanno tutto, proprio tutto e Blumfeld, come contagiato dall'ottusità del ragazzo, non capisce lui stesso come abbiano potuto apprendere tutto così in fretta dalle sue spiegazioni.

Ora laggiù stanno già tirando la cameriera per la gonna, ma Blumfeld non può restare a guardare più a lungo, per quanto la cosa possa essere allettante, come porteranno a termine il loro compito, e certo non solo perché è già tardi, ma anche perché non vuole essere presente quando le palle verranno all'aperto. Anzi vuole essere già lontano di alcune strade quando le ragazzine lassù apriranno la porta della sua stanza. Non sa infatti cosa debba aspettarsi ancora dalle palle. Così esce all'aperto per la seconda volta in quella mattina. Ha visto ancora la cameriera resistere alle ragazzine e il ragazzo muovere le gambe storte per andare in aiuto della madre. Blumfeld non capisce proprio perché al mondo nascano e si riproducano persone come la cameriera.

Sulla via della fabbrica di biancheria nella quale Blumfeld è impiegato, i pensieri del lavoro a poco a poco prendono il sopravvento su tutto il resto. La sua andatura diventa più veloce e, nonostante il ritardo, di cui è responsabile il ragazzo, egli è il primo in ufficio. L'ufficio è una stanza chiusa con vetri, contiene una scrivania per Blumfeld e due scrittoi per scrivere in piedi per i praticanti sottoposti a Blumfeld. Sebbene questi scrittoi siano piccoli e stretti, come fossero destinati a scolari, pure in quell'ufficio non c'è spazio e i praticanti non possono sedersi perché non ci sarebbe più posto per la sedia di Blumfeld. Così essi stanno tutto il giorno in piedi, chini sui loro scrittoi. Questo di sicuro è molto scomodo per loro e rende anche a Blumfeld più gravoso l'osservarli. Per lo più sono chini sullo scrittoio, zelanti, non per lavorare ma per bisticciare fra loro o magari per appisolarsi. Blumfeld si irrita molto con loro, essi non lo sostengono abbastanza nel lavoro gravoso che gli è inflitto. Questo lavoro consiste in ciò, che egli si occupi di tutto il traffico di merci e di denaro con le lavoratrici a domicilio che sono ingaggiate dalla fabbrica per la produzione di certi capi più raffinati. Per poter valutare la mole di questo lavoro bisogna avere una visione precisa dell'intero apparato. Ma nessuno ha più questa visione da alcuni anni, da quando è morto l'immediato superiore di Blumfeld, perciò Blumfeld non può riconoscere a nessuno la legittimità di giudizio sul suo lavoro. Per esempio, il fabbricante, signor Ottomar, sottovaluta chiaramente il lavoro di Blumfeld, riconosce certo i meriti che Blumfeld si è guadagnati nella fabbrica nel corso di vent'anni, e li riconosce non solo perché deve, ma anche perché stima Blumfeld come uomo fedele e degno di fiducia, – ma sottovaluta il suo lavoro, ritiene infatti che potrebbe essere organizzato in maniera più semplice e quindi in ogni senso più vantaggiosa di come lo gestisce Blumfeld. Si dice, ed è credibile, che Ottomar si presenti tanto raramente nel reparto di Blumfeld solo per risparmiarsi l'irritazione che gli causa la vista dei metodi di lavoro di Blumfeld. Certo è triste per Blumfeld essere così misconosciuto, ma non c'è niente da fare, non può certo convincere Ottomar a rimanere, per esempio, per un mese, nel reparto di Blumfeld a studiare le varie procedure per smaltire il lavoro, ad applicare i suoi metodi, secondo quello che si dice, migliori, e a lasciarsi persuadere della ragione di Blumfeld, davanti allo sfacelo del reparto che ne sarebbe per forza seguito. Perciò Blumfeld svolge il suo lavoro irremovibile come sempre, si spaventa un poco quando, all'improvviso, dopo molto tempo, fa la sua comparsa Ottomar, fa un debole tentativo, per quel senso del dovere del subordinato, di chiarire a Ottomar questa o quella procedura, alla quale questi annuisce in silenzio e passa oltre con gli occhi bassi, e si addolora non tanto per questo misconoscimento quanto al pensiero che, quando verrà il momento in cui dovrà lasciare il suo posto, l'immediata conseguenza di tutto questo sarà un grande caos che nessuno riuscirà a risolvere, perché egli non conosce nessuno nella fabbrica che possa sostituirlo e prendere il suo posto in modo da evitare all'azienda almeno per qualche mese i più gravi ristagni. Se il principale sottovaluta qualcuno, gli impiegati cercano per quanto è possibile di superarlo in questo. Perciò tutti sottovalutano il lavoro di Blumfeld, nessuno ritiene necessario per la propria formazione lavorare per un certo periodo nel reparto di Blumfeld, e, quando vengono assunti nuovi impiegati, nessuno chiede spontaneamente di essere assegnato al reparto di Blumfeld. Di conseguenza nel reparto di Blumfeld mancano le nuove leve. Ci furono settimane di aspra lotta, quando Blumfeld, che fino a quel momento si era occupato di tutto da solo nel reparto, coadiuvato soltanto da un inserviente, richiese l'assunzione di un praticante. Quasi ogni giorno Blumfeld compariva nell'ufficio di Ottomar e gli illustrava dettagliatamente e pacatamente perché nel suo reparto fosse necessario un praticante. Era indispensabile non già perché Blumfeld volesse risparmiarsi, egli non voleva affatto risparmiarsi, già si accollava una parte del lavoro sovrabbondante e non aveva intenzione di smettere, ma il signor Ottomar doveva considerare quanto gli affari si fossero sviluppati nel corso del tempo, come si fossero parallelamente ingranditi i reparti, solo il reparto di Blumfeld era stato sempre dimenticato. E come proprio lì il lavoro si fosse accresciuto! Quando Blumfeld era stato assunto, il signor Ottomar non poteva certo ricordarsi di quei tempi, si aveva a che fare con circa dieci cucitrici, oggi il loro numero oscilla tra cinquanta e sessanta. Un tale lavoro esige energie, Blumfeld può assicurare di consumarsi totalmente per il lavoro, ma d'ora in poi non può più garantire di compierlo totalmente. Ora, il signor Ottomar non aveva mai respinto la richiesta di Blumfeld, non poteva farlo di fronte a un vecchio impiegato, ma quel modo di ascoltarlo appena, di parlare con altra gente oltre che con Blumfeld che faceva la sua richiesta, di fare mezze promesse, di dimenticare tutto in pochi giorni, – quel modo era proprio offensivo. Non tanto per Blumfeld, Blumfeld non è un fantasticone, e per quanto siano belli onori e riconoscimenti, Blumfeld può rinunciarvi, nonostante tutto rimarrà al suo posto fino a quando è possibile, comunque è nel giusto, e la ragione deve alla fine ottenere un riconoscimento, anche se a volte tardivamente. Infatti anche Blumfeld alla fine ha ottenuto addirittura due praticanti, e che praticanti! Si sarebbe potuto credere che Ottomar si fosse proposto di mostrare il suo disprezzo per il reparto più chiaramente con la concessione di siffatti praticanti che con il rifiuto della richiesta. Ed era persino possibile che Ottomar avesse tenuto a bada Blumfeld così a lungo per cercare due praticanti siffatti, senza riuscire a trovarli, il che è comprensibile. Ora Blumfeld non poteva lamentarsi; la risposta era da prevedere, aveva ottenuto due praticanti, mentre ne aveva chiesto uno solo; si era così compiuto tutto quello che Ottomar si era proposto. Naturalmente Blumfeld si lamentava, ma solo perché ve lo costringeva il suo stato di necessità, non perché sperasse ancora in qualche rimedio. Inoltre non si lamentava direttamente, ma in via secondaria, quando si dava l'occasione adatta. Ciò nonostante, tra i colleghi malevoli si sparse la voce che qualcuno avesse chiesto a Ottomar come mai Blumfeld, che ora aveva ottenuto un così straordinario ausilio, continuasse a lamentarsi. A ciò Ottomar avrebbe risposto che era vero, Blumfeld si lamentava ancora, ma a ragione. Egli, Ottomar, alla fine aveva capito ed aveva deciso di assegnare a Blumfeld via via, per ogni cucitrice, un praticante, quindi in tutto una sessantina. Ma se anche questi non fossero bastati, ne avrebbe mandati di più, e non avrebbe smesso finché non fosse stato al completo quel manicomio che già da anni era diventato il reparto di Blumfeld. Ora, in questa osservazione era ben imitato il modo di parlare di Ottomar, ma lui, di questo Blumfeld non dubitava, era ben lontano dal pronunciarsi così su Blumfeld, anche solo in modo simile. Il tutto era un'invenzione dei fannulloni del primo piano dell'ufficio, Blumfeld ci passava sopra, – aveva potuto tranquillamente passare sopra anche alla presenza dei praticanti! Questi invece erano lì, e non si potevano più mandar via. Ragazzi smorti, deboli. Secondo i loro documenti, dovevano aver già superato l'età dell'obbligo scolastico, in realtà si poteva non crederlo. Anzi, non li si sarebbe neppure potuti affidare ad un maestro, tanto chiaramente avevano ancora bisogno della mamma. Non erano neanche capaci di muoversi giudiziosamente, lo stare in piedi a lungo li affaticava moltissimo, soprattutto nei primi tempi. Se non venivano osservati, per la loro fiacchezza si piegavano, se ne stavano sbilenchi e ricurvi in un angolo. Blumfeld cercava di far capire loro che sarebbero diventati storpi per tutta la vita, se si fossero sempre lasciati andare all'indolenza. Era pericoloso incaricare i praticanti di un piccolo movimento, una volta uno di loro doveva portare qualcosa solo un paio di passi più in là, si era affrettato con troppa sollecitudine e si era ferito un ginocchio contro lo scrittoio. La stanza era piena di lavoratrici, gli scrittoi pieni di merce, ma Blumfeld aveva dovuto lasciare tutto, accompagnare il praticante piangente in ufficio, e lì fargli una piccola fasciatura. Ma lo zelo dei praticanti era solo esteriore, proprio come i bambini qualche volta volevano mettersi in mostra, ma, ancora più spesso, o meglio quasi sempre, volevano eludere l'attenzione del superiore o ingannarlo. Durante un periodo di grosso lavoro, una volta Blumfeld tutto accaldato si era precipitato da loro e aveva visto come in mezzo alle balle delle merci si scambiavano di nascosto francobolli. Avrebbe voluto prenderli a pugni in testa, per tale comportamento sarebbe stata l'unica punizione possibile, ma erano ragazzi, Blumfeld non poteva certo ammazzare dei ragazzi. Così continuava a tormentarsi con loro. All'inizio aveva immaginato che i praticanti lo avrebbero aiutato in quelle operazioni immediate che al momento della distribuzione delle merci richiedevano molta fatica e attenzione. Aveva pensato che si sarebbe messo nel mezzo, dietro allo scrittoio, che avrebbe tenuto tutto sotto controllo e si sarebbe occupato delle registrazioni, mentre i praticanti sarebbero corsi di qua e di là secondo il suo ordine e avrebbero distribuito ogni cosa. Aveva immaginato che il suo controllo, che per quanto severo non poteva essere sufficiente per una tale ressa, sarebbe stato integrato dall'attenzione dei praticanti e che i praticanti a poco a poco avrebbero raccolto esperienze, non sarebbero ricorsi ai suoi ordini per ogni dettaglio, e infine avrebbero imparato a distinguere le cucitrici l'una dall'altra, relativamente a fabbisogno di merce e affidabilità. Con quei praticanti le sue speranze erano diventate vane e Blumfeld si era subito accorto che non doveva lasciarli parlare con le cucitrici. Infatti, fin dall'inizio, da alcune cucitrici non erano mai andati, perché provavano davanti ad esse antipatia o paura, al contrario ad altre, per le quali avevano predilezione, correvano incontro, spesso fino alla porta. A loro portavano quello che desideravano, consegnandolo loro nelle mani, in una sorta di segretezza, anche quando le cucitrici erano autorizzate a ritirarlo. Per queste predilette raccoglievano in uno scaffale vuoto vari ritagli di stoffa, scampoli senza valore, ma anche cosette ancora utilizzabili, con le quali le salutavano allegramente dietro le spalle di Blumfeld, fin da lontano, e in cambio ricevevano in bocca dei bonbons. Blumfeld comunque mise subito fine a questo disordine e, quando arrivavano le cucitrici, li spingeva nel tramezzo. Essi però la considerarono per molto tempo una grande ingiustizia, mettevano il broncio, spezzavano di proposito le penne, e, qualche volta, senza comunque osare di alzare la testa, bussavano forte al pannello di vetro per richiamare l'attenzione delle cucitrici su quel trattamento malvagio che, secondo loro, subivano da parte di Blumfeld.

Essi non sono in grado di comprendere il torto che fanno. Per esempio, quasi sempre arrivano tardi in ufficio. Blumfeld, il loro superiore che, fin dalla prima giovinezza, ha ritenuto naturale presentarsi almeno una mezz'ora prima dell'inizio del lavoro – non lo spinge ad agire così il voler far carriera, né un esagerato senso del dovere, ma solo un chiaro senso del decoro, – Blumfeld deve aspettare i suoi praticanti anche più di mezz'ora. Egli, masticando il panino della colazione, di solito sta dietro allo scrittoio nella sala e fa la chiusura dei conti nel libretto delle cucitrici. Subito sprofonda nel lavoro e non pensa a nient'altro. Improvvisamente si spaventa tanto che per un momento la penna gli trema nella mano. Un praticante è entrato come una furia e, come se stesse per cadere, si sostiene da qualche parte con una mano, mentre con l'altra si preme il petto penosamente ansimante – ma il tutto non significa niente di più del fatto che sta formulando una scusa per essere arrivato tardi, che è così ridicola che Blumfeld fa finta di non sentire, perché se non lo facesse dovrebbe meritatamente prendere a bastonate il ragazzo. Lo guarda solo un momento, gli indica con la mano tesa il tramezzo e si dedica di nuovo al suo lavoro. Ora ci si aspetterebbe che il praticante comprenda la bontà del superiore e che si precipiti al suo posto. No, egli non si affretta, ma ballonzola, va sulla punta dei piedi piano piano. Vuole forse prendere in giro il suo superiore? Nemmeno questo. È soltanto quel miscuglio di paura e di autosufficienza contro il quale si è disarmati. Come spiegare altrimenti che Blumfeld, oggi che è arrivato anche lui insolitamente in ritardo in ufficio, dopo una lunga attesa – non ha alcuna voglia di controllare i libretti – vede, attraverso le nuvole di polvere che lo stupido inserviente solleva con la scopa davanti a lui, vede come i due praticanti sulla strada se ne vengano tranquillamente. Si tengono stretti e sembra che si raccontino l'un l'altro cose importanti, che al più avranno a che fare con l'azienda in modo non lecito. Quanto più si avvicinano alla porta a vetri, tanto più rallentano l'andatura. Infine, uno afferra la maniglia, ma non la abbassa, continuano a parlare tra di loro, ad ascoltarsi e a ridere. «Apra ai nostri signori!», grida con le mani alzate Blumfeld all'inserviente, ma quando i praticanti entrano Blumfeld non ha più voglia di rimproverarli, risponde al loro saluto e va alla sua scrivania. Comincia a fare i conti, ma ogni tanto alza lo sguardo per vedere che cosa fanno i praticanti. Uno sembra molto stanco e si stropiccia gli occhi; dopo aver appeso al chiodo il soprabito, approfitta dell'occasione per restare un po' appoggiato alla parete; sulla strada era arzillo, ma la vicinanza del lavoro lo rende stanco. L'altro praticante, al contrario, ha voglia di mettersi al lavoro, ma solo ad alcuni lavori. Così, da sempre, il suo desiderio è di poter spazzare. Questo, però, è un lavoro che non gli compete, spazzare spetta all'inserviente; in sé e per sé Blumfeld non avrebbe niente in contrario a che il praticante spazzasse, spazzi pure il praticante, non potrà fare peggio dell'inserviente, ma se il praticante vuole spazzare, allora deve venire più presto, prima che l'inserviente cominci a pulire, e non deve utilizzare il tempo durante il quale è obbligato esclusivamente al lavoro di ufficio. Ma se il ragazzo è inaccessibile a qualunque riflessione ragionevole, potrebbe almeno l'inserviente, questo vecchio mezzo cieco che il principale non sopporterebbe in nessun altro reparto se non in quello di Blumfeld, e che vive solo per grazia di Dio e del principale, potrebbe almeno questo inserviente cedere e lasciare per un momento la scopa al ragazzo che, essendo un inetto, perderebbe subito la voglia di spazzare, e correrebbe dietro all'inserviente con la scopa per invitarlo di nuovo a spazzare. Ora, però, l'inserviente sembra sentirsi particolarmente responsabile della pulizia; si vede come cerca di stringere più forte la scopa con le mani tremanti, non appena gli si avvicina il ragazzo; preferisce restare in silenzio e smettere di spazzare, per indirizzare l'attenzione di tutti sul possesso della scopa. Il praticante non reclama la scopa a parole, perché ha timore di Blumfeld il quale apparentemente fa i conti, inoltre sarebbe inutile parlare normalmente perché dall'inserviente ci si può far capire solo gridando fortissimo. Quindi sulle prime il praticante tira l'inserviente per la manica. Naturalmente l'inserviente sa di che cosa si tratta, guarda torvo il praticante, scuote la testa, e tira a sé la scopa fino al petto. Ora il praticante giunge le mani e prega. Egli comunque non ha nessuna speranza di ottenere qualcosa con le preghiere, il pregare lo diverte soltanto e perciò prega. L'altro praticante accompagna l'avvenimento con una risata contenuta, di certo credendo, anche se inspiegabilmente, che Blumfeld non lo senta. Le preghiere non fanno alcuna impressione all'inserviente; egli si gira e crede di poter usare la scopa in tutta sicurezza. Ma il praticante lo ha seguito saltellando sulla punta dei piedi e, sfregandosi le mani supplichevolmente, ora prega da quell'altra parte. Le giravolte dell'inserviente e il saltellargli dietro del praticante si ripetono più volte. Alla fine l'inserviente si vede bloccato da ogni parte e si accorge, cosa che avrebbe potuto notare fin dall'inizio se solo fosse stato un po' meno semplicione, che si stancherà prima del praticante. Allora cerca aiuto negli altri, minaccia il praticante col dito e indica Blumfeld, dal quale andrà a lamentarsi se il praticante non la smette. Il praticante sa che ora, se vuole prendersi la scopa, deve affrettarsi, impertinente allunga le mani sulla scopa. Un improvviso grido dell'altro praticante preannuncia l'imminente risoluzione. Ancora una volta l'inserviente salva la scopa facendo un passo all'indietro e serrandola, ma il praticante non demorde, lo incalza, con la bocca aperta e gli occhi brillanti salta in avanti, l'inserviente vorrebbe scappare, ma le sue vecchie gambe invece di correre tremano, il praticante comincia a tirare la scopa e, anche se non la prende, riesce a farla cadere, così che per l'inserviente è perduta. Ma, in ogni caso, come sembra, anche per il praticante, perché, alla caduta della scopa, tutti e tre rimangono di stucco, i praticanti e l'inserviente, perché ora Blumfeld si accorgerà di tutto. In effetti Blumfeld alza gli occhi al finestrino del tramezzo come se si accorgesse soltanto adesso di tutto, severo e inquisitore prende in considerazione ognuno, non gli sfugge neppure la scopa per terra. Sia che il silenzio duri troppo a lungo, sia che il praticante colpevole non riesca a reprimere il desiderio di spazzare, in ogni caso egli si piega, comunque con molta accortezza, come se dovesse prendere un animale anziché una scopa, prende la scopa, la passa sul pavimento, ma la getta via subito spaventato, quando Blumfeld salta in piedi ed esce dal tramezzo. «Tutti e due al lavoro, e non fiatate più!», grida Blumfeld e indica con la mano tesa ai due praticanti il percorso verso i loro scrittoi. Essi subito ubbidiscono, ma non già vergognandosi e a testa bassa, piuttosto passano dritti davanti a Blumfeld, e lo guardano fisso negli occhi, come se volessero trattenerlo dal colpirli. Eppure avrebbero dovuto imparare a sufficienza dall'esperienza che per principio Blumfeld non picchia mai. Ma essi sono molto paurosi e senza alcuna delicatezza cercano sempre di far valere i loro diritti reali o apparenti.

5. Il ponte

Ero rigido e freddo, ero un ponte, ero disteso sopra un abisso. Di qua stavano le punte dei piedi, di là avevo conficcate le mani, mi aggrappavo nell'argilla sgretolabile. Le falde della mia giacca sventolavano ai miei lati. Nella profondità rumoreggiava il gelido ruscello delle trote. Nessun turista si smarriva fino a quell'altezza impervia, il ponte non era ancora segnato sulle carte. – Stavo così disteso e aspettavo; dovevo aspettare. Senza crollare, nessun ponte, una volta costruito, può cessare di essere ponte.

Una volta, era verso sera, era la prima, era la millesima, non lo so, – i pensieri erano sempre confusi e giravano in tondo, verso sera, nell'estate, il ruscello mormorava più cupamente, allora udii un passo d'uomo! A me, a me! – Stenditi, ponte, mettiti in posizione, travata senza ringhiera, sorreggi colui che è affidato a te. Bilancia impercettibilmente l'insicurezza del suo passo, ma se egli barcolla, fatti conoscere, e, come un dio della montagna, scaraventalo a terra.

Quello venne, mi percosse con la punta di ferro del suo bastone, poi alzò con essa le falde della mia giacca, e le sistemò su di me.

Passò la punta nei miei capelli cespugliosi, la lasciò stare dentro a lungo, forse guardandosi intorno crudelmente. Ma poi – appunto lo seguivo nel sogno per mari e per monti – mi saltò in mezzo al corpo a piedi pari. Io tremai nel violento dolore, del tutto ignaro. Chi era? Un fanciullo? Un sogno? Un bandito di strada? Un suicida? Un tentatore? Un distruttore? E mi girai per guardarlo. – Un ponte che si volta! Non mi ero ancora voltato che già crollavo, crollavo e già ero lacerato e trafitto dai ciottoli aguzzi che mi avevano sempre fissato così pacificamente dall'acqua impetuosa.

6. Il cacciatore Gracchus

Due ragazzi sedevano sul muro della banchina e giocavano a dadi. Un uomo leggeva un giornale sui gradini di un monumento all'ombra dell'eroe che brandisce la sciabola. Una giovane donna alla fontana riempiva d'acqua il suo mastello. Un venditore di frutta stava vicino alla sua merce e guardava sul lago. Nella profondità di una taverna, attraverso gli spazi vuoti della porta e della finestra, si vedevano due uomini che bevevano vino. Davanti all'ingresso, l'oste sedeva ad un tavolo e si era assopito. Un battello scivolava silenziosamente, come se fosse trainato sull'acqua, nel piccolo porto. Un uomo con la casacca blu scese a terra e passò le funi negli anelli. Altri due uomini in giacca scura con bottoni d'argento trasportavano dietro al capitano del battello una barella, sulla quale, chiaramente, sotto un grande panno di seta a fiori, guarnito di frange, giaceva un uomo.

Sulla banchina nessuno s'interessò dei nuovi arrivati, neppure quando essi misero a terra la barella per aspettare il capitano del battello, che armeggiava ancora con le funi, nessuno si avvicinò, nessuno fece una domanda, nessuno li osservò attentamente.

Il capitano del battello fu trattenuto ancora un poco da una donna con i capelli sciolti, un bambino al petto, che in quel momento era apparsa sul ponte di coperta. Poi egli arrivò, indicò una casa giallognola di due piani, che si alzava dritta a sinistra vicino all'acqua, i portatori sollevarono il loro carico e lo trasportarono attraverso il portone basso ma costituito da sottili colonne. Un ragazzino aprì una finestra, poté appena vedere come il gruppo scompariva nella casa e in fretta richiuse la finestra. Anche il portone ben costruito, di legno di quercia nero, ora fu chiuso. Uno stormo di piccioni, che fino ad allora aveva volato intorno al campanile, si posò ora davanti alla casa. I piccioni si radunarono dinanzi al portone, come se nella casa si custodisse il loro cibo. Uno volò fino al primo piano e picchiò col becco sul vetro della finestra. Erano bestiole di colore chiaro, sane, vivaci. Con un grande lancio, la donna gettò loro dal battello dei chicchi di grano, essi li beccarono e volarono verso la donna.

Da una delle viuzze strette fortemente ripide che conducono al porto, giunse un uomo col cilindro fasciato a lutto. Si guardava intorno attentamente, interessandosi di tutto, la vista della sporcizia in un angolo gli fece storcere il viso. Sui gradini del monumento c'erano delle bucce, passandovi davanti le buttò giù col bastone. Poi bussò alla porta della casa, nello stesso tempo si tolse il cilindro con la mano destra inguantata di nero. Subito gli fu aperto, una cinquantina di fanciulli gli fecero ala nel lungo corridoio e si inchinarono. Il capitano del battello scese le scale, salutò il signore, guidò di sopra, al primo piano fece con lui il giro del cortile circondato da logge ben costruite, graziose e, mentre i fanciulli seguivano a rispettosa distanza, i due entrarono in una grande stanza fresca nella parte di dietro della casa, di fronte alla quale non si vedevano più case, ma solo la parete spoglia, grigionera, di una roccia. I portatori erano impegnati a sistemare e ad accendere alcune lunghe candele a capo della barella, ma non si fece luce, solo furono animate le ombre, prima quiete, che ora tremavano sulle pareti. Il panno era stato sollevato dalla barella. Vi giaceva un uomo, i capelli e la barba cresciuti disordinatamente, la pelle abbronzata, aveva all'incirca l'aspetto di un cacciatore. Giaceva immobile, apparentemente senza respiro, con gli occhi chiusi, tuttavia solo ciò che lo circondava indicava che forse era morto.

Il signore si avvicinò alla barella, poggiò una mano sulla fronte dell'uomo che giaceva, si inginocchiò e cominciò a pregare. Il capitano del battello fece cenno ai portatori di lasciare la stanza, questi uscirono, allontanarono i fanciulli che si erano radunati fuori e chiusero la porta. Ma sembrò che al signore non bastasse neppure quel silenzio, egli infatti guardò il capitano del battello, questi capì e passò nella stanza accanto da una porta laterale. Subito l'uomo sulla barella aprì gli occhi, volse lo sguardo al signore, sorridendo dolorosamente e disse: «Chi sei?» – Il signore si alzò senza grande stupore dalla sua posizione in ginocchio e rispose: «Il sindaco di Riva».

L'uomo sulla barella fece un cenno con il capo, indicò una sedia tendendo a fatica il braccio e, dopo che il sindaco ebbe accolto il suo invito, disse: «Lo sapevo già, signor sindaco, ma di primo acchito ho sempre dimenticato tutto, tutto mi si confonde ed è meglio che chieda, anche se so già tutto. Anche lei forse sa che io sono il cacciatore Gracchus».

«Certo», disse il sindaco. «Lei mi è stato annunciato questa notte.

Dormivamo da tempo. Verso mezzanotte mia moglie mi ha chiamato: 'Salvatore', – è il mio nome – 'guarda il piccione alla finestra'. Era proprio un piccione, ma grosso come un gallo. Volò al mio orecchio e disse: 'Domani verrà il cacciatore Gracchus morto, accoglilo a nome della città'».

Il cacciatore assentì e si passò la punta della lingua sulle labbra: «Sì, i piccioni mi precedono in volo. Ma lei pensa, signor sindaco, che io debba rimanere a Riva?»

«Non posso ancora dirlo», rispose il sindaco. «Lei è morto?»

«Come vede, sì», disse il cacciatore. «Molti anni fa, non devono essere moltissimi anni, nella Foresta Nera – che è in Germania – precipitai da una rupe, mentre inseguivo un camoscio. Da allora sono morto».

«Però lei vive ancora», disse il sindaco.

«In un certo qual modo», disse il cacciatore, «in un certo qual modo vivo ancora. Il mio battello funebre ha sbagliato rotta, un falso movimento del timone, un attimo di disattenzione del capitano del battello, una deviazione attraverso la mia meravigliosa patria, non so che cosa è stato, so solo che sono rimasto sulla terra e che il mio battello da allora naviga in acque terrene. Così, io che volevo vivere solo sulle montagne della terra, dopo la mia morte viaggio attraverso tutte le sue regioni».

«E non ha nulla a che fare con l'aldilà?», chiese il sindaco, corrugando la fronte.

«Io sono sempre sulla grande scala che vi conduce», rispose il cacciatore. «Mi aggiro su questa larga scalinata, ora su, ora giù, ora a destra, ora a sinistra, sempre in movimento. Il cacciatore è diventato una farfalla. Non rida». «Io non rido», protestò il sindaco.

«Molto comprensivo», disse il cacciatore. «Sono sempre in movimento. Ma quando prendo il massimo slancio e già si illumina la porta lassù, mi sveglio nel mio vecchio battello, tristemente finito in chissà quali acque terrene. L'errore fondamentale della mia morte di allora sghignazza intorno alla mia cabina. Julia, la moglie del capitano del battello, bussa e mi porta alla barella la bevanda del mattino del paese lungo le cui coste stiamo navigando. Io giaccio su un tavolaccio, indosso – non è piacevole guardarmi – un sudario sudicio, i capelli e la barba, grigi e neri, inestricabilmente aggrovigliati, le gambe coperte con un grande foulard femminile di seta, a fiori, molto frangiato. A capo c'è una candela da chiesa che mi fa luce. Sulla parete che sta di fronte a me c'è un quadretto, un boscimano, evidentemente, che mi punta con un giavellotto e si nasconde il più possibile dietro uno scudo magnificamente dipinto. Sulle navi capita di vedere stupide illustrazioni, ma questa è una delle più stupide. Per il resto la mia gabbia di legno è del tutto vuota. Attraverso una finestrella della parete laterale entra l'aria calda della notte del sud e sento l'acqua che batte contro il vecchio battello.

Sono disteso qui fin da quando, cacciatore Gracchus ancora vivo, in patria inseguii un camoscio nella Foresta Nera e precipitai. Tutto avvenne per ordine. Lo inseguivo, precipitai, mi dissanguai in una gola, morii e quel battello mi doveva trasportare nell'aldilà. Mi ricordo ancora come lietamente mi stesi sul tavolaccio per la prima volta. Le montagne non mi hanno mai sentito cantare come allora quelle quattro pareti ancora in penombra.

Ero vissuto volentieri e volentieri ero morto; prima di salire a bordo, felice gettai via quella robaccia, il fucile, la borsa, il coltello da caccia, che con orgoglio avevo sempre portato con me, e indossai il sudario come una fanciulla indossa l'abito nuziale. Stavo disteso e aspettavo. Poi avvenne la disgrazia».

«Un destino crudele», disse il sindaco, alzando la mano in un gesto di difesa. «E lei non ne ha nessuna colpa?»

«Nessuna», disse il cacciatore, «io ero cacciatore, è questa forse una colpa? Ero impegnato come cacciatore nella Foresta Nera, dove allora c'erano ancora lupi. Mi appostavo, sparavo, colpivo, scuoiavo, è questa una colpa? Il mio lavoro era apprezzato. Mi chiamavano 'Il grande cacciatore della Foresta Nera'. È questa una colpa?»

«Non sono chiamato a decidere», disse il sindaco, «ma anche a me non sembra che ci sia colpa alcuna. Ma chi ha la colpa?»

«Il capitano del battello», disse il cacciatore. «Nessuno leggerà ciò che qui scrivo, nessuno verrà ad aiutarmi; se venisse dato l'ordine di aiutarmi, tutte le porte rimarrebbero chiuse, chiuse tutte le finestre, tutti rimarrebbero a letto, le coperte tirate fin sopra la testa, tutta la terra un albergo di notte. Ciò si spiega bene, perché nessuno sa nulla di me, e se sapesse di me non saprebbe dove mi trovo, e se sapesse dove mi trovo, non saprebbe trattenermi colà, non saprebbe come aiutarmi. Il pensiero di volermi aiutare è una malattia e si deve curare a letto.

Lo so e non scrivo per chiedere aiuto, neppure quando in alcuni momenti – sconvolto come sono, per esempio ora – ci penso con molta forza. Ma per allontanare da me tali pensieri è sufficiente guardarmi intorno e ricordarmi dove sono e dove – posso ben affermarlo – abito da secoli».

«Straordinario», disse il sindaco, «straordinario. E ora pensa di restare con noi a Riva?»

«Io non penso», disse il cacciatore ridendo e, per rimediare all'ironia, poggiò una mano sul ginocchio del sindaco. «Io sono qui, non so altro, non posso fare altro. Il mio battello è senza timone, va con il vento che spira nelle regioni più basse della morte».

7. Durante la costruzione della muraglia cinese

Nella sua parte più a nord la muraglia cinese è stata ultimata. La costruzione fu portata avanti da sud-est e da sud-ovest e in questo punto le due parti si congiunsero. Questo sistema di costruzione parziale, in piccolo, fu seguito anche all'interno dei due grandi eserciti di lavoro, l'esercito dell'est e l'esercito dell'ovest. Avveniva così che si costituivano gruppi di circa venti lavoratori, che dovevano innalzare una parte della muraglia di circa cinquecento metri di lunghezza, mentre un gruppo vicino costruiva incontro a loro una parte della muraglia di uguale lunghezza. Ma, compiutosi questo congiungimento, la costruzione non proseguiva oltre; alla fine di questi mille metri, piuttosto, i gruppi di lavoratori venivano inviati per la costruzione della muraglia in tutt'altre regioni. In tal modo si creavano molti spazi vuoti di grandi dimensioni, che a poco a poco vennero riempiti lentamente, alcuni addirittura dopo che si era proclamata come terminata la costruzione della muraglia. Anzi, vi sarebbero ancora spazi vuoti che non furono mai chiusi, in ogni modo si tratta di una affermazione che appartiene presumibilmente solo alle molte leggende che sono nate intorno alla costruzione e che, almeno per il singolo, non sono verificabili con i propri occhi e un proprio criterio, a causa delle dimensioni della costruzione.

Ora, sulle prime si dovrebbe ritenere che sarebbe stato in ogni senso più utile costruire di seguito, o almeno di seguito all'interno delle due parti principali. La muraglia, come è stato in genere divulgato e come è noto, era stata ideata per la difesa contro le popolazioni nordiche. Ma come può proteggere una muraglia che non è costruita di seguito? Tale muraglia non solo non può assicurare la difesa, ma la costruzione stessa è in costante pericolo. Quei tratti di muraglia che si ergono abbandonati in regioni desolate possono sempre essere facilmente distrutti dai nomadi, tanto più che in quel periodo, preoccupati dalla costruzione della muraglia, essi cambiavano il loro stanziamento con incredibile velocità, come cavallette, e di conseguenza forse avevano una visione d'insieme dei progressi della costruzione migliore di quanto non l'avessimo noi, i costruttori. Ciò nonostante, la costruzione non poteva essere realizzata diversamente da come è avvenuto. Per comprenderlo, bisogna considerare quanto segue: la muraglia doveva essere una difesa per secoli; presupposto indispensabile per il lavoro erano perciò una costruzione molto accurata, l'impiego delle conoscenze architettoniche di tutti i tempi e i popoli conosciuti, il costante senso della responsabilità personale dei costruttori. Ai lavori più bassi si potevano destinare ignoranti lavoratori a giornata presi dal popolo, uomini, donne, bambini, che si offrissero per una buona paga; ma, già per la direzione di quattro giornalieri, era necessario un uomo intelligente, esperto in edilizia; un uomo che fosse capace di sentire fino in fondo all'animo di che cosa si trattava. E quanto più alta era la prestazione, tanto più grandi le richieste. E in verità uomini siffatti ce ne erano a disposizione, anche se non in quel numero che la costruzione poteva richiedere, ma sempre in gran quantità.

Non si era messo mano all'opera con leggerezza. Cinquanta anni prima dell'inizio della costruzione si era acclamata in tutta la Cina, che doveva essere cinta da mura, l'architettura, in specie l'arte della costruzione delle mura, come la scienza più importante, e tutte le altre venivano riconosciute solo in quanto erano in relazione con essa. Ricordo ancora molto bene come noi da piccoli, appena sicuri sulle gambe, stavamo nel giardino del nostro maestro e dovevamo costruire una specie di muraglia con piccoli ciottoli, e il maestro, sollevandosi la veste, corse contro la muraglia, rovesciandola completamente, e ci fece tali rimproveri per la scarsa resistenza della nostra muraglia, che noi strillando corremmo in tutte le direzioni dai nostri genitori. Un episodio minuscolo, ma indicativo dello spirito di quel tempo.

Io ebbi fortuna, perché la costruzione della muraglia cominciò proprio quando a vent'anni ebbi sostenuto l'ultimo esame della scuola inferiore. Dico fortuna, perché molti, che avevano raggiunto prima il livello superiore dell'istruzione a loro accessibile, per anni non seppero che fare con il loro sapere, girovagarono inutilmente con in testa i più grandiosi piani architettonici, e numerosi si persero. Invece, coloro che alla fine parteciparono alla costruzione come assistenti edili, sia pure di bassissimo rango, invero ne erano degni. Erano muratori che avevano molto pensato alla costruzione e non cessavano di pensarci, che si sentivano tutt'uno con la prima pietra che facevano calare sul terreno, con la costruzione. Oltre che la brama di compiere un lavoro molto scrupoloso, spingeva quei muratori anche l'impazienza di vedere alla fine ergersi la costruzione nella sua completezza. Il lavoratore giornaliero non conosce questa impazienza, lo spinge solo la paga, anche i capi superiori e persino i capi medi assistono alla complessa crescita della costruzione abbastanza a lungo da mantenersi con ciò forti nello spirito. Ma per gli inferiori, uomini che per ingegno stanno molto al di sopra delle loro mansioni esteriormente piccole, era necessario provvedere in altro modo. Non si poteva lasciare, per esempio, che congiungessero pietra a pietra per mesi o magari per anni, in una disabitata regione montuosa, a centinaia di miglia dalla loro casa; la disperazione di un lavoro difficile, ma che non conduce alla meta neppure nel corso di una lunga vita umana, li avrebbe scoraggiati, e soprattutto li avrebbe resi meno validi per il lavoro. Per questo si scelse il sistema delle costruzioni parziali. Cinquecento metri si potevano costruire in cinque anni, dopo invero i capi erano di regola stremati, avevano perduto ogni fiducia in se stessi, nella costruzione, nel mondo. Per questo erano inviati lontano, lontano, mentre si trovavano ancora nell'euforia della festa per il congiungimento di mille metri di muraglia; durante il viaggio, vedevano innalzarsi qua e là tratti di muraglia portati a termine, passavano davanti ai quartieri dei capi superiori che li insignivano di qualche onoreficenza, sentivano il giubilo di nuovi eserciti di lavoratori che affluivano dal cuore dei paesi, vedevano abbattere foreste che dovevano servire per le impalcature della muraglia, vedevano frantumare montagne in pietre murarie, sentivano dai luoghi sacri i canti dei devoti che invocavano il compimento della costruzione. Tutto questo placava la loro impazienza. La tranquilla vita del loro paese, nel quale trascorrevano qualche tempo, li fortificava, la considerazione della quale godevano tutti quelli che lavoravano alla costruzione, la fiduciosa umiltà con la quale venivano ascoltati i loro resoconti, la fiducia che il semplice e tranquillo cittadino riponeva nella futura realizzazione della muraglia, tutto questo tendeva le corde dell'anima. Come ragazzi eternamente speranzosi, si congedavano dal loro paese, il desiderio di lavorare di nuovo all'opera del popolo diveniva irrefrenabile. Si mettevano in viaggio prima che fosse necessario, mezzo villaggio li accompagnava per lunghi tratti. Su tutte le strade gruppi di persone, gagliardetti, bandiere; non avevano mai visto quanto fosse grande, ricco il loro paese, e anche bello e amabile. Ogni contadino era un fratello per il quale si costruiva la muraglia di difesa e per tutta la vita avrebbe ringraziato per questo, con tutto quello che aveva e che era. Unità! Unità! Spalla a spalla, una ridda di popolo, sangue non più rinchiuso nella misera circolazione del corpo, ma dolcemente fluente e ritornante attraverso l'infinita Cina.

Dunque si spiega così il sistema delle costruzioni parziali; ma forse c'erano anche altri motivi. E non è strano che io mi dilunghi tanto su tale questione, è una questione chiave dell'intera costruzione della muraglia, anche se sulle prime sembra inessenziale. Per illustrare le idee e le esperienze di quel tempo e renderle chiare, non potrò mai abbastanza indagare veramente a fondo questo problema.

In primo luogo bisogna dire che in quel tempo vennero realizzate opere che sono di poco inferiori alla costruzione della Torre di Babele, in ogni caso per devozione rappresentano, almeno secondo una valutazione umana, proprio l'opposto di quella costruzione. Lo ricordo perché nel periodo iniziale della costruzione uno studioso ha scritto un libro, nel quale istituiva con molto rigore questo confronto. Egli voleva dimostrare che la costruzione della Torre di Babele non era stata portata a termine per le cause generalmente addotte, o che almeno tra queste cause conosciute non si trovano le prime fra tutte. Le sue prove non consistevano solo in scritti e resoconti, ma egli voleva far intendere di aver fatto ricerche sul posto e di aver trovato che la costruzione doveva fallire, e fallì, per la debolezza delle fondamenta. A questo riguardo, in ogni modo, il nostro tempo superava di gran lunga quello passato. Quasi ogni contemporaneo istruito era muratore di mestiere ed esperto infallibile del problema delle fondamenta. Lo scopo dello studioso però non era questo; egli piuttosto affermava che la grande muraglia avrebbe creato per la prima volta nella storia dell'umanità fondamenta sicure per una nuova Torre di Babele. Dunque prima la muraglia e poi la torre. In quel tempo il libro stava nelle mani di tutti, ma io riconosco che neppure oggi sono in grado di cogliere precisamente come l'autore si immaginasse la costruzione della torre. La muraglia, che non formava neppure un cerchio, ma solo una sorta di quarto di cerchio o di semicerchio, doveva costituire le fondamenta di una torre? Ciò poteva essere interpretato solo in un senso ideale. Ma perché allora la muraglia, che pure era una realtà, il risultato del lavoro e della vita di milioni di persone? E perché nell'opera dello studioso erano disegnati progetti della torre, seppure progetti confusi, e venivano avanzate proposte, fin nei dettagli su come si dovessero raccogliere in una nuova grandiosa impresa le forze del popolo?

In quel tempo – quel libro è soltanto un esempio – c'era una gran confusione nelle teste, forse proprio perché in molti cercavano di concentrarsi il più possibile su un unico scopo. L'essenza umana, nel suo fondamento leggera, della stessa natura della polvere che si solleva, non sopporta alcun incatenamento; incatenata, comincerà subito ad agitare follemente le catene e manderà in brandelli verso i punti cardinali il muro, le catene e sé stessa. È possibile che queste riflessioni, che quasi contrastavano con la costruzione della muraglia, non siano state ignorate dalla direzione nella definizione del programma delle costruzioni parziali. Noi – io parlo qui a nome di molti – abbiamo imparato a conoscere noi stessi solo nel ripetere compitando gli ordini della direzione superiore e abbiamo trovato che, senza la direzione, né la nostra erudizione scolastica né il nostro intelletto umano sarebbero stati sufficienti anche per la piccola mansione che avevamo all'interno del grande progetto totale. Nella stanza della direzione – dove fosse e chi vi sedesse non lo sa e non lo sapeva nessuno a cui io ho chiesto – in quella stanza ruotavano tutti i pensieri e i desideri umani e in orbite opposte ruotavano tutte le mete e le realizzazioni umane. Ma, attraverso la finestra, il riflesso di mondi divini colpiva le mani dei dirigenti che disegnavano progetti.

Per questo, un osservatore imparziale non riesce a capire perché alla direzione non fu possibile superare anche quelle difficoltà che si opponevano ad una costruzione di seguito della muraglia, se lo avesse seriamente voluto. Resta allora soltanto la conclusione che la direzione abbia deliberatamente progettato la costruzione parziale. Ma la costruzione parziale era soltanto un rimedio necessario e inadeguato. Resta la conclusione che la direzione volesse qualcosa di inadeguato – singolare conclusione! – Eppure vista da un'altra angolazione in qualche modo si giustifica. Oggi se ne può forse parlare senza pericolo. In quel tempo, molti, anzi i migliori, avevano questa massima segreta: Cerca di comprendere con tutte le tue forze gli ordini della direzione, ma soltanto fino a un limite definito e poi smetti di pensarci. Massima molto saggia che, del resto, trovava un'ulteriore chiarificazione in una similitudine che più tardi veniva spesso ripetuta: Smetti di pensarci, non perché ti potrebbe danneggiare, non è infatti neppure certo che ti danneggerà. Innanzitutto non si può parlare né di danno né di non danno. Ti accadrà come al fiume in primavera. Esso cresce, diventa poderoso, nutre con più forza la terra sulle sue lunghe rive, conserva la propria natura anche dentro al mare e diventa sempre più uguale e ben accetto al mare. – Fino a questo punto pensa agli ordini della direzione. – Ma poi il fiume supera i suoi argini, perde profilo e forma, rallenta il corso discendente, contro la sua destinazione cerca di creare piccoli mari all'interno del paese, danneggia le campagne, ma non può perdurare a lungo in questa espansione, e allora scorre di nuovo nei propri argini, anzi poi si secca pietosamente nella successiva stagione calda. A questo punto non pensare agli ordini della direzione. Ora, questa similitudine può essere stata straordinariamente indovinata durante la costruzione della muraglia, ma, per il mio resoconto, ha un valore solo limitato. La mia ricerca è solo una ricerca storica; dalle nuvole temporalesche, da lungo tempo svanite, non guizza alcun lampo, e io, perciò, posso cercare una spiegazione del sistema delle costruzioni parziali che superi quella di cui ci si accontentava in quei tempi. I limiti impostimi dalla mia capacità di pensiero sono già abbastanza ristretti, e la regione che dobbiamo attraversare è infinita. Contro chi doveva difendere la grande muraglia? Contro le popolazioni nordiche. Io provengo dalla Cina sudorientale. Là, nessuna popolazione nordica ci può minacciare. Di loro leggiamo nei libri degli antichi, le atrocità che commettono seguendo la loro natura ci fanno sospirare nei nostri tranquilli pergolati, nelle raffigurazioni realistiche degli artisti vediamo quei visi della dannazione, le bocche spalancate, le mascelle ben fornite di denti aguzzi, gli occhi stretti che sembrano già sbirciare la preda che la bocca stritolerà e ridurrà a brandelli. Quando i ragazzi sono cattivi, facciamo loro vedere queste illustrazioni ed essi si gettano piangendo nelle nostre braccia. Ma di queste popolazioni nordiche non sappiamo nulla di più. Non le abbiamo mai viste e, se restiamo nel nostro villaggio, non le vedremo mai, neanche se sui loro cavalli selvaggi corressero proprio contro di noi per darci la caccia, – troppo grande è il paese, non riuscirebbero ad arrivare fino a noi, sbaglierebbero strada e si perderebbero nel vuoto.

Se le cose stanno così, perché allora lasciamo il paese natale, il fiume e i ponti, la madre e il padre, la moglie piangente, i bambini da educare e ci trasferiamo per imparare nella città lontana e i nostri pensieri sono ancora più lontani presso la muraglia del nord? Perché? Chiedilo alla direzione. Essa ci conosce. Essa, che rimugina grandissime preoccupazioni, sa di noi, conosce il nostro piccolo lavoro, ci vede tutti seduti insieme nella modesta casupola, e apprezza o giudica sfavorevolmente la preghiera che il capofamiglia recita la sera circondato dai suoi. E, se mi è consentito questo pensiero sulla direzione, devo dire che, secondo il mio parere, la direzione esisteva già da prima, che non si è riunita come i grandi mandarini, che indotti da un bel sogno del mattino si affrettavano a convocare una seduta, a deliberare e già di sera richiamavano dai letti al suono dei tamburi la popolazione affinché compisse ciò che era stato deciso, anche se si trattava solo della preparazione di una luminaria in onore di un dio che il giorno prima si era dimostrato benigno a quei signori, per bastonarli in qualche angolo buio l'indomani, appena spenti i lampioni. Piuttosto, la direzione c'è sempre stata e ugualmente il deliberato della costruzione della muraglia. Incolpevoli le popolazioni nordiche che credevano di averla resa necessaria; degno di venerazione, incolpevole, l'imperatore, che credeva di averla ordinata. Noi della costruzione della muraglia pensiamo in altro modo e taciamo.

Già in quel tempo durante la costruzione della muraglia e poi fino a oggi, occupandomi quasi esclusivamente di storia comparata dei popoli – ci sono determinate questioni al nocciolo delle quali si può giungere in un certo qual modo solo con questo mezzo – ho scoperto che noi cinesi possediamo certe istituzioni popolari e statali di particolare chiarezza e altre di particolare oscurità. Rintracciare i motivi, specialmente di questo ultimo fenomeno, mi ha sempre appassionato e sempre mi appassiona, ed anche la costruzione della muraglia è toccata in modo essenziale da queste questioni.

Ora, in ogni caso, l'imperatore appartiene alle nostre istituzioni più inspiegabili. Su questo, naturalmente, a Pechino, specie nella società di corte, c'è una certa chiarezza, sebbene sia più apparente che effettiva. Anche i maestri di diritto dello stato e di storia nelle scuole superiori sostengono di essere sufficientemente edotti su questi argomenti e di poter trasmettere queste conoscenze agli studenti. Quanto più si va verso i gradi inferiori della scuola, tanto più chiaramente spariscono i dubbi sulla propria conoscenza e una mezza cultura ondeggia, alta come una montagna, tra pochi principi radicati da secoli, che di certo non hanno perso nulla della loro verità eterna, ma che in questo fumo e in questa nebbia restano pure eternamente sconosciuti.

Ma proprio sull'Impero si dovrebbe, secondo il mio parere, interrogare il popolo, dal momento che l'Impero ha lì i suoi fondamenti ultimi. A questo proposito posso parlare di nuovo soltanto del mio paese. Oltre che alle divinità dei campi e alla loro celebrazione che in modo svariato e bello si compie durante tutto l'anno, il nostro pensiero va solo all'imperatore attuale; o piuttosto andrebbe all'imperatore attuale se solo lo avessimo conosciuto o se conoscessimo di lui qualcosa di definito. In verità ci siamo sempre sforzati – l'unica curiosità che ci anima – di conoscere qualcosa al riguardo, ma, per quanto possa sembrare strano, non era possibile conoscere qualcosa né dal viandante che attraversa molti paesi, né nei villaggi vicini né in quelli lontani, né dai navigatori che non solcano soltanto i nostri piccoli fiumi, ma anche i fiumi sacri. Invero si sentivano dire molte cose, ma non se ne poteva trarre nulla.

Il nostro paese è così grande, non c'è favola che raggiunga tutta la sua vastità, a stento il cielo lo abbraccia – e Pechino è solo un punto e il castello imperiale soltanto un piccolo punto. L'imperatore, in quanto tale, è comunque grande su tutti i piani del mondo. Ma l'imperatore vivente, un uomo come noi, quasi come noi si distende su un divano, che certo è spazioso, ma che potrebbe anche essere stretto e corto. Come noi qualche volta stira le membra, è molto stanco, sbadiglia con la sua bocca delicata. Ma come potremmo saperlo noi – migliaia di miglia a sud –, se confiniamo quasi con l'altipiano tibetano? D'altronde qualunque notizia, seppure ci giungesse, arriverebbe così tardi che sarebbe diventata già vecchia. Intorno all'imperatore si accalca la moltitudine fastosa, ma anche oscura, del séguito – cattiveria e inimicizia nelle vesti di servitori e amici – il contrappeso dell'Impero, sempre pronto a rovesciare con frecce avvelenate l'imperatore dal piatto della bilancia. L'Impero è immortale, ma il singolo imperatore cade e rovina, persino intere dinastie alla fine decadono e spirano in un solo rantolo. Il popolo non saprà mai nulla di queste congiure e di queste sofferenze; come uno che giunge troppo tardi, come uno straniero, esso si arresta in fondo ad anguste strade laterali, consumando tranquillamente le provviste portate con sé, mentre lontano al centro della piazza del mercato avviene l'esecuzione del suo sovrano.

C'è una leggenda che esprime molto bene questa relazione[1]. L'imperatore – così si dice – ha inviato a te, al singolo, all'umilissimo suddito, alla minuscola ombra nel più remoto cantuccio di fronte al sole imperiale, proprio a te l'imperatore ha mandato un messaggio dal suo letto di morte. Ha fatto inginocchiare il messaggero accanto al letto e gli ha bisbigliato il messaggio nell'orecchio; tanto gli stavi a cuore che s'era fatto ripetere, sempre all'orecchio, il messaggio. Con un cenno del capo ne ha confermato l'esattezza. E dinanzi a tutti coloro che erano accorsi per assistere al suo trapasso: tutte le pareti che ingombrano sono abbattute e sulle scalinate che si ergono in larghezza e in altezza stanno in cerchio i grandi dell'impero; dinanzi a tutti questi ha congedato il messaggero. Il messaggero s'è messo subito in cammino;

[1] Il brano da «L'imperatore» a «quando scende la sera» riproduce il racconto breve *Il messaggio imperiale*: vedi p. 162 di questo volume (*n.d.t.*).

un uomo robusto, instancabile; stendendo a volte un braccio, a volte l'altro fende la moltitudine; se incontra resistenza indica il petto dove c'è il segno del sole; egli avanza facilmente come nessun altro. Ma la moltitudine è enorme; le sue abitazioni non finiscono mai. Come volerebbe se potesse arrivare in aperta campagna e presto udresti il meraviglioso bussare dei suoi pugni al tuo uscio. Invece si affatica quasi senza scopo; si dibatte ancora lungo gli appartamenti del palazzo interno; non li supererà mai, e se anche ci riuscisse nulla sarebbe ancora raggiunto; dovrebbe lottare per scendere le scale, e se anche ci riuscisse nulla sarebbe ancora raggiunto; bisognerebbe attraversare i cortili, e dopo i cortili il secondo palazzo che racchiude il primo; altre scale, altri cortili; e un altro palazzo; e così via per millenni; e se riuscisse infine a sbucare fuori dal portone più esterno – si troverebbe ancora davanti la capitale, il centro del mondo, ricoperta di tutti i suoi rifiuti. Nessuno può uscire fuori e tanto meno col messaggio di un morto. Tu, però, stai alla tua finestra e lo sogni, quando scende la sera.

Proprio così, senza speranza e pieno di speranza, il nostro popolo guarda all'imperatore. Esso non sa quale imperatore regni ed è persino in dubbio sul nome della dinastia. A scuola si imparano le dinastie secondo la loro successione, ma l'incertezza generale è così grande a questo riguardo che anche il migliore scolaro non tiene dietro ad esse. Imperatori morti da molto tempo vengono posti sul trono nei nostri villaggi e quello che vive soltanto nei canti ha da poco emanato un proclama che il sacerdote legge davanti all'altare. Battaglie della nostra storia antica vengono combattute soltanto adesso e il vicino col volto acceso ti si precipita in casa con la notizia. Le concubine dell'imperatore, ben nutrite in mezzo a cuscini di seta, allontanate dai nobili costumi da furbi cortigiani, gonfie per la smania di potere, eccitate dal desiderio, immerse nella lussuria, continuano a perpetrare i loro misfatti. Quanto più trascorre il tempo tanto più spaventosi risplendono tutti i colori, e, tra forti grida di dolore, un giorno il villaggio viene a sapere che millenni prima un'imperatrice bevve con lunghi sorsi il sangue del marito.

In questo modo il popolo ha a che fare con i sovrani passati, e confonde gli attuali sovrani con quelli morti. Se una volta, una volta nel corso di una generazione, un funzionario imperiale che attraversa la provincia arriva per caso nel nostro villaggio, in nome dei reggenti avanza qualche richiesta, verifica la lista delle imposte, interviene a una lezione scolastica, interroga il sacerdote sulle nostre attività e sui nostri traffici, e, prima di risalire sulla portantina, riassume tutto in lunghe raccomandazioni alla comunità invitata a riunirsi, allora un sorriso compare su tutti i volti, l'uno guarda l'altro furtivamente e si china sui bambini per non farsi osservare dal funzionario. Come, si pensa, egli parla di un morto come di un vivo, questo imperatore è già morto da lungo tempo, la sua dinastia è estinta, il signor funzionario si prende gioco di noi, ma per non urtarlo facciamo come se non ce ne accorgessimo. Soltanto al nostro attuale sovrano obbediremo sul serio, perché ogni altra cosa sarebbe una colpa. E, dietro alla portantina del funzionario che si allontana, dall'urna ormai sgretolata, uno si leva arbitrariamente battendo i piedi come signore del villaggio.

Nello stesso tempo, presso di noi, la gente è di regola toccata poco da rivolgimenti politici, da guerre contemporanee. Mi ricordo un avvenimento della mia giovinezza. In una provincia limitrofa, ma pur sempre molto distante, era scoppiata un'insurrezione. Le ragioni non me le ricordo, ma ora non sono importanti, lì ragioni per una insurrezione si danno ogni giorno, il popolo è sempre in fermento. Ora un giorno nella casa di mio padre un mendicante che aveva attraversato quella provincia portò un proclama degli insorti. Era un giorno di festa, le nostre stanze erano piene di ospiti, nel mezzo della casa sedeva il sacerdote che leggeva il foglio. All'improvviso tutti cominciarono a ridere, nello scompiglio il foglio fu strappato, il mendicante, che comunque aveva già ricevuto ricchi doni, fu scacciato dalla casa a spintoni, tutti si dileguarono e corsero via nella bella giornata. Perché? Il dialetto della provincia limitrofa è in modo essenziale differente dal nostro, e ciò si riflette anche in alcune figure della lingua scritta, che per noi assumono così un significato antiquato. Non appena il sacerdote ebbe letto solo due di quelle pagine, si era già deciso. Cose vecchie, sentite da tempo, superate da tempo. E benché – così mi sembra nel ricordo – nelle parole del mendicante incontrovertibilmente si palesasse una vita tremenda, tutti risero scuotendo la testa e non vollero più sentir parlare d'altro. Così siamo noi, pronti a fare a meno del presente. Se si volesse dedurre da questi fatti che in fondo non abbiamo alcun imperatore, non si sarebbe molto lontani dalla verità. Devo ancora ripetere: non c'è forse nessun popolo fedele all'imperatore come il nostro nel sud, ma la fedeltà non torna a vantaggio dell'imperatore. Certo, sulla piccola colonna all'uscita del villaggio sta il drago sacro e in segno di omaggio soffia il suo fiato di fuoco da tempi immemorabili proprio in direzione di Pechino – ma la stessa Pechino è per la gente dei nostri villaggi molto più lontana della vita nell'aldilà. Ci può mai essere un villaggio dove le case distese sui campi stanno una sull'altra, dove la vista può estendersi più lontano che nelle nostre colline e dove tra le case di giorno e di notte c'è una folla brulicante? Credere che Pechino ed il suo imperatore siano una sola cosa, per esempio una nuvola, che piano piano col tempo cambia forma sotto il sole, è più facile per noi che raffigurarci una siffatta città.

La conseguenza di tali convincimenti è una vita, per così dire, libera e senza padroni. Ma in nessun modo immorale, infatti nei miei viaggi non ho mai incontrato una purezza di costumi come nel mio paese. – Ma è una vita che non sottostà ad alcuna legge attuale e obbedisce solo al comando e all'ammonimento che vengono a noi dai tempi antichi.

Mi guardo bene dalle generalizzazioni e non affermo che in tutti i diecimila villaggi della nostra provincia o in tutte le cinquecento province della Cina sia così. Ma, sulla base dei molti scritti che ho letto su questo argomento, così come sulla base delle mie osservazioni – in particolare durante la costruzione della muraglia il materiale umano costituiva per un osservatore sensibile l'occasione di viaggiare attraverso l'anima di quasi tutte le province – sulla base di tutto questo posso forse affermare che la concezione dominante dell'imperatore manifesta sempre e dovunque una certa affinità con la concezione che se ne ha nel mio paese. Non voglio far valere questa concezione come una virtù, al contrario. Certo è che la responsabilità di tutto questo risiede principalmente nel governo che, nel regno più antico della terra, fino a oggi non ha saputo, forse l'ha trascurato per privilegiare altre cose, sviluppare l'istituzione dell'Impero a tal punto da far giungere la sua incidenza immediatamente e incessantemente fino ai più lontani limiti del regno. D'altra parte in questo ha influito anche una debolezza dell'immaginazione o della fede del popolo che non riesce a stringere al proprio petto di suddito, che non chiede di meglio che sentire finalmente questa vicinanza e perdervisi, l'Impero in tutta la sua vitalità e attualità, fuori dalla nebulosità di Pechino. Questa concezione non è certo una virtù. Ed è ancora più strano che proprio questa debolezza sembri essere una delle ragioni più importanti dell'unità del nostro popolo; anzi, se è possibile osare questa espressione, è proprio il terreno su cui viviamo. A questo punto, motivare dettagliatamente un rimprovero, sarebbe come scuotere non la nostra coscienza, ma, il che è molto peggio, le nostre fondamenta. Perciò non voglio, almeno per il momento, proseguire nello studio di questa questione.

8. Il colpo al portone del cortile

Si era in estate, una giornata molto calda. Sulla strada del ritorno a casa passai con mia sorella davanti al portone di un cortile. Non so se lei abbia dato di proposito o per sbadataggine un colpo al portone o se invece abbia soltanto minacciato con il pugno di farlo e non abbia colpito per niente. Cento passi più in là, lungo la strada maestra che gira a sinistra, cominciava il villaggio. Non lo conoscevamo, ma, subito dopo la prima casa, sbucò della gente che ci faceva dei cenni, in segno di amicizia o per metterci in guardia, essa stessa spaventata, piegata dallo spavento. Ci indicava il cortile davanti al quale eravamo passati e ci rammentava il colpo dato al portone. I proprietari del cortile ci avrebbero denunciato, l'inchiesta sarebbe cominciata subito. Io ero molto calmo e tranquillizzai anche mia sorella. Forse lei non aveva neppure dato il colpo, e, se anche lo avesse fatto, in nessun posto del mondo si intenta una causa per questo motivo. Cercai di spiegarlo anche a quella gente, la gente mi ascoltò, ma si astenne dal dare un giudizio. Più tardi disse che non solo mia sorella, ma anch'io, come fratello, sarei stato denunciato. Annuii sorridendo. Tutti noi guardavamo indietro verso il cortile, come quando si osserva lontano una nuvola di fumo e si aspetta di vedere la fiamma. E, invero, subito vedemmo dei cavalieri entrare nel portone completamente aperto. Si alzò la polvere, velò tutto, luccicavano solo le punte delle alte lance. Il gruppo di cavalieri era appena sparito nel cortile, quando sembrò che avesse subito girato i cavalli e fosse diretto verso di noi. Volevo allontanare mia sorella, avrei chiarito tutto da solo. Lei non volle lasciarmi solo. Le dissi di andare almeno a cambiarsi d'abito, per presentarsi a quei signori con un vestito migliore. Alla fine mi ascoltò e prese la lunga via del ritorno a casa. I cavalieri erano ormai presso di noi, da cavallo domandarono di mia sorella. Momentaneamente non è qui, fu risposto con ansia, ma verrà più tardi. La risposta fu accolta quasi con indifferenza; soprattutto sembrava importante che avessero trovato me. Spiccavano due signori, il giudice, una persona giovane e vivace, e il suo silenzioso assistente che veniva chiamato Assmann. Fui invitato ad entrare nell'abitazione del contadino. Piano, dondolando la testa, aggiustandomi le bretelle, mi incamminai sotto gli sguardi taglienti dei signori. Credevo ancora che sarebbe stata sufficiente una parola per liberare me, il cittadino, da quei bifolchi, magari con tutti gli onori. Ma, quando ebbi varcata la soglia della casa, il giudice, che era corso avanti e già mi attendeva, disse: «Quest'uomo mi fa pena». Non c'era alcun dubbio che non volesse riferirsi al mio stato di allora, ma a ciò che mi sarebbe successo. La casa somigliava a una prigione, più che a una casa di contadini. Grandi mattonelle di pietra, pareti scure interamente spoglie, in non so quale posto un anello di ferro infisso nel muro e al centro qualcosa, mezzo pagliericcio e mezzo tavola operatoria.

Potrei mai sentire un'aria diversa da quella del carcere? Questa è la grossa questione, o, piuttosto, lo sarebbe, se avessi ancora qualche possibilità di rilascio.

9. Il vicino

La mia ditta poggia tutta sulle mie spalle. Due signorine con la macchina da scrivere e i libri della ditta nell'anticamera, la mia stanza con la scrivania, la cassa, il tavolo delle riunioni, le poltrone di pelle e il telefono, questo è tutto il mio apparato di lavoro. Così semplice da sorvegliare, così semplice da portare avanti. Sono abbastanza giovane e gli affari mi vanno bene. Non mi lamento, non mi lamento.

Dall'inizio dell'anno un giovane ha risolutamente affittato l'appartamento vicino che era vuoto e che io, per la mia imperizia, ho esitato per lungo tempo ad affittare. Ha una stanza con anticamera, ma ha anche una cucina. – Stanza ed anticamera mi sarebbero servite molto, – le mie due signorine talvolta già si sentivano strette -, ma a che mi sarebbe servita la cucina? Questa piccola esitazione è stata la causa del fatto che mi sono lasciato prendere l'appartamento. Ora lo occupa questo giovane. Si chiama Harras. Che cosa ci faccia là, non lo so. Sulla porta c'è: 'Harras, Ufficio'. Ho raccolto informazioni, mi hanno comunicato che si tratta di una ditta simile alla mia. Non è il caso di mettersi in guardia dal concedergli credito, dal momento che si tratta di un giovane ambizioso, la cui attività ha forse un avvenire, ma non è neanche il caso di dargli credito, dal momento che per il presente, stando alle apparenze, non ci sono grandi possibilità. Il solito ragguaglio che si ha quando non si sa nulla.

Qualche volta incontro Harras per le scale, deve sempre avere una fretta straordinaria, infatti sguscia letteralmente davanti a me. Non l'ho ancora veduto bene in faccia, ha già pronta in mano la chiave dell'ufficio. In un attimo ha aperto la porta. Come la coda di un topo è scivolato dentro e io resto davanti alla targhetta 'Harras, Ufficio' che ho già letto più volte di quanto non meriti.

Queste pareti tremendamente sottili tradiscono chi è onestamente attivo, e nascondono il disonesto. Il mio telefono è installato sulla parete della stanza che mi divide dal vicino. Lo metto in rilievo solo come un fatto particolarmente ironico. Se anche fosse appeso alla parete opposta, nell'appartamento vicino si sentirebbe lo stesso ogni cosa. Mi sono abituato a non dire al telefono il nome dei clienti. Ma naturalmente non occorre molta furbizia per indovinare i nomi dalle frasi caratteristiche, ma inevitabili, della conversazione. – Qualche volta, il ricevitore all'orecchio, pungolato dall'inquietudine, ballo intorno all'apparecchio sulla punta dei piedi, eppure non posso evitare di rivelare segreti.

Naturalmente, in questo modo, anche le mie risoluzioni d'affari diventano insicure, la mia voce tremante. Che fa Harras, mentre io telefono? Se volessi esagerare molto – ma spesso lo si deve fare, per ottenere chiarezza – potrei dire: a Harras non serve il telefono, usa il mio, ha spinto il suo canapè contro la parete e origlia, al contrario io, quando squilla, devo correre al telefono, ricevere le richieste dei clienti, assumere importanti decisioni, fare lunghe conversazioni per convincerli, – ma soprattutto, attraverso la parete della stanza, fare a Harras il resoconto di tutto senza volerlo.

Forse egli non aspetta neppure la fine della conversazione, piuttosto si allontana dal luogo della conversazione che gli ha chiarito abbastanza il caso, sguscia via come è il suo solito per la città e, prima che io abbassi il ricevitore, forse sta già a lavoro contro di me.

10. Un incrocio

Ho uno strano animale, mezzo gattino, mezzo agnello. È un pezzo ereditato dai beni di mio padre. Ma è diventato così solo da quando ce l'ho io, prima era molto più agnello che gattino. Ora invece ha preso nella stessa misura da entrambi. Del gatto ha la testa e gli artigli, dell'agnello la grossezza e la forma; di entrambi gli occhi guizzanti e selvaggi, il pelo che è soffice e poco aderente, i movimenti ora saltellanti, ora striscianti. Alla luce del sole, sul davanzale, si incurva e fa le fusa, sul prato corre come impazzito e quasi non si riesce ad acchiapparlo. Dinanzi ai gatti fugge, gli agnelli li vuole attaccare. Nelle notti di luna la grondaia è la sua strada preferita. Non sa miagolare e ha ripugnanza dei ratti. Può starsene in agguato per ore presso il pollaio, ma non ha mai approfittato di un'occasione per uccidere.

Lo nutro di latte dolce, gli fa benissimo. Lo succhia a lunghe sorsate attraverso i denti da animale da preda. Naturalmente per i bambini è un grande divertimento. La domenica mattina è ora di visita. Tengo la bestiola in grembo e i bambini di tutto il vicinato mi stanno intorno.

Vengono poste le domande più curiose, alle quali nessuno può rispondere: perché c'è un animale siffatto, perché ce l'ho io, c'è mai stato prima di questo un tale animale e come sarà dopo la sua morte, e se si sente solo, perché non ha cuccioli, come si chiama e così via.

Io non mi do la pena di rispondere, ma senza altre spiegazioni mi limito a far vedere ciò che ho. Qualche volta i bambini portano con sé gatti, una volta hanno portato persino due agnelli. Contrariamente alle loro attese, non ci furono scene di riconoscimento. Gli animali si guardavano l'un l'altro quieti dai loro occhi di animali e evidentemente presero reciprocamente la loro esistenza come un dato di fatto divino.

In braccio a me l'animale non ha né paura né brama di cacciare. Quando si stringe a me, si sente più che bene. Ci tiene alla famiglia che lo ha tirato su. Non è una chissà quale straordinaria fedeltà, ma il giusto istinto di un animale che sulla terra ha certo innumerevoli affini, ma forse nessun consanguineo e per il quale perciò è sacra la protezione che ha trovato in noi.

Qualche volta mi viene da ridere, quando mi annusa, mi sguscia fra le gambe e non si vuole separare da me. Non basta che sia agnello e gatto, vuole essere anche cane. – Una volta, può succedere a tutti, poiché non riuscivo a trovare una via d'uscita nei miei affari e in tutto ciò che è in rapporto con essi, volevo mandare tutto all'aria e in tale condizione di spirito giacevo in casa sulla sedia a dondolo, la bestiola in grembo, quando, come vidi per caso, caddero lacrime dai suoi enormi baffi. – Erano lacrime mie, erano sue? – Quell'anima di gatto e agnello aveva anche ambizioni umane ? – Da mio padre non ho ereditato molto, ma questo pezzo si lascia guardare.

Ha l'inquietudine di entrambi, quella del gatto e quella dell'agnello, per quanto siano differenti. Perciò gli sta stretta la sua pelle. – Qualche volta salta sulla sedia accanto a me, si appoggia con le zampe anteriori sulle mie spalle e accosta il muso al mio orecchio. È come se mi dicesse qualcosa, e in effetti poi si piega in avanti e mi guarda in faccia, per osservare l'impressione che mi ha fatto la sua comunicazione. E, per essere cortese, fingo di aver capito qualcosa e annuisco. – Allora salta giù per terra e si mette a ballare tutt'intorno.

Forse per questo animale il coltello del macellaio sarebbe una liberazione, che gli devo negare in quanto è un'eredità. Perciò, deve aspettare fino a quando gli manchi il fiato da sé, anche se a volte mi guarda come da intelligenti occhi umani, che esortano a una condotta intelligente.

11. Uno scompiglio quotidiano

Un caso quotidiano: il suo effetto uno scompiglio quotidiano. A deve concludere un affare importante con B che abita a H. Va per una discussione preliminare a H, impiega dieci minuti all'andata e altrettanti al ritorno e a casa si vanta di questa particolare velocità. Il giorno seguente, va di nuovo a H, questa volta per la conclusione definitiva dell'affare. Dal momento che prevedibilmente essa richiederà più ore, A parte la mattina molto presto. Ma, sebbene tutte le circostanze, almeno secondo l'opinione di A, siano proprio le stesse del giorno prima, questa volta impiega dieci ore per arrivare a H. Quando di sera, stanco, giunge lì, gli si dice che B, irritato a causa dell'assenza di A, mezz'ora prima è andato da A al suo villaggio, e che avrebbero dovuto incontrarsi sulla strada. Si consiglia ad A di aspettare. Ma A, in ansia per il suo affare, si incammina e si affretta a casa.

Questa volta, senza farci particolare attenzione, percorre la strada addirittura in un attimo. A casa viene a sapere che B è venuto già molto presto – subito dopo la partenza di A; anzi, aveva incontrato A sulla porta di casa, gli aveva ricordato l'affare, ma A aveva detto di non avere tempo, di dover andare via in fretta.

Nonostante il comportamento incomprensibile di A, B era rimasto ad aspettare A. Certo aveva più volte chiesto se A fosse già tornato, e ora si trova ancora di sopra, nella stanza di A. Contento di poter ancora parlare con B e di spiegargli tutto, A corre su per le scale. È già quasi su, incespica, accusa uno stiramento e, quasi senza forza per il dolore, impossibilitato persino a gridare, solo frignando nell'oscurità, sente che B – non è chiaro se in lontananza o vicino a lui – infuriato scende le scale pestando i piedi e sparisce definitivamente.

12. La verità su Sancio Panza

Sancio Panza, che di questo non si è mai vantato, riuscì, nel corso degli anni, mettendogli accanto una gran quantità di romanzi cavallereschi e di briganti nelle ore della sera e della notte, a distrarre da sé il suo diavolo, al quale in seguito diede il nome di Don Chisciotte, in modo che questi senza più controllo inscenò le imprese più folli che però, in mancanza di un oggetto predestinato, che sarebbe dovuto essere proprio Sancio Panza, non danneggiarono nessuno. Sancio Panza, uomo libero, forse mosso da un certo senso di responsabilità, seguì imperturbabile Don Chisciotte nelle sue scorrerie ed ebbe un grande ed utile divertimento fino alla sua fine.

13. Il silenzio delle Sirene

Dimostrazione del fatto che anche mezzi inadeguati, persino puerili, possono servire alla salvezza:

Per difendersi dalle Sirene, Odisseo si tappò le orecchie con la cera e si lasciò incatenare all'albero maestro. Naturalmente qualcosa di simile avrebbero potuto fare da sempre tutti i viaggiatori, eccetto quelli che le Sirene attiravano già da lontano, ma in tutto il mondo era noto che era impossibile che ciò potesse servire. Il canto delle Sirene penetrava dappertutto e la passione dei sedotti avrebbe spezzato ben più che catene e albero. Ma Odisseo non pensò a questo, benché forse ne avesse sentito parlare. Confidava pienamente in quel poco di cera e in quel fascio di catene, e, con innocente gioia per i suoi mezzucci, andò incontro alle Sirene.

Ora, le Sirene hanno un'arma ancora più terribile del canto, il silenzio. Non è accaduto, ma si potrebbe pensare che qualcuno si sia salvato dal loro canto, ma certo non dal loro silenzio. Al sentimento di averle sconfitte con la propria forza, al conseguente orgoglio che travolge ogni cosa, nessun mortale può resistere.

E, in effetti, quando Odisseo arrivò, le potenti cantatrici non cantarono, sia che credessero che solo il silenzio potesse vincere quell'avversario, sia che, alla vista della beatitudine nel volto di Odisseo, che non pensava ad altro che a cera e a catene, dimenticassero affatto di cantare.

Ma Odisseo, per dir così, non udì il loro silenzio, credette che cantassero e che solo lui fosse protetto dall'udirle. Di sfuggita vide sulle prime il movimento dei loro colli, il respiro profondo, gli occhi pieni di lacrime, le bocche socchiuse, ma credette che questo facesse parte delle arie che non udite risuonavano intorno a lui. Ma tutto ciò sfiorò appena il suo sguardo fisso nella lontananza, le Sirene scomparvero davanti alla sua risolutezza e, proprio quando era più vicino a loro, non seppe più niente di loro.

Ma quelle – più belle che mai – si stirarono e si girarono, lasciarono agitare al vento i loro tremendi capelli sciolti e tesero le unghie sulle rocce. Non volevano più sedurre, volevano solo carpire il più a lungo possibile il riverbero dei grandi occhi di Odisseo.

Se le Sirene avessero coscienza, quella volta sarebbero state annientate. Ma sopravvissero, solo Odisseo sfuggì a loro.

Ma, a questo punto, si tramanda ancora un'appendice. Odisseo, si dice, era così astuto, era una tale volpe, che neppure la Parca poteva penetrare nel suo intimo. Forse egli, benché ciò non si possa capire con l'intelletto umano, si è realmente accorto che le Sirene tacevano e ha, per così dire, solo opposto come scudo a loro e agli dei la suddetta finzione.

14. Prometeo

Di Prometeo riferiscono quattro leggende. Secondo la prima, poiché aveva tradito gli dèi per gli uomini, fu incatenato al Caucaso, gli dèi mandavano aquile a divorargli il fegato che sempre nuovamente ricresceva.

Secondo la seconda, Prometeo per il dolore dei colpi di becco si addossò sempre più alla roccia fino a diventare una sola cosa con essa.

Secondo la terza, nei millenni il suo tradimento fu dimenticato, dimenticarono gli dèi, le aquile, lui stesso.

Secondo la quarta, ci si stancò di lui che non aveva più ragione di essere. Gli dèi si stancarono, le aquile si stancarono, la ferita, stanca, si chiuse.

Restò l'inspiegabile montagna rocciosa. – La leggenda tenta di spiegare l'inspiegabile. Dal momento che proviene da un fondo di verità, deve finire di nuovo nell'inspiegabile.

15. Lo stemma cittadino

All'inizio, durante la costruzione della torre babilonica, tutto procedeva abbastanza in ordine; anzi, l'ordine era fin troppo grande, si pensava troppo a guide, interpreti, alloggi per i lavoratori e vie di comunicazione, come se si avesse davanti la possibilità di lavorare liberamente per secoli. A quel tempo era perfino dominante l'opinione che non si costruisse abbastanza lentamente, sarebbe bastato esagerare non molto questa opinione per temere che non venissero gettate neppure le fondamenta. Si argomentava infatti così: l'essenziale di tutta l'impresa è l'idea di costruire una torre che arrivi fino al cielo. Rispetto a quest'idea tutto il resto è secondario. L'idea, una volta compresa in tutta la sua grandezza, non può più scomparire: finché ci saranno uomini, ci sarà anche il grande desiderio di costruire la torre fino alla fine. In tal senso però non si devono nutrire preoccupazioni per il futuro, al contrario, il sapere dell'umanità si accresce, l'architettura ha fatto progressi e altri passi avanti verranno compiuti, un lavoro per il quale abbiamo bisogno di un anno, fra cent'anni potrà essere eseguito forse in sei mesi, e molto meglio e più duraturo. Perché allora affaticarsi oggi fino allo stremo delle forze? Avrebbe senso solo se si potesse sperare di costruire la torre nel tempo di una generazione. Ma ciò non era assolutamente pensabile. Si poteva pensare che la generazione successiva, con il suo sapere perfezionato, avrebbe ritenuto mal eseguito il lavoro della generazione precedente e che ciò che era stato costruito sarebbe stato abbattuto per ricominciare di nuovo. Tali pensieri fiaccarono le forze, e più che della costruzione della torre ci si occupò della costruzione della città dei lavoratori. Ogni gruppo di connazionali voleva avere il quartiere più bello, da ciò sorsero controversie che crebbero fino a diventare battaglie sanguinose. Queste battaglie non cessarono più; fu questo per i capi un nuovo argomento per dire che anche per la mancanza della necessaria concentrazione bisognava costruire la torre molto lentamente o, meglio, che bisognava costruirla solo dopo la conclusione della pace generale. Ma il tempo non trascorse solo in battaglie, nelle pause si abbelliva la città, e da ciò derivavano comunque nuove invidie e nuove controversie. Così passò il tempo della prima generazione, ma nessuna generazione successiva fu diversa, solo la abilità tecnica aumentava sempre più e con essa la litigiosità. Si aggiunga che già la seconda o la terza generazione capì l'insensatezza della costruzione della torre del cielo, ma ormai ci si era troppo legati gli uni con gli altri per abbandonare la città.

Tutte le saghe e i canti che sono sorti in questa città sono pieni della nostalgia di un giorno profetizzato, in cui la città sarà annientata da un pugno gigantesco con cinque colpi che si succedono a breve intervallo l'uno dall'altro. Perciò anche la città ha il pugno nello stemma.

16. Posidone

Posidone sedeva al suo tavolo di lavoro e faceva i conti. L'amministrazione di tutte le acque gli procurava un lavoro incessante. Avrebbe potuto trovare aiutanti quanti ne voleva e ne aveva anche moltissimi, ma, dato che prendeva molto sul serio il suo compito, rifaceva tutti i conti, e così gli aiutanti lo aiutavano poco. Non si può dire che il lavoro lo rallegrasse, invero lo eseguiva solo perché gli era stato imposto, anzi già molte volte aveva cercato di ottenere un lavoro più piacevole, così diceva, ma quando gli si facevano alcune proposte diverse, risultava che niente gli andava a genio come il lavoro che aveva svolto fino ad allora. Era anche molto difficile trovare per lui qualche cosa di diverso. Non era certo possibile assegnargli un mare determinato; a parte il fatto che anche in questo caso il lavoro contabile non sarebbe stato più piccolo, ma solo più limitato, al grande Posidone doveva toccare sempre soltanto un posto di dominio. E, quando gli si offriva un posto fuori dall'acqua, già alla sola idea stava male, il suo respiro divino si alterava, la sua bronzea gabbia toracica si agitava. Del resto, le sue lamentele non venivano prese molto sul serio; quando un potente affligge, si deve far finta di cedere anche nei casi più disperati; nessuno pensava veramente a dispensare Posidone dal suo compito, fin dall'inizio era stato destinato a essere il dio del mare e così doveva continuare.

Si arrabbiava – ed era questo principalmente a provocare la sua scontentezza per il lavoro – soprattutto quando veniva a sapere della rappresentazione che ci si faceva di lui, incessantemente scorazzante tra i flutti con il tridente. Intanto sedeva lì, nella profondità dell'oceano e faceva conti senza posa, di tanto in tanto un viaggio da Giove era l'unica interruzione della monotonia, un viaggio dal quale d'altronde faceva ritorno per lo più furente. Così, aveva visto appena i mari, solo di sfuggita per la fretta dell'ascesa all'Olimpo, e non li aveva mai solcati veramente. Era solito dire che, per questo, aspettava la fine del mondo, allora ci sarebbe stato ancora un attimo di tranquillità in cui, vicinissimi alla fine, dopo la verifica dell'ultimo conto, avrebbe potuto fare velocemente ancora un giretto.

17. Comunità

Siamo cinque amici, una volta uscimmo da una casa l'uno dopo l'altro, il primo uscì e si mise vicino alla porta, poi dalla porta uscì, o piuttosto scivolò via, così facilmente come scivola una pallina di mercurio, il secondo, e si mise un poco discosto dal primo, poi il terzo, poi il quarto, poi il quinto. Alla fine, stavamo tutti in fila. La gente si accorse di noi, ci indicava e diceva: «I cinque sono usciti ora da questa casa». Da allora viviamo insieme, sarebbe una vita tranquilla se di continuo non si intromettesse un sesto. Egli non fa nulla di male, ma ci dà fastidio, e questo basta; perché si intromette dove non lo si vuole? Noi non lo conosciamo e non vogliamo accoglierlo fra noi. Certo, prima anche noi cinque non ci conoscevamo l'un l'altro, e, se si vuole, non ci conosciamo ancora l'un l'altro, ma ciò che è possibile per noi cinque, ed è sopportato, per quel sesto non è possibile e non è sopportato. Oltre a ciò, siamo cinque e non vogliamo essere sei. E, in generale, che senso deve avere questo stare continuamente in compagnia? Anche per noi cinque non ha alcun senso, però ora siamo già in compagnia e ci restiamo, ma non vogliamo una nuova unione proprio sulla base delle nostre esperienze. Ma come si può farlo capire garbatamente al sesto? Lunghe spiegazioni significherebbero già quasi un suo inserimento nel nostro gruppo, preferiamo non spiegare niente e non accoglierlo. Per quanto possa storcere le labbra, lo respingiamo con i gomiti, ma, per quanto lo possiamo respingere, ritorna.

18. Di notte

Immerso nella notte. Così come talvolta si china la testa per meditare, essere così immersi completamente nella notte. Tutt'intorno gli uomini dormono. Una piccola commedia, un'incolpevole illusione che dormano nelle case, in solidi letti, sotto un solido tetto, stesi o rannicchiati su materassi, fra le lenzuola, sotto le coperte, in realtà si sono trovati come allora e come più tardi in una regione desolata, un campo all'aperto, un numero sterminato di uomini, un esercito, un popolo, sotto un cielo freddo sopra la terra fredda, buttati là dove prima erano in piedi, la fronte sul braccio piegato, la faccia contro il terreno, respirando calmi. E tu sei sveglio, sei uno dei guardiani, trovi il più vicino rivoltando il legno ardente nel mucchio di stipe accanto a te. Perché vegli? Uno deve vegliare, si dice. Uno deve esserci.

19. Il rifiuto

Non è che la nostra cittadina si trovi al confine, neppure lontanamente, è così lontana dal confine che forse nessuno della cittadina vi è giunto mai, si devono attraversare altipiani, ma anche ampie regioni fertili. Alla sola idea di un unico tratto di percorso ci si stanca, e più di un tratto alla volta non si riesce neppure ad immaginare. Sulla strada si incontrano anche grandi città, molto più grandi della nostra cittadina. Dieci cittadine come la nostra, messe l'una accanto all'altra, più altre dieci cittadine fatte entrare a forza dall'alto non fanno ancora una di queste città gigantesche e compatte. Se ci si smarrisce sulla via, ci si smarrisce di certo in queste città, ed è impossibile evitarle, a causa della loro grandezza. Ma, ancora più lontana che dal confine, se si possono confrontare simili distanze – è come se si dicesse che un uomo di trecento anni è più vecchio di un uomo di duecento – ancora più lontana che dal confine è la nostra cittadina dalla capitale. Mentre di tanto in tanto riceviamo qualche notizia delle guerre al confine, non veniamo a sapere quasi nulla dalla capitale, intendo parlare di noi cittadini, perché i funzionari del governo hanno comunque un collegamento molto buono con la capitale, in due, tre mesi possono già ricevere una notizia, almeno così affermano.

Ora, è strano, e io di ciò mi meraviglio sempre ogni volta, come nella nostra cittadina ci sottomettiamo a tutto ciò che viene ordinato dalla capitale. Da noi, da secoli non ha avuto luogo alcun cambiamento politico che partisse dagli stessi cittadini. Nella capitale si sono alternati gli alti sovrani, anzi, si sono estinte o sono state deposte intere dinastie e nuove dinastie hanno avuto inizio, nello scorso secolo è stata addirittura distrutta la capitale, è stata fondata una nuova capitale lontana da quella, più tardi anche questa è stata distrutta, ed è stata ricostruita l'antica città, tutto questo non ha avuto il minimo influsso sulla nostra cittadina. I nostri funzionari sono rimasti sempre al loro posto, i funzionari di grado più elevato venivano dalla capitale, i funzionari medi da fuori, quelli di grado più basso dalla nostra stessa cerchia, così è sempre stato e questo ci è bastato. Il funzionario più elevato è il capo esattore delle imposte, ha il grado di colonnello, ed anche così è chiamato. Oggi è un uomo anziano, ma io lo conosco da anni, perché all'epoca della mia infanzia già era colonnello, sulle prime ha fatto una carriera molto rapida che poi sembra essersi arrestata, ora per la nostra cittadina basta il suo grado, non potremmo neppure accogliere tra noi un grado più alto. Quando provo ad immaginarmelo, lo vedo seduto sulla veranda della sua casa nella piazza del mercato, appoggiato all'indietro, la pipa in bocca. Dal tetto sventola sopra di lui la bandiera dell'impero, ai lati della veranda, che è così grande che talvolta vi hanno luogo anche piccole esercitazioni militari, è steso ad asciugare il bucato. I suoi nipoti, nei loro bei vestiti di seta, giocano intorno a lui, non possono andare sulla piazza del mercato, gli altri bambini non sono degni di loro, ma la piazza li alletta e infilano almeno la testa fra le sbarre della ringhiera, e quando gli altri bambini bisticciano di sotto, essi bisticciano con loro dall'alto.

Dunque, questo colonnello governa la città. Io credo che non abbia esibito a nessuno un documento che lo autorizzi a questo. Probabilmente neppure possiede un simile documento. Forse è veramente capo esattore delle imposte. Tutto qui? Questo lo autorizza a governare anche in tutti i settori dell'amministrazione? Certo il suo compito è molto importante per lo Stato, ma per i cittadini non è questa la cosa più importante. Da noi si ha quasi l'impressione che la gente dica: «Visto che tu ci hai preso tutto ciò che avevamo, per favore in più prendi anche noi stessi». In effetti non si è impadronito del potere e non è neppure un tiranno. È andata così fin dai tempi antichi, che il capo esattore delle imposte sia il primo funzionario, e il colonnello si conforma a questa tradizione non diversamente da noi.

Ma, per quanto egli viva tra noi senza troppe differenze di rango, è comunque un uomo ben diverso dai comuni cittadini. Quando arriva davanti a lui una delegazione con una richiesta, egli se ne sta lì come il muro del mondo. Dietro di lui non c'è più niente, vi si sente ancora qualche voce, come in un presentimento, ma probabilmente è un'illusione, infatti lui rappresenta la conclusione di tutto, almeno per noi. Bisogna averlo visto in tali udienze. Da ragazzo, stavo lì, una volta, quando una delegazione della cittadinanza gli chiese una sovvenzione del governo, perché il quartiere più povero era bruciato completamente. Mio padre, il maniscalco, è stimato nella comunità, era membro della delegazione e mi aveva portato con sé. In questo non c'è niente di straordinario, perché per un simile spettacolo tutti fanno ressa, e quasi non si riesce a distinguere dalla massa la delegazione vera e propria; e, dal momento che queste udienze si tengono per lo più sulla veranda, c'è anche gente che dalla piazza del mercato si arrampica sulle scale e, superata la ringhiera, assiste lassù all'udienza. Quella volta era stato così predisposto, che un quarto della veranda fosse riservato a lui, la folla avrebbe riempito la parte rimanente. Alcuni soldati vigilavano su tutto, stando in semicerchio intorno a lui. Per la verità un solo soldato sarebbe bastato per tutto, tanto grande è la nostra paura nei loro confronti. Non so bene da dove vengano questi soldati, comunque da lontano, sono tutti molto simili fra loro, potrebbero non usare l'uniforme. Sono uomini piccoli di statura, non forti, ma agili, ciò che più colpisce in loro è la dentatura forte, che quasi riempie loro troppo la bocca, e un certo irrequieto e convulso brillare dei loro piccoli occhi stretti. Per questo sono il terrore dei bambini, ma anche il loro piacere, infatti i bambini vorrebbero continuamente spaventarsi davanti a quelle dentature e a quegli occhi, per poi scappare alla disperata. Questa paura dell'infanzia forse non si perde neppure nella vita adulta, ma si ripercuote in essa. A dire il vero, vi è ancora dell'altro. I soldati parlano un dialetto incomprensibile, riescono a stento ad abituarsi al nostro, questo determina un certo loro isolamento, un'inavvicinabilità che del resto corrisponde al loro carattere, sono così silenziosi, seri e duri, in effetti non fanno niente di male, eppure sono quasi insopportabili in senso cattivo. Un soldato, per esempio, entra in un negozio, compra una sciocchezza, e resta appoggiato al bancone, si mette ad ascoltare i discorsi, forse non li capisce, ma ha l'atteggiamento di uno che li capisce, lui stesso non dice una parola, guarda solo fisso chi parla, e poi quelli che ascoltano, e tiene le mani sull'impugnatura del lungo coltello nella cintura. Ciò è disgustoso, si perde piacere alla conversazione, il negozio si svuota e, solo quando è deserto, anche il soldato se ne va. Dove si presentano i soldati, anche il nostro vivace popolo ammutolisce. Così fu anche allora. Come in tutte le occasioni solenni, il colonnello stava dritto e teneva nelle mani tese davanti a sé due lunghe asticelle di bambù. È un antico costume che pressappoco vuol dire: egli sorregge la legge e la legge sorregge lui. Ora, ognuno sa che cosa lo aspetta lassù sulla veranda, eppure ogni volta avviene che ci si spaventi; anche quella volta, chi era stato designato per il discorso non volle cominciare, stava già davanti al colonnello, quando il coraggio lo abbandonò e, con diverse scuse, indietreggiò nella folla. Non si trovò una persona adatta che fosse disposta a parlare – in verità qualcuno non adatto si offrì – c'era una grande confusione e furono inviati messaggeri a vari cittadini, ben noti oratori. Durante tutto questo tempo il colonnello restava immobile, solo il petto si abbassava vistosamente nel respiro. Non che respirasse con difficoltà, solo che respirava in modo esteriormente evidente, così come, per esempio respirano le rane, solo che per loro è sempre così, in quel caso era una cosa eccezionale. Io sgattaiolai fra gli adulti e lo osservai attraverso lo spazio vuoto fra due soldati fino a quando uno dei due mi respinse col ginocchio. Nel frattempo, quello che era stato originariamente designato per il discorso si era concentrato e, sostenuto da due concittadini, tenne l'allocuzione. Era commovente come sorridesse durante quel discorso serio, che descriveva quella grave disgrazia, un sorriso estremamente dimesso, che inutilmente si sforzava di suscitare anche solo un lieve riflesso sul viso del colonnello. In conclusione, formulò la richiesta, chiedeva, credo, soltanto l'esenzione dalle imposte per un anno, forse anche della legna da costruzione a basso prezzo, proveniente dai boschi imperiali. Fece un profondo inchino e rimase nell'inchino così come tutti gli altri tranne il colonnello, i soldati e alcuni funzionari sullo sfondo. Per un bambino, era ridicolo che quelli sulle scale, vicino alla veranda, scendessero di un paio di pioli per non essere visti in quella pausa decisiva e che solo ogni tanto spiassero con curiosità poco più su del pavimento della veranda. Questo durò per un po' di tempo, poi innanzi al colonnello si portò un funzionario, piccolo di statura, cercò sulla punta dei piedi di sollevarsi fino a lui, ascoltò quanto gli veniva sussurrato in un orecchio da lui che era sempre rimasto immobile, tranne che per il respiro profondo, batté le mani, davanti a lui tutti si alzarono, e annunciò: «La richiesta è respinta. Allontanatevi». Un innegabile senso di sollievo percorse la folla, tutti si spingevano fuori, quasi nessuno faceva attenzione al colonnello che, per così dire, era diventato di nuovo un uomo come tutti, vidi soltanto che, veramente sfinito, lasciò cadere le asticelle, sprofondò in una poltrona trascinata lì dai funzionari e subito si mise in bocca la pipa.

L'intera vicenda non è un fatto isolato, in genere succede così. Certo, avviene che di tanto in tanto una piccola richiesta sia esaudita, ma allora è come se il colonnello la accogliesse sulla propria responsabilità, come cittadino privato potente, e che ciò – certo non formalmente, ma secondo il momento – dovesse essere tenuto segreto al governo. Ora nella nostra cittadina gli occhi del colonnello, per quanto possiamo giudicare, sono anche gli occhi del governo, ma vi si fa una distinzione nella quale non si riesce a penetrare del tutto.

Ma, nelle questioni importanti la cittadinanza può quasi essere sempre sicura di un rifiuto. Ora è strano che, per così dire, non si possa fare a meno di questo rifiuto e d'altronde l'andare lì e il ricevere questo rifiuto non è affatto una formalità. Ci si va sempre seri e tutti presi e si ritorna comunque da lì non certo corroborati e contenti, ma neppure delusi o stanchi. Su queste cose non devo chiedere notizie a nessuno, le sento in me stesso, come tutti. E mai una volta la curiosità di ricercare le connessioni di queste cose.

In ogni caso, per quanto possano essere sufficienti le mie osservazioni, c'è una certa classe di età che non è contenta, sono all'incirca i giovani fra i diciotto e i vent'anni. Dunque giovani cittadini che neppure alla lontana possono presentire la portata del pensiero più insignificante, figuriamoci di uno rivoluzionario. E proprio lì, fra loro, si insinua il malcontento.

20. Sul problema delle leggi

«Le nostre leggi non sono universalmente conosciute, esse sono un segreto di quel piccolo gruppo di nobili che ci governa. Noi siamo persuasi che queste antiche leggi siano perfettamente rispettate, ma comunque è oltremodo penoso essere governati secondo leggi che non si conoscono. Non penso qui alle varie possibilità di interpretazione e agli inconvenienti che queste comportano quando solo dei singoli e non tutto il popolo possono partecipare all'interpretazione. Forse questi inconvenienti non sono neppure troppo grandi. Le leggi sono molto antiche, i secoli hanno lavorato alla loro interpretazione, anche l'interpretazione è già diventata legge, certo ancora sempre sussistono possibili libertà di interpretazione, ma sono molto limitate. Inoltre la nobiltà non ha chiaramente alcuna ragione di lasciarsi influenzare nell'interpretazione da suoi interessi personali a nostro sfavore, dato che le leggi fin dal loro inizio sono state stabilite per la nobiltà, la nobiltà sta al di fuori della legge, e proprio per questo sembra che la legge debba essere esclusivamente nelle mani della nobiltà. Naturalmente in questo c'è una saggezza – chi può mettere in dubbio la saggezza delle antiche leggi? —, ma anche un tormento per noi, forse questo è inevitabile.

Del resto queste leggi apparenti in realtà possono solo essere supposte. È una tradizione che esistano e che siano affidate alla nobiltà come un segreto, non è e non può essere più che un'antica tradizione, degna di fede per la sua antichità, dato che il carattere di queste leggi richiede il mantenimento del segreto della loro esistenza. Ma se noi del popolo da tempi antichissimi seguiamo attentamente le azioni della nobiltà, se possediamo resoconti scritti dei nostri progenitori, se abbiamo scrupolosamente continuato a redigerli e crediamo di riconoscere in questi innumerevoli dati di fatto certi criteri di massima che consentono di risalire a questa o a quella determinazione storica, e se noi per il presente e per il futuro cerchiamo di conformarci a queste considerazioni setacciate e ordinate con la massima cura – tutto questo non è incerto e forse è soltanto un gioco dell'intelletto, poiché le leggi che cerchiamo di indovinare forse non esistono neppure. C'è un piccolo partito che è realmente di questo avviso e cerca di provare che, se c'è una legge, può soltanto suonare così: ciò che fa la nobiltà, è legge. Questo partito vede soltanto atti arbitrari della nobiltà e rigetta la tradizione del popolo che, secondo il suo modo di vedere, solo accidentalmente arreca delle cinghie strappate, del tampone disgustoso; no, m'occuperò io di tutto e, mi creda, se le mie parole non basteranno a cacciare il comandante dalla sala, lo metterò comunque alle corde costringendolo a dichiarare: 'Vecchio comandante m'inchino dinanzi a te'. Questo è il mio piano; vuole aiutarmi a realizzarlo? Certo che lo vuole, anzi lo deve!» E l'ufficiale strinse l'esploratore per le braccia e lo fissò in volto col fiato sospeso. Aveva pronunziato le ultime frasi a voce così alta che persino il soldato e il condannato si erano fatti attenti; sebbene non potessero capire le sue parole, avevano smesso di mangiare e guardavano masticando verso l'esploratore.

Sin dal primo momento l'esploratore non aveva dubbi sulla risposta che avrebbe dovuto dare; nel corso della sua vita aveva fatto troppe esperienze per poter esitare a questo punto; era un uomo profondamente onesto e non aveva timori. Tuttavia ebbe un attimo di titubanza alla vista del soldato e del condannato. Infine disse, come era suo dovere: «No». L'ufficiale strizzò alcune volte gli occhi, ma non smise di fissarlo. «Vuole una spiegazione?» chiese l'esploratore. L'ufficiale annuì in silenzio. «Sono contrario a questa procedura», proclamò quindi l'esploratore, «prima ancora che lei si confidasse con me – e in nessun caso abuserò delle sue confidenze – mi sono chiesto se avessi il diritto d'intervenire contro questa procedura e se il mio intervento aveva qualche possibilità di successo. Mi era chiaro a chi avrei dovuto rivolgermi per primo: al comandante, naturalmente. Lei me l'ha chiarito ancora meglio, senza rafforzare, però, la mia decisione, anzi apprezzo la sua onesta convinzione, anche se non può farmi cambiare idea».

L'ufficiale rimase muto, si girò verso la macchina, afferrò una sbarra d'ottone e rovesciandosi un po' all'indietro guardò in alto verso la disegnatrice, come se volesse controllare se tutto fosse a posto. Il soldato e il condannato sembravano aver fatto amicizia; il condannato, malgrado le notevoli difficoltà causate dai suoi legami, faceva dei segni al soldato, questi si chinò su di lui e il condannato gli bisbigliò qualcosa facendolo annuire.

L'esploratore seguì l'ufficiale e disse: «Lei non sa ancora che cosa mi propongo di fare. Riferirò al comandante la mia opinione sulla procedura, ma non durante una seduta, bensì a quattr'occhi; non mi tratterrò qui abbastanza a lungo per essere coinvolto in una seduta; partirò già domattina presto o per lo meno m'imbarcherò».

Sembrava che l'ufficiale non l'avesse sentito. «Allora la procedura non l'ha convinto», disse a se stesso e sorrise come un vecchio che sorride per le sciocchezze d'un bimbo, continuando però a riflettere seriamente dietro al suo sorriso.

«Allora è giunto il momento», mormorò guardando l'esploratore con occhi luminosi, il suo sguardo era esortante, invitava alla partecipazione.

«Quale momento?» chiese inquieto l'esploratore, ma non ebbe risposta.

21. L’arruolamento

Gli arruolamenti, che sono spesso necessari dal momento che gli scontri al confine non cessano mai, hanno luogo nel modo seguente:

Viene emanato l’ordine secondo il quale, in un determinato giorno in un determinato quartiere della città, tutti gli abitanti, uomini, donne, bambini, senza distinzione, debbono rimanere nelle loro case. Generalmente solo verso mezzogiorno, all’ingresso del quartiere dove un gruppo di soldati, soldati a piedi e a cavallo, sta aspettando fin dall’alba, compare il giovane nobile che deve procedere all’arruolamento. È un giovane magro, non alto, gracile, vestito in modo trasandato, con gli occhi stanchi, incessantemente percorso dall’inquietudine, come un malato dalla febbre. Senza guardare nessuno, con una frusta che costituisce tutto il suo equipaggiamento, fa un segnale, alcuni soldati gli vanno dietro ed egli mette piede nella prima casa. Un soldato, che conosce personalmente tutti gli abitanti di quel quartiere, legge ad alta voce l’elenco dei coinquilini. Di solito sono tutti lì, sono già in fila nella sala, guardano intensamente il nobile, come se già fossero soldati. Di tanto in tanto, può anche accadere che uno manchi, si tratta sempre solo di uomini. Allora nessuno ha il coraggio di addurre una scusa o magari di dire una bugia, si sta zitti, si abbassano gli occhi, si sopporta a stento il peso dell’ordine trasgredito nella casa, ma la silenziosa presenza del nobile tiene tutti fermi ai loro posti. Il nobile dà un segnale, non è neppure un cenno del capo, lo si coglie solo dai suoi occhi, e due soldati incominciano a cercare l’assente. Non è affatto difficile. Non è mai fuori della casa, in realtà non intende affatto sottrarsi all’arruolamento, non si è presentato solo per paura, ma non è neppure la paura per il servizio da prestare che lo trattiene, è soprattutto il timore di mostrarsi; l’ordine, per così dire, è troppo grande per lui, paurosamente grande, egli non può farsi avanti con le proprie forze. Perciò non scappa, semplicemente si nasconde, e, quando sente che il nobile è in casa, striscia fuori dal nascondiglio, striscia fino alla porta della sala, ed è subito fermato dai soldati che sopraggiungono. Viene condotto davanti al nobile che afferra la frusta con entrambe le mani – è così fragile che con una sola mano non ci riuscirebbe – e frusta l'uomo. Ciò non provoca grande sofferenza, perché, un po' per la debolezza, un po' per la ripugnanza, egli lascia cadere subito la frusta, quello che viene frustato la deve raccogliere e porgergliela. Solo allora può mettersi in fila con gli altri; d'altra parte ci sono ben poche possibilità che sia ritenuto idoneo. Ma accade anche, e questo è più frequente, che ci siano più persone di quante risultino sull'elenco. Per esempio c'è una ragazza estranea che guarda il nobile, è venuta da fuori, forse dalla provincia, l'arruolamento l'ha attirata, ci sono molte donne che non sanno resistere al fascino di un arruolamento in casa d'altri, l'arruolamento in casa propria ha tutto un altro significato. Ed è singolare che non sia considerato disonorante che una donna ceda alla tentazione, al contrario, è qualcosa che, secondo l'opinione di alcuni, le donne devono fare, è un debito che pagano al loro sesso. Tutto si svolge sempre allo stesso modo. La ragazza, o la donna, viene a sapere che in qualche posto, magari molto lontano, presso parenti o amici, si procederà all'arruolamento, chiede ai suoi congiunti il permesso di fare il viaggio, le viene dato, non può esserle rifiutato, lei indossa il vestito più bello che ha, è più allegra che mai, ma è sempre calma e gentile, indifferente come anche in altri frangenti può essere e, dietro a tutta quella calma e gentilezza, inaccessibile come un'estranea che vada al suo paese e ora non voglia sapere nient'altro. Nella famiglia dove deve aver luogo l'arruolamento viene ricevuta in modo del tutto diverso da come si riceve un ospite abituale, tutti la adulano, deve visitare tutti i luoghi della casa, affacciarsi da tutte le finestre, e se a qualcuno mette le mani sulla testa è più che la benedizione del padre. Quando la famiglia si prepara all'arruolamento, dà a lei il posto migliore, quello vicino alla porta, dove meglio sarà vista dal nobile, e meglio lo vedrà. Ma le viene reso omaggio solo fino all'arrivo del nobile, da quel momento, per così dire, sfiorisce. Egli la guarda tanto poco quanto guarda gli altri, e, seppure volge gli occhi a qualcuno, questi non si sente guardato. Lei non se lo aspetta, o, piuttosto, se lo aspetta perché non può essere diversamente, ma non è stata l'attesa del contrario che l'ha portata lì, è stata semplicemente qualcosa che ora comunque è alla fine. Ella si vergogna come forse le nostre donne non si vergognano mai, solo ora si rende veramente conto che si è spinta a un arruolamento in casa d'altri e, quando il soldato dà lettura dell'elenco e non compare il suo nome e per un attimo c'è silenzio, ella fugge curva e tremante dalla porta e riceve persino un pugno nella schiena da un soldato.

Se è un uomo che è in soprannumero, non vuole nient'altro che essere arruolato, anche se non fa parte di quella casa. Ma anche ciò è del tutto inutile, infatti uno in soprannumero non è mai stato arruolato e non accadrà mai qualcosa di simile.

22. L'esame

Io sono un domestico, ma per me qui non c'è lavoro. Sono timido e non mi faccio avanti, anzi non mi metto neppure in fila con gli altri, ma questa è solo una delle ragioni della mia mancanza di occupazione, è anche possibile che non abbia niente a che fare con la mia mancanza di occupazione, comunque l'essenziale è che io non sono chiamato al servizio, mentre altri sono stati chiamati e non ne hanno fatto certo richiesta più di me, anzi forse non hanno desiderato neppure di essere chiamati, mentre io, almeno qualche volta, l'ho desiderato molto fortemente.

Così, sono disteso sul tavolaccio nella stanza per la servitù, guardo in alto le travi del soffitto, mi addormento, mi sveglio e subito mi riaddormento. Ogni tanto vado nella taverna di fronte dove si serve una birra acida, qualche volta dal disgusto ne ho gettato un bicchiere, poi torno a berla. Lì mi siedo volentieri, perché dietro alla piccola finestra chiusa, senza poter essere notato da nessuno, posso guardare di fronte le finestre della nostra casa. Non si vede molto, da questa parte verso la strada affacciano, credo, solo le finestre dei corridoi e, per di più, non di quei corridoi che conducono agli appartamenti dei signori. È possibile che mi sbagli; ma una volta l'ha affermato qualcuno senza che glielo avessi chiesto e lo conferma l'aspetto complessivo di questa facciata. Le finestre vengono aperte solo di rado, e, quando ciò avviene, lo fa un domestico che poi si appoggia al davanzale per guardare un attimo di sotto. Sono perciò corridoi dove non può essere sorpreso. Del resto, non conosco quei domestici, quelli che stabilmente sono occupati lassù dormono altrove, non nella mia stanza.

Una volta che ero andato alla taverna, al mio posto di osservazione già sedeva un cliente. Non osai guardarlo bene e ancora sulla porta stavo già per girarmi e andarmene, quando il cliente mi chiamò e risultò che anche lui era un domestico che avevo già visto una volta da qualche parte, ma senza aver fino a quel momento parlato con lui.

«Perché vuoi andartene? Siedi qua e bevi! Pago io». Così mi sedetti. Mi fece qualche domanda, ma io non seppi rispondere, anzi non capii neppure le domande. Perciò dissi: «Forse ora ti sei pentito di avermi invitato, me ne vado», e mi stavo già alzando. Ma egli allungò la mano sul tavolo e mi trattenne: «Rimani», disse, «era solo un esame. Chi non risponde alle domande ha superato l'esame».

23. L'avvoltoio

C'era un avvoltoio che dava colpi di becco contro i miei piedi. Aveva già rotto stivali e calze, ora già dava colpi di becco proprio contro i piedi. Continuava a colpire, volò poi inquieto più volte intorno a me e si rimise all'opera. Passò un signore, guardò per un momento e poi chiese perché sopportassi quell'avvoltoio. «Sono inerme», dissi, «è arrivato e si è messo a darmi colpi di becco, naturalmente volevo cacciarlo via, ho perfino cercato di soffocarlo, ma una simile bestia ha grandi energie, stava già per saltarmi in faccia, allora ho preferito sacrificare i piedi. Ora sono già quasi dilaniati». «Perché lasciarsi tormentare così», disse il signore, «uno sparo e l'avvoltoio è liquidato». «È così?», chiesi, «e vorrebbe farlo lei?» «Volentieri», disse il signore, «devo solo andare a casa e prendere il fucile. Ce la fa ad aspettare ancora mezz'ora?» «Non lo so», dissi, e restai per un momento irrigidito per il dolore, poi dissi: «La prego, ci provi in ogni caso». «Bene», disse il signore, «mi affretterò». L'avvoltoio durante la conversazione aveva ascoltato tranquillo e il suo sguardo vagava fra me e il signore. Mi accorsi che aveva capito tutto, si alzò in volo, indietreggiò per prendere lo slancio sufficiente e, come un lanciatore di giavellotto, lanciò il becco nella mia bocca, a fondo, dentro di me. Cadendo all'indietro, liberato, sentii che nel mio sangue che riempiva tutte le mie cavità, che superava ogni argine, quello irrimediabilmente affogava.

24. Il timoniere

«Non sono timoniere?», gridai. «Tu?», chiese un uomo scuro, di alta statura, e si passò la mano sugli occhi, come se scacciasse un sogno. Ero stato al timone nella notte scura, con la lanterna che ardeva poco sopra alla mia testa, e ora era arrivato quest'uomo e voleva farmi allontanare. E, visto che non cedevo, mi mise un piede sul petto e mi pestò lentamente, mentre io, ancor sempre avvinghiato ai raggi della ruota del timone, nel cadere la feci girare di colpo completamente. Ma quell'uomo la afferrò, la risistemò, e mi spinse via. Rinvenni subito, corsi al boccaporto che dava sullo spazio dell'equipaggio e gridai: «Equipaggio! Compagni! Venite subito! Un estraneo mi ha cacciato via dal timone!». Quelli accorsero lentamente, salirono sulla scaletta di bordo, stanche figure imponenti che barcollavano. «Sono io il timoniere?», chiesi io. Essi annuirono, ma guardavano soltanto l'estraneo, si misero in semicerchio intorno a lui e quando egli disse in tono imperioso: «Non seccatemi!», si raccolsero, mi fecero un cenno e ridiscesero la scaletta di bordo. Che razza di gente! Pensano anche o strisciano solo i piedi sulla terra inutilmente?

25. La trottola

Un filosofo girovagava sempre là dove giocavano i bambini. E, quando vedeva un fanciullo con una trottola, subito si appostava. Non appena la trottola cominciava a girare, il filosofo la inseguiva per prenderla. Non si preoccupava che i bambini facessero chiasso e cercassero di allontanarlo dal loro giocattolo; se riusciva ad afferrare la trottola mentre ancora girava, era felice, ma solo per un attimo, poi la gettava a terra e andava via. Egli credeva che la conoscenza di ogni piccola cosa, quindi ad esempio anche di una trottola che gira, fosse sufficiente per la conoscenza dell'universale. Per questo non si interessava dei grandi problemi, gli sembrava antieconomico. Chi conosce realmente la più piccola cosa, conosce tutto. Perciò si interessava soltanto della trottola che gira. E ogni volta che venivano fatti i preparativi per far girare la trottola, aveva la speranza di riuscire e, quando la trottola girava, nella corsa affannosa la speranza in lui diveniva certezza, ma poi, quando teneva nelle mani quello stupido pezzo di legno, stava male e le grida dei bambini, che fino ad allora non aveva sentito e che ora all'improvviso gli giungevano alle orecchie, lo scacciavano, ed egli barcollava come una trottola che barcolla per un avvio maldestro.

26. Piccola favola

«Ahi!», disse il topo, «il mondo diventa ogni giorno più angusto. Prima era così ampio che avevo paura, continuavo a correre ed ero felice di vedere finalmente a sinistra e a destra in lontananza delle pareti, ma queste lunghe pareti si corrono incontro l'un l'altra così rapidamente che io sono già nell'ultima stanza, e lì, nell'angolo, c'è la trappola nella quale cadrò». – «Devi solo cambiare la direzione della corsa», disse il gatto e lo mangiò.

27. Ritorno a casa

Sono ritornato, ho attraversato l'ingresso e mi guardo intorno. È il vecchio cortile di mio padre. Le pozzanghere nel mezzo. Vecchi attrezzi, inutilizzabili, aggrovigliati fra loro, intralciano il passaggio alla scala della soffitta. Il gatto sta appostato sulla ringhiera. Un panno lacerato, legato a un palo un giorno per gioco, si alza nel vento. Sono arrivato. Chi mi accoglierà? Chi aspetta dietro la porta della cucina? Dal comignolo esce fumo, si sta facendo il caffè per la sera. Ti senti bene? Ti senti a casa? Non lo so, sono molto incerto. È la casa di mio padre, ma, fredde, le cose stanno l'una accanto all'altra, come se ognuna pensasse solo alle sue faccende che in parte ho dimenticato, in parte non ho mai conosciuto. Come posso essere loro utile, che cosa sono per loro, pur essendo il figlio del padre, del vecchio agricoltore? E non oso bussare alla porta della cucina, solo origlio da lontano, solo immobile origlio da lontano, ma non in modo da poter essere sorpreso ad origliare. E dal momento che origlio da lontano, non riesco a sentir nulla, sento solo o forse credo solo di sentire un lieve battito d'orologio, che sembra provenire dai giorni dell'infanzia. Ciò che avviene in cucina è il segreto di quelli che siedono lì, che lo difendono da me. Quanto più a lungo si indugia davanti alla porta, tanto più si diventa estranei. Come sarebbe se qualcuno ora aprisse la porta e mi chiedesse qualcosa? Non sarei io stesso come uno che vuole custodire il suo segreto?

28. La partenza

Ordinai di andare a prendere il mio cavallo dalla stalla. Il servo non mi capì. Andai io stesso nella stalla, sellai il mio cavallo e vi montai. In lontananza sentii soffiare una tromba, chiesi al servo che cosa volesse dire. Egli non lo sapeva e non aveva sentito niente. Presso il portone mi trattenne e domandò: «Signore, dove vai?» «Non lo so», dissi, «solo via di qui, solo via di qui. Sempre via di qui, solo così posso raggiungere la mia meta». «Conosci allora la tua meta?», chiese. «Sì», risposi, «io l'ho detto: 'via-di-qui', è la mia meta». «Non hai viveri con te», disse. «Io non ne ho bisogno», dissi, «il viaggio è così lungo, che dovrò morire di fame, se non ricevo nulla sulla via. Nessuna provvista mi può salvare. Per fortuna è veramente un viaggio immenso».

29. Difensori

Non era per niente certo che avessi difensori, al riguardo non riuscii a sapere nulla di preciso, tutti avevano un aspetto ostile, la maggior parte delle persone che mi venivano incontro e che continuamente incontravo nei corridoi sembravano vecchie donne grasse, con grandi grembiuli a righe blu scuro e bianco che coprivano tutto il corpo, si passavano le mani sulla pancia e si giravano pesantemente di qua e di là. Non riuscii neppure a sapere se eravamo in un palazzo di giustizia. Alcune cose sembravano confermarlo, molte altre no. Tralasciando tutti i dettagli, più di tutto mi ricordava un tribunale un rimbombo continuo che si sentiva da lontano, non si poteva dire da quale direzione venisse, riempiva talmente tutti gli spazi che si poteva pensare che venisse da tutte le parti, o, cosa che sembrava ancora più esatta, proprio il luogo in cui per caso ci si trovava sembrava essere il vero luogo di quel rimbombo, ma questa era certo un'illusione, perché esso veniva da lontano. Quei corridoi stretti, a volta semplice e ad anse lente con le porte alte decorate con parsimonia, sembravano addirittura creati per il silenzio profondo, erano i corridoi di un museo o di una biblioteca. Ma, se non era un tribunale, perché andavo in cerca di un difensore? Perché dappertutto cercavo un difensore; dappertutto è necessario, ma in tribunale serve meno che altrove, perché il tribunale, così si dovrebbe credere, pronuncia il suo verdetto secondo la legge. Se invece si dovesse supporre che si procede in modo ingiusto o sconsiderato, la vita non sarebbe possibile, si deve aver fiducia nel tribunale, aver fiducia che esso dia libero corso alla maestà della legge, perché questo è il suo unico compito, ma nella legge stessa tutto è accusa, difesa, sentenza, qui l'intervento personale di un uomo sarebbe un sacrilegio. Diversamente però stanno le cose per quanto riguarda la fattispecie della sentenza, questa si basa su rilievi fatti qua e là, presso parenti ed estranei, presso amici e nemici, nell'ambiente familiare e nell'ambiente pubblico, in città e in campagna, in breve, dappertutto. In questo caso è assolutamente necessario avere difensori, difensori in quantità, i migliori difensori, l'uno stretto all'altro, un muro vivente, perché i difensori sono per loro natura difficili da muovere, mentre gli accusatori, queste volpi astute, queste donnole leste, questi topolini invisibili, sgusciano attraverso le più piccole fessure e scivolano fra le gambe dei difensori. Dunque, attenzione! Per questo sono qui, raccolgo difensori. Ma ancora non ne ho trovato nessuno, vanno e vengono solo queste vecchie donne, continuamente; se non fossi alla ricerca di difensori, mi addormenterei; non sono nel posto giusto, purtroppo non posso negare la mia impressione di non essere nel posto giusto. Dovrei essere in un luogo nel quale convengano uomini di varia specie, da diverse regioni, di tutti i ceti, di tutte le professioni, di età diverse, dovrei avere la possibilità di scegliere con cautela, in una gran massa, quelli adatti, quelli ben disposti, quelli che hanno un occhio di riguardo per me. Più di tutto, forse sarebbe adatta una grande fiera annuale. Invece mi aggiro in questi corridoi, dove si vedono solo vecchie donne, e anche di loro non molte, e sempre le stesse e persino queste poche, nonostante la loro lentezza, non si lasciano fermare, mi sfuggono, ondeggiando come nuvole di pioggia, sono tutte prese da attività ignote. Ma perché entro alla cieca in una casa, non leggo la scritta sul portone, sono subito nel corridoio, mi ci trattengo con tanta testardaggine, che non riesco più a ricordarmi di essere stato dinanzi alla casa, di aver corso per le scale? Eppure non devo tornare indietro, questa perdita di tempo, questo ammettere di aver sbagliato strada sarebbe per me insopportabile. Come? In questa vita breve, frettolosa, accompagnata da un rimbombo impaziente, scendere una scala? È impossibile. Il tempo attribuitoti è così breve che, se perdi un secondo, hai perduto già tutta la vita, perché essa non dura di più, dura sempre solo quanto il tempo che perdi. Se dunque hai imboccato una strada, prosegui su quella, in tutti i casi puoi solo guadagnarne, non corri alcun rischio, forse precipiterai, ma se ti fossi voltato indietro già dopo i primi passi e fossi sceso giù per le scale, saresti precipitato dall'inizio, e non forse, ma certamente. Se dunque non trovi niente qui nei corridoi, apri le porte, se non trovi nulla lassù, non c'è problema, sali per nuove scale. Fin tanto che non smetti di salire, non finiscono i gradini, crescono verso l'alto sotto i tuoi piedi che salgono.

30. Indagini di un cane

Come è cambiata la mia vita e come non è cambiata, in fondo! Se ora rivado indietro col pensiero e mi rammento dei tempi in cui vivevo ancora in mezzo al genere canino, e, cane tra i cani, ero partecipe di tutto quello che li preoccupa, trovo, a ben guardare, che fin dall'inizio qualcosa non andava, c'era un piccolo punto di rottura, mi coglieva un lieve malessere in mezzo alle più solenni manifestazioni popolari, qualche volta persino in una cerchia fidata, no, non qualche volta, ma molto spesso la semplice vista di un altro cane a me caro, la semplice vista, da una angolazione in qualche modo nuova, mi metteva in imbarazzo, mi impauriva, mi rendeva perplesso, addirittura disperato. Cercavo in qualche modo di calmarmi, gli amici ai quali lo confessavo cercavano di aiutarmi; seguirono poi periodi più tranquilli, periodi durante i quali invero non mancarono delle sorprese, ma furono tranquillamente, tranquillamente inserite nella vita, forse mi immalinconivano e mi affaticavano, ma in fondo mi lasciavano esistere come cane, certo un po' freddo, riservato, timoroso, calcolatore, ma tutto sommato, un cane in piena regola. Come avrei potuto raggiungere la mia età senza quelle pause di riposo di cui ora mi rallegro, come avrei potuto impormi quella calma con la quale considero le paure della mia giovinezza e sopporto le paure della vecchiaia, come sarei potuto arrivare a trarre le conclusioni dalla mia natura infelice, lo riconosco, o, per esprimermi più prudentemente, non molto felice, e vivere quasi in pieno accordo con essa? Appartato, solitario, intento solo alle mie disperate, ma per me indispensabili, piccole ricerche, vivo così, ma non per questo ho rinunciato a guardare da lontano il mio popolo, spesso me ne giungono notizie e anch'io di tanto in tanto faccio sapere notizie di me. Vengo trattato con riguardo, il mio modo di vivere non viene capito, ma non per questo viene criticato, e persino i cani giovani, che vedo passare qua e là in lontananza, una nuova generazione della cui infanzia mi ricordo appena vagamente, non mi negano il loro rispettoso saluto.

Non va tralasciato infatti che, nonostante le mie stranezze, che sono evidenti, non sono per niente un cane degenere. Se ci ripenso – e ho tempo per farlo e voglia e capacità – le cose per il genere canino sono andate veramente in modo strano. In giro, oltre ai cani, ci sono svariate specie di creature, esseri miseri, inermi, silenziosi, che si limitano solo a certi gridi, molti tra noi cani li studiano, hanno dato loro un nome, cercano di aiutarli, di educarli, di nobilitarli, e così via. A me sono indifferenti, purché non cerchino di disturbarmi, li confondo, non bado a loro. Una cosa però è sempre stata troppo vistosa per potermi sfuggire: quanto poco, in confronto a noi cani, siano uniti fra loro, come si passino l'uno accanto all'altro estranei e muti e con una certa ostilità, come solo il più basso interesse li leghi esteriormente e come persino da questo interesse spesso nascano ancora odio e controversie. Tutto al contrario, noi cani. Si può ben dire che tutti viviamo letteralmente in un unico gruppo, tutti, per quanto diversi per le innumerevoli e profonde differenze che sono emerse nel corso del tempo; tutti in un unico gruppo! Questo ci spinge l'uno verso l'altro e niente può impedirci di soddisfare questo istinto, tutte le nostre leggi e istituzioni, le poche che ancora conosco e le tante che ho dimenticato, si richiamano alla nostalgia per la più grande felicità di cui siamo capaci, il caloroso stare in compagnia. Ma ora consideriamo il rovescio della medaglia. Non vi sono altre creature, per quanto ne sappia, che vivano così sparpagliate come noi cani, che abbiano tante, quasi incalcolabili differenze di classe, di specie, di occupazione. Noi, che vogliamo tenerci uniti – e ci riusciamo sempre nonostante tutto nei momenti di esaltazione – proprio noi viviamo separati gli uni dagli altri, impegnati in strane professioni, spesso incomprensibili già per il cane che ci sta vicino, attenendoci a norme che non sono quelle del genere canino, anzi, piuttosto, ad esso sono contrarie. Come sono difficili questi problemi che si preferisce non sfiorare – capisco anche questa posizione, la capisco meglio della mia – eppure sono problemi ai quali mi sono votato del tutto. Perché non faccio come gli altri, non vivo in buona armonia col mio popolo e non accetto in silenzio ciò che turba l'armonia, tralasciandolo come un piccolo errore in un grosso calcolo, e non rivolgo il mio interesse sempre a ciò che felicemente ci unisce e non a ciò che, invero in modo sempre più irresistibile, ci separa dalla cerchia del popolo?

Mi ricordo un episodio della mia giovinezza, ero allora in uno di quei beati, inspiegabili stati di eccitazione in cui a ognuno capita di vivere da ragazzo, ero ancora un cane molto giovane, mi piaceva tutto, ogni cosa mi riguardava, credevo che grandi cose accadessero intorno a me delle quali io ero l'ispiratore, alle quali dovevo dare la mia voce, – cose che dovevano miseramente fallire se non accorrevo io, ma non mi impegnavo per esse: fantasie di ragazzo, che con gli anni svaniscono. Ma allora erano molto forti, ne ero completamente affascinato e in verità qualcosa di straordinario accadde, qualcosa che sembrava dar ragione alle mie impetuose attese. In sé non era niente di straordinario, più tardi ho visto abbastanza spesso cose simili e ancora più strane, ma allora mi impressionò in maniera potente, superiore, indelebile, in seguito molto decisiva. Incontrai una piccola comitiva di cani, o meglio non l'incontrai, essi mi vennero incontro. A quel tempo avevo a lungo vagato nell'oscurità presentendo grandi cose – un presentimento che ingannava facilmente, perché era continuo – avevo vagato a lungo nell'oscurità, di qua e di là, cieco e sordo a tutto, guidato da null'altro che da un indeterminato desiderio, e all'improvviso mi fermai con la sensazione di essere nel posto giusto, guardai in alto ed era un giorno chiaro, solo un po' nebbioso, tutto pieno di odori confusamente fluttuanti, inebrianti, salutai il mattino con indistinti mugolii, allora – come se li avessi evocati – da non so quale oscurità uscirono alla luce sette cani facendo un fracasso tremendo che non avevo mai sentito. Se non avessi visto chiaramente che erano cani e che proprio loro provocavano quel fracasso, per quanto non riuscissi a capire come lo producessero – sarei subito scappato via, ma rimasi là. Allora non sapevo ancora quasi nulla della creativa musicalità concessa solo al genere canino, fino a quel momento essa era sfuggita alla mia capacità di osservazione che si stava sviluppando lentamente; infatti la musica, fin da quando ero lattante, mi aveva circondato come un elemento di vita per me naturale, indispensabile, che niente mi costringeva a separare dal resto della mia esistenza; si era cercato di richiamare la mia attenzione su di essa solo con accenni adatti all'intelligenza di un bambino, tanto più allora quei sette grandi artisti della musica furono per me sorprendenti, addirittura annichilenti. Non parlavano, non cantavano, tacevano, quasi ostinatamente, eppure dallo spazio vuoto evocavano per magia la musica. Tutto era musica, l'alzare e il posare i piedi, determinati movimenti del capo, il loro correre e il loro stare fermi, le posizioni che assumevano l'uno verso l'altro, le combinazioni a mo' di danza che facevano l'uno con l'altro, quando, per esempio, uno poggiava le zampe anteriori sul dorso dell'altro e poi si sistemavano in modo che il primo che stava ritto sopportava il peso di tutti gli altri, o quando strisciando col corpo sul terreno formavano figure intrecciate e non si sbagliavano mai; e anche l'ultimo che era un poco insicuro trovava sempre ugualmente il contatto con gli altri, talvolta in un certo qual modo esitava nell'attacco della melodia, ma appariva insicuro solo in confronto con la enorme sicurezza degli altri e se pure fosse stato di una insicurezza più grande, o completa, non avrebbe potuto rovinare nulla, visto che gli altri, grandi maestri, imperturbabili andavano a tempo. Ma li si vedeva appena, li si vedeva tutti appena. Erano apparsi, dentro di me li avevo salutati come cani, ero molto confuso per il fracasso che li accompagnava ma erano pur sempre cani, cani come me e te, li si osservava per abitudine, come cani che si incontrano sulla strada, volevo avvicinarmi a loro, scambiare un saluto, erano molto vicini, certo cani molto più vecchi di me e non del mio pelo lungo e lanoso, eppure non troppo diversi per grandezza e forma, piuttosto molto familiari, ne conoscevo molti di quella specie o di specie simile, ma mentre ero ancora impegnato in queste riflessioni, la musica a poco a poco aumentò, ti rapiva, ti distoglieva da quei piccoli cani reali e, controvoglia, pur opponendomi con tutte le forze, guaendo come se qualcuno mi facesse male, non potevo pensare a nient'altro se non a quella musica che giungeva da tutte le direzioni, dall'alto, dal profondo, da tutte le parti, prendendo in mezzo l'ascoltatore, sommergendolo, sopraffacendolo, suonando sul suo annientamento talmente vicina da essere già lontana, come una fanfara appena percettibile. E poi mi si lasciò libero, perché ero stremato, annichilito, troppo debole per poter ascoltare ancora, mi lasciò libero e vidi i sette piccoli cani proseguire la loro processione, fare i loro salti; per quanto sembrassero poco incoraggianti, volevo chiamarli, per chiedere chiarimenti, chiedere che cosa facessero là – io ero un ragazzo e credevo che si potesse far domande sempre a tutti -, ma appena mi accinsi a farlo, appena sentii il caloroso familiare legame canino con quei sette, la musica ricominciò, mi tramortì, mi fece girare in tondo, come se fossi anch'io uno dei musicanti, mentre ero solo la loro vittima, mi sbatteva di qua e di là sebbene chiedessi clemenza, e, alla fine, mi salvò dalla sua violenza, spingendomi in un intrico di alberi che tutt'intorno si ergevano in quella regione, senza che fino ad allora lo avessi notato, essi mi aggrovigliarono in una stretta, mi fecero abbassare la testa e mi diedero la possibilità, nonostante la musica rimbombasse ancora là all'aperto, di riprender fiato per un po'. Invero più che dell'arte dei sette cani –

essa era per me incomprensibile, del tutto inconfrontabile, fuori delle mie possibilità – mi stupii del loro coraggio di abbandonarsi in pieno e apertamente a quello che facevano e della loro capacità di sopportarlo tranquillamente senza spezzarsi la spina dorsale. Osservando più attentamente dal mio nascondiglio, ora mi resi conto che in verità non lavoravano certo con calma, ma nella massima tensione, quelle zampe mosse in modo apparentemente così sicuro tremavano ad ogni passo con continui spasmi di paura, l'uno guardava all'altro come irrigidito dalla disperazione, e la lingua, continuamente trattenuta, tornava a pendere floscia dalla bocca. Ciò che li metteva in agitazione non poteva essere la paura di non farcela; chi osava tanto e riusciva a fare tanto, non poteva avere più paura. – Di che cosa allora aver paura? Chi li costringeva a fare ciò che facevano? Non riuscii più a trattenermi, soprattutto perché ora oscuramente mi sembravano bisognosi di aiuto, e così, in tutto quel fracasso, gridai forte e in tono perentorio le mie domande, ma essi – inconcepibile! Inconcepibile! – essi non risposero. Si comportavano come se non ci fossi. Cani, che all'appello canino non rispondono, un'offesa ai buoni costumi che in nessun caso si può perdonare ai cani più piccoli come a quelli più grandi. Forse non erano neppure cani? Ma come avrebbero potuto non esserlo, se ora, tendendo di più l'orecchio, sentivo persino i sommessi richiami con i quali si incoraggiavano l'un l'altro, si mettevano a vicenda in guardia dalle difficoltà e dagli errori, se ora vedevo l'ultimo cane, il più piccolo, al quale toccavano la maggior parte dei richiami, sbirciare di frequente verso di me come se avesse un gran desiderio di rispondermi, e trattenersi perché non doveva farlo? Ma perché mai non doveva farlo, perché in quel momento non doveva essere consentito ciò che le nostre leggi esigono sempre incondizionatamente? Ciò mi indignò, quasi dimenticai la musica. Quei cani trasgredivano la legge. Per quanto fossero grandi i maghi, la legge valeva anche per loro, benché fossi un ragazzo lo capivo già molto bene. E notavo anche altre cose. Avevano davvero motivo di tacere, se tacevano per un senso di colpa. Infatti, come si comportavano! Fino ad allora, per il frastuono della musica, non ci avevo badato: avevano rinunciato a ogni pudore, quei miserabili facevano la cosa più ridicola e, al tempo stesso, più indecorosa, camminavano ritti sulle zampe posteriori. Puah! Che schifo! Essi si scoprivano e mettevano in mostra boriosi la loro nudità: se ne compiacevano e se, obbedendo a un giusto istinto per un momento abbassavano le zampe anteriori, trasalivano come se fosse un errore, come se la natura fosse un errore, rialzavano subito le zampe e il loro sguardo sembrava chiedere venia di aver messo fine per un momento a quella peccaminosità. Era il mondo capovolto? Dove ero? Cosa era accaduto? Per amore della mia stessa esistenza non potevo più indugiare, mi liberai dalla stretta degli alberi, balzai fuori con una frase per attirare l'attenzione dei cani, io piccolo scolaro, dovevo fare da maestro, dovevo far loro capire che cosa facevano, dovevo impedire loro di continuare a peccare. "Cani così anziani, cani così anziani!" ripetevo continuamente tra me, ma appena fui libero, e ancora solo due o tre salti mi dividevano dai cani, ricominciò il fracasso, che mi assalì. Nel mio zelo avrei forse potuto resistere a quel fracasso che ormai già conoscevo, se, in tutta la sua potenza, terribile ma forse non invincibile, un tono chiaro, nitido, grave, che rimaneva sempre uguale, invariabilmente proveniente da una grande lontananza, forse la vera e propria melodia in mezzo al fracasso, non avesse risuonato e non mi avesse fatto piegare le ginocchia! Ah! Che musica seducente evocavano quei cani! Non potevo più andare avanti, non volevo più far loro da maestro, continuassero pure ad alzare le zampe anteriori, a commettere peccati e a indurre altri al peccato di guardare in silenzio, ero un cane così piccolo, chi poteva pretendere da me una cosa tanto difficile? Mi feci ancora più piccolo di quanto fossi, guaii, se i cani avessero chiesto la mia opinione forse avrei dato loro ragione, del resto la cosa non durò a lungo ed essi scomparvero, con tutto il fracasso e con tutta la luce, nell'oscurità dalla quale erano venuti.

Come ho già detto, l'intero episodio non aveva nulla di strano, nel corso di una lunga vita si incontrano parecchie cose che, isolate e viste con gli occhi di un ragazzo, sono ancora più sbalorditive. Oltre a ciò, naturalmente si può, secondo un'espressione appropriata, 'analizzare', così come tutto; allora viene fuori che in quel luogo si erano radunati sette musici per fare musica nel silenzio del mattino, che un piccolo cane si era smarrito, ascoltatore fastidioso che quelli cercarono inutilmente di allontanare, con una musica particolarmente terrificante o sublime. Questo li infastidiva con domande, essi che erano già abbastanza seccati dalla sola presenza di un estraneo, avrebbero forse dovuto accettare quel disturbo e accrescerlo rispondendo? E, anche se la legge imponesse di rispondere a chiunque, un simile minuscolo cane accorso lì è forse qualcuno degno di considerazione? Forse non lo capirono neppure, avrà abbaiato le sue domande in modo del tutto incomprensibile. O forse lo capirono benissimo e risposero sforzandosi di dominarsi, ma lui, il piccolo, non abituato alla musica, non seppe distinguere la risposta dalla musica. E, per quel che riguarda le zampe posteriori, forse camminarono davvero in quel modo, ma solo eccezionalmente, è un peccato, va bene! Ma erano soli, sette amici fra amici, in una compagnia fidata, in un certo qual modo fra le proprie quattro pareti, in un certo qual modo del tutto soli, poiché gli amici non sono il pubblico e, dove non c'è pubblico, non lo crea certo un piccolo cane di strada curioso; ma in questo caso non è come se non fosse accaduto nulla? Non è del tutto così, ma quasi, e i genitori dovrebbero insegnare ai loro piccoli a correre un po' meno in giro, a stare zitti e a rispettare gli anziani.

A questo punto, il problema è risolto. In verità, ciò che è risolto per i grandi, non è ancora risolto per i piccoli. Correvo di qua e di là, raccontavo e ponevo domande, accusavo e indagavo, e volevo trascinare tutti sul luogo dell'accaduto, e a ognuno volevo mostrare dove ero stato io e dove stavano i sette, dove e come avevano danzato e fatto musica, e, se qualcuno fosse venuto con me, invece di cacciarmi via e di deridermi, avrei sacrificato la mia purezza, e avrei cercato anche di mettermi sulle zampe posteriori, per chiarire esattamente tutto. A un ragazzo si rimprovera tutto, ma alla fine si perdona anche tutto. Io ho conservato questo carattere infantile, pur essendo diventato un cane vecchio. Allora non smettevo mai di parlare ad alta voce di quell'episodio, che in ogni caso oggi considero molto meno importante, di scomporlo nei suoi aspetti, di commisurarlo ai presenti senza riguardo per la compagnia nella quale mi trovavo, sempre tutto preso dalla faccenda che trovavo abbastanza spiacevole come ogni altro, ma che io – questa era la differenza – volevo appunto per questo risolvere con la mia ricerca definitivamente, per poter guardare di nuovo liberamente alla solita, tranquilla, felice vita del giorno. Proprio come allora, sia pure con mezzi un poco meno infantili – ma la differenza non è molto grande – ho lavorato in seguito, e ancor oggi non ho smesso.

Cominciò però con quel concerto. Non mi lamento per questo, è il mio carattere congenito che si rivela, e che certamente, se non ci fosse stato quel concerto, avrebbe trovato un'altra occasione per manifestarsi. Solo che più tardi mi addolorò che fosse avvenuto così presto, mi aveva rovinato gran parte dell'infanzia, la vita beata del cane giovane che qualcuno è capace di prolungare negli anni, per me è durata solo pochi brevi mesi. E sia! Ci sono cose più importanti dell'infanzia. Può darsi che nella vecchiaia mi arrida, acquisita attraverso una vita dura, più felicità infantile di quanta un vero ragazzo avrebbe la forza di reggere: forza che io avrò.

Allora cominciai le mie ricerche partendo dalle cose più semplici, il materiale non mancava, purtroppo, è la sovrabbondanza che mi faceva disperare nelle ore buie. Cominciai a chiedermi di che cosa si nutrisse il genere canino. Ora, se vogliamo, questo non è un problema semplice, ci occupa fin dai tempi primordiali, è l'oggetto principale del nostro pensiero, innumerevoli sono le osservazioni, i tentativi, i punti di vista al riguardo, tutto questo è diventato una scienza che, nella sua grande vastità, supera non solo la capacità di comprensione del singolo, ma quella di tutti gli studiosi messi insieme e non può essere sostenuta proprio da nessun altro tranne che da tutto il genere canino nel suo complesso e, persino da questo, soltanto con sacrificio e non proprio totalmente, sempre nuovamente qualcosa si stacca dall'antico patrimonio da lungo tempo posseduto e deve essere a fatica reintegrato, per tacere delle difficoltà e delle premesse quasi irrealizzabili delle mie ricerche. Non mi si obietti tutto questo, ne sono consapevole come qualunque cane medio, non ho nessuna intenzione di immischiarmi nella vera scienza, ho per essa tutto il timore reverenziale che le spetta, ma per incrementarla mi manca il sapere, la diligenza, la calma e – non per ultimo, specie da qualche anno – anche l'appetito. Divoro il mangiare, ma esso per me non è degno di una benché minima precedente ordinata riflessione sull'agricoltura. Mi basta al riguardo l'estratto di ogni scienza, la piccola regola con la quale le madri staccano dal petto i piccoli, per prepararli alla vita: «Bagna tutto più che puoi». Non è qui veramente contenuto quasi tutto? Che cosa vi può aggiungere di veramente essenziale la ricerca già iniziata dai nostri progenitori? Dettagli, dettagli, e come tutto questo è insicuro! Ma finché siamo cani, questa regola esisterà. Essa riguarda il nostro nutrimento principale. Certo noi abbiamo anche altre risorse, ma in caso di bisogno e se le annate non sono troppo brutte, potremmo vivere di questo principale nutrimento, noi troviamo questo nutrimento sulla terra, ma la terra ha bisogno della nostra acqua, si nutre di essa e solo a questo prezzo ci dà il nostro nutrimento, la cui produzione, d'altra parte – questo non va dimenticato – può anche essere sollecitata da determinati motti, canti e movimenti. Secondo la mia opinione, questo è tutto; su questo aspetto della faccenda non c'è da dire più niente di rilevante. In questo sono d'accordo con la maggioranza del genere canino e respingo fermamente tutti i punti di vista eretici al riguardo. In verità non miro a distinguermi, ad avere ragione, sono felice quando posso essere d'accordo con i miei concittadini, e così anche in questo caso. Ma le mie intraprese vanno in un'altra direzione. L'apparenza mi insegna che la terra produce il nutrimento, e senza dubbio nella qualità, nella quantità, nella specie, nei luoghi e nelle ore che esigono le leggi fissate in tutto o in parte dalla scienza. Lo accetto, ma la mia domanda è: "Da dove prende la terra questo nutrimento?" Una domanda che, in genere, si finge di non capire e alla quale nel migliore dei casi mi si risponde: "Se non hai abbastanza da mangiare, ti daremo del nostro". Si faccia attenzione a questa risposta. Lo so: non fa parte delle buone qualità del genere canino spartire il cibo che ci si è procacciato. La vita è difficile, la terra ritrosa, la scienza ricca di conoscenze, ma abbastanza povera di effetti pratici; chi ha il cibo, se lo tiene; ciò non è egoismo, ma il contrario, è legge canina, è unanime deliberazione popolare, derivata dal superamento dell'egoismo, perché quelli che possiedono il cibo sono sempre in minoranza. Perciò quella risposta: "Se non hai da mangiare abbastanza, ti daremo del nostro" è un modo di dire abituale, una frase scherzosa, una canzonatura. Io non l'ho dimenticato. Ma, ancora più importante per me fu il fatto che, quando girovagavo per il mondo con le mie domande, si evitava di deridermi; certo non mi si dava lo stesso niente da mangiare – dove si sarebbe mai potuto prendere qualcosa da mangiare – e quando per caso lo si aveva, nella furia della fame si dimenticava ogni altro riguardo, ma si intendeva seriamente l'offerta, e di tanto in tanto ricevevo qualche boccone, se ero abbastanza svelto a prenderlo. Come mai ero trattato in modo così particolare? Perché ci si preoccupava di me, mi si prediligeva? Forse perché ero un cane magro, debole, malnutrito e incurante del nutrimento? Ma in giro ci sono molti cani malnutriti e ad essi si toglie di bocca anche il cibo più scadente, quando si può, spesso non per cupidigia, ma per lo più per principio. Mi privilegiavano, non potevo provarlo nei dettagli, ma piuttosto ne avevo una netta convinzione. Erano dunque le mie domande, ritenute particolarmente intelligenti, a rallegrarli? No, esse non li rallegravano ed erano considerate stupide. Eppure potevano essere solo quelle domande a farmi guadagnare la loro attenzione. Era come se si preferisse l'enormità di riempirmi la bocca di cibo – non lo si faceva, ma lo si sarebbe voluto fare – piuttosto che sopportare le mie domande. Ma allora si sarebbe potuto scacciarmi e scongiurare così le mie domande. No, non si voleva questo, certo non si volevano ascoltare le mie domande, ma proprio per queste mie domande non si voleva cacciarmi via. Per quanto fossi deriso, trattato da piccolo animale sciocco, spinto di qua e di là, proprio quello fu il tempo della mia massima considerazione, più tardi non si è mai ripetuto qualcosa di simile, avevo accesso dovunque, nulla mi era vietato, con la scusa di un trattamento rude in realtà mi si accarezzava. E tutto grazie alle mie domande, alla mia impazienza, al mio desiderio di ricerca. Volevano forse cullarmi, volevano forse distogliermi senza violenza, quasi amorevolmente, da una falsa via, da una via la cui falsità non era così superiore ad ogni dubbio da permettere l'uso della violenza? Anche una certa stima e una certa paura impediva l'uso della violenza. Già allora intuivo qualcosa del genere, oggi lo so bene, molto meglio di quelli che allora lo facevano: è vero, mi si voleva distogliere con lusinghe dalla mia strada. Non ci si riuscì, si ottenne il contrario, la mia attenzione si fece più acuta. Mi si rivelò persino che ero io a voler attirare gli altri e che, in effetti, le lusinghe andavano a segno fino a un certo punto. Tuttavia, soltanto con l'aiuto del genere canino cominciai a capire le mie stesse domande. Per esempio, quando chiedevo: dove la terra prende questo nutrimento, – mi interessavo forse, come poteva sembrare, della terra? Mi interessavo forse delle preoccupazioni della terra? Niente affatto, ciò era ben lungi da me, come presto compresi, mi interessavano solo i cani e nient'altro. Infatti, che cosa esiste all'infuori dei cani? A chi altri si può ricorrere nel mondo vasto e deserto? Tutto il sapere, la totalità di tutte le domande e di tutte le risposte è contenuta nei cani. Se solo questo sapere fosse efficace, se solo lo si potesse portare alla luce del giorno, se solo essi non sapessero infinitamente di più di quanto ammettono, più di quanto ammettono perfino con se stessi. Anche il cane più loquace è più chiuso di quanto di solito siano i luoghi dove si custodiscono i cibi migliori. Ci si avvicina furtivamente al proprio simile, si sbava dal desiderio, ci si frusta con la propria coda, si chiede, si implora, si piange, si morde e si ottiene – e si ottiene ciò che si otterrebbe senza alcuno sforzo: l'ascolto amorevole, i contatti amichevoli, il rispettoso fiutarsi, gli intimi abbracci, il mio e il tuo latrato si mescolano in uno, tutto è diretto a questo, un rapimento, un oblio, un ritrovarsi, ma ciò che si voleva soprattutto ottenere è la confessione del sapere, che resta negata. A questa richiesta, muta o esplicita, rispondono semmai, quando gli allettamenti sono spinti all'estremo, soltanto espressioni ottuse, sguardi ambigui, occhi velati e cupi. Non è molto diverso da quando da ragazzo mi rivolsi ai cani musici ed essi tacquero.

Ora si potrebbe dire: «Tu ti lamenti del tuo prossimo, del suo silenzio sulle cose decisive, sostieni che sanno più di quanto assicurino, più di quanto non vogliano far valere nella vita, e che questo silenzio, del quale tacciono il motivo e il mistero, rovina la vita, te la rende insopportabile tanto che tu la vorresti cambiare o lasciare; può essere, ma tu stesso sei un cane, anche tu possiedi un sapere canino, esprimilo ora, non solo in forma di domanda, ma come risposta. Se lo manifesti, chi ti resisterà? Il grande coro del genere canino attaccherà, come se avesse aspettato solo questo. Allora avrai verità, chiarezza, confessione fin dove vorrai. La volta di questa misera vita, della quale parli tanto male, si aprirà e tutti noi, cane dopo cane, ci eleveremo verso la piena libertà. E se quest'ultima cosa non dovesse riuscire, se dovessimo stare peggio di prima, se l'intera verità dovesse essere più insopportabile della mezza verità, se dovesse risultare vero che quelli che tacciono, come custodi della vita, stanno nel giusto, se la debole speranza che ancora abbiamo dovesse diventare totale disperazione, ha ancora valore tentare di parlare, dal momento che non vuoi vivere come dovresti. Perché allora rimproveri agli altri di tacere, e tu stesso taci?» Facile risposta: Perché sono un cane. Per natura molto chiuso, come gli altri, oppongo resistenza alle mie stesse domande, spietato per paura. In fondo, forse interrogo, almeno da quando sono cresciuto, il genere canino perché mi risponda? Ho forse speranze così folli? Forse conosco i fondamenti della nostra vita, presentisco la loro profondità, vedo i lavoratori durante la costruzione, durante la loro oscura opera, e aspetto ancor sempre che per le mie domande tutto questo sia concluso, distrutto, abbandonato? No, in verità non aspetto più. Li comprendo, io sono sangue del loro sangue, del loro sangue sempre ancora giovane, sempre ancora ardente. Ma non abbiamo in comune soltanto il sangue, bensì anche il sapere, e non solo il sapere, ma anche le sue chiavi. Io non lo possiedo senza gli altri, non posso averlo senza il loro aiuto. – Ossi di ferro, contenenti il più nobile midollo, si possono spezzare solo col morso comune di tutti i denti di tutti i cani. Questa naturalmente è solo un'immagine, e eccessiva; se tutti i denti fossero pronti non dovrebbero più mordere, l'osso si aprirebbe da sé e il midollo sarebbe lì pronto anche per il più debole cagnolino. Restando all'interno di questa immagine, i miei intenti, le mie domande, le mie ricerche tendono, devo dire, a qualcosa di mostruoso. Voglio ottenere con la forza la riunione di tutti i cani, voglio che l'osso si apra sotto la pressione della loro mobilitazione, voglio poi riconsegnarli alla vita che a loro è cara e poi da solo, completamente da solo, succhiare il midollo. Ciò suona mostruoso, è quasi come se volessi nutrirmi non del midollo di un osso, ma del midollo del genere canino. Tuttavia è solo un'immagine. Il midollo di cui parlo non è un cibo, è il contrario, è veleno.

Con le mie domande, aizzo ancora solo me stesso, mi incito con il silenzio che è il solo tutt'intorno a rispondermi. Fino a quando sopporterai che il genere canino, come tu comprendi sempre più attraverso le tue ricerche, taccia e lo faccia per sempre? Fino a quando sopporterai? Così suona la vera domanda della mia vita al di là di tutte le singole domande: essa è posta solo a me e non opprime nessun altro. Purtroppo posso rispondere più facilmente che alle altre singole domande: presumibilmente lo sopporterò fino alla mia fine naturale, alle domande irrequiete si oppone sempre di più la quiete della vecchiaia. Forse morirò in silenzio, circondato dal silenzio, quasi in pace, e lo aspetto con calma. Noi cani abbiamo ricevuto in dono, come per cattiveria, un cuore straordinariamente forte e polmoni che non si logorano prematuramente, resistiamo a tutte le domande, perfino alle nostre stesse domande, bastioni del silenzio che siamo.

Sempre più negli ultimi tempi ripenso alla mia vita, cerco l'errore decisivo, responsabile di tutto, che forse ho commesso, perché se non l'avessi commesso e, nonostante ciò, con l'onesto lavoro di una lunga vita, non avessi ottenuto quello che volevo, avrei la dimostrazione che quello che volevo era impossibile e conoscerei la totale disperazione. Guarda l'opera della tua vita! Innanzitutto le ricerche intorno alla domanda: Da dove prende la terra il nutrimento per noi? Da cane giovane, in fondo avidamente desideroso di vivere, rinunciai a tutti i piaceri, girai alla larga da tutti i divertimenti, dinanzi alle tentazioni nascosi la testa fra le zampe e mi misi al lavoro. Non era un lavoro scientifico, né per erudizione, né per metodo, né per quel che riguarda gli scopi. Certo sono stati commessi degli errori, ma non possono essere stati decisivi. Ho imparato poco, perché mi allontanai da mia madre molto presto, subito mi abituai all'indipendenza, condussi una vita libera, e l'indipendenza precoce è nemica dello studio sistematico. Ma ho visto, ho udito molte cose e ho parlato con molti cani delle più diverse specie e professioni e, credo, non ho mal interpretato né mal collegato le singole osservazioni; questo ha compensato la mancanza di erudizione, all'infuori di questo, però, l'indipendenza, per quanto possa essere un inconveniente per lo studio, è un sicuro vantaggio per la propria ricerca. Nel mio caso era tanto più necessaria, in quanto non potevo seguire il vero metodo della scienza, cioè avvalermi del lavoro dei predecessori e collegarmi ai ricercatori contemporanei. Dovevo fare affidamento solo su me stesso, incominciare proprio dal principio e con la consapevolezza, lieta per la gioventù ma molto deprimente per la vecchiaia, che l'eventuale punto finale che avrei messo sarebbe stato anche il definitivo. Ero davvero così solo nelle mie ricerche, allora e da sempre? Sì e no. È impossibile che da qualche parte non ci fossero e non ci siano sempre anche oggi singoli cani nella mia situazione. Non può essere per me così dura. Non sono neppure per un pelo fuori dalla natura canina. Ogni cane ha, come me, l'impulso di fare domande, e io ho come ogni cane l'impulso di tacere. Tutti hanno l'impulso di fare domande. Altrimenti, come avrei potuto suscitare con le mie domande anche solo i più lievi turbamenti che mi fu spesso concesso di notare con entusiasmo, certo un entusiamo esagerato? D'altra parte, non avrei forse potuto ottenere molto di più se le cose non fossero state com'erano anche per me? Il fatto che io abbia la tendenza a tacere, purtroppo non ha bisogno di una particolare dimostrazione. In fondo non sono diverso da qualunque altro cane, per questo, nonostante tutte le differenze di opinioni e tutte le incompatibilità, chiunque mi riconoscerà e io farò altrettanto con gli altri cani. Solo la mescolanza degli elementi è diversa, una differenza molto grande per il singolo, insignificante per la comunità. È mai possibile che una mescolanza di tali elementi, sempre presenti nel passato e nel presente, non sia mai risultata simile alla mia e non addirittura molto più infelice della mia, se si vuole definire infelice la mia mescolanza? Ciò contraddirebbe ogni altra esperienza. Noi cani siamo impegnati nelle più strane professioni. Professioni alle quali non si crederebbe neppure se non si avessero al riguardo informazioni degne di fiducia. Penso qui per esempio al cane da aria. Quando ne sentii parlare la prima volta mi misi a ridere e non mi lasciavo persuadere in nessun modo. Come? Esisteva un cane di specie molto piccola, non molto più grande della mia testa, non più grande anche in età adulta, e questo cane, per natura deboluccio, all'apparenza una forma artificiosa, immatura, pettinato con estrema cura, incapace di fare un salto che si rispetti, questo cane, come si racconta, dovrebbe muoversi nell'aria, quasi sempre in alto e restar fermo così, invece di fare un lavoro concreto? No, volermi dare ad intendere cose simili significava, pensavo, approfittare troppo della spregiudicatezza di un giovane cane. Ma, poco tempo dopo, sentii raccontare da un'altra fonte di un altro cane da aria. Ci si era forse accordati per meglio imbrogliarmi? Poi vidi i cani musici e da quel momento ritenni tutto possibile, e nessun pregiudizio limitò la mia intelligenza, andavo dietro alle voci più insensate, le seguivo fin dove potevo; ciò che era più insensato mi sembrò in questa vita insensata più verosimile di ciò che ha senso e particolarmente fecondo per la mia ricerca. Così anche i cani da aria. Venni a sapere molte cose su di loro, fino ad oggi non sono riuscito a vederne uno, ma da lungo tempo sono decisamente convinto della loro esistenza e, nella mia immagine del mondo, essi occupano un posto importante. Come al solito anche in questo caso non è la loro arte a darmi di più da pensare. È meraviglioso, chi può negarlo, che questi cani siano in grado di librarsi nell'aria, nella meraviglia per questo sono tutt'uno col genere canino. Ma per l'animo mio è molto più portentosa l'insensatezza, la silenziosa insensatezza, di queste esistenze. In generale essa non ha spiegazioni, si librano nell'aria e tanto basta, la vita continua il suo corso, qua e là si parla di arte e di artisti, questo è tutto. Ma perché, genere canino profondamente buono, perché solo questi cani si librano nell'aria? Che senso ha la loro professione? Perché non si può avere da loro una parola di chiarimento? Perché si librano là in alto, lasciano atrofizzare le zampe, l'orgoglio del cane, sono separati dalla terra che nutre, non seminano eppure raccolgono, anzi, a quel che si dice, sono ben nutriti a spese del genere canino? Mi posso vantare di aver portato un po' di movimento in questa questione con le mie domande. Si comincia ad addurre spiegazioni, a mettere insieme annaspando una qualche sorta di giustificazione, si comincia, anche se certamente non si andrà oltre questo inizio. Ma è già qualcosa. Così non viene certo alla luce la verità – a tanto non si arriverà mai – ma almeno qualcosa del disordine profondo della menzogna. Tutti i fenomeni insensati della nostra vita, e in particolare i più insensati, si lasciano spiegare. Naturalmente non del tutto – questa è l'arguzia diabolica – ma quanto basta per difenderci dalle domande penose. Riprendiamo come esempio i cani da aria: essi non sono presuntuosi come si potrebbe credere, piuttosto sono particolarmente bisognosi del prossimo, lo si comprende quando si tenta di mettersi nei loro panni. Anche se non lo possono fare apertamente – questa sarebbe una violazione del dovere del silenzio – devono pure in qualche modo cercare di farsi perdonare il loro modo di vivere, o, per lo meno, di distogliere l'attenzione da esso, di farlo dimenticare, – essi lo fanno, come mi si racconta, servendosi di una quasi insopportabile loquacità. Hanno sempre da raccontare, in parte delle loro riflessioni filosofiche alle quali si possono dedicare ininterrottamente, visto che hanno rinunciato ad ogni sforzo corporeo, in parte delle osservazioni che fanno dalla loro postazione elevata. E sebbene, come è naturale in una siffatta vita di perdigiorno, non si distinguano molto per forza di ingegno, e la loro filosofia non abbia alcun valore come le loro osservazioni, e la scienza non possa ricavare nulla da esse, non ricorrendo certo a contributi così scadenti, tuttavia chi chieda che cosa vogliano insomma i cani da aria, avrà sempre come risposta che essi contribuiscono molto alla scienza. «Questo è giusto», si controbatte, «ma i loro contributi sono senza valore e noiosi». A questo punto, la risposta è un'alzata di spalle, qualche divagazione, l'irritazione, o una risata, e se dopo un po' si ripete la domanda, si viene ancora a sapere che contribuiscono alla scienza e, alla fine, se dopo si è a nostra volta interrogati e si è distratti, si risponde nello stesso modo. Forse è anche bene non essere troppo ostinati e rassegnarsi, non a riconoscere i cani da aria già esistenti nel loro diritto di vivere, il che è impossibile, ma almeno a tollerarli. Ma non si deve chiedere di più, sarebbe troppo, eppure lo si pretende. Si pretende che siano tollerati sempre nuovi cani da aria che vengono su. Precisamente non si sa da dove vengano. Si moltiplicano per procreazione? Ne hanno ancora la forza, essi che non sono più che delle belle pellicce? Che devono mai procreare? E, se anche fosse possibile l'inverosimile, quando dovrebbe accadere? Si vedono sempre soli, autosufficienti, lassù nell'aria, e se qualche volta si degnano di correre, ciò avviene solo per un breve momento, un paio di passi leziosi, sempre soltanto rigorosamente soli, immersi in presunti pensieri dai quali non possono distogliersi neppure sforzandosi, a quel che affermano. Ma se non si riproducono, è pensabile che vi siano dei cani che lasciano volontariamente la vita a livello del suolo, diventano volontariamente cani da aria e, per amore della comodità e di una certa destrezza, scelgono quella vita solitaria là, sui guanciali? Questo non è pensabile, non è pensabile né la procreazione, né una volontaria adesione. Ma la realtà dimostra che ci sono sempre nuovi cani da aria; da questo bisogna concludere che, anche se per la nostra mente gli impedimenti sembrano insuperabili, una volta esistente, una specie canina, per quanto strana, non si estingue, per lo meno non facilmente, per lo meno non senza che in ogni specie vi sia qualcosa che si difende con successo.

Se questo vale per una specie così anormale, senza senso, esteriormente molto singolare, inabile alla vita come quella dei cani da aria, non lo potrei ritenere vero anche per la mia specie? Esteriormente non sono affatto strano, sono un tipo medio, comune, che almeno in questa regione è molto frequente, non particolarmente eminente, non particolarmente spregevole; nella mia gioventù, e ancora in parte nell'età adulta, fino a quando ho avuto cura di me e ho fatto molto moto, sono stato persino un cane molto grazioso. In particolare ero ammirato per come apparivo di faccia, per le zampe slanciate, per il bel portamento della testa, ma anche il mio pelo grigio-bianco-giallo, inanellato solo alle punte dei peli, era molto piacevole. Tutto questo non è strano, strana è solo la mia natura, ma anche questa – cosa che non devo mai trascurare – è fondata nella universale natura canina. Ora, se persino il cane da aria non è solo, – qua e là nel grande mondo canino se ne trova sempre qualcuno e addirittura nuove generazioni sorgono dal nulla, allora anch'io posso vivere con la certezza di non essere perduto. Invero, i miei compagni di indole devono avere un singolare destino, la loro esistenza non mi aiuterà mai manifestamente, già per il fatto che non li conoscerò mai. Noi siamo quelli che sono oppressi dal silenzio, che vorrebbero romperlo, per così dire, per fame d'aria, mentre sembra che gli altri stiano bene nel silenzio, magari solo in apparenza, come i cani musici che apparentemente facevano musica in tranquillità e in realtà erano molto inquieti; ma quest'apparenza è forte, si cerca di vincerla, ma essa si prende gioco di ogni assalto. Ora, come si arrangiano i miei compagni di indole? Come appaiono i loro tentativi di vivere lo stesso? I casi sono diversi. Io ho tentato con le mie domande finché ero giovane. Potrei mettermi fra quelli che fanno molte domande e lì avrei i miei compagni di indole. Per un certo periodo di tempo, l'ho tentato facendo sforzo su di me, sì, facendo sforzo su di me, poiché mi interessano soprattutto quelli che devono rispondere; quelli che mi interrompono sempre con domande alle quali per lo più non posso rispondere, mi sono antipatici. E poi, chi non interroga volentieri quando è giovane? Come trovare tra le tante domande quella giusta? Una domanda suona come un'altra, tutto dipende dall'intenzione che però è nascosta spesso anche a chi fa la domanda. In generale, l'interrogare è una pecularità del genere canino, tutti interrogano di qua e di là, come se si volesse con ciò far sparire la traccia delle domande giuste. No, tra i giovani che fanno domande, non trovo i miei compagni di indole, e neppure tra coloro che tacciono, i vecchi, ai quali ora appartengo. Ma cosa vogliono mai le domande? Io con esse ho fallito, probabilmente i miei compagni sono molto più intelligenti di me e usano degli eccellenti mezzi completamente diversi per sopportare questa vita, mezzi che, in verità, come aggiungo io, forse li aiutano in caso di necessità, li tranquillizzano, li fanno dormire, trasformano la loro indole, ma, in generale, sono impotenti come i miei, visto che, per quanto lo cerchi, non vedo un buon esito. Riconosco, temo, i miei compagni di indole, da qualunque altra cosa più che dal buon esito. Ma dove sono i miei compagni di indole? Questa è la mia lamentela, è questa. Dove sono? Dappertutto e in nessun luogo. Forse lo è il mio vicino, tre salti lontano da me, spesso ci chiamiamo l'un l'altro, egli viene anche da me, io da lui no. È un mio compagno di indole? Non lo so. Non riconosco in lui nulla di simile, ma è possibile. È possibile, ma nulla è più inverosimile. Quando è lontano, io posso, per gioco, col ricorso a tutta la mia fantasia, scoprire in lui qualche tratto familiare sospetto, ma quando sta davanti a me, tutte le mie congetture fanno ridere. Un cane vecchio, ancora un po' più piccolo di me, che a malapena ho una statura media, marrone, dal pelo corto, con la testa che pende stancamente, dal passo strascicato, che, per giunta, in seguito a una malattia, trascina la zampa posteriore sinistra. Già da lungo tempo non ho rapporti così stretti con nessun altro che con lui, sono contento di sopportarlo ancora abbastanza bene e, quando egli si allontana, gli grido dietro le cose più amichevoli, certo non per amore, ma perché sono arrabbiato con me stesso dal momento che, se lo seguo, lo trovo semplicemente disgustoso, per come striscia via, con il piede penzoloni e la parte posteriore tutta abbassata. Talvolta mi sembra di farmi beffe di me stesso, chiamandolo in cuor mio compagno. Anche nei nostri colloqui egli non tradisce in nessun modo l'appartenenza a una qualunque comunanza, certo è intelligente e, per le nostre condizioni, abbastanza ben educato, e io potrei imparare molto da lui; ma cerco forse intelligenza e cultura? Di solito ci intratteniamo su questioni locali e io, reso più perspicace al riguardo dalla mia solitudine, mi meraviglio di quanto spirito sia necessario anche per un cane comune, anche in condizioni mediamente non troppo avverse, per stentare la vita e per difendersi dai più grandi consueti pericoli. La scienza dà le regole; ma non è affatto facile comprenderle anche solo alla lontana, nei loro lineamenti approssimativi, e quando le si è comprese, si evidenzia subito la difficoltà vera e propria, cioè come applicarle alle situazioni locali – a questo punto nessuno ci può aiutare, quasi ogni ora si danno nuovi campi, e ogni nuovo fazzoletto di terra dà i suoi, nessuno può dire di essersi sistemato stabilmente in qualche luogo e che la sua vita, per così dire, scorre da sé, nemmeno io che ho bisogni che si riducono di giorno in giorno. E tutta questa fatica senza fine – a che scopo? Di certo solo per sprofondarsi sempre più nel silenzio e per non poter più esserne strappati, mai e da nessuno.

Si elogia spesso il generale progresso del genere canino attraverso i tempi e si intende con ciò principalmente il progresso della scienza. Certo, la scienza progredisce, questo fatto è inarrestabile, essa anzi progredisce con ritmo più rapido, sempre più rapido, ma che cosa vi è da elogiare? È come se si volesse elogiare qualcuno perché col passare degli anni diventa più vecchio e di conseguenza si avvicina sempre più alla morte. Questo è un fenomeno naturale e per di più brutto, nel quale non trovo niente da elogiare. Vedo solo decadimento, con questo non voglio dire che le generazioni passate erano migliori di natura, esse erano solo più giovani, questo era il loro grande vantaggio, la loro memoria non era ancora così sovraccarica come quella di oggi, era ancora facile indurli a parlare e se anche nessuno ci riuscì, la possibilità era più grande, questa maggiore possibilità è ciò che tanto ci commuove durante l'ascolto di quelle vecchie storie, in fondo semplici. Di tanto in tanto sentiamo una parola allusiva e potremmo quasi balzare in piedi se non sentissimo su di noi il peso dei secoli. No, qualunque cosa io abbia da obiettare al mio tempo, le generazioni precedenti non erano migliori delle nuove, anzi, in un certo senso erano molto peggio e più deboli. Anche allora i miracoli, in verità, non giravano liberamente per le strade in modo da imporsi a chiunque, ma i cani non erano ancora, non lo posso esprimere in altra maniera, canini come oggi, la struttura del genere canino era ancora indeterminata, a quel tempo la parola vera avrebbe potuto ancora intervenire, determinare la costruzione, connotarla in modo diverso, cambiarla secondo ogni desiderio, rovesciarla nel suo contrario, e quella parola c'era, almeno era vicina, era sulla punta della lingua, tutti potevano apprenderla; dove è finita oggi? Oggi si potrebbe penetrare fin nelle budella e non la si troverebbe. La nostra generazione è forse perduta, ma è più innocente di quella di allora. Posso anche comprendere l'esitazione della mia generazione, non è più neppure un'esitazione, è la dimenticanza di un sogno sognato mille notti fa e mille volte dimenticato, chi andrà in collera con noi proprio a causa della dimenticanza della millesima volta? Ma credo di comprendere anche l'esitazione dei nostri progenitori, probabilmente noi non ci saremmo comportati in modo diverso, e quasi potrei dire: beati noi che non dovevamo addossarci la colpa e possiamo invece correre incontro alla morte in un mondo già oscurato dagli altri in un silenzio quasi incolpevole. Quando i nostri progenitori deviarono dalla strada maestra non pensavano neppure ad un errare senza fine, essi vedevano ancora, per così dire, il crocevia, sarebbe stato sempre facile tornare indietro, e, se esitarono a tornare indietro, fu perché vollero godere ancora per breve tempo della vita canina, essa non era ancora una peculiare vita canina, e già sembrava a loro bella e esaltante – quanto doveva diventarlo più tardi, solo un poco più tardi! – e così continuarono ad errare. Non sapevano ciò che noi possiamo intuire con una meditazione sul corso della storia, che l'anima cambia prima della vita e quando essi cominciarono a godere della vita canina, dovevano avere già un'anima canina molto antica e non erano più così vicini al punto di partenza come sembrava ad essi o come voleva far credere il loro occhio sfavillante per tutte le gioie canine. – Oggi chi può parlare ancora di giovinezza? Erano loro i veri cani giovani, ma la loro unica ambizione, purtroppo, era quella di diventare cani vecchi, qualcosa che in verità non poteva loro non riuscire, come dimostrano tutte le generazioni successive, e meglio di tutte la nostra, l'ultima.

Naturalmente non parlo di tutte queste cose con il mio vicino, ma ci devo pensare spesso, quando sto seduto di fronte a lui, questo tipico cane vecchio, o quando sprofondo il muso nel suo pelo che ha già un alito di quell'odore che hanno le pellicce scuoiate. Sarebbe insensato parlare di quelle cose con lui, come con chiunque altro. So come si svolgerebbe la conversazione. Ogni tanto farebbe qualche piccola obiezione, alla fine sarebbe d'accordo – esser d'accordo è l'arma migliore – e la faccenda sarebbe sepolta, perché allora scomodarla dalla tomba? Eppure, nonostante tutto ciò, con il mio vicino sono forse in un profondo accordo che va al di là delle semplici parole. Non posso fare a meno di sostenerlo, sebbene io non abbia alcuna prova di ciò e forse soggiaccia solo a una pura illusione, dal momento che da lungo tempo è l'unico con il quale sono in rapporto, e dunque devo rivolgermi a lui. "Saresti forse un mio compagno, a modo tuo? E ti vergogni perché hai fallito in tutto? Vedi, a me è successo lo stesso. Quando sono solo piango per questo; vieni, in due è più dolce", così penso talvolta e lo guardo fisso. Egli non abbassa lo sguardo, eppure non si arguisce nulla, mi guarda ottusamente e si meraviglia perché taccio e ho interrotto la nostra conversazione. Ma forse proprio quel suo sguardo è la sua maniera di interrogare, e io lo deludo come lui delude me. Nella mia giovinezza, se altre domande non fossero state per me più importanti, e io non fossi bastato ampiamente a me stesso, forse lo avrei interrogato ad alta voce, ne avrei ottenuto un debole assenso, quindi meno di oggi col fatto che sta zitto. Ma non tacciono tutti alla stessa maniera? Che cosa impedisce di credere che tutti siano miei compagni, che non solo di tanto in tanto io abbia avuto un compagno di ricerche, affondato e dimenticato con i suoi scarsi risultati, al quale in nessun modo posso più far ricorso, attraverso l'oscurità dei tempi o l'urgenza del presente, che piuttosto abbia sempre avuto compagni i quali si danno premura tutti a modo loro, tutti inutilmente a modo loro; tutti tacendo o chiacchierando con furbizia, come comporta la ricerca disperata? In questo caso non sarebbe stato necessario isolarmi, avrei potuto restare tranquillamente in mezzo agli altri, non spingermi come un ragazzo maleducato tra la moltitudine degli adulti, i quali vogliono uscirne come me, e dai quali mi separa la ragione che dice loro che nessuno riesce a uscirne e che ogni insistenza è folle. Chiaramente è il mio vicino che mi ispira questi pensieri, egli mi confonde e mi rende malinconico; è abbastanza allegro, almeno quando è nel suo ambiente, lo sento vociare e cantare e questo mi infastidisce. Sarebbe bene rinunciare anche a quest'ultimo rapporto, non lasciarmi andare alle vaghe fantasticherie che ogni rapporto canino, per quanto si creda di essere temprati, indubbiamente genera; e adoperare esclusivamente per le mie ricerche il breve tempo che rimane. La prossima volta che egli verrà, mi metterò in un cantuccio e fingerò di dormire, e continuerò a fare così finché non verrà più.

Anche nelle mie ricerche ha fatto la sua apparizione il disordine, cedo, mi affatico, ormai cammino lemme lemme, meccanicamente, mentre prima correvo con entusiasmo. Ripenso al tempo in cui cominciai a esaminare la questione: "Da dove prende la terra il nostro nutrimento?" Allora vivevo in mezzo al popolo, mi spingevo là dove più esso si ammassava, volevo che tutti fossero testimoni del mio lavoro, questa testimonianza era per me persino più importante del mio lavoro; poiché mi aspettavo ancora un qualche effetto generale, ne ricevevo un grande incoraggiamento, che ora nella mia solitudine è finito. Ma allora fu tanto forte da farmi fare qualcosa di inaudito, che certamente contraddiceva a tutti i nostri principi e che tutti i testimoni oculari di quel tempo ricordano come qualcosa di sconcertante. Osservai una strana semplificazione nella scienza, che di solito mira a specializzazioni sempre più numerose. Essa insegna che in generale la terra produce il nostro nutrimento, e, stabilito questo presupposto, indica i metodi con i quali si possono ricavare i diversi cibi nel modo migliore e nella massima quantità. Ora, è vero che la terra produce il nutrimento, non ci sono dubbi, ma le cose non sono così semplici come comunemente vengono esposte, escludendo ogni ulteriore ricerca. Si considerino solo i fatti più primitivi che si ripetono quotidianamente. Se fossimo totalmente inoperosi come sono io, ormai, se dopo una frettolosa lavorazione della terra ci acciambellassimo in attesa di quel che succede, presupposto che in generale qualcosa risulterà in ogni caso, troveremmo il nutrimento sulla terra. Ma questo non è il caso normale. Chi abbia mantenuto un po' di indipendenza nei confronti della scienza – in verità non si tratta di molti, dal momento che i cerchi che la scienza disegna diventano sempre più grandi – anche quando non miri ad osservazioni particolari, facilmente vedrà che la maggior parte del nutrimento che sta sulla terra viene dall'alto, tanto è vero che, a seconda della nostra destrezza e avidità, riusciamo perfino ad acchiapparne la maggior parte prima che tocchi la terra. Con ciò non dico ancora nulla contro la scienza, poiché la terra produce, naturalmente, anche questo nutrimento. Che tragga da sé l'uno o faccia l'altro cadere dall'alto, non è una differenza essenziale, e la scienza che ha accertato che in entrambi i casi è necessaria la lavorazione del terreno, forse non deve neppure interessarsi di tali differenze; si dice infatti: "Se hai il cibo in bocca, per questa volta hai risolto tutti i problemi". Solo mi sembra che la scienza si interessi in forma velata a queste cose, almeno in parte, poiché conosce due metodi principali di acquisizione del nutrimento, e cioè la lavorazione vera e propria del suolo e il lavoro di completamento e di perfezionamento sotto forma di formule, danza, canto. Io vi rintraccio una partizione, certo non esaustiva, ma abbastanza chiara e corrispondente alla mia distinzione. Secondo il mio modo di vedere, la lavorazione del terreno serve ad ottenere entrambe le specie di nutrimento e rimane sempre indispensabile, mentre formule, danza e canto concernono meno il nutrimento del suolo in senso stretto, e servono principalmente ad attirare il nutrimento dall'alto. In questa concezione mi conforta la tradizione. Qui sembra che il popolo rettifichi la scienza, senza saperlo e senza che la scienza osi opporsi. Se, come vuole la scienza, quelle cerimonie dovessero servire solo al terreno, per dargli, per esempio, la forza di trarre dall'alto il nutrimento, conseguentemente dovrebbero compiersi tutte al suolo, e tutto dovrebbe essere sussurrato, saltato, danzato al suolo. La scienza non esige altro, per quanto io ne sappia. E ora lo strano è che il popolo con tutte le sue cerimonie si rivolge verso l'alto. Questo non è una offesa alla scienza, essa non lo vieta, lascia all'agricoltore la libertà, nella sua dottrina essa si occupa solo del terreno, e quando l'agricoltore mette in pratica i suoi insegnamenti relativi al terreno, essa è soddisfatta, ma secondo la mia opinione il suo procedimento dovrebbe essere più rigoroso. E io, che non sono mai stato profondamente iniziato alla scienza, non riesco proprio a capire come gli scienziati possano sopportare che il nostro popolo, così impulsivo, reciti formule magiche verso l'alto, faccia risuonare nell'aria i nostri antichi canti popolari e compia salti di danza, come se volesse balzar su per sempre dimenticando il suolo. Ho preso le mosse col mettere in evidenza queste contraddizioni, mi sono esclusivamente limitato al terreno ogni qualvolta, secondo l'insegnamento della scienza, si avvicinava il tempo del raccolto, lo raspavo nella danza, piegavo la testa solo per essere il più possibile vicino al suolo. In seguito feci una buca per il muso e cantavo e declamavo, così che mi udisse solo il terreno e nessun altro, né accanto a me, né sopra di me.

I risultati delle mie ricerche furono scarsi. Talvolta non ricevevo il cibo e già stavo per esultare per la mia scoperta, ma poi il cibo arrivava di nuovo, come se attraverso la mia singolare condotta si fosse in un primo tempo creata una confusione, mentre poi, constatato il vantaggio risultatone, si rinunciasse volentieri alle mie grida e ai miei salti. A volte il cibo arrivava persino più copioso di prima, ma poi magari mancava del tutto. Con una cura fino ad allora mai vista in cani giovani, tenevo precise tabelle di tutti i miei esperimenti; ogni tanto credevo di trovare una traccia che potesse condurmi avanti, ma poi essa si perdeva nel vago. Incontestabilmente i miei progetti erano ostacolati anche dalla mia insufficiente preparazione scientifica. Chi mi garantisce che per esempio la mancanza di cibo non fosse imputabile non già al mio esperimento, ma alla non-scientifica lavorazione del terreno? Se così era, allora erano insostenibili tutte le mie conclusioni. In determinate condizioni avrei potuto eseguire con precisione un esperimento, quando cioè fossi riuscito, senza lavorazione del terreno, ad ottenere solo con la cerimonia rivolta verso l'alto la discesa del cibo e poi solo con la cerimonia al suolo la mancanza del cibo. Tentai anche cose del genere, ma senza crederci fermamente e non in perfette condizioni sperimentali, poiché, secondo la mia incrollabile opinione, almeno una certa lavorazione del terreno è sempre necessaria e, quand'anche avessero ragione gli eretici che non ci credono, non lo si potrebbe provare, dal momento che l'annaffiamento del terreno avviene d'impulso, e entro certi limiti non lo si può evitare. Un altro esperimento, alquanto insolito, ebbe per me un esito migliore e fece una certa sensazione. Invece di prendere come al solito il nutrimento dall'aria, decisi di farlo cadere giù e di non acchiapparlo. Per cui, quando arrivava il nutrimento, facevo sempre un piccolo salto, ma il salto era dosato in modo da non essere abbastanza alto; per lo più il nutrimento cadeva sordo e indifferente sul terreno e io mi ci gettavo sopra infuriato, non solo per la furia della fame, ma anche per quella della delusione. Ma in casi sporadici accadeva qualcosa di diverso, qualcosa di veramente portentoso; il cibo non cadeva, ma mi seguiva nell'aria, il nutrimento inseguiva l'affamato. Non per molto, ma solo per un breve tratto, perché poi cadeva e scompariva del tutto, oppure – il caso più frequente – la mia avidità poneva fine prematuramente all'esperimento, e divoravo ogni cosa. Comunque allora ero felice; intorno a me c'era un continuo mormorio, tutti stavano in agitazione e attenti, trovavo i miei conoscenti più disponibili alle mie domande; nei loro occhi vedevo un luccichio che in qualche modo cercava aiuto, poteva anche essere soltanto il riflesso del mio sguardo, non volevo altro, ero soddisfatto. Ma poi venni a sapere – e gli altri insieme con me – che nella scienza questo esperimento era stato già descritto da tempo, era riuscito molto meglio che a me, certo non lo si era potuto fare per molto tempo perché richiede molta padronanza di sé, ma per la sua supposta irrilevanza scientifica non doveva neppure essere ripetuto. Esso dimostra solo ciò che già si conosceva, che il terreno riceve il cibo dall'alto, non solo in una discesa perpendicolare, ma anche obliqua e persino a spirale. Tuttavia, pur consapevole di questo, non mi demoralizzai, ero ancora troppo giovane; fui incoraggiato, invece, a una prestazione che fu forse la più grande della mia vita. Non credetti all'irrilevanza scientifica del mio esperimento, ma in questo il credere non è di nessun aiuto, serve soltanto la dimostrazione, e ad essa volevo dedicarmi, ponendo in luce, al centro della ricerca, questo originario, alquanto insolito esperimento. Volevo dimostrare che quando indietreggiavo dinanzi al nutrimento, non era il terreno ad attirarlo a sé in modo obliquo, ma ero io che lo attraevo a me. In ogni caso non potevo approfondire ancora a lungo questo esperimento, dal momento che non si può resistere per molto a vedersi il cibo davanti e a fare allo stesso tempo esperimenti scientifici. Ma volevo fare qualcosa di diverso, volevo, fin quando avessi resistito, digiunare del tutto, evitando comunque la vista del nutrimento e ogni tentazione. Se mi ritraevo così, me ne stavo steso con gli occhi chiusi, giorno e notte, se non mi interessavo di raccogliere, né di acchiappare il nutrimento, e se, come non osavo affermare, ma tacitamente speravo, senza alcun altro provvedimento ma solo con l'inevitabile irrazionale annaffiatura del terreno e con la recitazione in silenzio delle formule e dei canti (volevo tralasciare la danza per non indebolirmi) il nutrimento fosse venuto ugualmente dall'alto e, senza preoccuparsi del terreno, avesse bussato alla mia dentatura per entrare, – se tutto questo fosse accaduto, allora la scienza non era certo confutata, poiché ha abbastanza elasticità per le eccezioni e i casi sporadici, ma che cosa avrebbe detto il popolo, che fortunatamente non ha tanta elasticità? Questo non sarebbe stato un caso eccezionale come quelli che la storia tramanda, come quello di uno che a causa di una malattia del corpo o a causa della malinconia si rifiuti di preparare, cercare, assumere il cibo, e allora la comunità dei cani si riunisce per formulare scongiuri, ottenendo in tal modo che il nutrimento senza deviazioni dalla normale via, vada direttamente nella bocca del malato. Al contrario, io ero in piena forma e salute, il mio appetito era così eccellente che per interi giorni mi impediva di pensare ad altro, e, mi si può credere o no, mi sottoposi al digiuno volontariamente, ma potevo benissimo occuparmi della discesa del nutrimento e lo facevo, senza aver alcun bisogno che il genere canino mi aiutasse e non permettendolo nel modo più assoluto.

Cercai un luogo appropriato in un cespuglio lontano, dove non avrei sentito né parlare di cibo, né mangiare rumorosamente, né schiacciare ossi, mangiai ancora una volta a sazietà e mi distesi. Volevo possibilmente trascorrere tutto il tempo con gli occhi chiusi; fino a quando non fosse arrivato il cibo, per me sarebbe stata ininterrottamente notte, fosse anche durato giorni e settimane. In ogni caso dovevo dormire poco o meglio per niente, questo rendeva le cose più difficili, dal momento che non solo dovevo scongiurare che il cibo cadesse, ma dovevo anche stare in guardia per non dormire all'arrivo del nutrimento, d'altra parte il sonno era molto ben accetto perché dormendo si può digiunare molto più a lungo che restando svegli. Per questo motivo mi risolsi a dividere scrupolosamente in parti il tempo, e a dormire molto, ma sempre per breve tempo. Ottenni questo scopo, sistemando durante il sonno la testa sempre su un ramo debole, che presto si spezzava svegliandomi. Ero dunque steso, dormivo o ero sveglio, sognavo o cantavo sottovoce tra me e me. Il primo periodo trascorse senza che accadesse nulla; forse là donde viene il nutrimento in quel caso era passato inosservato il fatto che mi stessi opponendo al normale corso delle cose, e così tutto rimase tranquillo. Nel mio sforzo mi tormentava un poco la preoccupazione che i cani si accorgessero della mia mancanza, mi trovassero presto e intraprendessero qualcosa contro di me. Una seconda preoccupazione era che la semplice annaffiatura del terreno, benché quello fosse secondo la scienza un terreno non fertile, producesse il cosiddetto nutrimento casuale e che l'odore di questo mi allettasse. Ma per il momento non avveniva nulla di simile, e io potevo continuare a digiunare. Tranne queste preoccupazioni, ero del tutto calmo, come non ricordavo più d'essere stato. Sebbene in effetti fossi impegnato in una confutazione della scienza, mi sentivo a mio agio e provavo quasi la proverbiale calma del ricercatore scientifico. Nelle mie fantasticherie ricevevo il perdono della scienza, trovavo in essa persino uno spazio per le mie ricerche, nelle mie orecchie risuonava consolatorio il fatto che, per quanto le mie ricerche raccogliessero successi e in quel momento in particolare, non ero in alcun modo perduto per la vita canina, che la scienza era ben disposta verso di me, che si sarebbe assunto come compito l'interpretazione dei miei risultati e questa promessa voleva dire già la sua realizzazione; io, che fino ad allora mi ero sentito profondamente escluso e avevo dato l'assalto alle mura del mio popolo come un selvaggio, sarei stato ricevuto con grandi onori, il calore di corpi canini raccolti, che avevo sempre desiderato, mi avrebbe circondato, sarei stato sollevato in aria a forza, avrei ondeggiato sulle spalle del mio popolo. Curiosi effetti della prima fame. La mia prestazione mi sembrò così grande che dalla commozione e dalla compassione verso me stesso incominciai a piangere in quel cespuglio, la qual cosa non era affatto giustificabile; se aspettavo la meritata ricompensa, perché piangevo? Forse di gioia. Sempre, nei rari momenti di gioia, mi sono messo a piangere. Certo, poi passava presto. Le belle immagini scomparivano a poco a poco con l'aumentare della fame e, dopo non molto, dopo che tutte le fantasie e tutta la commozione si erano dissolte, rimasi solo con la mia fame che bruciava nelle viscere. "Questa è la fame", mi dicevo innumerevoli volte, come se volessi credere che la fame ed io eravamo due cose diverse e che me ne potevo liberare come di un'amante fastidiosa, invece, dolorosamente, eravamo una sola cosa, e quando spiegavo a me stesso "questa è fame", era proprio la fame che parlava e si prendeva gioco di me. Un brutto, brutto momento! Quando ci penso, rabbrividisco, certo non solo a causa della sofferenza che ho sopportato allora, ma soprattutto perché allora non riuscii a spuntarla, perché dovrò ancora una volta sopportare queste sofferenze se voglio ottenere qualche risultato, perché ancora oggi reputo il digiuno l'ultimo e il più valido mezzo della mia ricerca. La strada passa per la fame, con il massimo sforzo si può raggiungere la prestazione più alta, se è raggiungibile, e la più alta prestazione fra noi è il digiuno volontario. Quando ripenso a quei periodi – e scavo volentieri in essi – ripenso anche ai tempi che mi sovrastano. Sembra che debba trascorrere quasi una vita prima che ci si possa sollevare da un simile tentativo; tutti gli anni della mia maturità mi separano da quel digiuno, ma non mi sono ancora risollevato. Quando comincerò di nuovo a digiunare, avrò forse maggiore risolutezza di prima, grazie alla mia grande esperienza e alla maggiore consapevolezza della necessità dell'esperimento, ma le mie forze da allora si sono indebolite, o almeno mi potrei perdere d'animo alla sola attesa delle ben note sofferenze. Il mio appetito più debole non mi aiuterà, solo invaliderà un poco l'esperimento e forse mi costringerà a digiunare più a lungo di quanto non sia stato allora necessario. Su queste e altre condizioni credo di essere stato chiaro con me stesso, in questo lungo intervallo di tempo, non sono mancati degli esperimenti preliminari, spesso ho, per dir così, morso la fame, ma non ero ancora pronto per l'estremo tentativo, del resto la naturale aggressività della gioventù è passata per sempre. Scomparve fin da allora digiunando. Parecchie riflessioni mi angustiavano. I nostri progenitori mi apparivano, minacciosi. Ritengo, anche se non oso dirlo in pubblico, che essi siano responsabili di tutto, hanno dato inizio alla vita canina, e così, alle loro minacce potevo facilmente rispondere con altre minacce, ma mi inchino al loro sapere, esso deriva da fonti che non conosciamo più, perciò, sebbene mi adoperi nel lottare contro di loro, non violerei mai le loro leggi, ma mi insinuo attraverso le lacune della legge, per le quali ho un fiuto particolare. Per quanto riguarda il digiuno, mi rifaccio al famoso dialogo nel corso del quale uno dei nostri sapienti espresse l'intenzione di proibire il digiuno, al che un secondo sapiente lo sconsigliò con questa domanda: "Chi mai digiunerà?" e il primo si lasciò convincere e ritirò il divieto. Ma sorse di nuovo la domanda: "Il digiunare non è propriamente proibito?" La maggior parte dei commentatori lo nega, sostiene la libertà del digiunare, parteggia per il secondo sapiente e non teme perciò neanche brutte conseguenze da un commento sbagliato. Di questo mi son ben assicurato prima di cominciare il digiuno. Ma ora, mentre mi piegavo dalla fame e già in una qualche confusione mentale cercavo salvezza nelle mie zampe posteriori e le leccavo disperato, le mordevo, le succhiavo fin su all'ano, la interpretazione generale di quel dialogo mi sembrò totalmente falsa, maledissi la scienza dei commentatori, maledissi me stesso che mi ero lasciato trarre in inganno, tanto è vero che il dialogo conteneva di certo, come avrebbe capito anche un bambino, più del solo divieto del digiunare, il primo sapiente voleva proibire il digiuno, ciò che vuole un sapiente, è già compiuto, il digiuno dunque era proibito, il secondo sapiente non solo era d'accordo, ma riteneva addirittura impossibile il digiuno, sovrapponeva dunque al primo divieto ancora un secondo, il divieto della stessa natura canina, il primo ne convenne e ritirò il divieto formulato, per cui, dopo questa chiarificazione, ordinò ai cani di essere ragionevoli e di proibire a se stessi il digiuno. Dunque tre divieti in luogo del solito unico divieto, e io li avevo trasgrediti. Ora avrei potuto obbedire almeno in ritardo e porre fine al digiuno, ma nella sofferenza c'era anche la tentazione di continuare a digiunare, e io la seguii con bramosia, come se fosse stata un cane sconosciuto. Non potevo smettere, forse ero già molto debole per alzarmi in piedi e mettermi in salvo nelle regioni abitate. Mi rotolavo sullo strame di foglie, non potevo più dormire, sentivo rumori dappertutto, il mondo addormentato durante la vita precedente sembrò essersi svegliato grazie al mio digiuno, mi immaginavo di non poter più mangiare, perché avrei riportato al silenzio quel mondo rumoroso che si era liberato, e non sarei stato in grado di farlo, comunque il rumore più grande lo sentivo nella pancia, vi poggiavo spesso l'orecchio e certo avrò avuto gli occhi atterriti, perché non potevo quasi credere a ciò che sentivo. E quando si superò ogni limite, sembrò che il delirio si fosse impadronito anche della mia natura, essa fece insensati tentativi di salvezza, io cominciai a sentire l'odore di cibi, di cibi prelibati che da lungo tempo non avevo più mangiato, delizie della mia infanzia; fiutavo l'odore del petto di mia madre; dimenticai di aver deciso di voler resistere agli odori o meglio non lo dimenticai; con la decisione, come se fosse una decisione giusta, mi trascinavo di qua e di là solo di pochi passi e fiutavo come se cercassi il cibo solo per tenermene lontano. Dato che non trovavo nulla, non restavo male, i cibi c'erano, solo erano sempre qualche passo più lontano, le zampe prima si piegavano. Allo stesso tempo sapevo che lì non c'era nulla, che facevo quei piccoli movimenti solo per paura di crollare alla fine in un posto che non avrei potuto più lasciare. Le ultime speranze scomparvero, e così le ultime tentazioni, sarei morto lì miseramente, che cosa mai significavano le mie ricerche, tentativi infantili di un tempo infantilmente felice, lì e ora si faceva sul serio, lì la ricerca avrebbe potuto provare il suo valore, ma dov'era? Lì c'era solo un cane abbandonato che acchiappava l'aria, che convulsamente, senza rendersene conto, continuava a annaffiare il terreno, ma nella sua memoria da tutto quel guazzabuglio di formule magiche non riusciva a trovare neppure la minima formuletta, neppure il piccolo guaito con il quale i neonati si mettono sotto la madre. Mi sembrava che non fossi separato dai miei fratelli da una breve corsa, ma che stessi infinitamente più lontano da tutti e stessi morendo non già per paura, ma per l'abbandono. Era evidente che nessuno si preoccupava di me, nessuno sotto la terra, nessuno su di essa, nessuno in alto, morivo per la loro indifferenza, la loro indifferenza diceva: muore, e così sarebbe accaduto. E non ero d'accordo? Non dicevo lo stesso? Non avevo voluto io quell'abbandono? Sì, cani, ma non per finire così, ma per arrivare alla verità, partendo da qui, da questo mondo della menzogna dove non si trova nessuno dal quale si possa apprendere la verità, neppure da me, cittadino originario della menzogna. Forse la verità non era troppo lontana; e io non ero così abbandonato, come pensavo, abbandonato dagli altri, ma solo da me stesso che avevo sbagliato e morivo.

Non si muore così in fretta, come può pensare un cane nervoso. Solo persi la conoscenza e quando rinvenni e alzai gli occhi, dinanzi a me c'era un cane sconosciuto. Non avevo fame, mi sentivo molto forte, le giunture secondo la mia sensazione erano elastiche anche se non facevo alcun tentativo di provarlo alzandomi. Non vedevo niente di strano, davanti a me c'era un bel cane, non troppo fuori del comune, vedevo questo e niente altro, eppure credevo di vedere qualcosa di strano. Sotto di me c'era del sangue, sulle prime pensai che fosse cibo, ma poi subito mi resi conto che era sangue, che io avevo perduto. Me ne disinteressai e guardai il cane sconosciuto. Era magro, marrone, con le zampe lunghe, qua e là pezzato di bianco, aveva uno sguardo bello, forte, scrutatore. «Che fai qui?», disse. «Devi andartene via». «Ora non posso andarmene», dissi, senza altre spiegazioni, perché avrei dovuto spiegargli ogni cosa e per di più lui aveva fretta. «Ti prego, vattene», disse e per l'inquietudine alzava una zampa dopo l'altra. «Lasciami stare», dissi, «vattene e non occuparti di me, neppure gli altri si occupano di me». «Ti prego, per amor tuo», disse. «Puoi pregarmi per il motivo che vuoi», dissi. «Anche se volessi, non potrei andarmene». «Ti sbagli», disse sorridendo. «Puoi andartene.

Proprio perché sembri essere così debole, ora ti prego di andartene lentamente; se indugi, più tardi dovrai correre». «Sarà un problema mio», dissi. «È anche mio», disse, mesto per la mia ostinazione, voleva chiaramente lasciarmi lì per il momento ma sfruttò l'occasione e mi si avvicinò amorevolmente. In altri tempi da un cane bello l'avrei sopportato volentieri, ma allora, non so perché, mi spaventai. «Via!», gridai tanto più forte perché non potevo difendermi in modo diverso. «Ti lascio stare», disse indietreggiando lentamente. «Tu sei strano. Non ti piaccio?» «Mi andrai a genio se ti allontanerai e mi lascerai in pace», dissi, ma non ero così sicuro di me, come volevo fargli credere. Con i miei sensi acuiti dalla fame vedevo e sentivo in lui qualcosa che si andava annunciando, diveniva sempre più percettibile, incombeva e sapevo già che quel cane aveva forse il potere di scacciarmi, anche se non riuscivo a immaginare come mi sarei potuto sollevare. E lo guardavo con sempre più grande attesa, dopo che alla mia risposta grossolana aveva solo scosso lievemente la testa. «Chi sei?», chiesi. «Sono un cacciatore», disse. «E perché non vuoi lasciarmi qui?», chiesi. «Mi disturbi», disse, «non posso cacciare se tu resti qua». «Prova», dissi. «Forse puoi cacciare lo stesso». «No», disse, «mi dispiace, ma devi andartene». «Non cacciare oggi!», lo pregai. «No», disse, «io devo cacciare». «Io devo andare via e tu devi cacciare», dissi. «Solo doveri. Tu capisci perché dobbiamo?» «No», disse, «è così e non c'è niente da capire, è una cosa ovvia e naturale». «No», dissi, «ti dispiace dovermi scacciare, eppure lo fai». «È così» disse. «È così», ripetetti irritato, «non è una risposta. Quale rinuncia senti più facile, la rinuncia a cacciare o la rinuncia a mandarmi via?» «È così», disse. «La rinuncia alla caccia», disse senza esitare. «Dunque», dissi io, «c'è una contraddizione». «Quale contraddizione?», disse. «Caro piccolo cane, veramente non capisci che è il mio dovere? Allora non capisci questa ovvietà?». Io non risposi più niente, perché mi resi conto – e una nuova vita mi pervase, una vita come quella che dà la paura – mi accorsi da particolari impercettibili, che forse nessuno all'infuori di me avrebbe potuto notare, che il cane dal profondo del petto stava per iniziare un canto. «Tu canterai», dissi. «Sì», disse serio, «io canterò presto, ma non ancora». «Tu cominci già», dissi. «No», disse, «non ancora. Ma preparati». «Lo sento già anche se tu lo neghi», dissi tremando. Tacque, ed io allora credetti di conoscere qualcosa che nessun cane prima di me aveva sperimentato, per lo meno nella tradizione non se ne trova il minimo accenno, e subito con infinita angoscia e vergogna immersi la faccia nella pozza di sangue davanti a me. Mi sembrò di sentire che il cane già cantasse senza saperlo, e che la melodia, separata da lui, si librasse nell'aria secondo una propria legge e che superandolo, come se egli non prendesse parte alla cosa, fosse rivolta a me, solo a me. – Oggi naturalmente nego tutte le esperienze di questo genere e le ascrivo allo stato di sovraeccitazione di allora, ma anche se fu un errore, aveva una certa sua nobiltà; è l'unica realtà, anche se solo apparente, che ho salvato in questo mondo da quel tempo di fame e almeno dimostra fin dove possiamo arrivare nell'assoluto essere-fuori-di-sé. Ed io ero veramente fuori di me. In normali circostanze, gravemente provato com'ero, sarei stato incapace di muovermi, ma alla melodia che ben presto il cane sembrò fare propria, non potevo resistere. Diventava sempre più forte, sembrava che la sua intensità non avesse limiti, e già quasi mi lacerava i timpani. Il peggio era che pareva che esistesse solo per me – quella voce davanti alla cui maestosità il bosco ammutoliva, solo per me. Chi ero io che osavo restare ancora lì e che dinanzi ad essa sguazzavo nella mia lordura e nel mio sangue? Tremante mi alzai e mi guardai: una creatura simile vorrebbe correre ancora, pensai, ma già volavo, sospinto dalla melodia, con magnifici salti. Non raccontai nulla ai miei amici, al mio arrivo forse avrei raccontato tutto se allora non fossi stato così debole, e in seguito le giudicai esperienze non comunicabili. Accenni, che non potevo costringermi a soffocare, si perdevano nelle conversazioni senza lasciar traccia. Fisicamente mi risollevai in poche ore, spiritualmente ne porto ancora i segni.

Estesi le mie ricerche alla musica dei cani. In verità, anche in questo campo la scienza non era stata inoperosa, la scienza della musica, se sono bene informato, è forse ancora più vasta di quella del nutrimento e in ogni caso è fondata in modo più rigoroso. Ciò si spiega con il fatto che in questo settore si può lavorare con maggior distacco che in quello e perché in questo caso si tratta soprattutto di pure osservazioni e sistematizzazioni, mentre nell'altro si trattava soprattutto di conclusioni pratiche. Da questo deriva che il rispetto per la scienza della musica è più grande di quello per la scienza del nutrimento, ma la prima non è mai penetrata a fondo nel popolo come la seconda. Anch'io prima di aver udito la voce nel bosco, ero più estraneo alla scienza della musica che a qualunque altra. Certo già l'esperienza con i cani musici me l'aveva fatta scoprire, ma allora ero ancora troppo giovane. Non è facile avvicinarsi a questa scienza, è ritenuta particolarmente difficile e si chiude aristocraticamente nei confronti della massa. Certo in quei casi ciò che mi aveva colpito era stata la musica, ma più importante della musica mi sembrò la loro muta natura canina, dopo non trovai mai più in nessun luogo nulla di simile a quella musica terrificante; potevo perciò anche non prenderla in considerazione, mentre da allora dovunque in tutti i cani ritrovai la loro natura. Per penetrare la natura dei cani, mi sembrò che le ricerche sul nutrimento fossero le più appropriate e portassero direttamente allo scopo. Forse ho sbagliato. In ogni caso già allora mi incuriosì l'area di confine tra le due scienze. Si tratta della dottrina del canto che richiama il nutrimento. Mi dispiace molto di non essermi mai dedicato seriamente alla scienza della musica e di non poter neppure alla lontana annoverarmi tra quelle persone mezze istruite, sempre particolarmente disprezzate dalla scienza; questo non lo devo dimenticare. Dinanzi ad uno scienziato sosterrei molto male, ne ho le prove, anche l'esame scientifico più facile. Indipendentemente dalle già ricordate condizioni di vita, questo si spiega in primo luogo con la mia incapacità scientifica, con la scarsa intelligenza, con la cattiva memoria e soprattutto con il non essere capace di tenere sempre fermo il fine scientifico. Lo ammetto apertamente, persino con una certa soddisfazione. Infatti il motivo più profondo della mia incapacità scientifica mi sembra essere un istinto e invero un istinto non cattivo. Se volessi fare lo smargiasso potrei dire che proprio quest'istinto ha rovinato le mie capacità scientifiche, poiché sarebbe una cosa ben strana che io, che ho un'intelligenza adeguata alle comuni cose della vita quotidiana, che non sono le più semplici, e soprattutto che comprendo molto bene se non la scienza gli scienziati, come dimostrano i miei risultati, dovessi fin dall'inizio essere incapace di mettere la zampa sul primo gradino della scienza. È stato l'istinto che, forse proprio per amore della scienza, ma di una scienza diversa da quella che si pratica oggi, di una scienza ultima, mi ha fatto considerare la libertà superiore a tutte le altre cose. La libertà! Invero la libertà, come è possibile oggi, è una misera pianta. Ma pur sempre libertà, pur sempre un possesso.

31. Una coppia di coniugi

La situazione generale degli affari è così cattiva che qualche volta, quando in ufficio risparmio un po' di tempo, prendo io stesso la borsa del campionario e visito personalmente i clienti. Tra l'altro mi ero già da tempo ripromesso di andare una volta da N., con il quale in passato sono stato in costanti rapporti di affari, che però nell'ultimo anno si sono quasi interrotti per ragioni che non conosco. Per interruzioni del genere, non devono esserci ragioni vere e proprie; nelle incerte condizioni attuali, spesso decide un nonnulla, uno stato d'animo e allo stesso modo anche un nonnulla, una parola, può rimettere a posto tutto. Ma, andare da N. è un po' complicato; è un uomo anziano, molto malato nell'ultimo periodo, e, anche se tiene ancora nelle proprie mani gli affari della ditta, in ditta non va quasi più; chi vuole parlare con lui, deve andare a casa sua, e volentieri si differisce una visita di tal genere.

Ma ieri sera, dopo le sei, mi incamminai; a dire il vero, non era più orario di visita, ma non bisognava giudicare la cosa dal punto di vista mondano, bensì dal punto di vista commerciale. Ebbi fortuna. N. era in casa; come mi dissero in anticamera, era appena tornato da una passeggiata con la moglie e ora stava nella camera di suo figlio che era a letto ammalato. Fui invitato ad andarci anch'io; sulle prime esitai, ma poi prevalse l'esigenza di sbrigare possibilmente presto quella visita incresciosa, e mi lasciai condurre, così com'ero, col mantello, il cappello e la borsa del campionario in mano, attraverso una stanza buia in un'altra debolmente illuminata, nella quale si era raccolta una piccola cerchia di persone.

Istintivamente sulle prime il mio sguardo incontrò un rappresentante di commercio a me noto fin troppo bene, che in parte è un mio concorrente. Dunque era strisciato su ancor prima di me. Si era accomodato vicinissimo al letto del malato, come fosse il medico; nel suo bel mantello aperto, gonfiato, sedeva lì imponente; la sua sfacciataggine era ineguagliabile; qualcosa di simile doveva pensare anche il malato, che, con le guance un po' arrossate per la febbre, stava lì steso e ogni tanto lo guardava. Del resto, non è più giovane, il figlio, è un uomo della mia età, con la barba corta, un po' trascurata per la malattia. Il vecchio N., un uomo grosso, dalle spalle larghe, ma, con mia meraviglia, molto dimagrito a causa del suo latente male, curvo e insicuro, se ne stava lì, ancora così com'era rincasato, nella sua pelliccia, e bisbigliava qualcosa al figlio. Sua moglie, piccola e gracile, ma molto vivace, anche se ciò riguardava solo lui – noi altri a stento ci vide – era impegnata a togliergli la pelliccia, cosa che comportava qualche difficoltà per la differenza di statura tra i due, ma alla fine ci riuscì. Forse la difficoltà vera e propria stava nel fatto che N. era molto impaziente e, inquieto, cercava a tastoni la poltrona che la moglie, dopo avergli sfilato la pelliccia, in fretta gli avvicinò. Lei stessa prese la pelliccia, sotto la quale quasi sparì, e la portò fuori.

Allora mi parve venuto il mio momento o, piuttosto, non era venuto e forse non sarebbe mai venuto; se volevo tentare ancora qualcosa, questo doveva avvenire subito, perché secondo la mia sensazione le condizioni per una discussione d'affari potevano solo peggiorare sempre più; non era nel mio carattere stabilirmi lì per sempre, come sembrava fosse intenzionato a fare il rappresentante; del resto non volevo usargli il minimo riguardo. Così incominciai di punto in bianco a parlare del mio affare, pur capendo che N. aveva piacere ad intrattenersi un poco con il figlio. Purtroppo ho l'abitudine di alzarmi in piedi quando parlo animatamente – e ciò accade subito e nella stanza del malato accadde ancor prima del solito – e di camminare su e giù mentre parlo. Nel proprio ufficio è un'ottima abitudine, un po' noiosa in casa d'altri. Ma non riuscii a dominarmi, specialmente perché mi mancava l'abituale sigaretta. Ognuno ha le sue cattive abitudini, del resto lodo la mia se la confronto con quella del rappresentante. Che cosa si dovrebbe dire per esempio del fatto che ogni tanto improvvisamente, in modo del tutto inatteso, egli si mette il cappello che ha tenuto sul ginocchio e che ha mosso lentamente di qua e di là; subito se lo toglie come se avesse commesso un errore, ma per un attimo l'ha tenuto in testa e ciò si ripete spesso. In verità una simile condotta è da considerarsi sconveniente. A me non disturba, cammino su e giù, tutto preso nelle mie argomentazioni, e non bado a lui, ma di badarci può capitare agli altri che possono rimanere del tutto sconcertati da questo gioco d'abilità del cappello. Nella foga non faccio caso non solo a simili azioni di disturbo, ma proprio a nessuno, osservo certo quello che succede, ma finché non ho finito, addirittura non sento le obiezioni, per così dire, non ne prendo atto. Così, per esempio, notai bene che N. stava molto poco attento, le mani sui braccioli, a disagio si girava di qua e di là, non guardava verso di me, ma il suo sguardo vagava inutilmente nel vuoto e il suo viso sembrava del tutto indifferente, come se non gli giungesse il suono delle mie parole, anzi neppure un sentore della mia presenza. Certo notavo quello strano contegno che dava poco da sperare, ma nonostante ciò continuavo a parlare, come se con le mie parole, con le mie offerte vantaggiose – io stesso ero colpito dalle concessioni che facevo, concessioni che nessuno chiedeva – avessi ancora la possibilità di ristabilire alla fine l'equilibrio. Provai anche una certa soddisfazione quando il rappresentante, che osservavo di sfuggita, alla fine lasciò in pace il cappello e incrociò le braccia sul petto; la mia esposizione, che in parte era studiata per lui, sembrò dare un sensibile colpo ai suoi piani. E avrei forse continuato, in quel senso di benessere che ne era scaturito, ancora a lungo se il figlio che fino a quel momento avevo trascurato come persona per me secondaria, all'improvviso non si fosse levato in mezzo al letto e minacciando col pugno non mi avesse fatto tacere. Evidentemente voleva dire qualcosa, indicare qualcosa, ma non ebbe la forza sufficiente per farlo. Sulle prime pensai che delirasse per la febbre, ma capii meglio quando subito dopo istintivamente guardai verso il vecchio N.

N. sedeva lì con gli occhi aperti, fissi, gonfi, miti ancora solo per qualche istante, tremante, proteso in avanti, come se qualcuno lo tenesse o lo colpisse sulla nuca, il labbro inferiore, anzi la stessa mascella, con le gengive largamente scoperte, gli cadeva senza controllo, tutta la sua faccia era disfatta; respirava ancora, anche se a fatica, ma poi, come liberato, ricadde indietro sulla spalliera, chiuse gli occhi, l'espressione di chissà quale grande sforzo passò ancora sul suo viso, si era alla fine. Mi precipitai da lui, afferrai la mano che pendeva senza vita, fredda, che mi fece rabbrividire; il polso non batteva più; dunque era finita. Certo, un uomo anziano. Magari la nostra morte fosse altrettanto lieve! Ma quante cose ora bisognava fare! E, nella fretta, che cosa subito? Mi guardai intorno in cerca d'aiuto, ma il figlio si era tirato la coperta sulla testa, si sentivano i suoi continui singhiozzi; il rappresentante, freddo come un rospo, rimase seduto sulla sua poltrona, due passi di fronte a N., ed era visibilmente deciso a non fare niente, e come ad aspettare gli eventi, dunque rimanevo solo io a fare qualcosa, e, anzi, subito la più difficile, cioè comunicare la notizia alla moglie in un qualche modo sopportabile, cioè in un modo che non c'è al mondo. E già sentivo dalla stanza accanto i suoi passi frettolosi e strascicati.

Ella portò – ancora in abito da passeggio, perché non aveva avuto ancora il tempo di cambiarsi d'abito – una camicia da notte riscaldata sulla stufa, che voleva far indossare al marito. «Si è addormentato», disse sorridendo e scuotendo la testa, trovandoci così silenziosi. Con l'infinita fiducia dell'innocente, prese la stessa mano che poco prima avevo tenuto nelle mie con repulsione e timore, la baciò come in piccolo gioco coniugale e – che faccia avremo fatto noi tre! – N. si mosse, sbadigliò forte, si lasciò infilare la camicia, sopportò con viso ironicamente corrucciato gli affettuosi rimproveri della moglie per lo strapazzo della passeggiata troppo lunga, e, per spiegarci in altro modo il fatto che si era addormentato, stranamente disse qualcosa sulla noia. Poi, per non raffreddarsi passando in un'altra stanza, si infilò per il momento nel letto del figlio; posò la testa accanto ai piedi del figlio su due cuscini portati in fretta dalla moglie. Dopo quello che era successo, non ci trovavo più niente di strano. Chiese il giornale della sera, lo aprì senza riguardo per gli ospiti, ma non leggeva, solo guardava qua e là nel foglio e intanto con sorprendente acume commerciale ci diceva parole molto spiacevoli sulle nostre offerte, mentre con la mano libera faceva di continuo gesti di ripulsa, e, facendo schioccare la lingua, indicava il cattivo sapore in bocca che il nostro contegno negli affari gli aveva causato. Il rappresentante non poté trattenersi dall'esprimere qualche osservazione inopportuna, anzi, nella sua sensibilità grossolana sentiva che, dopo quello che era accaduto, bisognava pur venire a un qualche accordo, ma col suo modo di fare era in verità meno che mai possibile. Io mi congedai in fretta ed ero quasi grato al rappresentante; senza la sua presenza non avrei trovato la forza di volontà per andarmene subito.

In anticamera incontrai la signora N . Alla vista della sua gracile figura dissi sopra pensiero che mi ricordava un poco mia madre. E, visto che rimaneva in silenzio, aggiunsi: «Checché se ne dica, sapeva fare miracoli. Riusciva sempre ad aggiustare quello che avevamo rotto. L'ho perduta già nell'infanzia». Avevo intenzionalmente parlato esageratamente piano e chiaro, perché sospettavo che quella vecchia signora fosse un po' sorda. Ma doveva essere completamente sorda visto che di punto in bianco chiese: «E l'aspetto di mio marito?». Del resto, mi accorsi da alcune parole di commiato che mi confondeva con il rappresentante; volevo credere che altrimenti sarebbe stata più confidenziale.

Poi scesi le scale. La discesa fu più difficile di quanto fosse stata prima la salita che non era stata certo facile. Ah! Ecco che succede quando negli affari si imboccano vie sbagliate e se ne deve sopportare il fardello.

32. Rinuncia!

Era di mattina molto presto, le strade pulite e deserte, andavo alla stazione. Confrontando il mio orologio con l'orologio della torre, vidi che già era molto più tardi di quanto avessi creduto, dovevo affrettarmi, l'ansia per quella scoperta mi fece incerto della strada, non conoscevo molto bene quella città, per fortuna lì vicino c'era una guardia, corsi da lui e senza fiato gli domandai la strada. Egli sorrise e disse: «Da me vuoi sapere la via?» «Sì», dissi, «perché non riesco a trovarla da me». «Rinuncia, rinuncia», disse e si girò bruscamente, come quelle persone che vogliono stare sole con la loro risata.

33. Delle metafore

«Molti si lagnano che le parole dei saggi siano sempre di nuovo soltanto metafore, non applicabili invero nella vita quotidiana, mentre noi abbiamo unicamente questa. Quando il saggio dice: "Va' al di là", non pensa che si debba passare dall'altra parte, cosa che si potrebbe pur sempre fare se l'esito di questo cammino ne valesse la pena; intende, invece, un qualche favoloso dall'altra parte, qualcosa che non conosciamo, che neppure da lui può essere più precisamente indicato e che dunque non può aiutarci in alcun modo quaggiù. Tutte queste metafore vogliono propriamente dire soltanto che l'inafferrabile è inafferrabile, e questo lo sapevamo già. Ma ciò su cui ci affatichiamo ogni giorno sono altre cose.

Al che uno disse: "Perché riluttate? Se assecondaste le metafore, diventereste metafore voi stessi e sareste così già affrancati dalla quotidiana fatica". Un altro disse: "Scommetto che anche questa è una metafora".

Il primo disse: "Hai vinto".

Il secondo disse: "Purtroppo solo nella metafora".

Il primo disse: "No, in realtà; nella metafora tu hai perduto"».

34. La tana

Ho costruito la tana e sembra riuscita bene. Dall'esterno è visibile solo un grosso buco, in realtà esso non conduce da nessuna parte, dopo pochi passi già ci si imbatte nella roccia naturale, compatta. Non voglio vantarmi di aver intenzionalmente adottato questo stratagemma, esso era piuttosto ciò che restava di uno degli innumerevoli tentativi falliti di costruzione, ma alla fine mi sembrò vantaggioso non riempire quell'unico buco. In verità alcuni stratagemmi sono tanto ingegnosi da distruggersi da soli, lo so meglio di chiunque altro, e certo è anche arrischiato richiamare l'attenzione sul fatto che lì ci possa essere qualcosa da scoprire. Ma non mi conosce chi crede che io sia un vigliacco e che costruisca la mia tana solo per vigliaccheria. A una distanza di circa mille passi da quel buco, nascosta da uno strato sollevabile di muschio, si trova la vera entrata alla tana, essa è protetta quanto può esserlo in generale qualcosa al mondo; certo, qualcuno potrebbe calpestare il muschio o infossarlo, e allora la mia tana verrebbe aperta e chi ne avesse voglia – beninteso sono comunque necessarie anche certe capacità non troppo comuni – potrebbe penetrarvi e distruggere ogni cosa per sempre. Lo so bene, e la mia vita, neppure adesso che è al suo culmine, conosce un momento di tranquillità piena; lì, in quel punto del muschio scuro, io sono mortalmente vulnerabile e spesso nei miei sogni un muso continua ad annusarvi intorno avidamente. Avrei potuto, si penserà, colmare anche quel buco d'entrata, mettendo al di sopra uno strato sottile di terra compatta e più sotto terra molle, in modo da dover fare sempre solo un piccolo sforzo per guadagnare la via d'uscita. Eppure questo non è possibile, proprio la prudenza esige che io abbia una immediata possibilità di fuga; proprio la prudenza esige, purtroppo spesso, il rischio della vita. Tutte queste sono faticosissime congetture, e il compiacimento di una mente perspicace è in sé talvolta l'unica ragione per continuare a congetturare. Devo avere un'immediata possibilità di fuga; infatti, nonostante tutta la vigilanza, non potrei forse essere aggredito proprio dal lato da cui non me lo aspetto? Mentre vivo in pace nella zona più interna della mia casa, il nemico potrebbe avvicinarsi da qualche parte, scavando lentamente e silenziosamente. Non voglio dire che egli abbia un fiuto migliore del mio; forse sa di me altrettanto poco di quanto io so di lui. Ma ci sono predatori accaniti che scavano la terra alla cieca e, data l'enorme estensione della mia tana, possono sperare di incontrare in qualche punto una delle mie vie. Certo, ho il vantaggio di essere in casa mia, di conoscere perfettamente tutte le vie e le direzioni. Il predatore può diventare molto facilmente una mia vittima, e di buon sapore. Ma io divento vecchio, molti sono più forti di me e ci sono innumerevoli nemici; potrebbe accadere che io, fuggendo da un nemico, cada nelle grinfie di un altro. Ah! Che cosa non potrebbe accadere! Ma in ogni caso io devo avere la certezza che da qualche parte vi sia una via d'uscita facilmente raggiungibile e completamente aperta dove per venir fuori io non debba più affannarmi rischiando di sentire all'improvviso, mentre scavo disperatamente, sia pure in uno strato di terra più molle – mi protegga il cielo! – le zanne dell'inseguitore nelle cosce. E non sono solo i nemici esterni a minacciarmi. Ce ne sono anche all'interno della terra. Io non li ho ancora visti, ma le leggende raccontano di loro e io ci credo fermamente. Sono esseri dell'interno della terra; nemmeno la leggenda può descriverli. Persino chi è stato loro vittima li ha visti appena; essi vengono, si sente appena sotto di sé nella terra, che è il loro elemento, il raspare dei loro artigli e già si è perduti. A quel punto non conta niente essere nella propria casa, in realtà si è nella loro casa. Da essi non può salvarmi neppure quella via d'uscita, anzi forse non mi salva in nessun caso, piuttosto mi rovina, ma è una speranza e non posso vivere senza di essa. Oltre alla via principale, mi collegano al mondo esterno anche altre vie, molto strette, abbastanza sicure, che mi portano della buona aria da respirare. Sono scavate dai topi di bosco. Ingegnosamente le ho fatte rientrare nella mia costruzione. Sono una difesa perché mi danno la possibilità di fiutare da lontano. Attraverso queste vie mi arrivano anche piccole colonie di animaletti di ogni specie che io mangio, cosicché posso contare su una caccia sufficiente per un modesto sostentamento, senza neppure lasciare la tana; ciò naturalmente è molto importante.

Ma la cosa più bella nella mia tana è il suo silenzio. Certo, esso è ingannevole. Può essere rotto all'improvviso e allora tutto finisce. Ma per il momento c'è ancora. Posso strisciare per ore lungo le mie gallerie e non sentire nulla se non il fruscio di qualche animaletto che fra i miei denti riduco subito al silenzio, o un leggero franare di terra che mi segnala la necessità di una qualche riparazione; per il resto è silenzio. Dentro spira l'aria del bosco e fa caldo e freddo allo stesso tempo. Talvolta mi distendo e mi rotolo dal benessere, nella galleria. È bello avere per la vecchiaia che si avvicina una tana siffatta, rifugiarsi sotto un tetto quando incomincia l'autunno. Ogni cento metri ho ampliato le gallerie con piazzole rotonde, lì posso comodamente acciambellarmi, scaldarmi al mio calore e stare in pace. Lì dormo il dolce sonno della pace, dei desideri pacificati, dello scopo raggiunto di avere una casa. Non so se sia una abitudine dei vecchi tempi o se anche i pericoli di questa casa siano abbastanza forti da farmi svegliare: ogni tanto, regolarmente, mi sveglio di soprassalto dal mio sonno profondo, e origlio, origlio nel silenzio, che qui regna invariabilmente giorno e notte; sorrido tranquillizzato e ripiombo, con le membra abbandonate, in un sonno profondo. Poveri viandanti senza casa, sulle strade maestre, nei boschi, nascosti nel migliore dei casi in un mucchio di foglie o nel branco dei compagni, esposti a tutti i pericoli del cielo e della terra! Io me ne sto qui in una piazzola protetta da ogni parte – nella mia tana, di piazzole simili ce ne sono più di cinquanta – e, tra il sonnecchiare e il sonno incosciente, passano per me le ore che a mio piacimento dedico al riposo.

Non proprio al centro della tana, ben studiata per far fronte ad un pericolo esterno, non proprio ad un inseguimento ma ad un assedio, si trova la piazzola principale. Mentre tutto il resto è forse il risultato più di un intenso lavoro della mente che del corpo, la piazzaforte è frutto del più pesante lavoro del corpo in tutte le sue parti. Alcune volte, nella disperazione della fatica fisica, volevo abbandonare ogni cosa, mi giravo sul dorso e maledivo la tana, mi trascinavo fuori e la lasciavo lì aperta. Facevo così perché non avevo più intenzione di ritornarvi, finché, dopo qualche ora o qualche giorno, vi ritornavo e – avrei quasi intonato un canto all'integrità della costruzione – riprendevo il lavoro con vera gioia. Il lavoro alla piazzaforte fu anche inutilmente più gravoso (inutilmente vuol dire che da quel lavoro a vuoto la costruzione non ricavò alcun vantaggio), per il fatto che proprio là dove secondo il progetto doveva esserci la piazzaforte, la terra era molto friabile e sabbiosa; in quel punto la terra dovette essere addirittura martellata, per costruire la grande piazza rotonda con la sua bella volta. Per un lavoro di tal genere non ho che la fronte. Con la fronte perciò ho battuto la terra mille e mille volte di giorno e di notte, ero felice se a furia di colpi la fronte mi sanguinava, perché quella era la prova che la parete cominciava ad avere una sua consistenza, e così, me lo si riconoscerà, mi sono ben meritato la mia piazzaforte.

Nella piazzaforte accumulo le mie provviste, ammasso tutto quello che catturo cacciando all'interno della tana e che è in eccedenza rispetto ai miei bisogni immediati e tutto quello che riporto dalla caccia all'esterno della casa. La piazzaforte è così ampia che non la riempiono le provviste per mezzo anno. Di conseguenza le posso ben disporre, posso girare in mezzo ad esse, giocare con esse, rallegrarmi per la loro abbondanza e godere di tutti quei diversi odori e avere un quadro preciso di quello che ho. Posso anche ordinare le provviste in sempre nuove sistemazioni e, a seconda della stagione, fare gli opportuni preventivi e i piani di caccia. Ci sono periodi in cui sono così ben fornito che per l'indifferenza al cibo neppure tocco le bestioline di poco conto che mi sgusciano intorno, cosa che, comunque, per altri motivi, è forse un'imprudenza. Il continuo impegno nei preparativi di difesa comporta che le mie idee sulla utilizzazione della tana per tali fini mutino o si sviluppino, comunque entro limiti circoscritti. Mi sembra a volte rischioso basare l'intera difesa sulla piazzaforte, la multiformità della costruzione mi dà svariate possibilità e mi sembra più confacente a un atteggiamento prudente ripartire le provviste e sistemarle anche in qualche altra piazzola: allora, per esempio, destino ogni terza piazzola a luogo di riserva delle provviste; oppure ogni quarta piazzola a luogo principale di provviste e ogni seconda a luogo secondario di provviste, e così via. Oppure, come stratagemma, in alcune vie non accumulo provviste o scelgo solo alcune piazzole discontinue, sempre in base alla loro posizione rispetto all'uscita principale. Invero ogni nuovo piano di questo genere comporta un gravoso lavoro da trasportatore, devo eseguire nuovi calcoli e poi trasportare carichi di qua e di là. Certo, lo posso fare in pace, senza precipitazione, e non è neanche brutto trasportare in bocca quelle buone cose, fermarmi dove mi piace e spizzicare ciò che sul momento mi attira. Peggio è quando qualche volta svegliandomi di soprassalto mi sembra che la distribuzione di quel momento sia del tutto sbagliata, che possa comportare gravi pericoli e debba essere immediatamente modificata il più in fretta possibile, senza tener conto del sonno e della stanchezza; allora mi affretto, volo, non ho tempo per i calcoli; pur volendo attuare un piano nuovo del tutto esatto, prendo a casaccio ciò che mi capita tra i denti, trascino, trasporto, sospiro, mi lamento, incespico, e qualunque cambiamento dell'assetto del momento, apparentemente così pericoloso, mi sembra già sufficiente. Finché, a poco a poco, con il completo risveglio, sopraggiunge il disinganno, non comprendo quella precipitazione, respiro profondamente la pace della mia casa che io stesso ho turbato, ritorno al posto dove dormo, mi riaddormento subito per la rinnovata stanchezza e al risveglio ho ancora un topo tra i denti, prova incontrovertibile del travaglio notturno che quasi mi sembra di aver sognato. Ci sono altri periodi in cui la cosa migliore mi sembra la riunificazione di tutte le provviste in un unico luogo. A che mi possono servire le provviste sulle piazzole? Quanta roba si può mai sistemare lì? Ciò che vi si ammassa ostacola il passaggio e un giorno potrebbe essermi di intralcio alla difesa, alla fuga. Inoltre, è certo stupido, ma purtroppo è vero, il fatto che se uno non vede le provviste tutte insieme e non può valutare con un'unica occhiata tutto ciò che possiede, il suo orgoglio ne soffre. E in tutte queste ripartizioni non si possono perdere molte cose? Non posso galoppare continuamente attraverso le gallerie a croce e di traverso per vedere se tutto è nel posto giusto. Il principio di una ripartizione delle provviste è sì giusto, ma di fatto solo quando si hanno più piazze del tipo della mia piazzaforte. Più piazze di questo tipo! Certo! Ma chi può farlo? Del resto ormai non potrebbero più rientrare nel piano generale della mia costruzione. Voglio ammettere che si tratta di un difetto di costruzione, come è sempre un errore possedere di qualunque cosa solo un esemplare. E riconosco anche che durante tutto il tempo della costruzione, in modo oscuro ma abbastanza distintamente se avessi avuto la buona volontà, sentivo l'esigenza di più piazzeforti, ma non ne ho tenuto conto, mi sentivo troppo debole per quell'enorme lavoro; sì, mi sentivo troppo debole per prospettarmi la necessità di quel lavoro, in qualche modo mi consolavo con sentimenti di una non minore oscurità, secondo i quali ciò che di solito non sarebbe bastato, nel mio caso sarebbe bastato, per una eccezione, per una grazia, forse perché alla provvidenza interessava particolarmente l'integrità della mia fronte, martello battitore. Quindi ho soltanto una piazzaforte, e gli oscuri sentimenti per i quali potrebbe un giorno non bastare sono spariti. Comunque sia, devo accontentarmi di essa; non è possibile che le piazzole la sostituiscano e, quando matura in me questa convinzione, comincio di nuovo a riportare ogni cosa dalle piazzole alla piazzaforte. Per qualche tempo mi è di un certo conforto avere libere tutte le piazzole e le gallerie, vedere come nella piazzaforte siano ammassate le riserve di carne e come nelle gallerie esterne si avverta la mescolanza dei loro vari odori, ciascuno dei quali a suo modo mi inebria e che anche da lontano sono in grado di distinguere esattamente l'uno dall'altro. Seguono di solito periodi particolarmente quieti, durante i quali a poco a poco sposto lentamente il mio giaciglio dalle periferie più esterne verso l'interno, mi immergo sempre più profondamente negli odori, finché non resisto più e una notte mi catapulto nella piazzaforte, faccio man bassa delle provviste e mi rimpinzo delle cose più buone che mi piacciono, fino ad esserne completamente stordito. Periodi felici, ma pericolosi; chi fosse in grado di approfittarne potrebbe distruggermi facilmente, senza correre alcun pericolo. Anche in questo caso l'assenza di una seconda o di una terza piazzaforte concorre a nuocermi, ma quello che mi seduce è la massiccia accumulazione di tutto in un unico posto. Cerco di difendermi da ciò in varie maniere, la ripartizione delle provviste nelle piazzole è in tal senso una delle misure, ma purtroppo, come altre misure simili, determina, a causa della privazione, un'avidità ancora più grande, che, travolgendo la ragione, modifica arbitrariamente per i suoi scopi i piani della difesa.

Dopo periodi simili, sono solito concentrarmi, procedere a un'ispezione della tana e, dopo aver eseguito le riparazioni necessarie, abbandonarla, anche se solo per un breve periodo. Il castigo di starne a lungo lontano mi sembra troppo duro anche allora, ma riconosco la necessità di saltuarie escursioni esterne. Quando mi avvicino all'uscita ho sempre una certa aria solenne. Nei periodi di vita casalinga evito sempre l'uscita, evito persino di percorrere la galleria che nelle sue ultime propaggini conduce ad essa; non è neppure facile aggirarsi lì intorno perché ho costruito una intera rete di piccole gallerie a zig zag. Lì iniziò la mia costruzione; allora non potevo ancora sperare di riuscire a completarla secondo il mio progetto; incominciai un po' per gioco da quell'angolino e così il primo entusiasmo per il lavoro fu soddisfatto lì in un labirinto, che allora mi sembrò il massimo dell'arte architettonica, ma che oggi forse giustamente considero un passatempo di poco conto, certo non degno della costruzione nel suo insieme; in teoria forse è pregevole – qui è l'entrata della mia casa, dicevo ironicamente ai miei invisibili nemici e già li vedevo soffocare tutti nel labirinto dell'entrata -, ma in pratica rappresenta un giochetto dalle pareti troppo sottili, che non resisterebbe a un vero assalto o a chi accanitamente combattesse per la propria vita. Devo allora ricostruire quella parte? Rinvio sempre la decisione e ormai rimarrà così com'è. Indipendentemente dal grosso lavoro che richiederebbe, sarebbe anche la cosa più pericolosa che si possa pensare. Allora, quando incominciai la costruzione, vi potevo lavorare con relativa calma, il rischio non era molto più grande che altrove, mentre oggi significherebbe voler richiamare di proposito l'attenzione del mondo sull'intera costruzione; oggi non è più possibile. Quasi me ne rallegro, provo anche una certa tenerezza per quel primo lavoro. E se dovesse avvenire un grosso attacco, quale pianta dell'entrata potrebbe mai salvarmi? L'entrata può ingannare, sviare, tormentare l'aggressore, all'occorrenza fa anche questo, ma a un vero attacco massiccio devo cercare di far fronte con tutti i mezzi dell'intera costruzione e con tutte le forze del corpo e dell'anima – questo è naturale. Che l'entrata resti così, allora! La tana ha molti punti deboli imposti dalla natura, pertanto può ben avere questo difetto creato dalle mie mani e da me chiaramente riconosciuto, sia pure in ritardo. Ma non è certo detto che questo errore, di tanto in tanto, o magari continuamente, non mi tormenti. Quando nelle abituali passeggiate evito quella parte della tana, è soprattutto perché la sua vista mi è sgradita, non sempre mi va di guardare un difetto di costruzione quando questo difetto già mi rimorde fin troppo nella coscienza. Che resti pure lassù all'entrata l'errore irreparabile, ma io, finché lo posso evitare, voglio risparmiarmi di vederlo. Mi basta guardare in direzione dell'uscita per credere, pur essendone diviso da gallerie e piazzole, di trovarmi già in una zona di grande pericolo; talvolta è come se il mio pelo si assottigliasse, come se potessi trovarmi all'improvviso solo con la mia carne nuda e essere salutato in quell'istante dalle grida dei nemici. È certo l'uscita in sé e per sé, il limite della protezione della casa, che comporta tali sentimenti, ma mi angustia soprattutto quella struttura dell'entrata. Talvolta sogno di averla ricostruita, l'entrata, di averla modificata del tutto, velocemente, in una notte, con la forza di un gigante, senza che nessuno se ne accorgesse, e che ora sia inespugnabile; è il più dolce di tutti il sonno durante il quale tutto questo si compie; quando mi sveglio, ancora mi brillano sui baffi lacrime di gioia e di liberazione.

Quando esco devo perciò superare anche nel corpo la pena di quel labirinto, e mi arrabbio e mi commuovo nello stesso tempo ogni volta che mi perdo per un attimo nella mia stessa creazione e l'opera appare ancora sempre protesa a dimostrare la legittimità della sua esistenza a me che già da lungo tempo ho espresso un giudizio. Allora arrivo sotto il tetto di muschio a cui ho lasciato il tempo di crescere insieme a tutto il terreno a bosco; – è da così lungo tempo che non mi muovo da casa; ed è sufficiente solo un colpo della testa e sono all'esterno.

Esito a lungo prima di compiere quel piccolo movimento; se non dovessi superare di nuovo il labirinto dell'entrata, di certo lascerei perdere per quel momento e tornerei indietro. Come? La tua casa è protetta, chiusa in sé, tu vivi in pace, al caldo, ben nutrito, sovrano, unico sovrano su una gran quantità di gallerie e piazzole; non vorrai, è sperabile, sacrificare tutto questo e, per così dire, rinunciare a tutto questo? Certo hai la fiducia di riappropriartene di nuovo, ma vuoi davvero metterti a giocare un gioco rischioso, così rischioso? Hai per questo motivi ragionevoli? No, non ci sono motivi ragionevoli per cose del genere. Eppure alzo con cautela la botola e sono all'esterno, con cautela la riabbasso e, più in fretta che posso, mi precipito lontano dal luogo rivelatore.

Ma non sono veramente libero; certo non mi nascondo più nelle gallerie, vado a caccia nel bosco aperto, sento nel corpo nuove forze, per le quali nella tana, in un certo senso, non c'è spazio, neppure nella piazzaforte, anche se fosse dieci volte più ampia. Anche il nutrimento all'esterno è migliore, certo la caccia è più ardua, il buon esito più raro; ma i risultati sotto ogni riguardo sono da considerarsi superiori; non nego tutto questo, so approfittarne e goderne, o almeno tanto come chiunque altro, anzi forse meglio, dal momento che non caccio come un vagabondo per spensieratezza o disperazione, ma determinato e tranquillo. D'altra parte non sono fatto per la vita libera e non vi sono destinato, so bene che il mio tempo è misurato, che non devo cacciare qui eternamente, ma che, quando ne ho voglia o sono stanco della vita all'aperto, mi richiama, per così dire, qualcuno al cui invito non posso sottrarmi. Così, posso godere pienamente di questo periodo e trascorrerlo senza preoccupazioni o, piuttosto, potrei, eppure non posso. Mi preoccupo troppo della tana. Mi allontano in fretta dall'entrata, ma torno subito indietro. Mi cerco un buon nascondiglio e sorveglio l'entrata della mia casa – questa volta dall'esterno – per giorni e notti. Lo si potrà definire folle, ma mi dà una gioia indicibile e mi tranquillizza. È come se non stessi dinanzi alla mia casa, ma a me stesso, mentre dormo, e avessi la fortuna di dormire profondamente e allo stesso tempo di vegliare attentamente su di me. Ho, per così dire, il privilegio non solo di vedere gli spettri della notte nell'abbandono e nella fiducia cieca del sonno, ma nello stesso tempo di incontrarli nella realtà con tutta la forza della veglia nella serena capacità di giudizio. E mi sembra di non stare poi così male, come spesso ho creduto e come forse crederò di nuovo, quando scenderò nella mia casa. Sotto questo aspetto, anche sotto diversi aspetti, ma in particolare sotto questo, le escursioni sono davvero indispensabili. Certo, per quanto abbia disposto accuratamente l'entrata in un luogo poco accessibile, l'andirivieni che si svolge lì intorno è molto grande, considerando i risultati delle osservazioni di una settimana, ma forse è così in tutte le regioni abitabili e forse è persino meglio essere esposti ad un grande via vai che si perde in se stesso proprio per la sua intensità, che essere consegnati in piena solitudine al miglior primo intruso che mi dia la caccia tranquillamente. Qui ci sono molti nemici e, ancor più, ci sono complici dei nemici, ma lottano anche l'uno contro l'altro e, così affaccendati, passano di corsa davanti alla tana. Non ho mai visto nessuno che esplorasse nei pressi dell'entrata, per mia e per sua fortuna, perché sconsiderato come sono, nella mia apprensione per la tana, di certo mi sarei gettato alla sua gola. Invero veniva gente, accanto a cui non osavo rimanere o all'annunciarsi della quale, quando solo la presentivo in lontananza, dovevo scappare; sul loro modo di comportarsi riguardo alla tana non potrei esprimermi con certezza, ma per tranquillizzarmi era sufficiente che, tornando indietro, non trovassi nessuno e che l'entrata fosse inviolata. Ci sono stati tempi felici in cui quasi mi dicevo che l'ostilità del mondo nei miei confronti forse era finita o si era placata o che la protezione della tana mi sollevava dalla lotta senza respiro che c'era stata fino a quel momento. La tana forse mi protegge più di quanto abbia pensato o osi pensare quando sono all'interno della tana. Giungevo a volte al punto di provare il desiderio infantile di non rientrare più nella tana, di arrangiarmi fuori nelle vicinanze dell'entrata, di trascorrere la vita osservando l'entrata, per non smettere mai di constatare, trovando in questo la mia felicità, quanto la tana fosse in grado di proteggermi, una volta dentro. Ma dai sogni infantili ci si scuote presto. Quale protezione è mai quella che sto osservando? Posso valutare il pericolo che corro nella tana dalle esperienze che faccio qui, stando all'esterno? I miei nemici hanno forse il fiuto giusto quando io non sono nella tana? In qualche modo di certo mi fiutano, ma non pienamente. E l'esistenza di un fiutare pieno non è forse la premessa del normale pericolo? Dunque sono solo mezze prove, o la decima parte di prove, quelle che faccio qui, buone a tranquillizzarmi e quindi a espormi ad estremi pericoli, proprio per questa falsa tranquillità. No, non osservo, come credevo, il mio sonno, piuttosto sono io quello che dorme, mentre chi manda in rovina veglia. Forse è tra quelli che passeggiano indifferenti davanti all'entrata, solo per accertarsi, non diversamente da me, che la porta sia ancora inviolata e pronta al loro attacco, e vanno oltre solo perché sanno che il padrone di casa non c'è, o perché forse sanno persino che è appostato lì vicino nei cespugli, ignaro. E abbandono il mio punto di osservazione e sono stanco della vita all'aperto; mi sembra di non aver più nulla da imparare, né ora né in seguito. E ho voglia di congedarmi da tutto, di discendere nella tana e di non tornare su mai più, di lasciare che le cose seguano il loro corso senza ostacolarle con inutili osservazioni. Ma, male abituato per aver tanto a lungo guardato che cosa succedeva all'esterno, è per me ora molto penoso compiere la procedura della discesa, che in sé già dà nell'occhio, senza sapere che cosa accadrà tutt'intorno, dietro le mie spalle, e, dopo, sulla botola risistemata. Innanzitutto nelle notti di tempesta cerco di buttare dentro rapidamente la preda; questo sembra riuscirmi, ma se è veramente riuscito si scoprirà quando io stesso sarò entrato; si scoprirà, ma non per me o anche per me, ma troppo tardi. Allora lascio perdere e non discendo. Ad una distanza opportuna dalla vera entrata scavo una fossa di prova non più lunga di quanto sono lungo io, e la richiudo con uno strato di muschio. Mi infilo nella fossa, la ricopro dietro di me, aspetto pazientemente, calcolo i tempi, più o meno lunghi a seconda delle diverse ore del giorno, sollevo il muschio, vengo fuori e registro le mie osservazioni. Faccio le più diverse esperienze, dall'esito buono o cattivo, ma non trovo una legge generale o un metodo infallibile di discesa. Perciò non sono ancora disceso nella vera entrata, e dispero di poterlo fare presto. Sto maturando la decisione di andarmene lontano, di riprendere la vecchia vita desolata, senza certezze, un'unica ininterrotta sequenza di pericoli, che non consentiva di distinguere chiaramente e di temere un singolo pericolo, come continuamente mi mostra il confronto fra la mia vita nella tana e la vita altrove. Certo, una tale risoluzione sarebbe una vera pazzia, scaturita dall'aver vissuto troppo a lungo in una insensata libertà; la tana mi appartiene ancora, non devo fare che un passo e sono al sicuro. E mi strappo da tutti i dubbi e corro dritto in pieno giorno verso la porta, per sollevarla, ma non ci riesco, la calpesto e mi lancio intenzionalmente in un roveto, per punirmi per una colpa che non capisco. Alla fine devo ammettere di aver avuto ragione, è veramente impossibile discendere senza rivelare pubblicamente almeno per un attimo la cosa più cara che ho a tutti quelli che stanno intorno, sul terreno, sugli alberi, nell'aria. E il pericolo non è presunto, è molto reale.

Non è detto che sia un vero nemico colui nel quale posso suscitare la voglia di seguirmi, può essere benissimo un innocente qualsiasi, qualche creaturina ripugnante che mi insegue per curiosità e che, senza volerlo, diventa guida del mondo intero contro di me; non occorre neppure che sia questo, potrebbe essere, e non è meno peggio, anzi sotto parecchi aspetti è la cosa più brutta – potrebbe essere qualcuno della mia specie, un conoscitore ed estimatore di tane, un fratello del bosco, un amante della pace, ma un vero farabutto che vuole abitare, senza costruire. Se almeno venisse ora a scoprire l'entrata con la sua spregevole avidità, se cominciasse a lavorare per sollevare il muschio, se vi riuscisse, se si introducesse di forza al mio posto o vi fosse già dentro così che ancora per un attimo ne fuoriuscisse il suo didietro, se capitasse tutto questo, potrei finalmente saltargli addosso con furia, libero da ogni scrupolo, azzannarlo, sbranarlo, dilaniarlo e berne il sangue, e stipare il suo cadavere tra le prede, ma soprattutto, e questa sarebbe la cosa più importante, sarei alla fine di nuovo nella mia tana; questa volta ammirerei volentieri persino il labirinto, ma prima vorrei tirare su di me la copertura di muschio e riposare, credo, per tutto il resto della mia vita. Ma non viene nessuno e resto solo con me stesso. Pensando solo a queste difficoltà, perdo molta della mia paura, non mi curo nemmeno all'apparenza di evitare l'entrata, la mia occupazione preferita è di aggirarmi intorno ad essa, è quasi come se fossi io il nemico e spiassi l'occasione giusta per irrompervi con successo. Avessi almeno qualcuno di cui potermi fidare, potrei farlo mettere al mio posto di osservazione e discendere in pace. Da uno di cui potessi fidarmi potrei ottenere che osservasse attentamente la situazione durante la mia discesa e anche dopo, per lungo tempo, e che bussasse al tetto di muschio in caso di indizi pericolosi, in caso contrario no. In tal modo avrei fatto piazza pulita, non rimarrebbero più problemi, al massimo il mio fiduciario. – Che voglia una contropartita? Vedere per lo meno la tana? Il solo fatto di lasciar entrare volontariamente qualcuno nella tana mi sarebbe terribilmente penoso. L'ho costruita per me, non per i visitatori; credo che non lo farei entrare; non lo farei entrare neppure se questa fosse la condizione perché io stesso potessi entrare. E neppure potrei farlo entrare perché o dovrei lasciarlo discendere da solo, e questo è al di fuori di ogni immaginazione, oppure dovremmo discendere insieme, ed io perderei così il vantaggio che quegli mi dovrebbe arrecare, tenendo d'occhio la situazione dietro di me. E come stanno le cose quanto alla fiducia? Di chi mi fidassi occhi negli occhi, potrei fidarmi anche se non lo vedessi e ci dividesse il tetto di muschio? È relativamente facile aver fiducia in qualcuno se allo stesso tempo lo si sorveglia o almeno si ha la possibilità di farlo; forse si può anche aver fiducia di qualcuno da lontano, ma, dall'interno della tana, dunque da un altro mondo, aver fiducia in uno che sta fuori credo che sia impossibile. Dubbi simili non sono neppure necessari, è sufficiente pensare che durante o dopo la mia discesa uno qualunque degli innumerevoli casi della vita possa impedire al fiduciario di compiere il proprio dovere, e quali conseguenze incalcolabili potrebbe avere per me il suo più piccolo cedimento! No, concludendo, non devo proprio lamentarmi di essere solo e di non avere nessuno di cui possa fidarmi. In tal modo non perdo certo alcun vantaggio e probabilmente mi evito un danno. Posso fidarmi solo di me e della tana. Avrei dovuto pensarci prima e prendere provvedimenti per il caso che ora mi preoccupa. All'inizio della costruzione, almeno in parte sarebbe stato possibile. Avrei dovuto aprire la prima galleria in modo da creare due entrate ad opportuna distanza tra loro, così che sarei potuto discendere attraverso un'entrata con tutte le inevitabili complicazioni, avrei attraversato di corsa la galleria di inizio fino alla seconda entrata, sollevato un poco il muschio che ad uopo sarebbe stato sistemato lì, e da lì avrei cercato di valutare la situazione per alcuni giorni e alcune notti. Solo così sarebbe stato giusto. Certo, due entrate raddoppiano il pericolo, ma questo dubbio avrebbe dovuto dissolversi, perché in tal caso l'entrata ideata solo come luogo di osservazione avrebbe potuto essere molto stretta. Con ciò, mi disperdo in riflessioni di ordine tecnico, continuo a sognare ancora una volta una costruzione perfetta, la qual cosa mi tranquillizza un poco; incantato, vedo ad occhi chiusi progetti più o meno chiari di tane, dalle quali poter sgattaiolare fuori e rientrare senza essere notato.

Quando me ne sto qui disteso e penso a tutto questo, do molta importanza a queste possibilità, ma solo come progressi tecnici, non come meri vantaggi. Ma quello sgattaiolare fuori e dentro, senza alcun impedimento, che cosa significherebbe? Farebbe pensare ad uno spirito inquieto, ad una incerta valutazione di se stessi, a loschi desideri, a cattive qualità che diventano ancora più cattive al cospetto della tana, che sta lì e può offrire la pace, purché ci si abbandoni completamente ad essa. Ora però ne sono fuori e cerco il modo di entrarvi; per questo opportune misure tecniche sarebbero benvenute. Ma forse non tanto. Infatti, considerare la tana solo una cavità nella quale potersi nascondere con la massima sicurezza, non vuol dire sottovalutarla molto nel momentaneo nervosismo? Certo, essa è anche una caverna sicura o dovrebbe esserlo, e quando mi immagino di stare in mezzo a un pericolo, voglio a denti stretti e con tutta la forza di volontà che la tana non sia altro se non la fossa destinata a salvarmi la vita e che assolva al compito assegnatole con la massima perfezione possibile, e sono pronto a dispensarla da ogni altro compito. Ora però il fatto è che la tana in realtà – e nei momenti di emergenza non vi si bada, e invece bisogna badarvi anche nei momenti di pericolo – dà certo molta sicurezza, ma non abbastanza da far cessare una volta per tutte le preoccupazioni. Si tratta di altre preoccupazioni, più ambiziose, più significative, spesso più contenute, ma la loro struggente influenza è forse uguale a quella esercitata dalle preoccupazioni della vita all'esterno. Se avessi costruito la tana solo per mettermi al sicuro, non mi sentirei di certo defraudato, ma il rapporto tra l'enorme lavoro e la sicurezza reale, almeno per quanto sono in grado di provarla e per quanto ne possa approfittare, non sarebbe favorevole a me. È molto spiacevole riconoscerlo, ma è necessario, proprio qui dinanzi all'entrata che ora si chiude, che anzi letteralmente si stringe davanti a me, il suo costruttore e proprietario. Ma la tana non è solo una fossa di salvezza. Quando sto nella piazzaforte, circondato dalle alte provviste di carne; volgo lo sguardo alle dieci gallerie che da qui si dipartono, ognuna delle quali secondo il progetto generale discende o sale, va dritta o gira, si allarga o si restringe e tutte ugualmente mute e deserte, e pronte a portarmi ognuna per proprio conto alle molte piazzole, anch'esse mute e deserte – allora il pensiero della sicurezza mi è lontano, so bene che qui c'è la mia roccaforte, che ho sottratto al terreno riottoso, grattando e rosicchiando, battendo e martellando; la mia roccaforte, che non può appartenere in alcun modo a qualcun altro, è mia a tal punto che alla fin fine qui posso tranquillamente ricevere dal mio nemico anche il colpo mortale, perché il mio sangue si spargerebbe nel mio terreno e non andrebbe perduto. E quale è se non questo il senso delle belle ore che tra il sonno sereno e la gioiosa veglia sono solito trascorrere nelle gallerie, in quelle gallerie calcolate giusto per me, per distendermi piacevolmente, per rotolarmi come un bambino, per starmene lì a sognare, per dormire beato? E le piazzole, tutte ben conosciute, che nonostante siano del tutto uguali riesco a distinguere pure ad occhi chiusi per la curvatura delle pareti, mi avvolgono nella pace e nel calore, come mai nessun nido ha avvolto il suo uccello. E tutto, tutto è muto deserto.

Ma se le cose stanno così, perché indugio, perché ho paura dell'intruso più che della possibilità di non vedere forse più la mia tana? Ora, per fortuna quest'ultima cosa è impossibile, non c'è affatto bisogno di spiegare a me stesso attraverso tutte queste considerazioni che cosa significhi per me la tana; io e la tana ci apparteniamo a tal punto che potrei installarmi qui tranquillamente, tranquillamente nonostante tutte le mie paure; non dovrei neppure cercare di vincermi, per aprire l'entrata; contrariamente ad ogni esitazione, sarebbe sufficiente aspettare senza far nulla, poiché niente ci può dividere a lungo e in qualche modo alla fine di certo vi discenderò. Ma invero, quanto tempo potrà trascorrere fino ad allora e quante cose potranno accadere in questo tempo, sia qui sopra che là sotto? Eppure sta solo a me accorciare questo intervallo di tempo e fare subito il necessario. E ora, già non più in grado di pensare per la stanchezza, con la testa ciondoloni, insicuro sulle zampe, mezzo addormentato, più a tentoni che camminando, mi avvicino all'entrata, sollevo piano il muschio, discendo lentamente, per sbadataggine lascio un po' troppo scoperta l'entrata, me ne ricordo e risalgo per porre rimedio alla mancanza, ma perché risalire? Devo solo tirare la copertura di muschio, bene, scendo di nuovo e ora finalmente la sistemo. Solo in questa maniera, esclusivamente in questa maniera, posso farlo. – Allora mi trovo sotto il muschio, al di sopra della preda stipata, fra sangue e umore di carni, e potrei mettermi a dormire l'agognato sonno. Niente mi turba, nessuno mi ha seguito, sopra il muschio tutto sembra almeno per ora tranquillo e, se anche tutto non fosse tranquillo, ora non potrei, credo, indugiare in osservazioni; ho cambiato posto, dal mondo di sopra sono venuto nella mia tana e ne avverto subito il beneficio. È un nuovo mondo che dà nuove forze, e quello che sopra è stanchezza, qui non è più tale. Sono ritornato da un viaggio, enormemente affaticato dallo strapazzo; ma rivedere la vecchia casa, il lavoro di riassetto che mi aspetta, la necessità di ispezionare rapidamente tutti gli spazi, almeno superficialmente, di inoltrarmi in fretta fino alla piazzaforte, tutto questo trasforma la mia stanchezza in agitazione e solerzia; è come se nell'istante in cui sono entrato nella tana, avessi fatto un lungo e profondo sonno. Il primo lavoro è molto stancante e richiede tutte le energie: trascinare la preda lungo le gallerie strette e sottili del labirinto. Mi spingo avanti con tutte le mie forze, ma procedo troppo lentamente; per fare più in fretta, scosto una parte degli ammassi di carne, vi passo sopra e in mezzo, ora ne ho solo una parte davanti a me, è più facile trascinarla, ma sono in mezzo a una tale quantità di carne in queste gallerie strette, nelle quali non è mai facile passare anche quando sono solo, che potrei benissimo soffocare nelle mie stesse provviste; alcune volte solo divorando e bevendo mi salvo dalla loro morsa. Ma riesco a fare il trasporto, lo porto a termine in un tempo non troppo lungo, supero il labirinto, in una galleria pianeggiante traggo un sospiro di sollievo, sospingo la preda attraverso una galleria di passaggio in una galleria principale, predisposta proprio per queste occasioni, che con un forte dislivello conduce alla piazzaforte. A questo punto non c'è più bisogno di sforzarsi, ora tutto rotola giù, discende da sé. Finalmente nella piazzaforte! Finalmente potrò riposarmi. Tutto è rimasto invariato, non sembra avvenuto alcun grosso incidente, ai piccoli danni che noto al primo sguardo presto si rimedierà; prima però la lunga peregrinazione attraverso le gallerie; ma questo non è faticoso, è come fare quattro chiacchiere con gli amici, come facevo ai vecchi tempi o – non sono ancora così vecchio, ma spesso la memoria già si offusca – come facevo o come ho sentito che di solito si fa. Intenzionalmente comincio dalla seconda galleria, lentamente; dopo aver ispezionato la piazzaforte, ho tutto il tempo che voglio, – all'interno della tana ho sempre tempo all'infinito – dal momento che tutto quello che faccio qui è buono e importante e per così dire mi appaga. Comincio dalla seconda galleria, interrompo a metà l'ispezione e vado nella terza galleria, mi lascio riportare da questa alla piazzaforte e ora devo rimettermi di nuovo nella seconda galleria; gioco così con il lavoro incrementandolo, mi diverto e ne gioisco e, pur in grande agitazione per il molto lavoro, non lo abbandono. Sono venuto per voi, gallerie e piazzole, e soprattutto per i tuoi problemi, piazzaforte; non ho affatto badato alla mia vita, dopo essere stato a lungo così stupido da temere per essa e da ritardare il mio ritorno a voi. Ora che sono da voi, che cosa mi importa del pericolo? Voi appartenete a me, io a voi, siamo uniti, che cosa ci potrà accadere? La gente si accalchi pure lassù e stia pure in agguato il muso che sfonderà il muschio! Con il suo silenzio, e la sua desolazione anche la tana mi approva e conferma ciò che dico. – Ma ora mi assale una certa pigrizia e mi acciambello un poco in uno dei posti che preferisco, non ho ancora ispezionato tutto, ma voglio ancora continuare a ispezionare fino alla fine; non voglio dormire qui, cedo solo alla tentazione di accucciarmi come se volessi dormire, voglio vedere se stare qui mi piace sempre tanto come prima. Mi piace, non riesco più ad allontanarmi e piombo in un sonno profondo.

Ho dormito a lungo. Solo dall'ultimo sonno che svanisce da sé vengo risvegliato; ormai devo avere il sonno molto leggero, dal momento che mi sveglio per un sibilo appena percettibile. Subito capisco di che cosa si tratta: le bestioline di poco conto che controllo troppo poco e che troppo risparmio, in mia assenza, hanno aperto una nuova via, che si incontra con una vecchia via; in quel punto l'aria si ingolfa e questo provoca un sibilo. Quanto incessantemente sono operose queste colonie di animaletti e come è fastidiosa la loro laboriosità! Origliando attentamente alle pareti della galleria, voglio innanzitutto stabilire facendo piccoli scavi di prova il luogo di origine del fastidio, per poter eliminare il rumore. D'altra parte, se il nuovo scavo si adattasse in qualche modo alle proporzioni della costruzione, potrebbe essere opportunamente mantenuto come nuova condotta d'aria. Ma d'ora in poi sarò più attento a questi animaletti, molto di più di quanto non abbia fatto finora, non ne dovrò risparmiare nessuno.

Esercitato come sono a tali ricerche, non mi ci vorrà molto tempo e posso perciò cominciare subito; certo ci sono da fare anche altri lavori, ma questo è il più urgente; nelle mie gallerie ci deve essere silenzio. Questo rumore del resto sembra relativamente innocente; infatti non l'ho neppure sentito quando sono disceso, benché di certo ci fosse già; mi sono dovuto prima ambientare del tutto per poterlo sentire; è percepibile, per così dire, solo con l'orecchio del padrone di casa. E non è neppure un rumore costante, come sono di solito questi rumori; ci sono lunghi intervalli che chiaramente dipendono dai ristagni della corrente d'aria. Comincio a cercare, ma non riesco a trovare il luogo dove intervenire, scavo alcuni cunicoli, ma solo a caso; naturalmente così non si ricava nulla ed il grosso lavoro dello scavare e quello ancora più faticoso di riempire i buchi e livellare il terreno è inutile. Non mi avvicino neppure al luogo del rumore; invariabilmente tenue, esso risuona a intervalli regolari, ora come un sibilo, ora come un fischio. Per il momento potrei anche disinteressarmene, è sì un rumore molto fastidioso, ma non ci può essere alcun dubbio sulla supposta causa, per cui non si incrementerà; al contrario, può capitare – finora non ho mai dovuto aspettare così a lungo – che tali rumori si dissolvano da sé col passare del tempo grazie all'ulteriore lavoro di quei piccoli scavatori. Inoltre, spesso, è proprio il caso a mettere sulle tracce del disturbo, mentre un'ispezione sistematica può fallire per lungo tempo. Rassicurato da queste riflessioni, preferisco vagare ancora: nelle gallerie e visitare le piazzole, molte delle quali non ho ancora ispezionato e, tra un sopralluogo e l'altro, scorrazzare sulla piazzaforte; ma ciò non mi tranquillizza e decido di riprendere quella ricerca. Quelle piccole colonie di animaletti mi costano molto tempo, molto tempo che potrebbe essere impiegato assai meglio. In questi casi ciò che mi appassiona è l'aspetto tecnico della faccenda; per esempio, avvertito un rumore pienamente percettibile, che il mio orecchio è in grado di registrare in tutte le sue sfumature, ne ipotizzo la fonte e mi mobilito per trovarne conferma nella realtà. E a ragione, perché fino a quando non sono riuscito a stabilire la causa del rumore, non posso sentirmi sicuro, dovesse anche solo trattarsi di sapere dove rotolerà un granello di sabbia che cade da una parete. E infatti anche un rumore simile non è una faccenda senza importanza. Ma importante o non, per quanto cerchi, non trovo niente o piuttosto trovo troppo. Doveva capitare giusto nella mia piazzola preferita, penso; mi spingo quasi fino a metà della via che porta alla piazzola successiva; tutto questo in fondo è uno scherzo, mi dico, come se volessi credere che non è stata proprio la mia piazzola preferita a provocare quel fastidio, e dimostrare che inconvenienti ce ne sono anche altrove e, sorridendo, incomincio ad origliare, ma subito smetto di sorridere perché anche qui sento lo stesso sibilo. Non è nulla; nessuno, credo, tranne me, lo sentirebbe; in verità lo sento più nitidamente con l'orecchio affinato dall'esercizio, benché in effetti si tratti dappertutto dello stesso rumore, come mi persuado confrontando i rumori. Non diventa neppure più acuto, me ne accorgo quando mi metto in ascolto in mezzo alla galleria, senza origliare direttamente alla parete. Allora solo sforzandomi o concentrandomi posso quasi più indovinare che sentire l'alito di un suono. Ma proprio questa uniformità del rumore in tutti i diversi luoghi mi preoccupa, perché non si accorda con la mia congettura iniziale. Se la causa del rumore fosse stata quella da me immaginata, il rumore si sarebbe dovuto irradiare con la massima intensità da un luogo determinato individuabile per poi divenire sempre più lieve. Se la mia spiegazione non è giusta, di che cosa mai si tratterà? Restava ancora la possibilità che ci fossero due fonti del rumore, che fino a quel momento mi fossi messo in ascolto lontano da queste fonti e che, quando mi avvicinavo ad una fonte, certo il rumore da lì proveniente si intensificasse, ma che per l'attutimento del rumore proveniente dall'altra fonte, l'effetto globale per l'orecchio fosse pressappoco sempre lo stesso. Stando in perfetto ascolto, già credevo di cogliere differenze di suono che confermavano sia pure solo molto confusamente la nuova congettura. Dovevo comunque estendere il campo delle ricerche molto di più di quanto non avessi fatto fino ad allora. Discendo la galleria fino alla piazzaforte e lì comincio ad origliare. – È strano, anche qui c'è lo stesso rumore. È il rumore causato dagli scavi di chissà quali bestioline dappoco che hanno approfittato in maniera ignobile del tempo della mia assenza; in ogni caso non hanno nulla contro di me, sono solo impegnate nella loro opera e, fintantoché non incontrano un ostacolo sulla via, mantengono la direzione presa; tutto questo lo so bene, eppure, come abbiano osato arrivare fino alla piazzaforte non lo capisco, mi mette in agitazione e mi confonde la mente, così preziosa per il lavoro. Al riguardo non so trovare spiegazioni: è stata la notevole profondità alla quale si trova la piazzaforte, è stata la sua estensione e la sua forte circolazione d'aria che ha spaventato gli scavatori, o è stato semplicemente il fatto che la piazzaforte attraverso chissà quali informazioni è arrivata fino alla loro ottusa sensibilità? In ogni caso fino a quel momento non avevo notato buchi nelle pareti della piazzaforte. Certo vi giungevano animali in gran numero, attirati dalle forti esalazioni, lì ho fatto le mie brave cacce, si erano incuneati da qualche parte in alto nelle mie gallerie e scendevano di corsa lungo le gallerie, bramosi, rischiando di soffocare. Dunque ora scavano anche nelle gallerie. Avessi almeno realizzato i progetti più importanti della mia giovinezza e della prima maturità o piuttosto avessi avuto la forza di realizzarli, dal momento che non me ne è mai mancata la volontà. Uno di questi progetti giovanili prevedeva di isolare la piazzaforte dalla terra circostante, cioè di lasciare le pareti solo per uno spessore corrispondente pressappoco alla mia altezza, di costruire più in alto, tutt'intorno alla piazzaforte, eccetto una piccola base ben radicata alla terra, una intercapedine delle dimensioni della parete. In questa intercapedine mi ero sempre immaginato, e non a torto, di trovare la più bella dimora che potessi avere. Appendermi a quella rotondità, issarmici su, scivolare giù, capovolgermi e avere di nuovo il terreno sotto i piedi, fare tutti questi giochi, per così dire, sul corpo della piazzaforte eppure non sul suo vero spazio; poter evitare la piazzaforte, poter lasciar riposare gli occhi, rinviare per qualche ora la gioia di vederla e tuttavia non dovervi rinunciare, ma, per così dire, tenerla serrata fra gli artigli, il che è impossibile quando si ha un ingresso aperto comune; ma soprattutto poterla sorvegliare, essere ripagati della privazione della sua vista a tal punto che di sicuro se si dovesse scegliere tra la permanenza nella piazzaforte e quella nella intercapedine, si sceglierebbe l'intercapedine per tutto il tempo della propria vita, per attraversarla sempre su e giù e difendere la piazzaforte. Non ci sarebbero rumori nelle pareti, né scavi sfacciati fino alla piazzaforte, lì la pace sarebbe assicurata e io sarei il suo guardiano; non dovrei udire con repulsione gli scavi delle colonie di animaletti dappoco, ma sentirei, rapito, ciò che proprio non ho: il rumore del silenzio sulla piazzaforte.

Ma le cose non stanno così e devo riprendere il lavoro, devo quasi rallegrarmi che esso abbia una connessione con la piazzaforte, perché ciò mi sprona. In verità, come si evidenzia sempre più, per questo lavoro che inizialmente appariva del tutto insignificante mi servono tutte le mie forze. Ora origlio alle pareti della piazzaforte, e dovunque lo faccia, in alto e in basso, alle pareti e al suolo, agli ingressi o nell'interno, dovunque, dovunque, lo stesso rumore. E quanto tempo, quanta tensione esige questo lungo origliare il rumore intermittente. Illusoriamente si può trovare un piccolo sollievo nel fatto che qui nella piazzaforte a differenza che nelle gallerie, se si allontana l'orecchio dal suolo, non si sente niente a causa dell'ampiezza della piazzaforte. Soltanto per rassicurarmi, per riprendermi, faccio continuamente queste prove, origlio con la massima concentrazione e sono felice di non sentire nulla. Ma del resto che cosa è avvenuto? Le mie prime spiegazioni di questo fenomeno erano tutte sbagliate. Ma devo scartare anche altre spiegazioni possibili. Si potrebbe pensare che quello che sento provenga dagli stessi animaletti al lavoro. Ciò contrasterebbe con tutte le esperienze; non posso incominciare a udire all'improvviso ciò che non ho mai udito, benché ci fosse da sempre. La mia sensibilità ai piccoli fastidi è forse diventata negli anni maggiore nella tana, ma l'udito non è certo diventato più acuto. Gli animaletti sono fatti in modo tale che non si sentono. Altrimenti, li avrei mai sopportati? A rischio di morire di fame, li avrei annientati. Ma forse, anche questa idea si insinua in me, si tratta di un animale che non conosco ancora. Sarebbe possibile. Certo osservo già da lungo tempo e con scrupolosità la vita quaggiù, ma il mondo è multiforme e le brutte sorprese non mancano mai. Ma non potrebbe essere un unico animale, dovrebbe essere una grossa colonia capitata all'improvviso nel mio territorio, una grossa colonia di piccoli animali che di certo, essendo percettibili, superano le colonie degli animaletti dappoco, ma li sovrastano solo di poco, visto che il rumore del loro lavoro è in sé debole. Potrebbero essere animali sconosciuti, un branco in viaggio, che passa, che mi infastidisce, ma il cui passaggio terminerà presto. In fondo potrei attendere e senza dover fare alla fine un lavoro inutile. Ma se sono animali estranei, perché non sono riusciti a vederli? Ho già eseguito molti scavi per acchiapparne uno, ma non ne ho trovato nessuno. Penso che si tratti forse di animali minuscoli, molto più piccoli di quelli che conosco, e che solo il rumore che fanno sia più grosso. Rovisto allora nella terra estratta, getto in aria le zolle affinché si sgretolino in piccolissime particelle, ma i propagatori del rumore lì sotto non ci sono. Lentamente mi rendo conto che con questi piccoli scavi a caso non verrò a capo di nulla; scavo alle pareti della tana, raspo qui e là in gran fretta, non ho il tempo di riempire le fosse, in molti punti ci sono mucchi di terra che ostruiscono il passaggio e la vista. In verità tutto ciò mi disturba solo in via secondaria, non posso né girare, né guardarmi intorno, né riposarmi; più volte mi sono addormentato un pochino in qualche fossa durante il lavoro, con una zampa avvinghiata alla terra dalla quale nell'ultimo dormiveglia volevo staccare una zolla. Adesso cambierò il mio metodo. Aprirò un grosso scavo regolare in direzione del rumore e non cesserò di scavare finché, indipendentemente da ogni teoria, non troverò la vera causa del rumore. Allora se ne avrò la forza, la rimuoverò, se non l'avrò, avrò almeno la certezza. La certezza mi porterà o la consolazione o la disperazione, ma, come che sia, questa o quella sarà certa e motivata. Questa decisione mi fa bene. Tutto quello che ho fatto finora lo ritengo affrettato; nell'eccitazione del ritorno, non ancora liberato dalle preoccupazioni del mondo di sopra, non ancora ambientato nella pace della tana, reso ipersensibile dall'aver dovuto rinunciarvi così a lungo, mi sono lasciato sconvolgere da un fenomeno che, come ormai ho capito, è assai strano. Ma, in fondo che cos'è? Un sibilo lieve, percettibile solo a lunghi intervalli, un nulla, a cui non dico che si possa fare l'abitudine; no, non ci si può fare l'abitudine, ma, senza intraprendere per il momento alcuna iniziativa, lo si potrebbe osservare per un po' di tempo, origliando di tanto in tanto per un paio d'ore e registrando con pazienza i dati emersi e non strisciando, come sto facendo con l'orecchio alle pareti e squarciando la terra ogni volta che il rumore diventa percettibile, non già per trovare qualcosa, ma solo per fare qualcosa, per l'inquietudine che si ha dentro. Ora spero che andrà altrimenti. E non lo spero – come ad occhi chiusi confesso a me stesso, infuriato – perché l'inquietudine si agita in me ormai da ore, e, se la ragione non me lo impedisse, forse incomincerei a scavare in qualsiasi punto a casaccio, indifferente al fatto che si senta o meno qualcosa, inebetito, ostinato, solo pur di scavare; ormai quasi simile in questo alla colonia degli animaletti dappoco che o scava senza senso o solo perché si nutre di terra. Il mio nuovo piano razionale mi convince e non mi convince. Non c'è nulla da obiettare, io almeno non saprei fare alcuna obiezione; per quanto capisco, esso dovrà condurre alla meta. E, nonostante ciò, in fondo non ci credo; ci credo così poco che non temo neppure le possibili conseguenze spaventose del suo esito, non credo neppure a un esito terrificante; anzi, mi sembra di aver pensato fin dalla prima manifestazione del rumore alla razionalità di un tale scavo e di non averlo ancora iniziato solo perché non avevo fiducia in esso. Nonostante ciò, inizierò lo scavo, non mi rimane altra possibilità, ma non inizierò subito, rinvierò un poco il lavoro. Se la ragione deve di nuovo salire agli onori, ciò deve avvenire pienamente, non mi butterò a capofitto in questo lavoro. Prima, rimedierò ai guasti che ho procurato alla tana con il mio lavoro di scavo; ci vorrà molto tempo, ma è necessario; se il nuovo scavo dovrà realmente condurre a una meta, sarà probabilmente lungo e, se non dovesse condurre a una meta, sarà infinito; comunque, questo lavoro significa una lontananza piuttosto lunga dalla tana, non così brutta come quella nel mondo di sopra. Posso, se voglio, interrompere il lavoro e andare in visita a casa e, se non lo dovessi fare, l'aria della piazzaforte soffierà verso di me e mi avvolgerà durante il lavoro; in ogni caso tutto questo significa un allontanamento dalla tana e l'abbandonarsi a un destino incerto, per questo voglio lasciare dietro di me la tana in bell'ordine, non si deve dire che, combattendo per la mia pace, io stesso l'ho infranta e non l'ho subito ristabilita. Così comincio a riempire di terra le fosse, un lavoro che conosco benissimo, che ho fatto innumerevoli volte, quasi senza la consapevolezza di fare un lavoro e che, in particolar modo per quanto riguarda l'ultima compressione e il livellamento – non è certo per vantarmi, è semplicemente la verità – sono in grado di compiere in modo insuperabile. Ma questa volta esso è faticoso, sono troppo inquieto, nel bel mezzo del lavoro di continuo premo l'orecchio contro la parete e origlio e, indifferentemente, lascio che per la pendenza ricada sotto di me la terra che ho appena sollevata. Non riesco a compiere le ultime rifiniture che richiedono una maggiore precisione. Restano brutte gibbosità, spiacevoli crepe, per non parlare del fatto che comunque andrà perduta la vecchia curvatura delle pareti, in tal modo rattoppate. Cerco di consolarmi pensando che si tratta solo di un lavoro provvisorio. Quando ritornerò, rista-

bilita la pace, tutto sarà migliorato definitivamente, tutto si potrà fare di volata. Sì, tutto avviene di volata nelle favole e anche questo conforto appartiene alle favole. Sarebbe meglio fare subito un lavoro definitivo, sarebbe molto più vantaggioso che interromperlo continuamente andando in giro per le gallerie a individuare nuovi luoghi del rumore, il che, a dire il vero, è molto facile e non costa molta fatica se non quella di fermarsi in un posto qualsiasi e origliare. Inoltre faccio anche scoperte inutili. A volte mi sembra che il rumore sia finito, perché ci sono lunghi intervalli, a volte il sibilo non riesco a sentirlo, tanto forte mi batte il sangue nell'orecchio, infine due intervalli si combinano e per un momento si può credere che il sibilo sia finito per sempre. Allora non si sta più ad origliare, si salta su, l'intera vita si trasforma, è come se si schiudesse la fonte dalla quale promana il silenzio della tana. Ci si guarda dal verificare subito la scoperta, si cerca qualcuno al quale poterla prima confidare, con piena fiducia, si galoppa verso la piazzaforte, perché con tutto il proprio essere ci si risveglia a una nuova vita, ci si ricorda che non si mangia da parecchio tempo, si afferra qualcosa dalle provviste mezze sepolte sotto la terra e, ancora inghiottendo, si ritorna di corsa sul luogo della straordinaria scoperta; tra l'altro sulle prime ci si vuole accertare come di sfuggita ancora una volta della cosa; mentre si sta mangiando, si origlia, ma questo convulso origliare subito rivela che ci si è tremendamente sbagliati, dal momento che in lontananza si sente imperturbabile il sibilo. Allora si sputa il cibo e lo si vorrebbe pressare nel terreno e si ritorna al proprio lavoro, senza più sapere quale è; là dove sembra necessario, e ce ne sono parecchi di posti simili, si comincia a fare meccanicamente qualcosa, come se fosse arrivato un sorvegliante e bisognasse recitare una commedia. Ma dopo aver lavorato un poco in questo modo, può accadere che si faccia una nuova scoperta. Il rumore sembra divenuto più intenso, non molto più intenso naturalmente, si tratta sempre soltanto di differenze impercettibili, ma è un poco più intenso, distintamente percettibile all'orecchio. E questo intensificarsi appare come un avvicinamento; ancora più distintamente di quanto non si senta l'intensificarsi, si vede, per così dire, il passo con il quale si avvicina. Si rimbalza dalla parete, si cerca di abbracciare con un unico sguardo tutte le possibili conseguenze che la scoperta potrà comportare. Si ha la sensazione di non aver mai predisposto la costruzione per la difesa contro un attacco, se ne è avuto il proposito, ma il rischio di un attacco era sembrato contra-

stare con tutte le esperienze della vita e la preparazione della difesa era sembrata lontana – o meglio non lontana (come sarebbe possibile!), ma meno importante rispetto all'organizzazione di una vita di pace, alla quale soprattutto si è data la preferenza nella costruzione. Si sarebbe potuto fare molto in quella direzione, senza sconvolgere il piano originario, ciò incomprensibilmente non è stato fatto. Io ho avuto molta fortuna in tutti questi anni, la fortuna mi ha abituato male, ero talvolta stato inquieto, ma l'inquietudine nella fortuna non porta a nulla. Ora bisognerebbe innanzitutto ispezionare la tana per accertare le possibilità di difesa, tutte le possibilità immaginabili, elaborare un piano di difesa e il relativo piano di attuazione e cominciare subito il lavoro, vispo come un giovane. Questo sarebbe il lavoro da fare, per il quale, detto tra parentesi, è troppo tardi, ma sarebbe il lavoro necessario, invece dello scavo di qualche grosso cunicolo di ispezione, che ha il solo scopo di mettermi, senza difesa, con tutte le mie forze, alla ricerca del pericolo, nel folle timore che esso si presenti abbastanza presto da sé. Non riesco a trovare la minima razionalità in quel piano che mi era sembrato ingegnoso, lascio nuovamente il lavoro e smetto anche di origliare, non voglio scoprire un'ulteriore intensificazione del sibilo, ne ho abbastanza di scoperte, lascio tutto, sarei già contento se riuscissi almeno a calmare il mio tumulto interiore. Mi lascio ancora condurre dalle mie gallerie, giungo in gallerie sempre più lontane, non ancora ispezionate dal mio ritorno, ancora risparmiate dal raspare delle zampe, gallerie il cui silenzio si risveglia al mio arrivo piombandomi addosso. Non mi abbandono ad esso, corro lungo le gallerie, non so più che cosa cerco, forse solo ancora una dilazione. Mi allontano così tanto che arrivo fino al labirinto, sono tentato di origliare sotto la copertura di muschio; cose tanto lontane, tanto lontane per il momento, suscitano il mio interesse, mi spingo fin lassù e origlio. Silenzio profondo; come è bello qui, nessuno si interessa alla mia tana, ognuno ha le sue faccende, che non hanno la minima relazione con me, come ho fatto ad ottenere questo? Qui, sotto la copertura di muschio, è forse l'unico posto della tana dove posso origliare per ore inutilmente. – Del tutto inversa la situazione nella tana, quello che finora era il luogo del pericolo è diventato un luogo di pace, la piazzaforte invece è rovinata nel rumore del mondo e nei suoi pericoli. Peggio ancora, invero non vi è pace neppure qui, qui non è cambiato niente: silenzioso o rumoroso, sopra il muschio il pericolo incombe come prima, ma io sono diventato

insensibile davanti ad esso, preso come sono dal sibilo nelle pareti. Ne sono preso? Esso diventa più intenso, si avvicina, io invece vado serpeggiando attraverso il labirinto e mi fermo quassù, sotto il muschio, quasi come se volessi abbandonare la casa a chi sibila, contento solo di avere un po' di quiete quassù. Abbandonarla a chi sibila? Forse ho una nuova precisa opinione sulla causa del rumore? Il rumore proviene veramente da canali che quegli animaletti dappoco scavano? È questa la mia esatta convinzione? Non mi pare di averla ancora scartata. E se il rumore non proviene direttamente dai canali, vi proviene in qualche modo indirettamente. E, se non dovesse essere in alcun modo in relazione con essi, non si può presumere nulla a priori e si deve attendere fino a quando non si trovi la causa o questa non si riveli da se stessa. Ancora adesso potrei giocare con le congetture, dire per esempio che in qualche luogo in lontananza si è prodotta una infiltrazione d'acqua e che quello che mi sembra un fischio o un sibilo in realtà potrebbe essere un mormorio d'acqua. Ma, a parte che in questo ambito non ho alcuna esperienza – il rivolo d'acqua che avevo trovato all'inizio l'ho subito deviato e non l'ho più incontrato in questo terreno sabbioso -, si tratta proprio di un sibilo e non lo si può confondere con un mormorio d'acqua. Ma a che cosa servono gli inviti alla calma? L'immaginazione non si arresta e mi oriento a credere – non ha senso negarselo – che il sibilo provenga da un animale e non da molti e piccoli, ma da un unico grosso animale. Si potrebbe controbattere in vario modo: che il rumore si senta dappertutto e sempre con la stessa intensità e per di più regolarmente di giorno e di notte. Certo, inizialmente si dovrebbe essere portati a ipotizzare la presenza di molti animali piccoli, ma visto che avrei dovuto trovarli nei miei scavi e invece non li ho trovati, rimane solo l'ipotesi della presenza di un animale grosso, tanto più che ciò che sembra contraddire questa ipotesi sarebbero solo cose che non escludono la presenza dell'animale, ma ne mettono in luce la pericolosità oltre ogni immaginazione. Solo per tale motivo ho rifiutato questa ipotesi. Ora lascio cadere questa illusione. Già da lungo tempo gioco con l'idea che il rumore lo si sente solo a grande distanza, dal momento che l'animale lavora freneticamente, si scava un buco nella tana così rapidamente come uno che fa una passeggiata in una galleria aperta, la terra trema ai suoi scavi, anche quando sono già finiti e questa vibrazione e il rumore del lavoro si fondono in lontananza e io, sentendo solo l'ultimo spegnersi del rumore, lo sento uguale dappertutto. Concorre a questo il fatto che l'animale non viene verso di me, per questo il rumore non cambia; piuttosto ha un piano, il cui senso non riesco a capire, solo suppongo che l'animale – con ciò non voglio sostenere che sappia di me – mi stia circondando e che, da quando lo sto sentendo, abbia già scavato alcuni cerchi intorno alla tana. – Mi dà molto da pensare il genere del rumore, il sibilo o il fischio. Quando gratto o raschio nella terra alla mia maniera, si produce un rumore completamente diverso. Mi posso spiegare il sibilo solo così, che il principale strumento di lavoro dell'animale non siano le unghie, con le quali probabilmente si aiuta, ma il suo muso o il suo grugno che comunque, a parte la sua smisurata forza, deve avere anche una parte tagliente. Probabilmente affonda con un unico colpo il muso nella terra e ne stacca un grosso pezzo; nel frattempo non sento niente, è l'intervallo; ma poi inspira di nuovo l'aria per un nuovo colpo. Questo inspirare l'aria che deve avere un rumore che fa scuotere la terra, non solo per il vigore dell'animale, ma anche per la sua fretta, per l'alacrità con cui lavora, questo rumore io lo sento come un lieve sibilo. Resta del tutto incomprensibile la sua capacità di lavorare ininterrottamente; forse i brevi intervalli sono anche l'occasione per riposarsi un poco, ma sembra che un vero lungo riposo non ci sia ancora stato, scava di giorno e di notte, sempre con la stessa lena e con la stessa freschezza, tenendo sempre davanti agli occhi il piano da attuare con tutte le capacità che ha. Certo, non mi potevo aspettare un nemico simile. Ma, a prescindere dalle sue caratteristiche, sta solo avvenendo qualcosa che avrei dovuto sempre temere, contro cui avrei dovuto sempre prendere delle misure: qualcuno si avvicina! Come è avvenuto che per tanto tempo tutto si sia svolto in silenzio e felicemente? Chi ha indicato la strada ai nemici in modo da farli girare intorno alla mia proprietà? Che senso ha avuto essere stato tanto a lungo tranquillo per essere poi ora tanto spaventato? Che cos'erano, in confronto a questo, tutti quei piccoli pericoli a pensare ai quali dedicavo tanto tempo! Speravo, come proprietario della tana, di avere la meglio su chiunque arrivasse? Proprio come proprietario di questa grande opera così esposta, sono disarmato di fronte ad ogni attacco. La felicità della proprietà mi ha abituato male, la fragilità della costruzione mi ha reso sensibile, le sue ferite mi fanno soffrire come se fossero mie. Avrei dovuto prevederlo, non pensare solo alla mia difesa – e con quanta leggerezza e inconcludenza ho fatto persino questo! – ma anche alla difesa della tana. Innanzitutto bisognava fare in modo che singole zone della tana, molte possibilmente, quando stessero per essere assalite da qualcuno, fossero separate dalle zone meno in pericolo per mezzo di caduta di terriccio provocabile in brevissimo tempo e che si potessero separare con ammassi di terriccio tali e di tale grandezza da non far sospettare all'aggressore che dietro ci fosse proprio la tana. Ancora di più: queste cadute di terriccio avrebbero dovuto non solo nascondere la tana, ma seppellire anche l'aggressore. Non ho fatto neppure il più piccolo sforzo in tal senso, nulla, non è avvenuto nulla in questa direzione, sono stato sventato come un ragazzo, ho trascorso gli anni della maturità in giochi infantili, ho solo giocato con il pensiero dei pericoli; non mi sono data la pena di pensare veramente ai pericoli reali. E non sono mancati gli ammonimenti.

In ogni caso non era mai avvenuto nulla che eguagliasse quello che sta avvenendo ora; qualcosa di simile avvenne nel periodo iniziale della costruzione. La differenza principale è appunto che si trattava del periodo d'avvio della costruzione… allora lavoravo proprio come un piccolo apprendista ancora alla prima galleria, il labirinto era appena grossolanamente delineato, avevo già scavato una piazzola, ma era molto deludente per dimensioni e per la riuscita delle pareti; in breve, tutto era talmente all'inizio che si poteva ritenere solo come un abbozzo, come una cosa che, se si perde la pazienza, si può abbandonare all'improvviso, senza grossi rimpianti. Allora avvenne che in una pausa di lavoro – nella mia vita ho sempre fatto troppe pause sul lavoro – stavo tra i cumuli di terra, quando all'improvviso sentii un rumore in lontananza. Giovane com'ero, mi incuriosì più che impaurirmi. Lasciai il lavoro e mi fermai a origliare, continuavo a origliare, senza correre lassù sotto il muschio per distendermi là e non dover più origliare. Almeno origliavo. Mi resi chiaramente conto che si trattava di uno scavo simile al mio, risuonava un po' più debolmente, ma quanto dipendesse dalla distanza non si poteva calcolare, non si poteva sapere. Ero teso, ma freddo e calmo. Forse sono in una tana altrui, pensai, e il proprietario ora sta scavando verso di me. Se si fosse dimostrata giusta questa mia ipotesi, me ne sarei andato per costruire altrove, visto che non sono mai stato assetato di conquiste e aggressivo. Ero ancora giovane e non avevo ancora una tana, potevo essere freddo e calmo. Anche quello che accadde poi non mi turbò particolarmente, solo non era facile da capire. Se chi scavava lì si dirigeva davvero verso di me, perché mi aveva sentito scavare, quando, come faceva, mutava direzione, non si capiva se lo faceva perché io con la mia pausa di lavoro lo privavo di ogni punto di riferimento per il suo percorso o se piuttosto egli stesso cambiava intento. Ma forse mi ero sbagliato e quello non si era mai rivolto nella mia direzione; in ogni caso il rumore crebbe ancora per un po' di tempo come se si avvicinasse; a me, giovane, forse non sarebbe neppure dispiaciuto veder sbucare all'improvviso dalla tana lo scavatore, ma questo non accadde; da un certo momento in poi il rumore cominciò ad attenuarsi, divenne sempre più lieve, come se lo scavatore si stesse allontanando lentamente dalla sua prima direzione, e ad un certo momento finì, come se quello avesse scelto una direzione completamente opposta e si allontanasse da me. Origliai ancora a lungo prima di riprendere il lavoro. Ora, questo ammonimento fu abbastanza chiaro, ma io lo dimenticai subito e non ha avuto alcuna conseguenza sui miei progetti di costruzione.

Tra quel tempo ed oggi si è svolta la mia vita matura; ma non sembra quasi che non sia intercorso nulla? Ancora faccio una grossa pausa durante il lavoro e origlio alla parete e lo scavatore ha di nuovo cambiato la sua intenzione, ha fatto dietrofront, torna indietro, crede di avermi lasciato tempo sufficiente per dispormi ad accoglierlo. Ma da parte mia tutto è predisposto meno bene che allora, la grande tana sta lì inerme, io non sono più un modesto apprendista ma un vecchio costruttore e le forze che mi restano ancora mi lasciano proprio nel momento cruciale, ma per quanto sia vecchio, volentieri vorrei essere più vecchio di quello che sono, così vecchio da non potermi più sollevare dal giaciglio sotto il muschio. Ma non sopporto più di stare qui, mi alzo e mi precipito nella casa come se invece che consolazione avessi trovato qui solo nuovi crucci. – Come stavano le cose? Il sibilo era diventato più debole? No, era diventato più forte. Origlio in una decina di posti diversi e mi accorgo chiaramente dell'inganno, il sibilo è sempre lo stesso, non è cambiato niente. Lassù non ci sono cambiamenti, si sta in pace, incuranti del tempo; qui invece ogni attimo sconvolge chi origlia. Ripercorro la lunga via che porta alla piazzaforte, ogni cosa intorno mi sembra confusa, sembra osservarmi e subito ritrarsi per non turbarmi e per poi di nuovo protendersi a cogliere sul mio viso le risoluzioni della salvezza. Scuoto la testa, non ne ho. Non sto andando alla piazzaforte per eseguire qualche piano. Giungo al luogo dove volevo costruire lo scavo di prova, esamino ancora una volta quello che sarebbe stato un buon posto, lo scavo avrebbe condotto nella direzione nella quale si trovavano la maggior parte delle piccole condotte d'aria che mi avrebbero reso più facile il lavoro, forse non avrei dovuto nemmeno scavare lontano, sarei potuto arrivare scavando alla fonte del rumore, forse sarebbe bastato origliare presso quelle condotte. Ma nessuna riflessione è così convincente da incoraggiarmi a questo lavoro di scavo. Lo scavo dovrebbe portarmi la certezza? Sono al punto di non volere neppure più la certezza. Sulla piazzaforte scelgo un bel pezzo di carne grossa scuoiata e mi rintano con esso in uno dei cumuli di terra dove in ogni caso ci sarà silenzio, per quanto qui ci possa ancora essere il vero silenzio. Lecco e mangio la carne, penso ogni tanto all'animale estraneo che in lontananza percorre la sua strada e poi penso che, fino a quando ne ho ancora la possibilità, dovrei godermi il più abbondantemente possibile le mie provviste. Quest'ultimo è forse l'unico progetto che posso realizzare. Tento di indovinare i disegni dell'animale: è di passaggio o lavora alla sua tana? Se arrivasse effettivamente fino a me, potrei dargli una parte delle provviste e lui potrebbe proseguire. In mezzo ai cumuli di terriccio posso sognare qualunque cosa, anche un accordo, benché sappia bene che una cosa di questo genere non è possibile e che nell'istante in cui ci guarderemo l'un l'altro o in cui sospetteremo soltanto di essere vicini, mostreremo l'uno all'altro artigli e denti, entrambi furiosi, nessuno prima e nessuno dopo, con una nuova diversa fame, anche se saremo pienamente sazi. E come sempre, anche in questo caso, a ragione; chi infatti, anche se fosse in viaggio non cambierebbe i suoi piani di viaggio e i suoi piani per il futuro, di fronte alla tana? Ma forse l'animale scava nella sua proprietà, allora non posso neppure sognare un accordo. Fosse anche un animale così strano da sopportare dei vicini di tana, non potrebbe sopportare la mia tana, non potrebbe sopportare dei vicini che si possono sentire. Ora l'animale sembra molto lontano; se si allontanasse ancora un po', il rumore si dileguerebbe, forse tutto potrebbe volgere al bene come ai vecchi tempi, rimarrebbe solo una brutta ma salutare esperienza che mi stimolerebbe ai più diversi miglioramenti. Quando vivo tranquillo ed il pericolo non incombe immediatamente su di me, sono in grado di fare ogni genere di lavori impegnativi; forse l'animale, tenuto conto delle enormi possibilità che sembra avere per la sua forza nel lavoro, desiste dall'allargare la sua tana in direzione della mia e si rifà altrove. Anche questo non si può più ottenere attraverso trattative, ma solo grazie alla saggezza dell'animale o perché ve lo costringa io. In tutti e due i casi è questione decisiva se l'animale sa di me e che cosa sa. Quanto più ci rifletto, tanto più mi sembra improbabile che l'animale mi abbia sentito; è possibile, anche se non riesco a crederlo, che abbia avuto informazioni su di me da altre fonti, ma non penso che mi abbia sentito. Fino a quando non sapevo niente di lui, non può avermi udito, perché mi mantenevo in silenzio, non c'è niente di più silenzioso che rivedere la tana; poi avrebbe potuto di certo sentirmi mentre facevo gli scavi di prova, benché il mio modo di scavare sia molto silenzioso; ma se mi avesse sentito, anch'io me ne sarei accorto, avrebbe dovuto fermarsi almeno qualche volta mentre lavorava, per origliare. – Invece non si era mai fermato…

Indice

I MiniMammut

Sant'Agostino, *Le confessioni*
Louisa May Alcott, *Piccole donne e Piccole donne crescono*
Dante Alighieri, *Divina Commedia*
Lucio Apuleio, *La favola di Amore e Psiche*
Jane Austen, *L'Abbazia di Northanger*
Jane Austen, *Emma*
Jane Austen, *Lady Susan, I Watson, Sanditon*
Jane Austen, *Mansfield Park*
Jane Austen, *Orgoglio e pregiudizio*
Jane Austen, *Persuasione*
Jane Austen, *Ragione e sentimento*
James Matthew Barrie, *Le avventure di Peter Pan*
Charles Baudelaire, *I Fiori del Male e tutte le poesie*
Charles Baudelaire, *Paradisi artificiali*
L. Frank Baum, *Il mago di Oz*
Cesare Beccaria, *Dei delitti e delle pene*
E. Derr Biggers, *Charlie Chan e il cammello nero*
Giovanni Boccaccio, *Decameron*
Anne Brontë, *Agnes Grey*
Anne Brontë, *La signora di Wildfell Hall*
Charlotte Brontë, *Jane Eyre*
Charlotte Brontë, *Il professore*
Charlotte Brontë, *Shirley*
Charlotte Brontë, *Villette*
Emily Brontë, *Cime tempestose*
John Buchan, *I trentanove scalini*
Michail A. Bulgakov, *Cuore di cane e altri racconti*
Michail A. Bulgakov, *Il maestro e Margherita*
Frances Hodgson Burnett, *Il giardino segreto*
Edgar Rice Burroughs, *Tarzan delle Scimmie*
Lewis Carroll, *Alice nel paese delle meraviglie e Attraverso lo specchio*
Miguel de Cervantes Saavedra, *Don Chisciotte*
Caio Giulio Cesare, *De bello gallico - La guerra gallica*
Wilkie Collins, *L'albergo stregato*
Wilkie Collins, *Armadale*
Wilkie Collins, *La donna in bianco*
Wilkie Collins, *Il fiume della colpa*

Wilkie Collins, *Le foglie cadute*
Wilkie Collins, *La legge e la signora*
Wilkie Collins, *La pietra di luna*
Wilkie Collins, *Senza nome*
Carlo Collodi, *Le avventure di Pinocchio e Fiabe e racconti*
Arthur Conan Doyle, *Le avventure di Sherlock Holmes*
Arthur Conan Doyle, *Il ritorno di Sherlock Holmes*
Arthur Conan Doyle, *Sherlock Holmes. Il mastino dei Baskerville*
Arthur Conan Doyle, *Sherlock Holmes. Il segno dei Quattro*
Arthur Conan Doyle, *Sherlock Holmes. Uno studio in rosso*
Arthur Conan Doyle, *Sherlock Holmes. La Valle della Paura*
Arthur Conan Doyle, *L' ultimo saluto di Sherlock Holmes*
Arthur Conan Doyle, *Tutto Sherlock Holmes* (Quattro volumi in cofanetto, edizioni integrali)
Confucio, *Massime di saggezza*
Joseph Conrad, *Cuore di tenebra e altri racconti d'avventura*
James Fenimore Cooper, *L'ultimo dei Mohicani*
Il Corano
Gabriele D'Annunzio, *Il piacere*
Charles Darwin, *L'origine delle specie*
Charles Darwin, *L'origine dell'uomo e la selezione sessuale*
Edmondo De Amicis, *Cuore*
Daniel Defoe, *Moll Flanders*
Daniel Defoe, *Robinson Crusoe*
Grazia Deledda, *Canne al vento*
Federico De Roberto, *I Viceré*
Charles Dickens, *David Copperfield*
Charles Dickens, *Le due città*
Charles Dickens, *Grandi speranze*
Charles Dickens, *Nicholas Nickleby*
Charles Dickens, *Oliver Twist*
Charles Dickens, *Tempi difficili*
Emily Dickinson, *Poesie*
Fëdor M. Dostoevskij, *Delitto e castigo*
Fëdor M. Dostoevskij, *I demoni*
Fëdor M. Dostoevskij, *I fratelli Karamazov*
Fëdor M. Dostoevskij, *Il giocatore*, *Le notti bianche*, *La mite*, *Il sogno di un uomo ridicolo*
Fëdor M. Dostoevskij, *L'idiota*
Alexandre Dumas, *I Borgia*
Alexandre Dumas, *Il Conte di Montecristo*
Alexandre Dumas, *Il tulipano nero*
Alexandre Dumas (figlio), *La signora delle camelie*

Albert Einstein, *Come io vedo il mondo - La teoria della relatività*
Albert Einstein, *Pensieri, idee, opinioni*
Albert Einstein, *Il significato della relatività - Il mondo come io lo vedo*
Eschilo, *Tutte le tragedie*
Francis Scott Fitzgerald, *Belli e dannati*
Francis Scott Fitzgerald, *Il grande Gatsby*
Francis Scott Fitzgerald, *Racconti dell'età del jazz*
Francis Scott Fitzgerald, *Tenera è la notte*
Gustave Flaubert, *Madame Bovary*
Antonio Fogazzaro, *Piccolo mondo antico*
Ugo Foscolo, *Ultime lettere di Jacopo Ortis*
James George Frazer, *Il ramo d'oro*
R. Austin Freeman, *L'impronta scarlatta*
Sigmund Freud, *L'avvenire di un'illusione - Il disagio della civiltà*
Sigmund Freud, *Casi clinici*
Sigmund Freud, *Compendio di psicoanalisi e altri scritti*
Sigmund Freud, *L'interpretazione dei sogni*
Sigmund Freud, *Introduzione alla psicoanalisi*
Sigmund Freud, *L'Io e l'Es. Inibizione, sintomo e angoscia*
Sigmund Freud, *Mosè e il monoteismo*
Sigmund Freud, *Il motto di spirito e la sua relazione con l'inconscio*
Sigmund Freud, *Ossessioni, fobie e paranoia*
Sigmund Freud, *La psicoanalisi*
Sigmund Freud, *Psicoanalisi dell'arte e della letteratura*
Sigmund Freud, *Psicoanalisi dell'isteria e dell'angoscia*
Sigmund Freud, *Psicoanalisi della società moderna*
Sigmund Freud, *La psicoanalisi infantile*
Sigmund Freud, *Psicologia e metapsicologia*
Sigmund Freud, *Psicopatologia della vita quotidiana*
Sigmund Freud, *Il sogno e Scritti su ipnosi e suggestione*
Sigmund Freud, *Sessualità e vita amorosa*
Sigmund Freud, *Sulla cocaina*
Sigmund Freud, *Totem e tabù e altri saggi di antropologia*
Mohandas Karamchand Gandhi, *La mia vita per la libertà*
Mohandas Karamchand Gandhi, *Il mio credo, il mio pensiero*
Federico García Lorca, *Poesie. Libro de Poemas - Suites*
Kahlil Gibran, *Il Profeta - Il Giardino del Profeta*
Johann Wolfgang von Goethe, *Le affinità elettive*
Johann Wolfgang von Goethe, *I dolori del giovane Werther*
Le grandi fiabe (*Le mille e una notte*, I, II; Perrault, *I racconti delle fate*; Grimm, *Tutte le fiabe*; Andersen, *Tutte le fiabe*, I, II; Collodi, *Le avventure di Pinocchio*, *Fiabe e racconti*. Sette volumi in cofanetto, edizioni integrali)
Thomas Hardy, *Jude l'oscuro*
Nathaniel Hawthorne, *La lettera scarlatta*

Washington Irving, *Il mistero di Sleepy Hollow e altri racconti*
Henry James, *Giro di vite*
Henry James, *Ritratto di signora*
Jerome Klapka Jerome, *Tre uomini in barca. Tre uomini a zonzo*
James Joyce, *Ulisse*
Franz Kafka, *La metamorfosi e tutti i racconti*
Franz Kafka, *Il processo*
Franz Kafka, *Il castello*
Franz Kafka, *Lettera al padre - La condanna*
Rudyard J. Kipling, *Capitani coraggiosi*
Rudyard J. Kipling, *Kim*
Rudyard J. Kipling, *Il libro della giungla*
Pierre Choderlos de Laclos, *Le relazioni pericolose*
David Herbert Lawrence, *L'amante di Lady Chatterley*
Maurice Leblanc, *Le avventure di Arsenio Lupin. Il tappo di cristallo*
Maurice Leblanc, *Le avventure di Arsenio Lupin. Il triangolo d'oro*
Maurice Leblanc, *Le avventure di Arsenio Lupin, ladro gentiluomo*
Maurice Leblanc, *Le avventure di Arsenio Lupin. L'isola delle trenta bare*
Joseph Sheridan Le Fanu, *Carmilla e altri racconti di fantasmi e vampiri*
Giacomo Leopardi, *Canti*
Gaston Leroux, *Il fantasma dell'Opera*
Jack London, *Il richiamo della foresta, Zanna bianca e altre storie di cani*
Jack London, *Martin Eden*
Howard P. Lovecraft, *La casa stregata e altri racconti*
Howard P. Lovecraft, *Il misterioso caso di Charles Dexter Ward*
Howard P. Lovecraft, *Le Montagne della Follia*
Howard P. Lovecraft, *L'orrore di Dunwich*
Howard P. Lovecraft, *I racconti del Necronomicon*
Niccolò Machiavelli, *Il Principe - Dell'arte della guerra*
Thomas Mann, *I Buddenbrook. Decadenza di una famiglia*
Catherine Mansfield, *Tutti i racconti*
Alessandro Manzoni, *I promessi sposi*
Edgar Lee Masters, *Antologia di Spoon River*
Guy de Maupassant, *Bel-ami*
Herman Melville, *Moby Dick*
Robert Musil, *Il giovane Törless*
Irène Némirovsky, *L'affare Kurilov - Film parlato - La moglie di don Giovanni - L'Orchessa*
Irène Némirovsky, *Suite francese*
Friedrich Wilhelm Nietzsche, *Al di là del bene e del male*
Friedrich Wilhelm Nietzsche, *L'Anticristo - Crepuscolo degli idoli - Ecce homo*
Friedrich Wilhelm Nietzsche, *Aurora. Pensieri sui pregiudizi morali*
Friedrich Wilhelm Nietzsche, *Così parlò Zarathustra*
Friedrich Wilhelm Nietzsche, *La gaia scienza*

Friedrich Wilhelm Nietzsche, *Genealogia della morale*
Friedrich Wilhelm Nietzsche, *Umano, troppo umano*
Friedrich Wilhelm Nietzsche, *Verità e menzogna - La nascita della tragedia - La filosofia nell'età tragica dei Greci*
Friedrich Wilhelm Nietzsche, *La volontà di potenza*
Omero, *Iliade*
Omero, *Odissea*
George Orwell, *La fattoria degli animali*
George Orwell, *1984*
Publio Ovidio Nasone, *L'arte di amare, Come curar l'amore, L'arte del trucco*
Publio Ovidio Nasone, *Le metamorfosi*
Cesare Pavese, *La casa in collina*
Cesare Pavese, *La luna e i falò*
Fernando Pessoa, *Il libro dell'inquietudine*
Fernando Pessoa, *Poesie*
Luigi Pirandello, *L'esclusa*
Luigi Pirandello, *Il fu Mattia Pascal*
Luigi Pirandello, *Uno, nessuno e centomila - Quaderni di serafino Gubbio operatore*
Platone, *Repubblica*
Platone, *Tutte le opere* (Cinque volumi in cofanetto, edizioni integrali)
Plauto, *Amphitruo, Asinaria, Aulularia, Bacchides*
Plutarco, *Vite parallele. Alessandro e Cesare*
Edgar Allan Poe, *Le avventure di Gordon Pym*
Edgar Allan Poe, *Tutti i racconti del mistero, dell'incubo e del terrore*
Marcel Proust, *Alla ricerca del tempo perduto* (Sette volumi in cofanetto, edizione integrale)
Arthur Rimbaud, *Tutte le poesie*
D.-A. François de Sade, *Le 120 giornate di Sodoma*
D.-A. François de Sade, *Justine, ovvero le disgrazie della virtù*
Arthur Schopenhauer, *L'arte di ottenere ragione*
Arthur Schopenhauer, *L'arte di ottenere rispetto*
Arthur Schopenhauer, *Il mondo come volontà e rappresentazione*
Arthur Schopenhauer, *La saggezza della vita*
Walter Scott, *Ivanhoe*
Lucio Anneo Seneca, *L'arte di essere felici e vivere a lungo*
Lucio Anneo Seneca, *L'arte di vivere a lungo*
William Shakespeare, *Amleto*
William Shakespeare, *Macbeth*
William Shakespeare, *Il mercante di Venezia*
William Shakespeare, *Tutto il teatro* (Sei volumi in cofanetto, edizioni integrali)
Mary Shelley, *Frankenstein*
Israel Joshua Singer, *La famiglia Karnowski*
Israel Joshua Singer, *I fratelli Ashkenazi*

Stendhal, *La Certosa di Parma*
Stendhal, *Il rosso e il nero*
Robert Louis Stevenson, *L'isola del tesoro*
Robert Louis Stevenson, *Lo strano caso del Dr. Jekyll e Mr. Hyde e altri racconti dell'orrore*
Bram Stoker, *Dracula*
Gaio Svetonio Tranquillo, *Vita dei Cesari*
Italo Svevo, *La coscienza di Zeno*
Italo Svevo, *Una vita*
Jonathan Swift, *I viaggi di Gulliver*
Torquato Tasso, *Gerusalemme liberata*
Lev N. Tolstoj, *Anna Karenina*
Totò, *'A livella e poesie d'amore*
Trilussa, *Le più belle poesie romanesche*
Mark Twain, *Le avventure di Huckleberry Finn*
Mark Twain, *Le avventure di Tom Sawyer*
Mark Twain, *Il principe e il povero*
Sun Tzu, *L'arte della guerra*
S.S. Van Dine, *La strana morte del signor Benson*
Giovanni Verga, *I Malavoglia*
Giovanni Verga, *Mastro-don Gesualdo*
Giovanni Verga, *Storia di una capinera*
Giovanni Verga, *Tutte le novelle*
Jules Verne, *Il giro del mondo in 80 giorni*
Jules Verne, *Ventimila leghe sotto i mari*
Jules Verne, *Viaggio al centro della Terra*
Edgar Wallace, *Il castello del terrore*
H.G. Wells, *L'uomo invisibile*
H.G. Wells, *La guerra dei mondi*
H.G. Wells, *La macchina del tempo - L'isola del Dottor Moreau*
Edith Wharton, *L'età dell'innocenza*
Oscar Wilde, *L'importanza di essere onesto - Il ventaglio di Lady Windermere - Una donna senza importanza - Un marito ideale*
Oscar Wilde, *Il ritratto di Dorian Gray*
Oscar Wilde, *Tutti i racconti*
Walt Whitman, *Foglie d'erba*
Virginia Woolf, *Gita al Faro*
Virginia Woolf, *Mrs Dalloway*
Virginia Woolf, *Orlando*
Virginia Woolf, *Una stanza tutta per sé*
Émile Zola, *Al Paradiso delle Signore*
Émile Zola, *Germinal*
Émile Zola, *Nanà*
Émile Zola, *Thérèse Raquin*

I Mammut

10. **Federico García Lorca**, *Tutte le poesie e tutto il teatro*, a cura di Claudio Rendina e Elena Clementelli, edizioni integrali
13. **Gibran Kahlil Gibran**, *Tutte le poesie e i racconti*, introduzione di Tommaso Pisanti, edizioni integrali
23. **Luigi Pirandello**, *I romanzi, le novelle e il teatro*, a cura di Sergio Campailla, edizioni integrali
28. **Virginia Woolf**, *Tutti i romanzi*, edizioni integrali
34. **Adam Smith**, *La ricchezza delle nazioni*, introduzione di Alessandro Roncaglia, contributi critici di Lucio Colletti, Claudio Napoleoni e Paolo Sylos Labini, edizione integrale
36. **Edgar Wallace**, *Dieci sfumature di giallo*
38. **Voltaire**, *Tutti i romanzi e i racconti e Dizionario filosofico*, introduzione di Valentino Parlato, con un saggio di G.B. Angioletti, edizioni integrali
39. **Storie di fantasmi**, a cura di Gianni Pilo e Sebastiano Fusco, edizioni integrali
42. **Gustave Flaubert**, *Tutti i romanzi*, a cura di Massimo Colesanti, con un saggio di Marcel Proust, edizioni integrali
47. **Lev N. Tolstoj**, *Anna Karenina*, introduzione di Eraldo Affinati, a cura di Mauro Martini, edizione integrale
57. **Niccolò Machiavelli**, *Tutte le opere storiche, politiche e letterarie*, a cura di Alessandro Capata, con un saggio di Nino Borsellino, edizioni integrali
58. **Le più belle fiabe di ogni tempo e paese**, a cura di Manuela Maddamma
65. **Giosuè Carducci**, *Tutte le poesie*, a cura di Pietro Gibellini, edizioni integrali
74. **William Shakespeare**, *Tutto il teatro*, introduzione di Tommaso Pisanti, edizioni integrali
75. **Platone**, *Tutte le opere*, a cura di Enrico V. Maltese, testo greco a fronte, edizioni integrali
80. **Aristofane**, *Le Commedie*, a cura di Benedetto Marzullo, testo greco rinnovato a fronte, edizioni integrali
84. **Giuseppe Verdi**, *Tutti i libretti d'opera*, a cura di Piero Mioli
86. **Donatien-Alphonse-François de Sade**, *I romanzi maledetti*, a cura di Paolo Guzzi, Gianni Nicoletti, Flaviarosa Nicoletti Rossini e Claudio Rendina, edizioni integrali
87. **Ugo Foscolo**, *Le grandi opere*, a cura di Giuseppe Leonelli
92. **Storici greci. Erodoto, Tucidide, Senofonte**, a cura di L. Rossetti e G. Ranocchia, U. Bultrighini e M. Mari, L. Santarelli, edizioni integrali

93. **Storici latini. Cesare**, **Nepote**, **Sallustio**, **Svetonio**, **Tacito**, a cura di F. Casorati, C. Conti, G.D. Mazzocato, L. Storoni Mazzolani, M.P. Vigoriti, edizioni integrali con testo latino a fronte
94. **Charles Dickens**, *I grandi romanzi*, edizioni integrali
96. **Karl Marx**, *Le opere che hanno cambiato il mondo*, introduzione di Ferruccio Andolfi, edizioni integrali
97. **Jack London**, *Grandi romanzi e racconti*, saggio introduttivo di Mario Picchi, edizioni integrali
99. **Friedrich Wilhelm Nietzsche**, *Le grandi opere*, introduzione generale di Fabrizio Desideri, edizioni integrali
101. **James Joyce**, *Ulisse*, a cura di Enrico Terrinoni, edizione integrale
104. **François Rabelais**, *Gargantua e Pantagruele*, introduzione di Emanuele Trevi, edizione integrale
106. **Friedrich W. Nietzsche**, *Umano troppo umano – Così parlò Zarathustra – Al di là del bene e del male – Crepuscolo degli idoli – L'Anticristo – Ecce Homo*, edizioni integrali
107. **William Shakespeare**, *Le commedie*, edizioni integrali
109. **Charles Dickens**, *David Copperfield*, edizione integrale
112. **Giovanni Boccaccio**, *Decameron*, edizione integrale
114. **Stendhal**, *Il rosso e il nero e La Certosa di Parma*, edizioni integrali
118. **Joseph Roth**, *I grandi romanzi*, introduzione di Giorgio Manacorda, edizioni integrali
120. **Edgar Lee Masters**, *Antologia di Spoon River – Il nuovo Spoon River*, introduzioni di Walter Mauro e Barbara Lanati, edizioni integrali
122. **Emilio Salgari**, *Tutte le avventure dei Corsari*, a cura di Sergio Campailla, edizioni integrali
123. **Dante Alighieri**, *Divina Commedia*, introduzione di Italo Borzi, edizione integrale
124. **Charles Dickens**, *Il Circolo Pickwick*, a cura di Riccardo Reim, edizione integrale
125. **Joseph Conrad**, *I grandi romanzi e i racconti*, introduzione di Filippo La Porta, edizioni integrali
131. **Le magnifiche 7 signore della letteratura inglese**, edizioni integrali
134. **I magnifici 7 capolavori della letteratura tedesca**, edizioni integrali
137. **I magnifici 7 capolavori della letteratura irlandese**, edizioni integrali
138. **I magnifici 7 capolavori della letteratura erotica**, edizioni integrali
139. **Publio Cornelio Tacito**, *Tutte le opere*, a cura di L. Storoni Mazzolani e G.D. Mazzocato. Edizioni integrali con testo latino a fronte.
140. **Irène Némirovsky**, *I capolavori*, introduzione di Maria Nadotti
141. **Charles Perrault e altri**, *I racconti delle fate. Fiabe francesi della corte del Re Sole*, introduzione di Emanuele Trevi
143. **Lucio Anneo Seneca**, *Tutte le opere*, a cura di Mario Scaffidi Abbate e Ettore Paratore. Edizioni integrali con testo latino a fronte
145. **Emma Perodi**, *Le novelle della nonna. Fiabe fantastiche*

146. **S.S. Van Dine**, *Tutti i romanzi gialli. Le indagini del detective Philo Vance*
147. **Earl Derr Biggers**, *I grandi romanzi gialli. Tutte le indagini di Charlie Chan*
150. **Le mille e una notte**, traduzione di Armando Dominicis, edizione integrale
151. **Karl Marx**, *Il capitale*, a cura di Eugenio Sbardella, edizione integrale
152. **Giorgio Vasari**, *Le vite dei più eccellenti pittori, scultori e architetti*, introduzione di Maurizio Marini, edizione integrale
153. **Arthur Conan Doyle**, *Tutto Sherlock Holmes*, traduzione di Nicoletta Rosati Bizzotto, edizioni integrali
154. **Jane Austen**, *Tutti i romanzi*, a cura di Ornella De Zordo, edizioni integrali
157. **I capolavori della letteratura dell'Ottocento**, edizioni integrali
158. **I grandi romanzi d'amore**, edizioni integrali
159. **I grandi romanzi d'avventura**, edizioni integrali
160. **Dante Alighieri**, *Tutte le opere*, introduzione di Italo Borzi, commenti a cura di Giovanni Fallani, Nicola Maggi e Silvio Zennaro, edizioni integrali
162. **Louisa May Alcott**, *I grandi romanzi*, introduzione di Chiara Gamberale, edizioni integrali
163. **Israel Joshua Singer**, *I capolavori*, introduzione di Moni Ovadia, edizioni integrali
164. **Alexandre Dumas**, *I tre moschettieri - Vent'anni dopo*, introduzione e premesse di Francesco Perfetti, edizioni integrali
165. **Lev N. Tolstoj**, *Guerra e pace*, introduzione di Eraldo Affinati, edizione integrale
166. **Alexandre Dumas**, *Il Visconte di Bragelonne*, introduzione di Francesco Perfetti, edizione integrale
167. **Jules Verne**, *I grandi romanzi*, introduzioni di Fabio Giovannini, Riccardo Reim, Giampaolo Rugarli, edizioni integrali
168. **Sigmund Freud**, *Le opere complete.* Due volumi in cofanetto
169. **Omero**, *Iliade – Odissea*, a cura di Mario Giammarco, edizione integrale con testo greco a fronte
170. **Henry James**, *I grandi romanzi*, introduzione generale di Filippo La Porta, introduzioni di Guido Fink, Agostino Lombardo e Stefania Piccinato, edizioni integrali
171. **Anne, Charlotte, Emily Brontë**, *Tutti i romanzi*, edizioni integrali
172. **Wilkie Collins**, *I grandi romanzi*, edizioni integrali
173. **Giacomo Leopardi**, *Tutte le poesie, tutte le prose*, a cura di Lucio Felici e Emanuele Trevi, edizioni integrali
174. **I tragici greci. Eschilo**, **Sofocle**, **Euripide**, cura e traduzione di Enzo Mandruzzato, Filippo Maria Pontani, Leone Traverso, Manara Valgimigli, edizioni integrali
175. **Howard Phillips Lovecraft**, *Tutti i romanzi e i racconti*, a cura di Gianni Pilo e Sebastiano Fusco, edizioni integrali
176. **Fëdor M. Dostoevskij**, *I capolavori*, edizioni integrali
177. **I grandi romanzi gotici**, a cura di Riccardo Reim, edizioni integrali

178. **Francis Scott Fitzgerald**, *I grandi romanzi e i racconti*, introduzione generale di Walter Mauro, edizioni integrali
179. **Sigmund Freud**, *L'interpretazione dei sogni – Tre saggi sulla sessualità – Introduzione alla psicoanalisi*, edizioni integrali
180. **Franz Kafka**, *Tutti i romanzi, i racconti, pensieri e aforismi*, introduzioni di Italo Alighiero Chiusano e Giulio Raio, edizioni integrali
181. **Fernando Pessoa**, *Il libro dell'inquietudine e Poesie* con testo portoghese a fronte, a cura di Orietta Abbati
182. **Luigi Pirandello**, *Tutti i romanzi*, a cura di Sergio Campailla, edizioni integrali
183. **Luigi Pirandello**, *Novelle per un anno*, A cura di Sergio Campailla, edizione integrale
184. **Luigi Pirandello**, *Maschere nude*, a cura di Sergio Campailla, edizioni integrali
185. **Edgar Allan Poe**, *Tutti i racconti, le poesie e "Gordon Pym"*, introduzione di Tommaso Pisanti, edizioni integrali
186. **I capolavori del giallo**, edizioni integrali
187. **Italo Svevo**, *Tutti i romanzi e i racconti*, edizioni integrali
188. **Giovanni Verga**, *I Malavoglia, Mastro-don Gesualdo e Tutte le novelle*, a cura di Sergio Campailla, edizioni integrali
189. **James J. Frazer**, *Il ramo d'oro. Studio sulla magia e la religione*, introduzione di Alfonso M. di Nola, edizione integrale
190. **Giacomo Leopardi**, *Zibaldone*, edizione integrale diretta da Lucio Felici
191. **Luigi Natoli**, *I Beati Paoli*, edizione integrale
192. **Ludovico Ariosto**, *Orlando Furioso*, edizione integrale
193. **Herbert George Wells**, *L'uomo invisibile - La guerra dei mondi - La macchina del tempo - L'isola del dottor Moreau*, edizioni integrali
194. **Miguel de Cervantes Saavedra**, *Don Chisciotte della Mancha*, cura e traduzione di Barbara Troiano e Giorgio Di Dio, introduzione di Alessandra Riccio, edizione integrale
195. **Fëdor M. Dostoevskij**, *I fratelli Karamazov*, edizione integrale
196. **Arthur Conan Doyle**, *Tutti i romanzi e i racconti fantastici e dell'orrore*, a cura di Gianni Pilo
197. **James Joyce**, *I capolavori*, a cura di Martina Emo Capodilista e Enrico Terrinoni
198. **Il Corano**, cura e traduzione di Hamza Roberto Piccardo, prefazione di Franco Cardini, introduzione di Pino Blasone, edizione integrale
199. **I magnifici 7 capolavori della letteratura russa**, edizioni integrali
200. **I magnifici 7 capolavori della letteratura italiana**, edizioni integrali
201. **I magnifici 7 capolavori della letteratura americana**, edizioni integrali
202. **I magnifici 7 capolavori della letteratura inglese**, edizioni integrali
203. **I magnifici 7 capolavori della letteratura francese**, edizioni integrali
204. **Robert Musil**, *L'uomo senza qualità*, a cura di Micaela Latini, edizione integrale

205. **William Shakespeare**, *Le grandi tragedie*, edizioni integrali
206. **Alexandre Dumas**, *Il Conte di Montecristo*, edizione integrale
207. **Storie di Vampiri**, a cura di Gianni Pilo e Sebastiano Fusco
208. **Jacob e Wilhelm Grimm**, *Tutte le fiabe*, edizione integrale
209. **Alessandro Manzoni**, *I promessi sposi -Storia della colonna infame - Inni sacri - Odi civili*, introduzione generale di Arnaldo Colasanti, edizioni integrali
210. **Hans Christian Andersen**, *Tutte le fiabe*, edizione integrale
211. **Emilio Salgari**, *Tutte le avventure di Sandokan*, a cura di Sergio Campailla, edizioni integrali
212. **Charles Dickens**, *Racconti di Natale*, introduzione di Marisa Sestito, edizione integrale
213. **Le più belle fiabe popolari italiane**, a cura di Cecilia Gatto Trocchi
214. **I maestri del giallo**, introduzione di Renato Olivieri, edizioni integrali
215. **Esopo, Fedro, Jean de La Fontaine**, *Le favole degli animali*, introduzioni di Mario Giammarco, Sebastiano Saglimbeni e Davide Monda, tavole di Gustave Doré e incisioni di Grandville, edizioni integrali
216. **Giovanni Pascoli**, *Tutte le Poesie*, a cura di Arnaldo Colasanti, traduzione e cura delle poesie latine di Nora Calzolaio, edizioni integrali
217. **Victor Hugo**, *I miserabili*, edizione integrale curata e annotata da Riccardo Reim, traduzione di E. De Mattia
218. **Gabriele D'Annunzio**, *I grandi romanzi*, saggio introduttivo di Giovanni Antonucci e Gianni Oliva, a cura di Gianni Oliva, edizioni integrali
219. **Leonardo da Vinci**, *Trattato della pittura*, introduzione di Silvia Bordini, edizione integrale
220. **Mohandas K. Gandhi**, *Il potere della non-violenza*, traduzioni di Lucio Angelini, Bianca Vittoria Franco e Franco Paris
221. **Oscar Wilde**, *Tutte le opere*, a cura di Masolino d'Amico, con un saggio di James Joyce, edizioni integrali
222. **Gilbert Keith Chesterton**, *Tutti i racconti gialli e tutte le indagini di Padre Brown*, introduzione di Masolino d'Amico, edizioni integrali
223. **Charles Baudelaire**, *Tutte le poesie e i capolavori in prosa*, a cura di Massimo Colesanti, edizioni integrali con testo francese a fronte
224. **Charles Darwin**, *L'origine delle specie, l'origine dell'uomo e altri scritti sull'evoluzione*, introduzioni di Pino Cacucci, Giuseppe Montalenti, Pietro Omodeo e Luca Pavolini, traduzioni di C. Balducci, M. Di Castro, P. Fiorentini, M. Migliucci, L. Pavolini e A. Santilli, edizioni integrali
225. **I capolavori della letteratura horror**, edizioni integrali
226. **George Orwell**, *I capolavori*, A cura di Enrico Terrinoni, traduzioni di E. Terrinoni, A. Binelli, F. Laurenti e F. Morotti
227. **Cesare Pavese**, *I capolavori*, prefazione di Paolo Di Paolo, edizioni integrali
228. **Marcel Proust**, *Alla ricerca del tempo perduto*, a cura di Paolo Pinto e Giuseppe Grasso, edizione integrale
229. **Dante Alighieri**, *Tutte le opere*, introduzione di Italo Borzi, commenti a cura di G. Fallani, N. Maggi e S. Zennaro, edizioni integrali

Franz Kafka

Il Castello

Edizione integrale

MMM 208. Volume rilegato di 288 pagine. € 4,90

Scritto intorno al 1922 e pubblicato postumo da Max Brod nel 1926, *Il Castello* è l'ultimo romanzo di Franz Kafka. L'agrimensore K., «emergendo da un vuoto di antefatti o di preistoria personale simile a un banco di nebbia», come scrive Italo Alighiero Chiusano nell'Introduzione, arriva in un villaggio sormontato da un castello. K. è lì per esercitare la propria professione, ma ciò gli è impedito dall'ostilità degli abitanti e dagli ostacoli frapposti dalla burocrazia del Castello, sfuggente e inafferrabile per la sua meticolosa e arbitraria complessità. Il romanzo, che s'interrompe proprio nel momento in cui maggiori sembrano le difficoltà di K., doveva concludersi, secondo Brod, con una parziale vittoria dell'agrimensore, lasciando così intravedere uno spiraglio di speranza.

NEWTON COMPTON EDITORI